中国高等教育学会秘书学专业委员会专家审定
21世纪高等院校秘书学专业系列教材
总主编　杨　锋　张同钦

新编中国秘书史

主　编　杨树森
副主编　杨　柳

中国人民大学出版社
·北京·

21世纪高等院校秘书学专业系列教材

编 委 会 名 单

总　　序

鉴于秘书学专业人才培养宏观政策的变化，以及这套“21世纪高等院校秘书学专业系列教材”扩容的需要，借2011年版部分教材修订之机，我们对系列教材的“总序”作了适当调整。

进入新世纪以来，国际国内形势日益发生着迅速而深刻的变化。随着我国经济体制改革的不断深入，随着社会主义民主政治建设的推进和依法治国方略的实施，随着科学技术特别是信息技术的快速发展，各级各类社会组织的管理理念和管理方式也在不断改进和发展。

秘书工作隶属于领导工作，秉承领导意图、围绕领导工作的需要而开展，以提高社会组织整体管理效率为目的。秘书工作是各级各类社会组织管理系统中重要的辅助系统，是完整的管理系统中不可或缺的有机组成部分。在前述背景下，对各社会组织负有参谋助手职能的秘书机构和秘书人员，必将面临更多新的课题、更加紧迫的任务和更为严峻的挑战。这对我国高等教育秘书学专业建设与发展提出了更新、更高的期望和要求。

20世纪80年代初，我国高等院校开始了成批培养现代秘书的专业教育。迄今为止，秘书专业教育在培养规模上有了长足的发展，但在培养层次上存在着明显不足。我们认为，目前我国在大力发展秘书职业教育的同时，应积极推进秘书学专业本科教育的规范和发展。2012年9月14日，教育部印发的《普通高等学校本科专业目录（2012年）》，正式把“秘书学”（专业代码：050107T）纳入其中。一方面，阶段性地规范了本专业的归属门类和授予学位；另一方面，作为特设专业，也为各地高校根据自身发展状况办好专业预留了空间。自此，结束了秘书学挂靠在公共管理类、汉语言文学类专业之下的被动局面，开启了学科发展与人才培养的新纪元。

教材是教学内容的知识载体，是教学活动的基本工具；教材建设是教学改革的重要体现，是专业发展的重要支撑。所以，我们强调好的教材起码应具有现代性、先进性、代表性。从总体上看，国内秘书学专业的教材建设近十几年来处在一个高速发展的过程之中，这为普通高校秘书学专业本科教育的具体实施提供了十分重要的保障。但从严格意义上来说，制约普通高校秘书学本科教育发展的教材问题此前长期存在。2000 年前后，由全国高等教育自学考试指导委员会组织编写了第一套全国统编秘书学本科教材，秘书学界前辈学者常崇宜、张清明、饶士奇、董继超等多位教授为秘书学学科体系建设和课程规范做了大量建设性的工作，使专业教材建设达到了一个新的高度。但这套教材系结合自学考试特点编写，普通高校选用不太合适，同时也存在教材选用制度方面的限制。2004 年至 2006 年间，由秘书学学者杨锋和张同钦两位一线专业负责人牵头，组织全国开设秘书学本科专业多年的八九所院校，历时三年，编写了“现代秘书学系列教材”（暨南大学出版社出版）。该系列教材对秘书学科的贡献有：一是第一次打破了同类教材编写各自为战或小范围区域合作的局面。二是通过编写教材，规范了秘书学专业课程体系和专业体系，明确了秘书学专业核心课程，第一次从根本上解决了秘书学专业体系混乱的问题。在学科理论建设和课程规范方面，较好地解决了秘书学基础理论对秘书实务的引领以及二者作为各自独立的教材的剥离的问题；同时基于秘书工作中文书档案工作前后密切关联的实际，基于文档管理一体化的理念，在课程设计上解决了秘书文档管理与秘书实用写作相对独立的问题。三是这套教材作为当时唯一系列性的普通高等院校秘书学本科教材，在 2011 年秘书学申报本科专业时发挥了重要作用。从教材的使用范围和大量的信息反馈来看，该系列教材赢得了同行专家尤其是一线教师的广泛赞誉。

为适应高等教育秘书学本科专业发展需要，适应社会对秘书人才的要求，2011 年，我们对暨大版教材作了修订和升级，由中国人民大学出版社出版了“21 世纪高等院校秘书学专业系列教材”，先期出版了《秘书学概论》《秘书实务》《秘书实用写作》《秘书文档管理》和《秘书礼仪》。参与该系列教材编写的专家学者来自广州大学、河南财经政法大学、陕西师范大学、上海大学、广东外语外贸大学、莆田学院（福建）、华北科技学院、重庆师范大学、广西财经学院、内蒙古财经大学等（排名不分先后）。此外，延安大学的姚怀山、绍兴文理学院的何宝梅等秘书学学者为这套教材的编写提供了重要的意见和建议。

2013 年暑期，我们策划和研讨了《会议管理》《中国秘书史》等核心课程教材的编写方案，这几本教材随后陆续出版。

从 2004 年深圳小梅沙全国秘书学年会上的发起到行动，至今历时已经十年，我们始终在为建设和完善秘书学本科专业教育而不懈努力，忠诚地做秘书学学科的守望者。在这套教材的编写上，我们始终精益求精，并坚守三点：

一是注重参与院校的专业办学历史。上述十余所院校大都有长期开办秘书学专业的历史，像陕西师范大学、广州大学、河南财经政法大学等院校，专业办学历史都在 20 年到 30 年，上海大学还是国内开办秘书类专业的先行者。

二是注重参编者的专业教学经历和前期科研成果的积累。

三是注重吸纳近年来国内秘书学学科研究的最新成果，强调使用有关秘书工作最新的法律法规，强调理论阐述与秘书工作实践的结合，强调课程体系意识。

这套教材的编写与出版是秘书学专业领域一次重要的探索，是秘书学界的一次成功的合作。当然，由于水平所限，不足之处敬请同行专家和广大读者批评指正。

最后，衷心期望秘书学百花园繁花似锦，拥有更加美好的明天！

编委会

2014 年元月

目　录

绪　论

一、中国秘书史的研究目的

中国秘书史，是研究我国秘书工作的产生、发展概况和发展规律的一门学科。就像法律工作者应该了解法律史知识、经济工作者应该了解经济史知识、教育工作者应该了解教育史知识一样，一位合格的秘书工作者也应该对我国秘书史有所了解。中国秘书史理所当然应该成为高校秘书专业本科的一门必修课程。

研究中国秘书史的目的主要是通过对中国历史上秘书工作发展规律的探讨，总结历史上秘书工作的经验，吸取反面教训，为现实的秘书工作服务。

作为一门历史学科，毫无疑问秘书史应该解决历史上的秘书工作是“什么样子”的问题，这个问题基本上属于知识性问题，而秘书工作是一项实践性极强的工作，需要的是能力和经验，而能力的培养、经验的获得，除了通过工作中的实际锻炼之外，认真总结历史经验、了解秘书工作的发展脉络和规律，也是其中的重要方面。从这一角度出发，中国秘书史就不能仅仅满足于告诉读者历史上的秘书工作是“什么样子”的有关知识，还应告诉读者有哪些历史经验值得继承和借鉴，哪些教训应该记取。

二、中国秘书史的研究对象

为了达到上述目的，中国秘书史的研究对象应该包括哪些范围呢？这里有四个问题需要解决。

第一，要明确中国秘书史的研究对象，就必须解决“哪些工作属于秘书工作”的问题。在现代秘书学中，“秘书”这一概念是一个有诸多不同理解的概念。按照1999年版《辞海》的解释，秘书是一个“职务名称”，是“掌管文件并协助领导人处理日常工作的人员”。这是一种狭义的解释，在我国秘书学界的各种专著、教材、学术论文中，对“秘书”这一基本概念的定义多达几十种。但一个有趣的现象是，尽管对“秘书”的定义差别很大，但对于“秘书部门”或“秘书机构”的理解并没有多大的分歧：秘书机构就是指各级各类机关、社会组织、企事业单位中区别于具体业务部门的综合办事机构。在基层机关或较小的企事业单位，秘书部门就是“办公室”；在较高层次的机关或大型企事业单位，除了办公厅以外，独立于办公厅的“政策研究室”“信访办公室”等也属于秘书机构。

现代秘书工作就是秘书部门所承担的具体工作，根据我国各级各类机关秘书部门工作的实际内容，“秘书工作”包括以下三个方面共二十多项具体事务。

（1）为领导决策服务。指秘书部门担负的直接为领导决策服务的综合性的工作，主要有调查研究、信息工作、参谋咨询、协调工作、督查工作、重要文件的起草工作。

（2）秘书常规业务。指秘书部门承担的带有专业性质的工作，主要有文书处理、档案管理、资料工作、会务工作、谈判事务、信访工作、公关工作、保密工作、网站管理。

（3）机关日常事务。指秘书部门承担的一些机关具体事务，主要有接待工作、通信工作、印信管理、值班事务、领导日程安排等。

秘书史要研究这些秘书工作的发展过程。在以上各项工作中，有一些工作从古代开始就是秘书工作的重要内容，例如文件起草、文书处理、档案管理、信访工作等等；有一些工作则直到新时期才正式成为秘书部门的例行工作，例如督查工作、公关工作、谈判事务等等；有一些工作纯粹属于事务性工作，虽然从业务量来说，在现代秘书工作中占有相当大的比重，但很难说有什么历史规律可循，例如接待工作、值班事务、领导日程安排等等，这些工作肯定是自古就有的，但详细考证它们在历史上的状况似乎没有太大的价值。因此，中国秘书史不能面面俱到地对所有这些工作的历史状况都作详细考察，而应该有所侧重。

当然，秘书工作是由秘书人员和秘书机构来完成的，因此，中国秘书史当然要把我国古代秘书官职的设置、秘书机构的演变、对秘书人员素质的要求、秘书人员的培养选拔等等作为重要研究对象。这就又有“什么人算是秘书”“哪些官职属于秘书官职”“哪些机构属于秘书机构”的问题。

按照现代秘书学观点，秘书是为领导、主管或雇主提供辅助管理、综合服务的人员。依此类推，古代的秘书也就应该是为帝王、公侯和各级主官提供辅助管理、综合服务的人员。历史上绝大多数文职官员或长或短担任过秘书性质的职务，但我们不能笼统地说他们都是秘书，因为对于历史人物的评价，是以他们在历史活动中的主要经历为依据的，一个只任过很短时间秘书职务的名人（如唐代的韩愈、清代的林则徐），是不宜称为“著名秘书”的。有的秘书史读本在介绍历代重要秘书时，连蒲松龄也列入其中，这是否恰当？蒲松龄以其《聊斋志异》的文学成就闻名于后世，而当知县的秘书（幕僚）只有一年时间，虽然他在这一年时间内撰写过许多公文，对幕主提出过一些有益的建议，但以此就说他是重要秘书则未必恰当。关于蒲松龄，我们可以说他当过秘书，而且当得不错，可以在适当的篇章中予以介绍，但不宜将他归入古代著名秘书的行列。如果蒲松龄也算“重要秘书”，那么我们在介绍当代重要秘书时，岂不是要把毛泽东、邓小平都算作重要秘书？因为毛泽东是中共一大的兼职秘书，还是中共历史上第一位专职秘书，一生起草过许多重要公文，而邓小平则三次出任中共中央秘书长。

关于古代哪些官职属于秘书职务，似乎也是一个很难分清的问题。例如有的秘书史读本将历代丞相都说成是皇帝的“秘书长”，丞相府也就被解释为中央政府的“办公厅”。众所周知，丞相的职权虽然在各代有所不同，但丞相在历代都是“一人之下，万人之上”的最高官职。如果连丞相都算是秘书官职，那么历代除皇帝和将帅武官外的中央政府的所有官职都可以说是秘书官职，地方政府中除主官外的所有从官也都可以说是秘书官职。这未免将秘书职务的范围划得太宽。

第二，要明确中国秘书史的研究对象，还必须界定“史”这一概念的确切含义，也就是本学科研究对象的时代上下限问题。有的名为“中国秘书史”的读本只讲到清代，对辛亥革命以后的秘书工作不作研究考察，这样的读本只能算是“中国古代秘书史”。

如前文所说，研究中国秘书史的目的主要是“总结历史上秘书工作的经验，吸取反面教训，为现实的秘书工作服务”。从这个意义上看，辛亥革命以后的近现代秘书工作的经验和教训对今天的秘书工作者来说，可能比古代秘书工作的经验和教训具有更重要的参考价值。因此，培养现代高级秘书工作者的高校秘书专业的中国秘书史课程，就不能只将中国秘书史的年代下限定为清代，而应该包括辛亥革命以后直至当代的秘书工作。

有的秘书史读本不谈当代秘书工作的发展，这种处理方法可以避开一些敏感的问题。但是我们认为，以探讨历史上秘书工作的发展规律、总结秘书工作的历史经验为目的的秘书史研究，是不应该回避这一段历史的。随着社会主义市场经济体制的建立，目前我国的秘书工作与半个世纪之前的秘书工作相比，已经有很大的不同，甚至与改革开放初期的秘书工作也有明显的区别，而“文革”时期的秘书工作的反面教训，更是永远值得后人记取的。目前我国的秘书工作制度，与近 70 年的历史息息相关，如果秘书史回避这 70 年的历史，则是不利于把握当代秘书工作的规律的。本书将当代秘书史的下限定在 21 世纪初，即社会主义市场经济体制已经基本确立、中国经济正在融入全球经济一体化并且取得重大发展之时。之所以留下最近几年不谈，是因为最新的秘书工作发展情况可以在秘书学概论或秘书实务等学科中加以介绍，而且对于历史经验的总结，应该留下一段时间等待实践的检验。

第三，要明确中国秘书史的研究对象，还应该搞清楚中国秘书史的分期问题。在中国政治和社会发展史上，从 1840 年鸦片战争到 1919 年五四运动爆发，被称为中国近代史前期，它在中国历史上无疑是一个非常重要的时期。但从秘书工作的角度看，从 1840 年到 1911 年辛亥革命爆发，除了出现了少量近代企业因而也产生了近代企业秘书外，秘书工作在其他方面没有什么实质性的变化。而 1911 年的辛亥革命和随之于 1912 年初建立南京临时政府，在我国秘书史上是一个真正的分水岭。由于从辛亥革命到五四运动只有几年时间，而且五四运动对秘书工作的历史发展并没有重大的直接影响，因此五四运动虽然可以作为中国近代史前期和后期的分界点，却不宜作为中国秘书史的一个分界点。中国秘书史的研究没有必要与中国政治和社会发展史一样，分为古代（1840 年以前）、近代前期（1840—1919）、近代后期（1919—1949）和现当代（1949 年以后）四个时期，而应以辛亥革命爆发为界，将中国秘书工作的历史发展分为古代和近现代两个时期，1911—1919

年这几年的秘书工作，则应该归入近现代秘书工作加以介绍。

在近现代秘书工作史中，1911—1949年的秘书工作，又应该分为中华民国的秘书工作和中国共产党领导下的秘书工作两条线来研究，这是因为，中国共产党的秘书工作与民国政府的秘书工作不仅在工作内容上，而且在工作方法上都有明显的区别。而中华人民共和国的秘书工作主要是在民主革命时期中国共产党领导下的秘书工作的基础上建立和发展起来的。有一本秘书史专著在“中华民国时期的秘书工作”一章中，只用了七分之一的篇幅极为简略地介绍“中国共产党的秘书工作”，这样处理是不够妥当的。

第四，要明确中国秘书史的研究对象，还必须搞清楚，秘书工作、秘书部门和秘书人员究竟是什么关系。秘书人员所干的工作是秘书工作，秘书人员所在的机构就是秘书机构，这似乎没有什么疑义。但事实上不是这么简单，尤其是在古代。一个普遍的现象是，许多朝代朝廷和中央政府的秘书工作是由几个部门共同承担的，如秦代的丞相府和御史府、唐宋的中书省和门下省、清代的内阁和军机处；从另一方面看，一些机构除了承担秘书工作外，还承担其他许多事务，如秦代的御史府承担许多典型的秘书工作，但同时又有监察官吏的职责。从秘书人员和秘书工作的关系看，担任典型的秘书官职的当然主要从事秘书工作，但有些人并没有担任过多长时间的秘书官，而所做的一些事情则具有秘书工作的性质，例如，唐代的韩愈和宋代的王安石，一生当秘书官的时间很短，但在其他官职上写过许多著名的公文，堪称公文写作的典范，而撰写公文显然是一项主要的秘书业务。总之，历代秘书人员、秘书机构和秘书工作三者之间存在交叉关系。本书作为秘书史，主要目的是总结历史上秘书工作的经验，因此，所涉及的机构就不能仅限于典型的秘书机构，所涉及的人员也不能仅限于典型的秘书官员。

三、中国秘书史的研究方法

中国秘书史的研究方法，是同它的研究目的和研究对象紧密联系在一起的。秘书史首先是“史”，而任何历史都是“过去发生过的事实”。因此，研究中国秘书工作发展史，必须像其他任何历史科学的研究一样，需要掌握足够的资料，运用校勘、考据、训诂等文献整理的方法，没有这些基础的资料搜集和文献整理过程，所谓中国秘书史的研究就只能是空中楼阁。在这方面，一些学者已经做过许多有益的、艰苦的基础工作。关于古代秘书史，这里特别需要提出的是杨剑宇先生的《中国秘书史》，这本出版于20世纪80年代的学术专著，在秘书史研究领域是具有开创意义的，尤其是在资料的翔实性方面，这本书无疑为以后的秘书史研究开创了一个先例。

但是作为一门以探讨历史经验和发展规律为目的的专门史，秘书史又不能满足于对史料的直接引用或客观描述，而应该在充分占有资料的基础上，运用科学的方法对历史经验加以总结。我们认为，在中国秘书史的研究方法上，应该注意以下几点。

第一，必须以现代秘书学理论为指导。作为一项专门史，秘书史涉及许多秘书学的专门知识。秘书学在我国是一门出现于20世纪80年代初的新兴学科，中国秘书工作与西方秘书工作存在着极大的差异，因此秘书学不能像大众传播学、公共关系学等学科一样，通过引进西方的理论体系和研究成果而在较短时间内走向成熟。为数有限的80年代出版的秘书史读本，虽然做了开创性工作，有着不可抹杀的历史贡献，但当时秘书学知识体系尚处于初创阶段，有的理论很不成熟，因而在分析古代秘书工作现象时不免缺少现代秘书理论的指导，有的结论难以经得住推敲。例如，现代秘书学认为秘书是为领导或雇主从事辅助管理、提供综合服务的人员，而不仅仅是从事文书写作或管理的人，因此，就不能把文字的出现或公务文书的出现作为秘书工作起源的必要条件。我国历史上契丹族建立辽国的时候，尚没有文字（既没有创造契丹文，也没有借用汉字），但建国过程中显然有大量的辅助性或参谋性服务，因而也就有秘书人员和秘书工作。但一些秘书史读本却明确地说文字和公务文书的出现是秘书工作产生的先决条件。这显然是不符合现代秘书学理论的。

第二，必须避免体系内部的矛盾。任何理论体系内部都不应包含逻辑矛盾，这是逻辑学对学术研究的基本要求，在进行中国秘书史研究的时候，体系内部的无矛盾性无疑是基本要求之一。然而，中国秘书史上却有一些现象似乎难以解释，例如，魏晋南北朝时期我国公文写作理论研究取得了很大成就，但也正是在这一时期，公文文风却日益颓败，形式主义盛行，在公文写作实践上是一个大倒退时期，以至于到了隋、唐时代有许多有作为的政治家呼吁对六朝文风进行彻底改革。对类似这些现象，如果仅作客观的描述，就会使人感到迷茫，必须从理论上给予合理的解释，才能真正揭示历史发展的规律。

第三，必须坚持历史唯物主义观点，真正用历史的眼光分析历史现象。在中国秘书史上，有一些正面经验值得继承，例如西周的社会调查制度、唐太宗创立的文书签发前的执论制度等等；也有一些非常不好的反面教训值得记取，例如极为丑陋的文书避讳制度、一再出现的宦官秘书专权干政现象等等。但是，秘书史上更多的现象具有两面性，例如：春秋战国时期档案的大量流失，客观上为利用档案传道授业创造了条件；武则天为鼓励告密（一种极为丑陋的社会行为）而设置的匦使院，客观上却开创了中央政府设立专门信访机构的先河；等等。对这些历史现象必须用历史唯物主义的观点加以客观分析，给予恰如其分的评价。

为了使中国秘书史的研究更好地为现实秘书工作和秘书教育事业服务，本书对古代秘书史部分不采取断代史的方法，而采用专项内容纵向考察的方法，希望能让读者对秘书机构、秘书官职、秘书人才以及各项具体秘书工作的发展脉络有一个立体的把握。

第一章
中国古代的秘书机构和秘书职务

第一节 中国秘书工作的起源

一、关于中国秘书工作起源的不同观点

中华民族素以历史悠久、文献丰富而闻名于世。中国秘书工作发展的历史，也源远流长。

关于中国历史上的秘书工作究竟发端于何时，学术界有两种不同的观点。一种观点认为："秘书工作是随文书的产生而出现的。探讨中国文书的起源，必须紧紧抓住两点：一是中国文字的出现，二是中国阶级社会的出现。"因此，公务文书的出现也就是秘书工作的出现，"不但是在有了文字以后，而且是在有了阶级统治以后才有可能"①。历史常识告诉我们，中国的阶级社会始于夏代，根据上述观点，中国的秘书工作发端应该是在夏代，也就是作为阶级统治工具的国家出现以后，距今四千年左右。持这一观点的还有刘登山先生，他直接指出"秘书工作产生于夏代的奴隶社会"②。

另一种观点认为："秘书工作的产生必须具备两个条件：文字和有领导部门的社会组织。"根据这两个条件，"可以推断，从广义的范围来说，我国的秘书工作起源于部落联盟

① 徐瑞新，李欣，李登柱，等．中国现代秘书工作基础．北京：高等教育出版社，1989：39.
② 刘登山，马天民，田中辉．秘书学教程．北京：中国政法大学出版社，1988：15.

的昌盛时期，即黄帝至禹时期，约距今四千五百年至四千一百年之间；从狭义的范围而论，它起源于黄帝时期，即距今约四千五百年至四千四百年之间的龙山文化晚期，最迟当启端于尧舜时期”①。

二、秘书工作产生的条件——社会组织领导集团的出现

上述两种观点都把文字的出现作为秘书工作产生的必要条件，但并没有列出史实来证明秘书工作确实产生于文字出现以后，而且从理论上说，文字的出现并不是秘书工作产生的必要条件。

把文字的出现作为秘书工作产生的必要条件，是基于这样一个推论：公务文书就是公务活动中产生的文字材料，有了文字才会有公务文书，有了公务文书才会有撰写、处理和保管公务文书的秘书人员，才会有秘书工作。这一推论一个隐含前提是：秘书工作就是有关公务文书的工作。而这一前提是不符合现代秘书学观点的。

尽管新版《辞海》仍然将作为职务名称之一的“秘书”一词解释为“掌管文件并协助领导处理日常工作的人员”，但事实上秘书队伍中的许多人并不承担“掌管文件”的具体事务，因此《辞海》的这一释义不是秘书的准确定义。现代秘书学认为，秘书是为领导或雇主“提供辅助管理、综合服务的人员”，秘书工作的范围是非常广的，即按照《中国现代秘书工作基础》的解释，党政机关秘书工作是“以为领导者的工作运转和决策服务为宗旨，在办文、办会、办事等方面从事参谋性、助理性工作”②。“办文、办会、办事”这三个主要方面，只有办文一项以公务文书为工作对象，其他两方面虽然也会用到文书，但文书只是作为一种手段或必然产生的结果（现代社会有哪一项工作能脱离文书呢?)。

根据对我国各级各类机关和企事业单位办公室所承担的实际工作的调查，秘书工作的内容包括领导决策服务、秘书常规业务、机关日常事务三个方面二十余项业务，而其中只有文书工作和档案工作是以公务文书为工作对象的。因此，尽管文书档案工作是秘书部门诸项业务中占有相当大比重的工作，但秘书工作的范围则远远大于文书档案工作的范围。由此可见，文字的出现只是文书档案工作产生的必要条件，而不能笼统地说它是秘书工作产生的必要条件。

关于文字或公务文书的出现不是秘书工作产生的前提条件，这里还有两个旁证。

第一，我国古代的契丹族，自公元 4 世纪起即活跃于北方，其社会发展阶段处于原始社会后期，到 7 世纪时，形成了相对稳定的部落联盟，9 世纪末进入奴隶制社会，公元 916 年，原来的部落联盟首领耶律阿保机称帝建立辽国，而直到这时，契丹族仍然没有文字（既没有创造出本民族的“契丹文”，也没有借用汉字），而是“刻木契记事”。公元 920 年，阿保机才命从侄耶律鲁不古和耶律突吕不创制契丹文字。而在这之前，契丹族的部落联盟管理活动和建国过程中，早已有了秘书工作。与此类似，北方女真族在 1115 年建立奴隶主国家大金之后，才创造出女真文字。

---

① 杨剑宇．中国秘书史．上海：同济大学出版社，1988：11，20.

② 徐瑞新，李欣，李登柱，等．中国现代秘书工作基础．北京：高等教育出版社，1989：144.

第二，中华人民共和国成立初期，我国有的社会发展水平比较低的少数民族也处于原始社会末期阶段，或奴隶社会阶段，没有自己的文字，也不使用汉字，其部落内部进行管理并不使用公务文书，但其首领（酋长）却配助手，这些助手帮助酋长做一些搜集信息、传达命令、筹备集会和对外联络的工作，这些工作显然具有秘书工作的性质（参见本书第三章第一节有关内容）。

秘书工作既然定义为“为领导提供辅助管理、综合服务的工作”，从理论上说，当社会组织发展到一定规模并形成相对稳定的领导人或领导集团的时候，为这些领导提供辅助管理工作的秘书工作也就随之出现了，而不管这时是否已经有了文字和公务文书。因此，社会组织领导集团的出现，既是秘书工作产生的必要条件，也是秘书工作产生的充分条件。

下面我们就来考察秘书工作产生的这一条件出现的时间。

三、原始社会组织发展情况及其领导集团的形成

考古发现证明我国最早的人类祖先距今有 170 万年的历史。最早的人类是以原始人群的方式生活的，虽然原始人群已经是一种社会组织，但其组织结构极其简单，没有形成发号施令的领导者或领导集团，因此不具备秘书工作产生的条件。

经过漫长而缓慢的发展过程，到原始社会后期，逐渐形成了以血统关系结成的稳定的社会基本经济单位——氏族。氏族组织发展到一定规模后，又出现了若干血缘相近的氏族联合而成的胞族，若干胞族组成更大的社会组织部落。部落由两个以上血缘相近的胞族或氏族构成，它通常有自己的地域、名称、方言、宗教、习俗，并形成了管理公共事务的机构和部落首领。我国古代传说中的有巢氏、燧人氏、伏羲氏、神农氏等就是这样一些部落首领。

到传说中的黄帝时期，华夏土地上又出现了若干部落联合而成的部落联盟，当时黄帝是中原最大部落联盟的首领，在黄河上游有以炎帝为首领的羌人部落联盟，在南方长江流域则有以蚩尤为首领的九黎族部落联盟。根据这些传说，一个部落联盟所居住的区域是很大的，大的部落联盟超过现在的一个省。

原始社会末期的氏族、部落和部落联盟的管理实行原始民主制，凡遇重大事务，由氏族全体成员、氏族族长或部落酋长议事会讨论决定，而氏族族长、部落酋长、部落联盟首领，均需分别经过其成员推举产生。

传说中的部落联盟有时发动大规模的军事行动，如黄帝部落与炎帝部落曾联合发动了征服南方蚩尤部落的战争，后来黄帝部落又征服了炎帝部落，人们拥戴黄帝为“天子”，号轩辕氏，定都涿鹿，各部落表示服从命令。部落联盟除组织共同的军事行动外，还具有加强部落间经济、文化联系等职能。由此可见，部落联盟组织是一个占有很大区域的最高行政组织，内部有相当严密的管理系统，不然无法解释它何以能发动指挥大规模的战争行动。据传黄帝设置了分管各项工作的官职——“六相”，组成了部落联盟的领导集团，而黄帝就是这一领导集团的核心。

四、关于我国秘书工作起源的推断

在以黄帝为首的这样颇具规模的管理系统中，需要有提供“辅助管理、综合服务”的秘书工作，应该说是没有疑义的。古籍记载，黄帝不仅设立了分管各项事务的“六相”，而且设置了专门的“秘书官”——史官，他们有名有姓，仓颉、沮诵、孔甲等均当过黄帝的史官（关于史官下一节还将讨论）。由此可见，黄帝时期就有了名副其实的秘书工作，因此以上所引我国古代“秘书工作产生于夏代的奴隶社会”的观点是可以排除的。

现在的问题是，我们能否根据以上材料就断定我国秘书工作起源于黄帝时期呢？或者说在黄帝之前是否就没有秘书工作呢？

有的秘书史读本在论述黄帝之前就没有秘书工作时写道：在黄帝之前，“一个氏族集中居住于一个村落，地域小，人口少，公共事务简单，凡交流情况，互通信息，通过交谈即能办到，如需决定重要问题，往往在村落中央的公共房屋中商议而定，因此，首领运用口语即能了解情况、表达意见、发出指令……管理工作中对公务文书的要求尚不迫切，秘书工作也未产生，《淮南子·汜论》就云：‘神农无制令而民从’”①。

这段文字所描述的氏族首领实施领导的确无须秘书提供“辅助管理”服务，但这只限于一个氏族的管理，其管理范围不超过现在的一个自然村。但是，在以黄帝为首领的部落联盟形成之前，早已出现了若干氏族组成的“胞族”和若干胞族组成的“部落”。一个部落的规模有多大呢？据《尧典》记载，一个部落联盟包含 9 个部落，9 个部落包含 100 个胞族，100 个胞族下又包含若干氏族（即“万邦”）。如此推算，一个部落大约由 100 个氏族组成，每个氏族按 100 人计算，一个部落也有 10 000 人。可见在部落联盟形成前，每个部落的规模就已经相当大，部落领导机构或首领的管理活动就绝非通过直接交谈即能实现的，部落酋长必须有人为其管理活动提供辅助性服务，因此，从理论上说部落管理活动中就已经有了秘书工作。

至于“神农无制令而民从”，即使它为真，也只能说明神农之时的管理活动中尚没有公务文书和与之相关的文书工作。如前所述，文书工作只是秘书工作的一个重要方面，秘书工作的外延远远大于文书工作的外延，秘书工作先于文书工作在历史上出现是完全可能的。

我们从有关传说中黄帝时期的秘书工作的记载看，黄帝有史官多人，且有分工，这绝不是最原始的秘书工作，而是经过了一定发展阶段的比较成熟的秘书工作。

至此，我们可以得出以下结论：在原始社会后期，当若干氏族联合组成规模较大的部落时，就产生了为部落领导集团活动提供辅助管理服务的秘书工作，其时间距今至少有五千年；而到了四千四百年之前的黄帝时期，我国秘书工作已经发展到一定水平。

---

① 李欣．中国秘书发展史．北京：高等教育出版社，1993：5.

第二节　先秦时代的秘书机构和秘书职务

一、说文解字话“史”官

虽然从理论上推断我国秘书工作起源于黄帝之前的原始部落形成时期，但真正有史籍可考的中国最早的秘书官职则是国家出现以后的“史官”。我们研究中国古代秘书制度的演变，就从史官开始。

“史”字，小篆作[illegible]，由“中”“又”两字组成。《说文》：“史，记事者也。从又持中。中，正也。”徐铉注：“记事者当主于中正也。”按此解释，“史”就是负责记录事情的人，而记事者应该忠于事实，不偏不倚，保持“中正”。这里不但将“史”解释为典型的秘书职务，而且揭示了秘书最基本的职业道德——忠于事实。

关于“史”字另一种解释是，它像“手”持“中”形，而“中”乃“串”字之省，“串”象若干木片或竹简以线相连之形，与“册”相同，即古代的简牍文书档案。“又”为手形，手者，持也，可解释为“掌管”，这样，“史”字本身就有“掌管文书档案（的人）”的意思。

以上两说都把“史”字解为会意字，虽然它们对“史”字两个部件（“中”和“又”）的解释各不相同，但“会意”的结果却是相同的，即“史”就是古代的秘书官职，其职责是记录领导集团的事情，掌管文书档案。

二、上古传说中的史官

许多典籍记载自黄帝时代起即有了“史官”一职。《史记》《汉书》都说仓颉、沮诵是黄帝的史官，负责记录黄帝言行。传说仓颉是汉字的发明者，但后世学者多认为汉字不可能出自一人，仓颉大约是对创造文字过程中贡献较大的一些人的统称。在上古时代，能够对创造文字作出重大贡献的人就是最有学问的人，这些人在传说中成了黄帝的“史官”，从一个方面说明秘书自古以来就是由文化水准较高的人来担任的。

黄帝的秘书官是否真的叫“史官”，是值得怀疑的。从可靠的史料看，“史官”之名始见于夏代，而且在有关尧、舜、禹的传说中，也没有提到“史官”一职。因此，“黄帝设置史官”可能是后人根据当时的官制套用于黄帝时代的一种说法。

三、夏代的史官

公元前2070年建立的夏朝是我国第一个奴隶制国家。有了国家，才有严格意义上的

“官职”，“史官”这一秘书官职是最早设置的官职之一。

据《夏小正》，夏朝官制有所谓三公、九卿、二十七大夫、八十一元士，共一百二十人，总数几倍于唐虞之时。重要官职有后稷、司徒、司马、司寇、司空、太史、秩宗等，其中太史和秩宗属秘书官职。太史是辅佐夏王处理国政的机要秘书长，其下还有左史、右史、遒人等从官。《吕氏春秋·先识览》有一段记载：夏桀之时，太史终古拿出其保管的“图法”（即图版和法典档案）向夏桀展示，并哭着劝谏夏桀收敛其荒淫无道的行为，但夏桀不听劝告，于是“终古乃出奔如商”。这一记载可以说明夏代的太史是以掌管文书档案为主要职责的官职。

四、商代的史官

商代是我国奴隶制鼎盛时期，奴隶主国家政权日渐完善。商朝建立了机构庞大的中央政府，所设官职多达四十余种，官位二百四十个，较夏代增加一倍，分为政务官、武官、史官和事务官四类，其中史官主要从事秘书工作。商代史官中除太史仍为商王的机要秘书长外，还有名目繁多的而又分工明确的各类史官，如尹、乍（同“作”）册、卜、工、史、北史、卿史等（陈梦家《殷墟卜辞综述》）。这些史官类官职已初步形成不同层次、不同职责，大致说来可以分为以下两类四种。

第一类是神职史官，包括贞卜史官和祭祀史官。贞卜史官负责占卜事宜，解释卜兆，刻写卜辞，现存殷商甲骨卜辞多出自他们之手。由于殷人尊神，凡重大行动均要占卜，请示神灵，故负责解释神灵旨意的贞卜史官虽然官衔不高，对商王和其他统治者却有很大的影响力。祭祀史官主要职掌商王朝祭神和祭祖的典礼事务。商王室定期举行祭祀活动，其规模相当大，要有条不紊地组织好祭祀典礼，必须有统一的组织指挥者，祭祀史官就是负责祭坛的布置、程序的安排、人选的拟定、位次的排列等事务的。他们的工作类似于现代的会务工作。

第二类是人事史官，包括作册史官和记事史官。作册史官有尹、乍册等名目，原先职责为祭祀时奉商王册命以告神灵，商代后期专门负责制作和保管重要册命（公文），其性质相当于商王的文字秘书和机要秘书。记事史官的主要职责是记录商王言行和宫廷大事，保管档案典籍，观察天象、记录历法等。据考证，《尚书》中的《商书》《汤誓》《盘庚》《高宗肜日》《西伯戡黎》《微子》等篇，最早都出自记事史官。

在以上两类史官中，神职史官处理人（统治者）与神灵和先祖之间关系的事务，人事史官处理人（统治者）与臣民之间关系的事务。从工作性质上看，人事史官职掌的事务更近似于今天的秘书工作。

商代史官的社会地位十分显赫，神职史官通过阐释天意来参与国家政治的管理，人事史官则通过掌管“官书”来参与政治生活。由于商代文化以神为本，统治者对神灵和祖先顶礼膜拜，因此神职史官的地位又高于人事史官。商代史官不仅能对商代国家政治施以很大的影响，同时也主管官办的贵族学校。他们垄断神坛、把持政坛、执掌学坛，其活动对后世文化产生了深远的影响。

五、我国最早的综合性秘书机构太史寮和西周的史官

西周时期的国家机构有所发展，中央政府形成以卿为首的政务部门“卿事寮”和以太史为首的事务部门“太史寮”并列的局面。

太史寮是我国最早的综合性秘书机构，在商代末年即已出现，但成型于西周，是为王室服务的秘书处。太史寮中有等级不同分工明确的“五史”。

太史——也写作“大史”，为太史寮之长，属六卿之一，兼管神职与人事。具体说，亦即一方面掌管起草文书，策命诸侯卿大夫，记载史事，编写史书，管理国家典籍，另一方面又管理祭祀、天象和历法。太史是周王朝中职位显赫的职官，相当于中央政府的秘书长。

小史——太史的副手，主要职掌邦国之志和贵族世系，相当于掌管贵族人事档案的秘书官员。有时还协助太史负责重大礼仪活动（如大祭祀、大丧、大宾客）的组织工作。

内史——也称“作册”。从职名上看，当是从商代的乍（作）册史官衍变而来，是为商王起草机要文件的文字秘书。

外史——据《周礼·春官·宗伯》记载：“外史，掌书外令，掌四方之志，掌三皇五帝之书，掌达书名于四方。”可知其职在于书写天子下达京畿以外的命令，掌理四方邦国的史记以及三皇五帝的典籍。

御史——也称“柱下史”，常侍立于朝堂殿柱之下，接收四方文书，负责保管档案和典籍，属太史寮中职位最低的秘书官。

西周不仅国王设诸多史官，各官署和诸侯国也皆设史官，据粗略统计，仅王室和中央各机构的史官即有千人以上。

与殷商相比，西周的史官有两个明显特点。

其一，人事史官地位明显提高。西周时代，人们逐渐认识到礼的作用大于神鬼，“吉凶祸福在于人事好坏，而不在鬼神的威灵”（范文澜《中国通史》）。这样，整个社会就由尊神文化时期转变为尊礼文化时期，占卜祭神活动减少，神职史官不仅人数减少，而且对统治者的影响减弱，其地位明显下降；而人事史官则不论从数量上，还是在地位上，都明显地超过了神职史官。据《周礼·天官·宰夫》：“……史，掌官书以赞治。”郑玄注：“赞治若今起草文书也。”这实际上将占卜、祭神一类事务排除出史官的职责范围，明确了秘书人员以文书档案工作为主要职责，从而对我国秘书工作的发展起到了重要的开拓作用。

其二，史官分工趋向精细明确。西周时期，由于已经出现了太史寮这样成型的秘书机构，同一机构中的不同层次和名目的史官的分工也就越来越细了，如太史寮中“五史”各自职责就非常明确。在周天子的王宫内，还配置了专门记录国王言行的左、右史，专门保管天子印信的典瑞和掌节，以及我国历史上最早的女秘书——专门为王后掌管礼仪和文书的女史等等。史官的明确分工符合秘书工作发展的规律，是秘书工作发展到一定阶段的必然产物，是秘书工作发展史上的一大进步。

六、西周及以前其他秘书官职

西周及以前史官虽是主要的秘书官职，但不是唯一的秘书官职。除了史官以外，唐虞时期和夏商周三代还有以下一些秘书官职。

1. 传说中的“纳言”

传说中舜当政时有“十二官”之设：天子、百揆、四岳、司空、后稷、司徒、士、共工、虞、秩宗、典乐、纳言。每官各有分工，如天子统领天下，后稷负责农事，司徒负责教化人民等等。其中“纳言”的职责是“出纳帝言”。纳言是舜时特设之官，是典型的秘书职务。《尚书·舜典》载，舜曾对担任纳言职务的龙提出要求：“帝曰：龙！朕塈谗说殄行，震惊朕师。命汝作纳言，夙夜出纳朕命。惟允。”（大意是：龙啊！我非常讨厌那种说坏话和阳奉阴违的人，因为这种人常常以一些错误的话使我的民众震惊。命令你担任纳言的职务，早晚代我发布命令，或向我汇报下面的意见，都必须忠诚老实。）《诗·大雅·烝民》说纳言“出纳王命，王之喉舌”，郑玄解释说，纳言“如今尚书，管王喉舌也”。孔安国则解释道：“纳言，喉舌之官，听下言纳于上，受上言宣于下，必以信。”可见它是一种上通下达、出纳君命的官员，当是典型的秘书官职，故有的史家称纳言为舜的秘书长。

2. 巫祝和秩宗

巫祝是原始社会末期出现的不事生产的神职人员，巫负责在神人之间传达信息，祝在祭祀活动中负责致祝词，巫祝从事的工作带有秘书工作的性质。秩宗是传说中的尧、舜两王都设置的官职之一，其职责是司典宗教祭礼。在夏代官制设置中，也有秩宗一职。秩宗实际上是巫祝的领导人，主持最重大的祭祀活动。在上古时期，由于人们对神灵和祖先的崇拜，因而巫祝人员有较高的社会地位。到夏商时期，巫祝与史官逐渐融合，演变为贞卜史官和祭祀史官，夏、商、西周三代官制中的太宗、太祝、太卜等均具有巫祝的性质。

3. 西周天子的宫廷秘书——宰

宫廷中的“宰”一职，在商代是国王的专职厨师，因经常接近天子而逐渐成为国王的亲信，西周时周王让宰掌管宫廷事务，宰成为宫廷内务总管、宫廷秘书首领，相当于王宫的办公厅主任。

七、春秋战国时期史官地位的衰落

自传说中的黄帝时期到西周，史官是各代主要的秘书官职，其社会地位一直很高。这一情况在春秋战国时期发生了根本的改变。

东周王室和列国仍设有太史、小史、御史、女史等史官，地方政府也设有令史、丞史、佐史等。史官的数量依然比较多，但史官地位却急剧降低，其中多数人再不能像以前那样掌管政府秘书机要了。例如太史一职，在西周是“太史寮”主官，位高权重，相当于中央政府的秘书长，而到春秋战国时期，其职权削弱到仅掌记录、管理史料和天文历法。春秋时期，各诸侯国主要秘书官仍叫史官，到了战国时期，各诸侯国干脆另设秘书官职，例如秦国的尚书、魏国的主书、齐国的掌书、楚国的左徒等等。原来在太史寮中地位较低的御史的地位则有所上升。

史官社会地位下降的原因主要有二。

一是社会动荡，王室衰微。春秋时期，东周王室对诸侯国的控制大大削弱，天下出现了群雄并起、诸侯纷争的局面。司马迁描述当时的社会情况是："弑君三十六，亡国五十二，诸侯奔走不得保其社稷者，不可胜数。"（《史记·太史公自序》）在这种情况下，王室和诸侯连自身地位也得不到保障，以管理文书档案为主要职责的史官，社会地位下降也就成为必然了。《汉书·司马迁传》追述作为史官世家的司马氏从周王室走向各诸侯国的情形，颇具典型性："司马氏世典周史。惠襄之间，司马氏适晋，晋中军随会奔魏，而司马氏入少梁。自司马氏去周适晋，分散，或在卫，或在赵，或在秦。"这里描绘的虽然只是一幅司马氏四散图，却可以推见当时史官纷纷离开了国君身边，无权参与政务、辅助决策的普遍情形。

二是私学兴起，文化普及。史官之所以能长期身居高位，一个重要原因是秘书职务需要较高的文化水准。而在西周之前，由于贵族对教育的垄断，只有为数很少的贵族子弟可以在国家办的贵族学校接受教育，因而文化人的数量极少，史官的地位得以维持。到了春秋后期，孔子率先创办私学，主张"有教无类"，招收学生不分出身贵贱，他的学生达三千人；此后的墨子、孟子、淳于髡等人，弟子都在千人以上。私学的发展促进了文化的普及，文化人数量激增，于是秘书队伍发生了根本的变化：文化人大量补充进秘书队伍，充当国君的顾问、谋士，史官对于国君的重要意义也就减弱了。

自战国时代起，虽然各朝仍然设有史官，但除秦汉两代的御史大夫外，其余史官（如汉代司马迁担任的"太史令"）成了以保管档案为主要职责的职务，已不是主要秘书官职，他们对国家大政的影响也就很微弱了。

第三节　秦汉两代的秘书机构和秘书职务

一、秦代中央政府主要秘书机构御史府

公元前 221 年，秦始皇统一天下，建立了中央集权的封建帝国，实行三公（丞相、御史大夫、太尉）九卿（中央各部门的长官）的政体。三公府是朝廷事务机构，九卿中除廷尉、治粟内史、典客、奉常四卿外，其余大多为替皇宫服务的私府，这些私府与三公府相混合，所以当时许多秘书官员既是三公府官员，又属皇宫秘书人员，彼此界限划分得并不明显。

秦代"三公"都设有自己的衙门——丞相府、御史府、太尉府。其中丞相府是协助皇帝处理全国政务的行政机构，太尉府是掌管军事的机构，而御史府则是主要的秘书机构。

御史府的主要职掌有：

（1）受理公卿、百官和民众对皇帝和中央政府的上书。

（2）掌管版籍、地图、法律等重要文书档案。

（3）负责对大小官员的监督和考察。

（4）受命处理皇帝临时交办的特殊事项。

（5）受命代皇帝巡视各郡县，并监理郡务。

以上职掌中，除第三、五两项类似于今天的监察、纪检、组织部门的工作外，其余四项都是秘书部门（办公厅）处理的事务，因此可以说御史府相当于中央政府的办公厅，而御史大夫则相当于皇帝的秘书长或办公厅主任。

御史府的副官叫御史中丞，下隶御史、典御史等职官。御史府内也分曹办事，其中奏曹专管拟写奏章，书曹负责收受、处理文书，令曹掌管秘令、法令，印曹则掌管刻印。在各曹中，又均设有令史，下隶吏禄等秘书小吏，处理具体的文书档案工作。

有的秘书史读本说秦代丞相府实际上是皇帝处理政务的“办公厅”，丞相则相当于“办公厅主任”，这种说法值得商榷。丞相府的职责是“掌丞天子，助理万机”，以处理日常政府事务为主要工作，地方郡县或军队有要事上书，“都送交丞相府，由丞相府整理后送给皇宫秘书官尚书，由尚书转呈皇帝，然后根据尚书转达的皇帝的口谕或批复议决、处理，事毕后收藏。凡皇帝下达的诏书，由尚书转交丞相府，分送相关官衙执行”①。从以上职掌看，丞相府乃是协助皇帝处理全国政务的行政机构。

二、秦代皇宫的秘书官职

为了加强对行政机构丞相府、秘书机构御史府、军事机构太尉府的控制，秦始皇在御史府外又设置了两类专为皇帝服务的皇室秘书。

一类是为皇帝处理具体事务的秘书官，主要有：

尚书——战国时是秦国主要秘书官。秦统一后，设御史府处理中央政府秘书事务，将尚书改为皇宫属官，设四人，为首的称尚书仆射。《通典》卷二十二说：“秦时少府遣吏四人在殿中，主发书，谓之尚书。”可知其地位不高，只管殿内文书的收发，起上情下达或下情上达的作用。

太史令——史官，负责记录大事，有时代朝廷起草文书，地位也不高。

符玺令——负责保管皇帝印玺的人员。

另一类是参谋性质的秘书官，是皇帝的谋士，主要有：

博士——为皇帝的专职谋士。秦始皇有博士七十人，组成了庞大的皇帝智囊团，其为首者称博士仆射。博士一般通晓古今，学识渊博，备皇帝咨询。最高统治者设专门的参谋机构，这在秘书工作史上是一大进步。

给事中——侍于殿中，备顾问应对，讨论政事。

---

① 杨剑宇．中国秘书史．北京：高等教育出版社，2011：77.

侍中——本属丞相府中办理文书的官员，因丞相常派他们往来宫中，故称侍中，后来成为侍从于皇帝左右、出入内宫的近臣。

三、秦代中央各府衙、地方政府和军队中的秘书官职

丞相府、太尉府等各大府衙内设有长史一职，协助主官处理公务，是府衙的秘书长。另有主簿一人，具体掌管府中的秘书业务。

秦代实行郡县制，各郡县主官为郡守、县令（长），副职郡丞、县丞兼管秘书工作，其下则有主簿、记室令史、书史等专职秘书人员。

从秦代各级各类秘书机构和秘书官职的设置情况看，随着中央集权的封建国家的建立，与之相适应的秘书工作机构和秘书职官制度已经形成。秦王朝虽然只存在不到二十年时间，但秦代秘书机构和秘书官职的设置，对后世有很大影响。其后建立的长达四百年之久的汉王朝，在秘书机构和秘书官职的设置上，就基本上沿袭了秦代的体制。

四、御史府秘书职能被尚书台逐步取代

西汉前期，沿袭秦制，御史府仍为中央政府主要秘书机构，其职权有所增大，某些制书、诏书须经御史大夫过目，再发往丞相府，然后由相府发往各部门办理；下级部门或地方官署上呈的文书，也由御史府初阅筛选，对违反圣意或不合规范的公文，予以筛除，直至弹劾上呈该公文的官员。御史大夫配有副职御史中丞，下隶御史三十人、侍御史十五人，分别处理中央与地方往来文书，并配符玺侍御史专管皇上的玉玺符节，治书侍御史则在皇帝身边记录言行。

汉初“三公”皆由开国功臣担任，其权力日渐扩大，尤其是丞相位尊权重，大有架空皇帝的趋势。为了防止相权超越皇权，汉代最高统治者采取了一系列削减“三公”权力的措施，重用尚书并设立尚书台就是重要措施之一。

汉武帝为削弱“三公”之权，启用了皇宫所属尚书，掌管中央政府的机要，并以宦官为尚书之职，称为“中书”。尚书在秦代仅是负责内外传达的一般秘书职务，汉武帝后成为重要的秘书官。西汉末年，汉成帝将尚书署升为尚书台，以尚书仆射为其主官，并复用士人充任。哀帝时，尚书台已经成为皇帝实际上的机要秘书处。到东汉光武帝时，中枢机要进一步“政归台阁”，握有“主赞奏事，总领纪纲，无所不统”的重权，它不仅取代了御史府的大部分秘书职权，而且取代了丞相府的一部分行政权，成为皇帝以下各官府的权力中心，而丞相府和御史府反倒成为陪衬。到东汉中期以后，实权又逐渐转移到太尉府。

汉成帝建尚书台前，尚书仅四人，建台时增至五人。东汉光武帝时尚书台编制猛增至六十余人，尚书台内有尚书令一人为主官，尚书仆射一人为其副，六曹尚书各一人，每曹又有尚书侍郎六人，尚书令史三人。

两汉前后跨越四百多年，秘书机构和官职变化较大。从尚书台的发展过程看，它在西汉时期基本上是一个以掌管机要为主要职责的秘书机构，东汉前期尚书台虽然重权在握，

但毕竟是通过参与机要、出纳帝命、办理章奏等秘书业务影响皇帝而干预政务的，还不是直接执行政务的机构。从机构设置的目的和职掌看，它仍然具有秘书机构的性质，这同魏晋以后中央政府的行政机构“尚书省”是有差别的。

五、汉代皇宫其他秘书官职

虽然尚书台后来成为实际上的中央政府的机要秘书机构，但从编制上来说仍属皇宫秘书机构。除此之外，皇宫还设有两类秘书官职。

第一类是以参谋言谏为主要职责的秘书职务，主要有：

博士——其职能如同秦代。到汉武帝“罢黜百家，独尊儒术”后，博士的职责转为专事学术研究，负责儒家经学的阐释、讲授、传播，成为学者，失去了皇帝智囊的作用。

郎官——郎官是代替博士职能的殿廷侍从，能直接接近皇帝，其中起参谋、顾问作用，带有秘书性质的郎官主要有：(1) 谏大夫，东汉改称谏议大夫，职责为直言进谏，提醒皇上之阙失；(2) 中大夫——后称光禄大夫，备顾问应对，并常被派往各地办理救灾、选士、社会调查等事宜；(3) 议郎——专掌顾问应对的低级参谋。

第二类是宦官充任的贴身秘书，主要有：

中常侍——出入宫廷，侍从皇上，传达诏令，掌管机要文书。

侍中——往来殿中奏事，后被提升为“切问近对”的侍从顾问，品秩虽低，权力颇大，并有了办事机构“侍中寺”。

黄门侍郎——侍从皇上，传达诏命。

中书令——汉武帝时设此官，负责为皇帝起草诏令，掌管机要文书，颇有实权。

六、王国、地方政府中的秘书机构和秘书官职

西汉初分封皇帝子弟和功臣为“王”，各有王国，王国内秘书机构和秘书官员设置，与中央相似。“七国之乱”后，王国权力被削弱，其官职设置遂与地方郡府相同。

王国之外的地区设郡县，汉武帝后，增设州一级行政机构，全国分为十三个州，长官为刺史，东汉后又改称州牧。州的辖域较大，相当于今天省级行政机构。州、郡、县各级地方政府中的秘书官职名称基本相同，如副职“丞”均兼掌秘书事务，主簿在各级政府中都是主要的秘书官职，相当于今天的办公厅主任，如东汉末年被曹操杀掉的杨修的职务就是“丞相府主簿”。书佐则是负责起草公文的文字秘书。各级政府中还设置了专门的秘书机构“记室”，专管起草、收发文书，相当于今天的秘书处（科）。

七、以“秘书”冠名的秘书官职的出现

东汉时期，我国历史上第一次出现了以“秘书”二字冠名的秘书官职。

《汉书·刘向传》载："诏向领校中五经秘书。"这里的"五经秘书"，皆指图书秘文。秦始皇焚毁六国图书档案后，社会上文献极为珍贵。汉初，统治者为政治需要，广泛搜集社会上遗留的图书文献，集中于宫中秘藏，故称"秘书"。此"秘书"是指物，而不是指人。

东汉延熹二年（159），汉桓帝刘志在朝廷首置"秘书监"一职，其职责是"掌典图书、古今文字，考合异同"（《太平御览》卷二百三十三）。朝廷以"秘书"名称任命官员，这在我国历史上是第一次，这个官职虽以"秘书"冠名，但从其职掌看，仅是管理图书档案的官员，虽然也是秘书工作的一项内容（南北朝之前，图书和档案没有明显的区别），但不是主要的秘书官职。

作为主要秘书职务并以"秘书"冠名的名实相符的秘书官职，是在东汉末年出现的。建安二十一年（216），汉献帝封曹操为魏王，"魏武佐汉，初建魏国，置秘书令，典尚书奏事"（《文献通考》卷五十），下隶秘书左丞和秘书右丞两副职。秘书令统领魏王府整个秘书工作，掌管王命的撰拟、传达等事务，其职责类似现代的政府秘书长。

"秘书令"一名在秘书史上昙花一现，仅存几年时间，公元220年魏文帝曹丕废汉称帝后，就把"秘书令"改为"中书令"。此后各朝直到清代末年，以"秘书"冠名的官职如"秘书郎""秘书丞"之类，都不是主要秘书官。虽然如此，这一职名对我国近代秘书名称的正式确立仍有重大影响。

第四节　从魏晋南北朝到元代的秘书机构和秘书职务

一、"霸府"现象和"三省制"的形成

魏晋南北朝时期各个王朝，都是由手握军权的权臣建立的。他们在正式取得皇位前，任用一批人组成一套机构，完全在正规官制之外，自由行使权力，历史上称这些权臣所独自掌握的实权机构为"霸府"。

公元216年曹操设置的"秘书令"本为魏王府内的幕僚职务，4年以后曹丕废汉建魏称帝，旋即以其府中的幕僚组成新王朝的中央秘书机构，使王府的私人秘书一夜之间成为中央政府的秘书首领。这种现象在魏晋南北朝时期各代一再重演。到隋朝建立时，随着"霸府"在历史上消失，此种现象后代再没有出现过。

魏晋南北朝的官制，上承两汉，下开隋唐，是由秦汉的三公九卿制向隋唐的三省六部制演进的过渡形式。汉武帝开始，尚书和尚书台地位日渐重要，魏晋以后，尚书台（南朝梁改称尚书省）从皇宫内廷独立出来，成为中央执行政务的行政机关。尚书台（省）由内廷的机要文书机构变为外廷的行政机构以后，出于收发文书、起草和传达诏令的需要，从魏晋开始，另设中书省为文书处理机关，其长官为中书监和中书令。对中书省起草的诏

令，皇帝又用亲近侍从参与审议。晋代时，将自东汉起就设于内廷的侍中寺改称门下省，以侍中为长官。至此，一直延续到宋代的“三省制”已初步形成。

三省之间的关系是“中书出令，门下审议，尚书执行”。其“中书出令”并非说中书省是发布命令的机关，而是说中书省是起草政令的机关，它根据皇帝的旨意起草的政令要经过门下省审议，最后由皇帝亲自批准，才能成为国家的法令，然后交尚书省执行。从三省的分工看，门下省属审议机关，尚书省是行政执行机关，中书省则是典型的中央政府的秘书机关。当然，起草政令必然对国家大政有重大影响，加上中书省设于宫中，接近皇帝，所以其长官中书令实际上掌有相当大的实权，但中书省的机构性质则仍然是秘书机构。

二、中书省内的官职设置和职能的变化

中书省主官初为中书监和中书令两职，隋废中书监，只留中书令（隋代为避隋文帝之父杨中之讳，改“中书”为“内史”，唐初恢复）。

中书舍人为中书省内最主要的秘书官，南朝梁陈时设中书舍人 5 人，唐代定额为 6 人，“掌侍奉进奏，参议表章。凡诏旨制敕，及玺书册命，皆起草进画，既下，则署而行”（《旧唐书·职官志》），“凡百司奏议考课，皆预裁焉”（《新唐书·百官志》），“天下政务，莫不关决”（《职官分纪》）。可见中书舍人虽然官位不高（正五品上），但专掌诏书拟制，参与机密，实际上是皇帝的高级秘书。

中书省内还设有通事舍人（负责皇宫礼仪）、起居舍人（负责记录皇帝起居言行）、主书（负责保管文书，抄写诏敕）、书吏（负责文书抄录誊写）等中低级的秘书职务。

中书省除一直是中央政府的主要秘书机构外，在唐代还参与朝廷各种重大活动。唐代前期，中书令是朝廷的宰相，“掌军国之政令”，其副手中书侍郎“参议邦国之事务，朝廷之大政”，此时的中书令和中书侍郎实际上是行政长官，不是严格意义上的秘书官职，但中书舍人则始终是朝廷的秘书官。唐代后期，中书省的职权有所削弱。

宋代中书省内设有通进司、银台司（因司署位于银台门内而得名），后来合为“通进银台司”，其主官是“知通进银台司”。该司职责是：“掌受三省、枢密院、六曹及寺、监、百司奏牍，文武近臣表疏，及章奏房所领天下章奏案牍，具事目进呈，而颁布于中外。”（《宋史·官职志》）可见，它是宋代上下公文总枢纽机构，是朝廷的咽喉。

三、门下、尚书二省内的秘书官职和秘书机构

审议机构门下省的主官为侍中，其职责为出纳帝命，议论朝政，过问朝廷大小事务，其职责有一部分属于秘书工作，但门下省主要职责是审议，因此总体上看不能算秘书机构，其主官侍中也不是朝廷的主要秘书官。在门下省内的主要秘书官职是给事中，其主要职责是驳正臣下有所违误的章奏；其次是起居郎，他与中书省的起居舍人一起负责记录皇帝的言行；另有符宝郎掌管皇帝的玉玺。

在国家行政机构尚书省内，设有直属的办事机构——都省，是尚书省的“办公厅”；

尚书省下分六部办公，各部设有“都事”一职，负责收发文书等秘书工作，是真正的秘书官。

四、唐、宋两代中央其他秘书机构和官职

1. 翰林学士院

“翰林”原义为“文人集中之处”，唐初于宫中置翰林院，为文人内廷供奉之所，只备临时差遣。唐玄宗开元年间，为限制中书省权力，启用部分翰林为皇帝起草重要文件，皇帝任命将相、册立太子、宣布征伐等重要文书，皆由翰林学士起草。翰林学士实际上成为皇帝的机要秘书。宋代这一机构称“翰林学士院”，翰林学士除起草文件外，还侍从皇帝以备顾问应对，翰林学士院遂成为皇帝的机要秘书处，取代了中书省的部分重要职权。

2. 秘书寺、秘书省

自晋代起中央政府设有“秘书寺”，隋代改为“秘书省”，隋代的秘书省与尚书省、内史省（即中书省）、门下省、内侍省（皇宫总务部门）并称“五省”。秘书寺和秘书省虽冠以“秘书”二字，但并不是主要的秘书机构，其职责为收集、管理历史档案和本朝档案，并根据档案史料撰修前朝国史。其性质相当于今天的国家档案馆。

3. 匦使院和鼓、检两院

公元684年，武则天垂拱专政。为巩固权力，打击政敌，在中书省设立了一个特殊机构——匦使院，其主管官员称“知匦使”。匦是一种铜铸的大匣，置于宫门外，形如小舍，相当于一只巨大的信箱，四面均开有可进不可出的投书口：东面名为“延恩”，专供怀才抱器，希于闻达者投书；南面名为“招谏”，专供愿匡正政治过失，有意于理政者投书；西面名为“申冤”，专供含冤负屈，无辜受刑者投书；北面名为“通元”，专供作赋颂扬朝政者投书。有匦始有院，匦使院就是专门管理大匦的机构，它是一个名副其实的信访机构。武则天设置匦使院的主要目的是鼓励告密以网罗罪名打击政敌，她规定告密不实者不予追究，而那些审理告密信的官员多为酷吏，所以造成许多冤假错案。尽管如此，匦使院的设立毕竟从形式上开辟了一条最高统治者了解下情的渠道，它是我国最早的中央政权的信访机构，在秘书史上具有重要意义。

武则天以后，唐历朝沿其制。匦院主官名称略有变更：玄宗改知匦使为献纳使；肃宗复称知匦使；德宗除仍以谏议大夫为知匦使外，并增理匦使，以御史中丞充其任。

宋代中央分设两个不同层次的独立信访机构——鼓院和检院。鼓院是初级的信访部门，宋初叫鼓司，后改称登闻鼓院。鼓院仿照唐代的匦使院，在院门前放置大匦，供投书用。有关朝政得失、陈功求赏、申冤理屈的上书，以及不属于官府正常上行文书和无法呈送皇帝的文书，均可投入匦内，如无人受理，则可击鼓。检院原称匦院，为高一级的信访部门。检院门前也置有匦，凡吏民投书鼓院未被受理，或感到处理不公，可再向检院投书。检院有处理投书的规章制度：凡紧急投书，当天就要呈送皇帝，一般上书每5天呈送一次。由于设立了两级信访部门，因而上书者就多了一次投书的机会，上书不至于被一个部门扣压，这是信访工作的一大进步。

五、辽、金、元翰林院独掌机要和三省制的废除

辽、金是两宋时期北方少数民族建立的政权，元是蒙古人在北方建立的政权，灭掉金、宋后统一了中国，元王朝统治全国近一百年（1271—1368）。这三个王朝都是少数民族建立的军事帝国，在秘书工作方面有相似之处。

辽代中央实行特殊的南北两面官制。北面官管理皇宫事务和契丹等北方民族的居民，南面官管理汉族居住地区的行政事务。北面官中的“大林牙院”相当于宋代的翰林学士院，负责为皇帝起草、颁布重要文书，是皇帝的机要秘书机构。辽代统治者仿唐宋在南面官中仍设中书、门下、尚书三省，但因南面官不掌实权，故其官职虽略同于唐宋，但中书省已不是朝廷主要秘书机构。

金代初年仍虚设三省，但以尚书省统领中书、门下省，改变了三省并列的体制。天德年间，金主完颜亮废中书、门下二省，仅留尚书省总揽政务。至此三省制实际上已经废除。金代皇帝的机要秘书处是翰林学士院，主掌诏令的起草。

元代统一中国后，将翰林院分为两部——翰林兼国史院和蒙古翰林院。翰林兼国史院由汉族文人组成，主掌保管国家档案和修撰国史，还设有侍读学士、侍讲学士等陪同皇帝和皇族子弟读书，主要是一个学术性质的机构。蒙古翰林院负责撰拟、翻译皇帝的机要文书，是皇帝的机要秘书处。

元代实行中书省、枢密院、御史台并立的官制，枢密院掌军事，御史台掌监察，中书省掌行政。不设门下、尚书省，这时的中书省实际上就是唐宋时期的尚书省，且行政权更为集中，已经完全不是秘书机构了。元代为了加强对地方的行政控制权，还在地方设“行中书省”，代表中央政府管理地方事务，是为“行省”制度，现代省一级行政区划即源于此。

到明朝初年，朱元璋完全废除了中书省，“中书省”这个在秘书工作发展史上具有重要地位的机构连名称也从历史上消失了。

六、中央各衙署和地方政府中的秘书官职

汉以后，在中央政府其他官署和地方郡、县官府中，都设有主簿、掌书记等秘书官职，负责文书簿籍，掌管印鉴。唐、宋两代地方政权中除继续设有主簿这一重要秘书官职外，还出现了判官、孔目等新的秘书职务。

判官——唐代中央政府特派担任地方临时职务的大臣都要自选中级官员奏请批准充任判官，以作为自己的助手。唐中期以后，节度使、观察使均有判官。宋代沿置于各州、府，选派京官充任，时称“签书判官厅公事”（简称“签判”），各路长官均设判官，判官职位略低于各路副职，职权相当于今天的秘书长。元代判官分设于各路总管府、散府及州。

孔目——地方政府中掌管文书档案的官职。《资治通鉴·唐玄宗天宝十载》胡三省注：“孔目官，衙前吏职也。唐世始有此名，言凡使司之事，一孔一目皆须经由其手也。”宋时内外衙署多设此职。

宋代还出现了两种没有官品的低级秘书吏员——押司和贴司。押司是中央各官署到县

府中都设的专门办理案牍的吏员，相当于文书保管员，《水浒传》中的宋江就是郓城县的押司，他掌管往来公文，所以能看到捉拿晁盖的机密文件，从而冒死前去通风报信；贴司的地位更低，只承担抄写文书等事务。

辽、金、元三代，皇帝和地方政府的主官为契丹、女真、蒙古人，而属官既有少数民族人，也有汉人，公文往往需要多种文字的文本，这就需要有人从事公文翻译。三代州以上官署中设有专门从事公文翻译的秘书职务——译史。元代还设有为蒙古族或色目族官员充当口头翻译的官员——通事。

元代统治者尚武，各官署和地方政府的主官多由武将担任。他们文化水准较低，不得不任用汉族文人为助手，这些由汉人充任的低级职务统称“吏员”。据《元史·百官志》记载，在三十余种吏员中，有九种属于秘书职务，它们是：负责处理公文事务的案牍吏员令史、司吏、书吏、典吏，负责传达、催办等事务的传达吏员宣使、奏差，负责掌印的知印，以及负责翻译的译史和通事。

第五节　明清两代的秘书机构和秘书职务

一、明代的内阁六科制

朱元璋建立大明王朝后，开始沿袭元制，由中书省总领全国政务。为巩固皇权，朱元璋于洪武十三年（1380）以擅权挠政为名，杀中书省丞相胡惟庸，并下令撤销中书省，废除丞相一职，由皇帝自任宰相，吏、户、兵、礼、刑、工六部直接对皇帝负责。为适应这种集皇权、相权于一身的体制，必须设立庞大的秘书机构来协助皇帝处理政务，因此明代的秘书机构体制与前代相比有很大的变化。明代秘书机构体制史称“内阁六科制”。

1. 内阁的秘书职能

洪武十五年（1382），朱元璋在宫内设文渊阁，从翰林学士中选择可信者入阁备顾问，“详看诸司奏启，兼司平驳”，此为内阁之始。内阁正式建于惠帝建文四年（1402），是年永乐皇帝占领南京，“开内阁于东门角内”，以解缙等 7 人组成内阁。京都迁至北京后，内阁设在今故宫午门内东南角办公。凡入内阁者，成为内阁大学士，其官品并不高（正五品）。明代内阁中设有中书科、制敕房、诰敕房等三个具体承办事务的二级机构。

内阁之职责，大致是参与机务，充当顾问，出纳帝命，收阅奏章，起草诏诰谕敕，典藏御笔文书、档案、图书以及一切文书记录整理等。到仁宗以后，内阁之权始扩大，宣宗宣德年间，内阁始增加票拟（即在奏章上写上初步处理意见，类似今日之“拟办”）和面议大事之权。世宗嘉靖时，阁权进一步扩大，“各部之事，皆听命于阁下”。皇帝之事，“每召内阁造膝密议，人不得与闻”。虽然内阁权力不断扩大，但从其机构性质看，明内阁实为皇帝的机要秘书处，而迥异于现代西方君主立宪政体下的作为中央政府的“内阁”。

2. 六科

明代皇帝自任宰相，直接领导六部，为此设立了专门协助皇帝处理六部事务的秘书机构——六科。六科并非六个不同的办事机构，而是于午门外东、西朝房内集中办公，只是具体分管与各部的联系而已。吏、户、礼、兵、刑、工六科分别配都给事中、左右给事中各 1 人，给事中若干员。给事中官位很低（七品官），但他们直接对皇帝负责，六部章奏必经其手，“凡制敕宣行，大事复奏，小事署而颁之；有失，封还执奏”（《明史·职官志》）。皇帝通过六科了解各部贯彻政令的情况。明末万历年间，张居正实行改革，将六科划归内阁管理。

二、明代的宦官秘书机构

从秦始皇的机要秘书赵高，到慈禧太后的宠信秘书李莲英，我国历史上一再出现宦官秘书掌握机要大权而干预国家政治的现象，每次干政都导致国家政治更为腐败，有时导致政治动乱，成为封建王朝垮台的直接原因。其中东汉、唐代后期和明代中后期的宦官干政比较典型。

明朝初期，鉴于汉唐以来宦官专权之弊，对宦官人数加以限制，朱元璋曾命令“内宦不得干预政事，预者斩”。但明成祖争夺皇位时得到宦官的支持，开始任用宦官。成祖以后，皇帝大多沉湎享乐，疏于朝政，加上想利用宦官限制内阁的权力，因此开始在内廷起用宦官掌握机要大权。明中期以后，宦官在组织上逐步形成庞大的机构，有所谓十二监、四司、八局，计二十四衙门之设。其中的内侍机构司礼监演变成皇帝总掌朝廷核心机务的秘书处。明后期宦官成为一股强大的政治势力，皇帝通过司礼监控制内阁票拟权，并授予司礼监批红权（就是对内阁票拟的奏事文本，代皇帝用朱笔予以判定）。“内阁之票拟，不得不决于内监之批红。”司礼监下所设掌印、秉笔、随堂太监权尤重。秉笔太监兼任东厂（为宦官控制的特务机构）提督之职。司礼监秉笔太监魏忠贤得宠后兼掌特务机构东厂，专断国政，大兴党狱，诛杀忠良，形成了历史上非常黑暗的“阉党之乱”。

除司礼监外，明代宦官机构系统中的尚宝监、印绶监、文书房、中书房、礼仪房等皆属秘书性质机构。

三、明清两代中央政府的文书收发机构——通政司和奏事处

通政使司是明初洪武十年（1377）设立的中央政府“掌受内外章疏敷奏封驳之事”的官署。依明太祖朱元璋意，政犹水也，欲其常通，故以通政为名，简称通政司。掌出纳帝命、通达下情、关防诸司出入公文、奏报四方臣民建言、申诉冤屈或举告不法等事。其职责范围较宽，既是明代中央收发公文的总机构，又兼有收受吏民的申诉陈情等其他功能。

清沿明制，也设有通政司，职责与明代略同，直到光绪二十八年（1902）才撤销。

清代雍正皇帝即位后大兴密奏之风，他于通政司外又设立了一个专门收受密奏的机构——奏事处。此后通政司主要收受例行公文，而涉及机要的密奏则由奏事处受理。

四、清代精干高效的秘书机构——军机处

清代初年沿明代内阁制，除文书出纳由通政司掌管外，朝廷其他秘书事务由内阁总领。清代内阁中设有典籍厅、满本房、汉本房、蒙古房、诰敕房、副本库、批本处等十多个二级机构。

康熙皇帝时在内宫设立南书房，接管了内阁的部分批签题本、草拟诏旨的职能，内阁和南书房遂并为皇帝秘书机构。乾隆以后，机要事务转由军机处办理，内阁成为仅办理例行事务的无关紧要的秘书机构。

雍正七年（1729），因西北两路用兵而设“军机房”，三年后改为军机处。起初为处理战事的临时军务机构，乾隆时成为常设机关，直至清末。军机处之职责主要有以下几个：起草谕旨，收受奏折，参赞军国机务，参议重要政务，充当皇帝的参谋顾问等。它实际上是皇帝亲信的机要秘书处和参谋部。

军机处无正式衙署，无专职官员，全部工作由军机大臣主持。军机大臣正式称谓是“军机处大臣上行走”，其数无定额，任期无限止，最多时有10人左右。

军机处设军机章京办理一切事务，军机章京俗称“小军机”，初期军机章京无一定额数，由军机大臣在内阁中书等官员中选调，最多时为32人，光绪三十二年（1906）确定军机章京额数为20人。

作为皇帝直接控制的机要秘书机构，军机处具有人员精干、办事效率高和高度保密等特点。军机处的这些特点可作为今天设置秘书机构的借鉴。

五、清代的“书吏之害”

清代内外各官署中负责文书起草、修改、缮写、收发，以及文卷、册籍、账簿保管的文员通称书吏。他们有许多名目，根据所在行署高低、性质和所处理文书的具体内容，“依役分名”，有京内京外之别。京内之吏有三：一曰供事，二曰儒士，三曰经承。京外之吏有四：一曰书吏，二曰承差，三曰典吏，四曰攒典。书吏是没有官品的一般职员，却是政府职能的实际执行者，是国家机器整体链条中的重要环节。

清代许多官员有的因科举而得官，除了精通八股文，根本不了解民情世故；有的沉湎于享乐，饱食终日，无所用心，缺乏治政能力。各级官僚的昏庸无能，加上清代律令的繁杂，造成了主官对书吏的依赖，处理政务的实权逐渐被从事具体文书工作的书吏把持。书吏位卑权重，作弊枉法，上下勾结，四处串通，在行政司法事务中把持案牍进而控制政权，甚至挟制主要官员。这种现象在清代非常普遍，历史上称为“书吏之害”。雍正皇帝钦批的《州县事宜》（田文镜撰）专门描述了书吏驭官作弊的情况：“（县官）赴任之初，迎接跟随，皆是窥探之计；即任之日，左右前后，无非伺察之人；家人亲友，择官之所亲近者而先致殷勤；举止动静，就官之所好者而巧为迎合。官而爱财，彼则诱以巧取之方，而于中染指；官而任性，彼则激以动怒之语，而自作威福；官而无才，彼则从旁献策，而

明操其权柄；官而多疑，彼则因事浸润，而暗用其机谋；官喜偏听，彼则密讦人之阴私，以倾陷其所仇，而快其私忿；官好慈祥，彼则扬言人之冤苦，以周全其所托，而图其重贿；官恶受赃犯法，彼则先以守法奉公取官之信；官喜急公办事，彼则先以小忠小信结官之心；官如强干，彼则依官势以凌人；官如软弱，彼则卖官法以徇己；官如任用家人，彼则贿通家人以为内应；官如听信乡绅，彼则联结乡绅以为外援。”

由于书吏之害的蔓延和发展降低了行政效率，加剧了吏治腐败，腐蚀了国家机构，对清代的皇权统治构成了威胁，因此清廷曾多次试图予以治理，如规定书吏五年一换等。雍正初年和光绪年间曾两次大规模地裁汰书吏，但封建政治的腐败决定了书吏之害产生的原因无法消除，所以其治理没有取得实质性的成果，书吏之弊直到清亡也未完全革除。

与书吏之害伴生的一种普遍社会现象是幕僚的盛行。幕僚实是地方官员自行聘请的私人秘书或顾问，不属于国家官吏。（清代幕僚的作用及其盛行的原因请看本章第六节。）

六、清末“责任内阁”的秘书机构

在中国的政治和社会发展史上，发生于1840年的鸦片战争是一个重要的历史分水岭。中国从一个独立的封建国家逐步沦为半殖民地半封建社会。1895年，甲午中日战争结束后，清政府与日本签订了丧权辱国的《马关条约》，激起中国人民的强烈愤恨。1898年戊戌变法失败，有识之士认识到必须通过革命才能改变中国的命运，以孙中山为首的革命党人酝酿推翻封建帝制的斗争。为了抵制革命，以达到“皇位永固”的企图，清政府在1906年宣布“预备立宪”，他们仿照日本中央及地方政府的组织制度，进行了一些改革。宣统三年（1911）四月十日，清政府又玩弄“新政”骗局，成立责任内阁（亦称皇族内阁），裁撤了原军机处和内阁及其有关机构。所谓责任内阁，是指国家权力的最高行政机关，由总理大臣、协办大臣、国务大臣等10多人组成，它本身不是秘书机构，内阁下则设有承宣厅、制诰局、收文处等秘书机构。责任内阁成立才几个月，这些新设的机构还没来得及运转，辛亥革命爆发，绵延两千多年的封建君主专制制度就结束了，我国的秘书工作发展史也随之进入一个新阶段。

第六节　中国古代的非官方秘书

以上讨论的古代秘书官职的演变，从皇帝的秘书长御史大夫，到类似于今天打字员职务的书佐，都属于国家机构的官方秘书。我国历史上除官方秘书外，还有一些不享受国家俸禄的非官方秘书。由于特殊的历史原因，这些秘书在中国秘书工作发展史上曾经起过相当重要的作用。

一、私人秘书的出现

从黄帝时代到西周，由于文明发展程度不高，整个社会上能胜任秘书工作的“文化人”数量有限，不具备产生私人秘书的条件。私人秘书的出现是伴随着文化的普及和知识分子人数的增加而出现的。现在典籍中有据可查的私人秘书最早出现在春秋末年，这就是一些卿大夫自己任免的“家臣”。据史书记载，春秋末年一些有权势的贵族都聘有数名家臣，其为首者叫“家宰”，下设司徒、司马、工正、马正等。这些职务不都是秘书，但有别于奴仆，其中文化水平高者不仅为主人掌管家政，而且常为主子出谋献策，带有秘书性质。《史记·孔子世家》记载，鲁昭公二十五年（前517），孔子到齐国后，曾为高昭子家臣。孔子的弟子中也有多人当过季氏家臣。

私人秘书的出现，表明我国的秘书工作已向社会化发展，使秘书工作服务的对象大为增加。

二、战国时期的养士之风

从春秋中后期到战国时期，因社会变革对智能、知识的需求，士的社会角色由主要为武士转为主要为文士。《韩诗外传》载：“君子避三端：避文士之笔端，避武士之锋端，避辩士之舌端。”操笔弄墨的和鼓唇摇舌的都属文士之列，他们中的许多人成为各国国君和高官贵族的顾问、谋士、幕僚，亦即高级秘书。战国时期活跃于各国政治外交舞台的商鞅、张仪、苏秦、韩非、李斯等，都曾经以士的身份展示自己的才能，然后被国君委以重任。

与此同时，当时上层贵族也盛行“养士”之风。著名的“四公子”亦即齐国之孟尝君、赵国之平原君、楚国之春申君和魏国之信陵君，以及后来秦国的吕不韦等，都纳士数千，称为食客、门客或舍人。他们流品繁杂，乃至有鸡鸣狗盗、引车卖浆之徒，但仍以有文化的游说之士为主。这些门客的职责是参议谋划、起草信函、处理日常事务、承担交办事项，实际上属主人的私人秘书，为后世幕僚的祖师。孟尝君门下的冯谖就是当时私人秘书中的佼佼者。吕不韦也曾组织幕客撰成《吕氏春秋》一书，该书兼儒、墨，合名、法，取诸家之所长，被誉为杂家之第一代表作，可见吕氏门下善文者很多，而且学术倾向也互有不同。

士无论服务于国君，还是服务于一般贵族，他们与主人都是双向选择的关系。士择明主而从，主则唯才是用，人身的相对自由为士施展才华提供了宽松的社会环境，以至于出现了我国历史上少见的秘书人才群星璀璨的景观。这种现象随着秦始皇建立大一统的集权帝国而成为不复再现的历史。

三、魏晋南北朝时期“霸府”中的幕僚

魏晋南北朝时期，秘书史上出现了一种特殊的现象：一些私人秘书（幕僚）一夜之间

成为国家的高级秘书官。这一时期各个王朝，都是由手握军权的权臣建立的。他们在正式取得皇位前，任用一批人组成一套机构，完全在正规官制之外，自由行使权力，历史上称这些权臣所独自掌握的政权为“霸府”。霸府的中心人物是幕僚和将领。幕僚既是谋士高参，又是办理文书、处理日常事务的人员，相当于霸主的私家秘书。由于这些幕僚在帮助主人夺取帝位的过程中起着很大作用，故而深得主人的宠信，一旦主人即位称帝，霸府就变为王朝，其手下军队就变为国家常备军，幕僚组成的机构也就转变为中央秘书机构，幕僚及其首领也就相应地转变为国家正式秘书官员和中央秘书首领了。魏晋南北朝时各朝都有这一现象，其“创始人”就是曹丕。

曹丕废汉建魏称魏文帝，旋即以其府中的幕僚组成新王朝的中央秘书机构，任命长期为他们父子掌机要的秘书刘放为中书监，孙资为中书令。因刘、孙二人资历不相上下，所以除设中书令外，又增设中书监一职，监略高于令，使两人一下由王府的私人秘书成为中央政府的秘书首领。这种现象在魏晋南北朝时期各朝一再重演。到隋朝建立时，“霸府”在历史上消失，后代再没有出现过。

四、隋唐以后的科举落榜文士和幕僚

我国自隋代开始直至清末，一直实行科举取士制度。科举制度在唐宋时代对封建社会的发展曾经起过积极作用，但即使在那时，也有一些有真才实学的文人不能通过科举考试步入仕途，于是一些文士便通过各种关系到地方官府或节度使幕府中充当幕僚，作为走向仕途的过渡。此种现象在唐代后期尤为盛行，一方面因为朝廷权臣排斥有才能的文士，另一方面割据的节度使为壮大自己的力量又广泛搜罗人才，许多文人便充当了他们的私人秘书。如唐代著名学者、政治家韩愈，虽然在礼部主持的考试中中了进士，但连续三年未能通过吏部的铨选考试，不能取得做官的资格，于是只好离开长安，到宣武节度使董晋的麾下当幕僚。以后由董晋荐举，才被授予秘书省校书郎的职务。

明清时，以八股作为科举考试的主要内容，考试过程中作弊现象又非常普遍，科举考试从内容到形式都表现出极大的保守性和落后性。大批有真才实学的知识分子不能通过科举考试，而一些地方官僚又需要有才能的文人充当助手，于是文人充当幕僚又成风气。其中最有代表性的例子就是著名文学家蒲松龄。蒲松龄（1640—1715），字留仙，山东淄川（今属淄博市）人。蒲松龄童年时跟着父亲读书，由于勤奋和聪慧，19 岁初应童子试，以县、府、道三个第一名补博士弟子员，颇受当时主持山东学政的著名诗人施闰章的赏识，赞他“观书如月，运笔成风”，一时文名颇高。但就是这样一个有真才实学的人，自 19 岁“弁冕童科”之后，竟屡试不第，直到 71 岁高龄，才援例成为贡生。蒲松龄未能攀缘科举出仕，一生都在农村过着清寒的生活。康熙九年（1670）至十年间，他应做县令的友人孙蕙等邀请，先后到宝应和高邮做了一年多的幕僚，即知县的私人秘书，负责起草呈文、文告等，并陪同孙蕙送往迎来、游历视察、出入官场。他为人正直，富有同情心和正义感，对主官产生了一定影响，也为百姓办了一些好事。他任知县幕僚只有一年多时间，起草了整两册 70 余页公文。《聊斋志异》中有许多揭露官场黑暗的作品，不少素材即来自这一年多的幕僚生涯。

五、清代幕僚的盛行

蒲松龄当幕僚只是一个典型的例子。实际上，清代的总督、巡抚以及省、州、县各级地方官衙中的主官聘用幕僚成为一种普遍现象，一般官员上任之始就自带幕僚多人，少则三五人，多则十余人。幕僚由主官私人聘请，不属公职人员，国家不支付薪俸，由主官个人付给酬薪。既然如此，这些官员为何要聘请幕僚呢？

据杨剑宇先生分析，幕僚的盛行有以下三方面的原因。①

其一，相当一部分主官昏愦无能，难以胜任政务；即使有能力理政的主官也多忙于巴结上司、应酬同僚，陷身于官场的繁文缛节之中，以保持或晋升官职，故无力顾及政务。而官衙中事务日繁，州（府、厅）、县都依照中央设吏、户、兵、礼、工、刑六房办事，且原先的一些秘书人员逐渐转为担任某方面的具体工作。如县衙中的典吏本是掌管文移出纳的，后转为负责稽查狱囚的司法官吏，经历、都事等秘书头目也转为执掌实务的官员。这样，决策的主官和执行的吏员之间，就缺少了一个上通下达的环节，致使政府机器运转不灵。于是，只得延揽幕僚来重建这一环节。

其二，清代仍以科举考试取士，但由于科举制度日趋腐败，因而以死板的八股文为标准考选出来的秘书官员，大都缺乏阅历，不谙世事。道光、咸丰以后，科举制度松懈，考场中舞弊现象盛行，录取者素质更加低劣，难以胜任秘书工作。同时，清代法令苛细，稍有违犯，即予申斥、处治，且屡兴文字狱，文书中不慎杂有不当之词，即罹祸殃，故凡上章奏，或行文下属，都必须依据法令，字斟句酌。主官对繁复的法令往往不熟悉。这样，一方面对秘书人员的业务要求大大提高了；另一方面，从常规途径任用的秘书人员的业务素质却明显降低了。为了弥补这一缺陷，地方官只能聘用熟谙法令、精通文墨、世故干练的幕僚来承担秘书工作。

其三，清代地方官衙与中央部院一样，一度书吏猖獗。自雍正帝大力整顿吏治、打击书吏势力后，任用书吏受到严格限制，对任用的书吏，地方官也多存戒心。所以，地方官另辟蹊径，根据自己的要求，聘请幕僚来代替和约束书吏。

除上述三点外，还有一个很重要的原因，那就是官场的腐败。谁都知道，幕僚是不从国家拿俸禄的，一个官员要任用几个幕僚，就要支付相应的薪酬，这些开支不可能从主官的正常俸禄中支付。清代官员的主要收入不在朝廷俸禄，而在贪污受贿，这几乎是公开的事实，所谓“三年清知府，十万雪花银”就是最形象的描绘。由于主官在任上有大量的职外收入，所以他们从贪污受贿的银款中拿出一部分来聘请私人秘书，就一点也不感到心疼。这是各级官员乐于聘用多名幕僚的重要的经济方面的原因。

幕僚不属公职人员，他们只对主官负责，而不对国家负责。幕僚对主官没有法定的依附关系，双方合则留，不合则走，人身相对自由。主官聘请幕僚，也就注重他们的才能和与自己的关系。一般来说，幕主对幕僚深信不疑，不但给他们参谋权，在一些事情上还给以一定的决策权。幕主对幕僚往往给以很高的礼遇，以宾客相待，视为师友，故幕僚又有“幕友”“师爷”“幕宾”等称呼。幕僚的地位远远高于一般公职秘书官吏。

---

① 杨剑宇．中国秘书史．上海：上海人民出版社，2007.

由于幕僚有较高的待遇，因而一些科场失意的文人往往乐于充当幕僚。清代许多名人有过当幕僚的经历，如著名学者章学诚、冯桂芬，著名政治家林则徐、李鸿章、左宗棠等人，都曾经当过幕僚。

因清代聘用幕僚成风，对幕僚的需求量很大，加上幕僚待遇好，因而到清代后期，一些地方开设了专门培养幕僚的私学——“幕馆”。幕馆招收士人，教他们如何揣摩社会风气，传授处理文书案牍和官衙日常事务的技能，介绍官场的礼节、应酬。士人对幕馆趋之若鹜，称为“学幕”。这种风气在浙江的绍兴府最为盛行，许多士人以幕僚为业，清代有声望的幕僚大都出于此地，人称“绍兴师爷”。这些幕馆培养出来的幕僚，既具有很高的文化水平，又精于世故，熟悉吏务，办事干练，且往往足智多谋，所以，地方官很乐于聘用。

幕僚因其足智多谋、办事得力，能弥补主官的不足，所以主官外出时往往携其同行。此举清政府原是禁止的，但各级官员阳奉阴违，禁令难以实行。雍正继位后，面对现实，鉴于地方官衙事务日繁，主官须有得力之人辅佐，故允准他们外出时携带幕僚，自此各级官员使用幕僚成为制度。从以上所述可见，幕僚作为私人秘书，其职掌是很宽的，他们具有辅助性、综合性、差遣性很强的特点。

鸦片战争后，随着西方科学、文化、思想的输入，一批接受了新知识、新思想的士人被延聘为幕僚，他们以自己的思想、学识影响了一批幕主，成为洋务运动和维新变法的一股重要推动力量。

清代的幕僚作为私人秘书，就个体而论，他们各有明确的工作目标，其职务专业性很强，知识面广，社会经验丰富，文化程度高，业务能力强，功能全面，作用重要，是封建社会中最为全面的秘书人员；就群体而论，他们是一支庞大的秘书队伍，其职责几乎包含了官衙中所有的日常事务，成为无衔之官、无职之吏，形成了一股强大的政治势力，在吏治腐败、官员无能的清朝，起到了使国家机器正常运转的重要作用。然而，幕僚中也有不少人同书吏一样，利用职权，营私舞弊，这成为清代地方政治黑暗的一个原因。

思考题

1. 从理论上推断，中国秘书工作大约起源于何时？为什么说国家的形成和文字的出现不是秘书工作产生的必要条件？

2. 为何说史官是中国历史上最早的秘书官职？从商代到东周（春秋战国）史官的社会地位有何变化？原因何在？

3. 历代中央政府主要的秘书机构和秘书官职有哪些？

4. 我国古代中央政府机构的“三省制”出现于何时？消亡于何时？三省之间的工作关系如何？

5. 我国历史上有哪些社会角色属于非官方秘书？

附录：

和谐——三大历史盛世秘书班子的共同特征*

中国历史有三个被国人引为骄傲的辉煌时期：从“文景之治”到汉武全盛的西汉盛世，从“贞观之治”到开元（唐玄宗年号）全盛的大唐盛世，从康熙掌政到乾隆全盛的康乾盛世。人们在总结盛世的历史经验时，往往忽略了其中一个很重要的方面：大治之世的中央政权通常都有一个比较和谐的秘书班子。

一、从“陈平让功、周勃让贤”看西汉盛世的秘书班子

“萧（何）规曹（参）随，留侯（张良）画策，陈平出奇，功若泰山，响若坻颓”，这是汉代著名文学家扬雄形容汉初诸臣各自发挥特长、和谐共事、同谋大计的句子。本来刘邦实力远不如项羽，但刘邦有一个齐心协力的参谋班子，项羽则仅有项伯一个谋臣还不受重视，正是凭借这个优势，刘邦最终打败项羽建立了西汉王朝。

刘邦建汉时天下还是一个烂摊子。高祖崩逝后，汉惠帝（刘盈）即位，其母吕后专权，刘氏皇室几乎不保。大臣陈平和周勃合谋诛杀吕氏家族，拥戴汉文帝（刘恒）即位，不久陈平请求辞去宰相一职，文帝惊问何故，陈平说：“当年辅佐高皇开国，周勃功不如臣，所以臣做丞相。今诛杀诸吕，臣功不如周勃，愿将丞相一职让于周勃，臣方心安。”文帝见陈平言辞恳切，遂命周勃为右丞相（正相），陈平为左丞相（副相）。有一次汉文帝在御前会议上问周勃全国一年内有多少起狱案，周勃答不上来，又问国家一年税收有多少，周勃还是答不出来。周勃生性耿直，不善随机应变，只得直说不知，但是心中惭愧。文帝又问陈平，陈平也不知道确切数据，但是他沉着应对道：“案件处理情况可以问分管司法的廷尉，税赋数额可以问分管财政的治粟内史。”文帝不悦，问：“这些具体的事情都有人管，你们正副丞相主管何事？”陈平从容答道：“陛下，臣虽愚钝，但知道丞相的职责是‘上佐天子，理阴阳，顺四时；下遂万物之宜，外镇抚四夷诸侯，内亲附百姓，使卿大夫各得任其职’，像刑狱、税收等具体事务，已明确分工由专职官员管理，丞相没有必要管得太细。”陈平这番回答，不但化解了周勃遭遇的尴尬，而且陈述了“分层负责制”和“岗位责任制”理论，文帝听后点头称善。周勃听了陈平的高论，感觉自己治国之才不如陈平，随即上书称病，请求辞去正相之职，将丞相大印还给陈平，文帝又批准了他的请求，任命陈平一人为丞相，让周勃到外地做侯爷去了。陈平为相，量才为用，根据各人的才能分配职权，自己加以督查，很快达到天下太平。

以上就是著名的“陈平让功”和“周勃让贤”的故事，它说明了汉文帝的参谋班子内部关系十分和谐，也道出了形成这种和谐关系的一个重要原因：分工合理，职权明确。

陈平虽不久去世，却给朝臣留下了一个良好的传统。此后文帝、景帝时期，朝中都有一个比较和谐的谋臣集团，并先后出现了贾谊、晁错等著名谋士，给文帝、景帝提出了许

---

* 原载《秘书工作》2007年第10期。

多有价值的建议。正是在他们的辅佐之下，汉帝国很快达到天下大治，开创了中国历史上第一个盛世。

二、从“房谋杜断、笙磬同音”看大唐盛世的秘书班子

成语“房谋杜断”的意思是：有才能的人能各尽所能，取长补短，和谐合作。典出《旧唐书·房玄龄杜如晦传》：唐太宗有两个得力谋臣，一是“尚书左仆射”房玄龄，一是“尚书右仆射”杜如晦。太宗同房玄龄研究国事时，房总能够提出精辟意见和具体办法，但往往难作决定。这时太宗就把杜如晦请来，杜将房玄龄的意见略加分析，很快就帮助太宗作出决断。房、杜二人，就是这样一个善于出计谋，一个善于作决断，是为“房谋杜断”。人们称赞他们像“笙磬同音”一样和谐（“笙磬同音”是《诗经》中的一句，指笙、磬两种乐器和谐地合奏）。

成语“房谋杜断”和“笙磬同音”的比喻颇能说明唐太宗秘书班子内部和谐合作的理想状况。当时朝廷的谋士集团人才济济，除房、杜二人外，还有魏徵、王珪、长孙无忌等名臣。这些人出身不同，性格殊异，各有专长，但是同朝共事，彼此配合，和谐相处，与唐太宗一起创造了“贞观之治”。《新唐书》在评论房、杜时说：“帝定祸乱而房、杜不言功；王、魏善谏而房、杜让其直；英、卫善兵而房、杜济以文……新进更用事，玄龄身处要地，不吝权，善始以终，此其成令名者。”就是说，在协助李世民夺取皇位上，房、杜功劳很大而不居功自傲；在直言进谏上，他们甘居王珪、魏徵之后；在带兵打仗上，他们全力配合李勣、李靖；在新人出现后，他们不专权，给别人更多的机会。房、杜二人不仅在为大唐王朝建章立制方面建立了巨大功勋，而且他们知人善任，宽待他人，又谦虚自律，为构建朝廷内外和谐的氛围作出了贡献。

三省制的完善和政事堂议政制度的确立，也是贞观年间大臣之间关系和谐的重要原因。南北朝时期形成的“中书出令、门下审议、尚书执行”的三省制，到唐太宗时趋于完善。中书省起草的政令在呈送皇帝画“敕”后，还要送门下省审议，最后再由皇帝批准才能作为正式法令交尚书省执行。遇重大政务，或三省意见不同，就要召开三省联席会议以协调各方意见，会议场所称为“政事堂”。政事堂开会时设主席，由三省主官轮流充任。唐太宗要求大臣们对朝廷重要决策“必须执言，无得妄有畏惧，知而寝默”。这种较为合理的决策机制，为大臣们和谐共事提供了良好的制度环境。中央政令在下发前经过充分论证，避免了决策失误，这对“贞观之治”的出现起了重要作用。

三、从南书房和军机处的高效率看康乾盛世的秘书班子

康熙 8 岁即位，14 岁开始亲自执政，其权力内受制于议政王大臣会议，外受制于中央秘书机构内阁，而这两个机构内部矛盾重重，效率不高，康熙感到无法依靠它们实现自己的宏图大略，便于康熙十六年（1677）设置了一个特殊的秘书机构——南书房。南书房原为康熙读书处，因位于紫禁城月华门南而得名。康熙根据“不问出身贵贱，只论学问高低”的原则，选择“才品兼优”的汉族知识分子“入值”，名为与皇帝切磋学问，随时应召“侍读”“侍讲”，实际上成为康熙的智囊班子，“或代拟谕旨，或咨询庶政，或访问民隐”，对于皇帝的决策有重大影响。

南书房的中枢机要秘书机构的地位，直到雍正朝成立军机处后才有所改变。雍正七年（1729），因用兵西北而设“军机房”处理紧急军务，并辅佐皇帝处理政务，三年后改称

“办理军机处”，乾隆后简称为“军机处”。军机处成立后，总揽军、政机要，议政王大臣会议则名存实废，内阁成了只办理例行事务的机构，南书房也重新成为仅供皇帝读书治学的处所，不再具有总领朝廷机要的地位。清代史学家赵翼评论康熙时的南书房说：“时尚未有军机处，凡撰述谕旨，多属南书房诸臣。”故有学者认为康熙的南书房实际上是雍正朝建立的军机处的前身。军机处的某些特点，如地位显赫但无决策权、高度机密、编制精干、内部协调、以轮流值班方式为皇帝提供智力服务等等，南书房都已具备。

无论是康熙的南书房，还是雍正之后的军机处，都是历史上以效率高而著名的秘书机构。它们之所以能为皇帝提供高效优质的智力服务，主要有两个原因：一是人员精干，有入值南书房资格的（时称“南书房行走”）仅有几人，而军机处初设时，军机大臣也仅有三人，后来才增加到四五人至八九人；二是内部和谐，这些成员仅以临时值班的方式为君主参议谋划，而没有职务实权，这就从制度上避免了内部的权力争斗，所以史书上未见到康、雍、乾三朝秘书班子内部争斗的记载。

与三大盛世秘书班子的和谐状况相对照的是，在政治黑暗、经济凋敝的衰世，即使没有发生大规模的社会动乱，中央政权的秘书班子内部往往也矛盾重重，大臣之间钩心斗角。如明代倒数第二个皇帝明熹宗在位时，朝中两大派争斗激烈，以赵南星为首的东林党人排斥反对派，非东林派则愤而结交秉笔太监魏忠贤，最终导致“阉党之乱”，明政权元气大伤。从才学上看，赵南星等人并非无能之辈，但内斗消耗了他们的才智，智囊团的作用也就非常有限了。

第二章
中国古代的秘书人才和秘书人物

第一节　中国古代秘书人才的培养和选拔

一、中国古代对秘书人员的素质要求

对秘书人才的素质要求是秘书培养和秘书选拔的主要参照因素，因此在介绍古代秘书培养选拔制度前有必要对中国古代对秘书人员的素质要求作一点概括说明。

1. 古代对秘书政治上的要求

古代没有现代意义上的明晰的政治观念，秘书掌管机要文书，统治者出于本能认为掌管机要的秘书必须由自己所信任的人员担任。这一标准可以概括为“忠实可靠”四个字。古今中外的所有领导集团或领导人无不将忠实可靠作为对秘书人员最基本的要求，这是一条普遍适用的规律，中国秘书史上许多现象都能用这一规律加以解释。

夏商周三代的史官是国王最信任的文化人。秦建国后还从法律上规定，凡是犯过罪的人一律不准任用为“史”。汉代以察举选官，以“孝廉”为最基本的条件，其次才考察才能。《元典章·吏部》规定，选用秘书官员要“首论行止，次取吏能，又次计月日多者为优”，这就是说，首先要考察品德修养，其次考察实际能力，最后再参考他任职时间的长短，而不能唯才能是举，更不能搞论资排辈。

2. 古代对秘书职业道德的要求

秘书工作内容有其相对的特殊性，因而在道德上对秘书就应该有不同于其他官职或行

业的要求。古代秘书多为官方秘书，即使是幕僚这样的非官方秘书，也是为主官的政务活动服务的，主要职责是起草、管理公务文书。在这方面最基本的职业道德要求就是实事求是。

实事求是作为秘书的职业道德，早在先秦时代就形成了。当时的史官在记录帝王言行时便自觉形成了自己的操作规则，那就是“秉笔直书”“君举必书”。西周初年的史官史佚和春秋时期晋国的史官董狐就因为恪守这一道德准则而闻名于世。

中国历史上，史官如实记录最高统治者言行的制度，以及史官恪守“秉笔直书”“君举必书”的职业道德，对国君的言行有一定程度的制约作用。《汉书·艺文志》说：“古之王者，世有史官，君举必书，所以慎言行，昭法式也。”这种实事求是的职业道德值得继承，这种如实记录主要领导人言行的制度也值得借鉴。

当然，古代秘书不限于史官，秘书的职责更不限于记录国君和朝廷的大事，但实事求是作为秘书人员的职业道德，在调查研究、沟通信息、参谋谏言、处理信访等诸项事务中都是必须遵循的道德准则。

3. 古代对秘书学识才能的要求

秘书是有较高文化修养的人才能胜任的一项工作。在春秋时期之前，有文化的人在全部人口中所占比例是极低的，史官总是由全国文化水准较高的人来担任，“史官”就是“大学者”。

春秋末年到战国时期，由孔子开创的大办私学之风盛行，造就了大批知识分子——士，这些人中的佼佼者一般是有真才实学的，他们凭借自己的才能博得各国当权者的赏识，成为顾问、谋士，也就是以参谋献策为主要职能的高级秘书。

汉代以后，秘书官员一般要经过学校培养训练，或通过严格的考试，合格后才能得到使用。如汉代选用秘书人员，不仅强调贤良孝廉的品德条件，而且对秘书人员的文化水平提出了明确要求：“太史试学童，能讽书九千字以上乃得为史。又以六体试之，课最者以为尚书、御史、史书令史。”（《汉书·艺文志》）

起草公文是秘书的一项重要业务，历代统治者选用秘书时，对秘书人员撰写公文的能力都有较高要求。宋代选拔秘书一度重经义、策论，不注重考核写作能力，被录取者常有不熟习公文拟写者，致使朝廷起草公文缺乏专门人才，为此大臣们上书皇帝：“今进士既纯用经术，如诏诰、章表、赦敕、檄书、露布、戒谕之类，皆朝廷官守日用不可缺者，若悉不习试，何以兼收文学博异之士?”（《续资治通鉴》卷八十四）宋哲宗采纳此建议，在科举考试中特设博学鸿词科，专门选拔朝廷所需的文字秘书。南宋时，考试的内容应用性更强，规定“以制、诏、书、表、露布、檄、箴、铭、记、赞、颂、序十二件为题”（《续资治通鉴》卷一一二）。凡报考者，须依这十二种文体各作应用公文两篇，于报名时递交礼部，合格者才准予考试。

二、中国古代秘书人才的培养方式

1. 家传和师承

在春秋之前，家传和师承是培养秘书（史官）的重要方式，这是由史官业务的专业性和史官世袭制度决定的。

1976 年在陕西扶风法门寺附近的白家村南，发现一处窖藏西周青铜器，其中最重要的一件为史墙盘，铭文在盘的内部，长达 284 字，分为左右两段，每段 9 列，共 18 列。铭文前半部分概括了文、武、康、昭、穆以及当时在位的恭王业绩，后半部分记述了一个名叫墙的史官的家世，其祖先代代子承父业，为商之属国微国的史官，商亡后，"微史刺祖来见武王"，武王遂让周公安排他做周代的史官。这一家族从此就成了西周史官世家，墙就是这个家族的后代。这一重要考古发现证实了当时的史官确实是子承父业、兄终弟及、世代相袭的。史官的子弟除了自幼在贵族学校学习一般的文化知识和射、御等技能外，还跟着父兄学习公文写作和档案保管等等专业知识，以便将来承袭父兄胜任史官职务。

史墙盘

培养史官的另一方式是师承。史官是当时的精英阶层，他们既要博闻强识，亦需学有专精，尤其是在造纸术发明之前，文书主要以甲骨和简牍制成，而制作文书就不仅需要一般的文化知识，还需要制作甲骨、简牍的技术，这就需要经过专门的训练。因此，史官的专业技能除了仰仗"家传"之外，也少不了"师授"之途。例如商代的书契卜官中，就常有师徒相承的情况。陈伟湛在《甲骨文简论》中对此论述道："师徒相承，故有习刻或仿刻……郭沫若《殷墟粹编序》说：'卜辞契于龟骨，其契之精而字之美，每令吾辈数千载后人神往。文字作风且因人因世而异，大抵武丁之世，字多雄浑，帝乙之世，文咸秀丽，细者于方寸之片，刻文数十，壮者其一字之大，径可运寸……凡此均非精于其技者绝不能为。技欲其精，则练之须熟，今世用墨犹然，何况用刀骨邪也？'习刻的甲骨以干支表为常见。大概因为干支字在当时算是最常用的字，犹后世之天地玄黄、赵钱孙李之类。郭氏提到过的《粹》1468 是突出之一例。这片是牛胛骨的一部分，正反两面均刻甲子至癸酉十个干支，正面五行，反面两行，刻之又刻。正面第四行精细整齐，刀法纯熟，当是老师之示范之作；其余各行均歪歪斜斜，异常拙劣，显然是徒弟学刻者所为。其中第三行，是完全仿照老师的范本而刻的，相对也刻得好些。习刻各行中也有个别字刻得相当精美，与范本差不多，这大概是先生在旁捉刀为之者。细察此片，当日师生相对教学书契之状亦可想见。同书 1465、1466、1467、1469、1473 等片也都是习刻的干支表；1491 片左侧五字也是习刻。其他各书如《甲编》《乙编》《前编》《后编》《佚》等也收有不少习刻的甲骨。"

家传和师承是手工作坊式的培养方式，在文化发展到一定阶段后，它就不能满足社会对秘书人才的需要了。在我国，从春秋末年开始，家传和师承就不再是培养秘书的主要方式，但史官（战国以后的史官主要职责是保管官方档案）家传世袭的情况仍然存在，如汉代著名史官司马迁、班固，都是史官世家出身。

2. 官办学校培养

古代培养秘书的主要方式为官办学校培养。史料记载，我国自商代开始就有官办贵族学校，西周的太史寮既是国家总秘书机构，也是全国的最高学府。西周贵族学校主要课程为"六艺"：礼（礼仪制度）、乐（音乐舞蹈）、射（射箭）、御（驾车）、书（文字读写）、数（算术）。显然这些课程不是专门为培养秘书官员开设的，而是对贵族子弟的普遍教育。但太史寮又是全国最高学府这一事实本身就可以说明，当时最有知识的人就是史官，世袭的史官也要在贵族学校接受普及教育，提高文化水准，然后再跟其父兄或师父学习专业技能。奴隶制度下的官办贵族学校在西周末期就走向衰落，到春秋末年孔子等人大办私学时，官办贵族学校基本上就不存在了。

封建社会的官学制度是在汉朝正式形成的，以汉武帝创办太学为标志。太学和以后出现的国子监，是中国封建朝廷直接创办和管辖的国家最高学府，是封建王朝培养人才的主要场所。汉武帝元朔五年（前124），设五经博士，弟子员50人，“兴太学”，“以养天下之士”。东汉太学发展较快，规模较大。顺帝时，“乃更修黉宇，凡所造构二百四十房，千八百五十室”。质帝时，“游学增盛，至三万余生”。魏晋南北朝时，政局纷乱，太学时兴时废。西晋武帝咸宁四年（278），针对晋初太学生“既多猥杂”的情况，为了“殊其士庶，异其贵贱”，故于太学之外另设国子学。北齐改为国子寺，隋炀帝始改为国子监。至唐初，太学规模庞大，盛极一时。唐太宗贞观六年（632），“尽召天下惇师老德以为学官”，“广学舍千二百区”，“鼓笥踵堂者凡八千余人”。唐、宋两代太学与国子学并存。元、明、清时期则不设太学，只设国子学或国子监。

除中央最高学府太学和国子监外，封建国家还形成了从中央到地方的官办学校系统。汉武帝在开办太学的同时，还下令全国各郡仿照太学，招收乡村秀民和郡县官员子弟入学，学成后授官。到汉平帝时，更明确规定郡设学（国学）、县设校、乡设庠、聚（村）设序。这样从中央到地方形成了一个学校系统，为国家培养了许多人才。这一制度为以后历朝所沿袭。

中国的封建官办学校不重视自然科学知识的教育，而以儒家经典作为主要教材，其培养目标就是封建国家的管理人才。“学而优则仕”，是中国封建教育培养目标的最好概括。虽然封建官学体系不是专门培养秘书人才的，但秘书官职不仅人数在封建官僚体系中占有相当大的比例，而且各级各类机构和官府的主官在入仕之初大都当过秘书，例如宋代大文学家苏轼、苏辙二人同科进士，就分别被派往福昌（今河南伊阳）、渑池（今河南渑池）任主簿，以后才迁任别的官职。因此可以说，除战国时期和清代后期外，封建官学教育是封建社会培养秘书人才的主要途径。

3. 私学培养

中国古代私学产生于春秋后期，而以孔子私学规模最大，影响最深。当时社会、政治、经济、文化各方面都发生着剧烈的变化，礼崩乐坏，西周国家教育制度不能维持下去，由“学在官府”变为“学在四夷”。由于各诸侯国和贵族私门需要知识分子为它们服务，因而出现了“士”阶层，各诸侯国和卿大夫私门都争相养士，士的培养也就成为迫切的要求。私学就是在这种条件下应运而生的。

到了战国时期，“邦无定交，士无定主”，养士之风有加无已，私学更加盛行。孟子说，当时杨朱、墨翟之言满天下，可见他们的徒众是很多的。《韩非子·外储说左上》说，赵襄子在一天之内举了两个中牟的贤士为“中大夫”，因此中牟有一半人把田宅卖了去学习文学，打算做官。

秦始皇崇尚法家学说，片面地强调刑法，而不重视教育，只是以法为教，以吏为师，严禁私学。这是秦朝迅速灭亡的重要原因之一。

汉武帝“罢黜百家，独尊儒术”，他创办太学，但并没有禁止私学。私学在汉代日益发展，到东汉末年达到了压倒官学的地位。汉代是经学的极盛时代，学习经学是做官的必要条件，所以太学生也可以向校外著名经学专家学习。

两晋私学也颇发达，名儒聚徒讲学，生徒常有几百甚至几千人。南朝的官学时兴时废，教育多赖私学维持。整个北朝为了促进汉化，官学比较发达，北魏还一度禁止私学，但总体上看私学还是盛行的，如徐遵明讲学 20 余年，前后学生多至万人，刘献之、张吾贵、李铉等皆为当时之名师大儒，也都聚徒讲学。

隋唐官学极盛，私学亦发达。隋朝王通是个大儒家，王门弟子遍及全国，唐代的卿相多出其门下。经学大家孔颖达在未做官以前也以教书为业。尹知章在国子学当博士，每日回家还收私徒讲授。韩愈、柳宗元等均收过许多学生，培养了一大批名士。唐代私学与官学互相补充，培养了大批人才，其中许多人成为封建国家官员。

五代时期官学不发达，私学转趋兴盛，并出现了聚徒讲学的书院。书院在宋代达到鼎盛，著名的有白鹿洞、石鼓、应天、岳麓四大书院，书院一度超过了州县官学。元代尚武，控制书院的活动。明代多次毁废书院，这是因为书院议论政治，讲学自由，如明代后期的东林书院就是一部分反对宦官魏忠贤把持朝政的知识分子发表“清议”的基地。书院是古代的私立大学，以培养学术人才为主，在培养秘书人才和其他官员方面不起主要作用。

到了清代，各级官员聘用幕僚成风，对幕僚的需求量很大，加上幕僚待遇好，到清代中期以后，就出现了另一类职业学校性质的私学——专门培养幕僚的“幕馆”。幕馆招收士人，教他们如何揣摩社会风气，介绍官场的应酬规矩，传授处理文书案牍和官衙日常事务的技能。这种秘书职业学校在浙江绍兴最为盛行。由于清代后期官衙的主要秘书业务由幕僚掌管，因而幕馆实际上成为当时培养秘书人才的主要场所。

从我国私学的发展过程看，私学教育在培养秘书人才方面起过重要作用。在春秋末年和战国时期，以及清代后期，私学教育两度成为培养秘书人才的主要途径；在封建社会的其他时期，私学是官办学校教育的必要补充。

三、中国古代的秘书选拔制度

1. 夏、商和西周的世卿世禄制

奴隶制国家官吏的选拔制度的主要特点是“亲亲”。奴隶主贵族选取其亲属，按照血缘关系的亲疏远近，分封高下不同的官职。执政大臣如卿、大夫，都由贵族家族分封并世代传承，国君不得随意任免。历史上称这种用亲人出任官职并且代代世袭的选官制度为“世卿世禄”制。中央政府的史官是上卿，其爵位和官职都是世袭的。至于低级秘书职务，当时已经有了“选贤”的做法，《周礼·地官·乡大夫》记载：“三年则大比，考其德行道艺，而兴贤者能者。”这就是指在下层社会平民中选拔贤者能者，选中后补充到下层官职序列中去。

2. 春秋战国的选贤任能制

春秋战国时期，封建地主阶级作为一种新兴的政治力量登上历史舞台。他们在政治上致力于改革旧的奴隶制的选拔方式，以“任人唯贤，因功受禄”的选拔制度取代原来陈旧的世卿世禄制，希望通过“选贤任能”的新制度，不拘一格选拔人才，壮大自己的力量。一些开明的诸侯国国君，往往能够大胆地起用地位低下而又才能出众的人。例如，齐桓公重用他的政治仇敌管仲为相而称霸中原，秦穆公把当过陪嫁奴隶的百里奚用为大夫而使秦国强大起来。战国时期，“养士”也是一种选拔人才的形式。当时国君、宰相、公子常常招集一批有学问、有才能的人，供养在身边，以便随时从中选出适当的人才，委任官职。许多有才能的士人成为国君或贵族的参谋顾问（高级秘书）。

3. 汉代的察举征辟制

察举（又叫荐举）是汉代选官的主要形式。察举一般先由皇帝决定察举的范围和名目，然后由公卿、列侯、州郡等长官，在各自辖区内经过考察向朝廷推荐所需人才。被荐举的人须先试用一年，如果能够胜任职守，则可转为正式官员。若不能胜任，就要被撤换，而且要连累荐举他的人。察举的对象主要是官府的属吏和地方学校的学生。汉武帝时，比较普遍地采用策问的方式考察被荐举者的才干学识。首先由皇帝提出一些关于如何治理国家的重大问题，称为策问；然后把这些问题按难易程度分为甲、乙等科，密封起来；最后让被荐举的人任意抽取问题回答，叫作射策，朝廷根据他们回答的成绩分派官职。

征辟是朝廷和高级官员选拔任用属吏的一种制度。在汉代，由皇帝直接聘请人来做官称为“征”，由官府聘请人来任职叫“辟”。被皇帝征召到朝廷来任官的，多是一些德高望重、学识渊博、闻名遐迩的人。例如，夏侯胜以善说礼服被征为博士（汉初的博士是皇帝的参谋），疏广因精通《春秋》被征为博士。被征召的人，有时可得到很高的官职。大学问家张衡，不但精通天文、历算，善为机械巧作，而且通晓人文，东汉安帝先征召他任郎中，后迁其为太史令。两汉时期官府的掾史等低级秘书职务，可由长官自由聘请。无论是中央还是地方官府，长官自己聘人到官署内做僚属、任职办事的做法，都叫辟或辟除。东汉末年的曹操颇有远见卓识，他代表以中小地主为主的庶族利益，实行开明政治，在选拔人才问题上，他大胆提拔出身低微的士人，提出“唯才是举，以备录用”的方针。

4. 魏晋南北朝九品中正制下的秘书选拔制度

曹丕继为魏王，采纳吏部尚书陈群的建议，建立九品官人法。这种选官方法是在每州置大中正，每郡置小中正，以各州郡在朝廷任职的达官充任，他们负责察访本地区的士人，按门第、声望分别评定为上上、上中、上下、中上、中中、中下、下上、下中、下下九等，叫作“九品”，然后按品级推荐他们做官。这种选拔官员的制度就叫“九品中正制”。九品中正制初行时，尚能贯彻曹操“唯才是举”的原则，评定人物主要看才能，在当时起了较好的作用。晋朝以后，豪门世族操纵了“中正”的大权，评定人物逐渐以门第为主要依据，使九品中正制成为巩固门阀特权的工具，出现了“上品无寒门，下品无世族”“世胄蹑高位，英俊沉下僚”的现象。出身豪门世族的充任高官，但一般没有真才实学，或不屑于从事具体事务，而秘书职务一般不是高官，又需要有真才实学和实际能力，所以在九品中正制下，秘书职务的选拔仍以招纳为主，如王羲之、王献之父子为东晋朝廷所招聘，任昉先后被宋齐梁三朝礼聘，担任朝廷秘书要职；一般官府中的秘书职务，更是由主官招聘任用的。

5. 隋唐以后的科举取士制度

科举制度是指官府通过定期举行的科目考试，根据成绩的优劣来选取人才、分别任官的一种制度。它和以前的选拔制度最根本的区别在于，普通的读书人有了参加官府考试，从而被录取做官的机会。这就使封建王朝能在更大的范围内选拔官吏。

一般认为，我国科举制度的正式产生，以隋炀帝创设进士科为标志。《旧唐书·杨绾传》记载："近炀帝始置进士之科，当时犹试策而已。"隋朝的科举取士制度还只是一个雏形。经过一段时间的发展，科举作为一种比较完备的选官制度，才在唐朝最终确立下来，并一直沿用到清朝末年。

科举取士制度在唐宋时期对封建社会的发展起过积极作用，这主要表现在选拔官吏时比较彻底地否定了门第出身，为下层知识分子开辟了一条入仕的道路。当时，许多寒士通过科举进入各级官府。唐、宋两代有不少著名的历史人物，原来出身于下层社会，他们正是通过科举步入仕途的，如范仲淹、欧阳修、王安石、陆游、文天祥等；唐朝著名诗人中除李白、杜甫外，其他如陈子昂、王维、白居易、刘禹锡、李贺、杜牧、李商隐等，都是进士出身。

科举取士制度在后期形成了专考几部儒家经典的陈腐风气、注重八股文章的形式主义，完全窒息了应试者的创造性，从内容到形式都表现出极大的保守性和落后性。明清时的科举取士制度演变成了"八股取士"制度，只能引导读书人成为追求功名的迂腐的书呆子，已经失去了量才取士的真谛，成为公正合理的选官途中的绊脚石。

科举取士制度不是专门选拔秘书官职的，但通过科举入仕者大多从秘书职务开始步入官场，例如前面提到的苏轼、苏辙，考中进士后就立即被派往外地担任主簿。因此，可以说科举制度是隋唐以后选拔秘书官员的主要形式。科举取士到明清以后难以选拔出有真才实学的秘书人才，这是清代官员热衷于聘用幕僚的重要原因。

第二节　中国古代著名秘书

在研究中国古代秘书工作发展史时，不能不涉及古代的著名秘书。"著名秘书"是一个外延很含糊的概念，究竟哪些人算是著名秘书？是不是所有当过秘书的名人都可以算是古代著名秘书？

我们认为，"古代著名秘书"应该是指那些因当秘书而出名的人，其一生的主要成就与秘书官职有直接联系。他们或者以秘书事业为主要生涯，或者因对秘书工作作出了特别贡献而闻名于世，或者是历史上某类秘书人员的代表人物。

按照这个标准，如果要历数古代著名秘书，有人会想到仓颉。据《史记》记载，仓颉是黄帝的主要秘书官——史官，因此，相传为汉字发明者的仓颉可以说是中华民族历史上最早的秘书官。然而，仓颉的事迹虽然见诸史书，但近现代学者多认为并非实有其人，“仓颉”大约是古人对创造汉字作出重大贡献的一些人的统称，其人其事并不能坐实。国家政权出现后的夏、商两代，出现了国家编制内的秘书官职，商代后期还出现了我国历史上最早的综合性秘书机构“太史寮”，但是古籍中实有其名的秘书官仅有夏代末年的太史令终古。据《吕氏春秋》和《淮南子》等书记载，太史令终古看到夏桀荒淫残暴，就拿出保管的图法档案哭着进谏，而桀不但不改，反而斥责终古多管闲事，终古知夏桀已不可救药，就带着图法档案投奔了商汤。史书记载的终古的事迹仅限于此。

史书上记载比较详细的较早的古代著名秘书官，当推西周初年的史佚，他以秉笔直书的实事求是精神为后人所称道。我们介绍古代著名秘书，就从他开始。

一、秉笔直书的秘书官——史佚

根据近代学者杨伯峻先生考证，“史佚即《尚书·洛诰》之‘作册逸’，逸、佚古通”。原来史佚就是西周初年周王室的“作册史官”，即以记录国王言行和朝廷重大事件为主要职责的文字秘书（当时称“内史”）。综合《国语·晋语》《逸周书·世浮解》《淮南子·道应训》等典籍的记载，史佚先后为周文王、周武王、周成王这三代国君当过史官，由于资格老、影响大、威望高，被当时的臣民称为“四圣”之一（其他三圣是周公、召公、姜太公）。《逸周书》说他曾代天子册告皇天后土，《大戴礼记》说他“博闻强记”，善于对答，常侍立于天子身后，接受咨询，提示天子遗忘之事。

作为周王朝立国之初的主要史官，史佚对秘书工作产生了重大影响并为古代文化作出了重大贡献。

史佚对汉字的演变发展和中国古代书法艺术作出过巨大的贡献。相传史佚模仿老虎身上的花纹创造了“虎书”，模仿凤凰、赤雀等瑞鸟的姿态创造了“禽书”，模仿鱼的形体创造了“鱼书”。这实际上是说史佚从各种动物的形貌姿态受到启示，产生了灵感，从而创造了一种新的书法字体，就是大篆。史佚不但创造了大篆书体，而且受周公之命用大篆统一了当时社会上各不相同的文字（“同天下之文”）。这也说明了秘书自古以来就是由文化水准较高的人来担任的。能够对创造、改进和统一文字作出重大贡献的人，肯定是当时最有学问的人，他们在远古时代都是史官，这足以说明秘书对古代文化的发展作出了重大贡献。

不过，史佚最重要的贡献在于坚持“君言必录，君举必书”，为古代秘书实事求是职业道德的形成奠定了基础。实事求是作为秘书职业道德的形成，有确切事迹记载的就始于史佚。在司马迁《史记·晋世家》中记载了一个“削桐封弟”的故事：

> 武王崩，成王立，唐有乱，周公诛灭唐。成王与叔虞戏，削桐叶为珪以与叔虞，曰：“以此封若。”史佚因请择日立叔虞。成王曰：“吾与之戏耳。”史佚曰：“天子无戏言。言则史书之，礼成之，乐歌之。”于是遂封叔虞于唐。

这个故事是说：武王驾崩，成王即位，这时唐国发生了叛乱，于是周公率军灭掉了唐国。不久后的一天，成王与小弟弟叔虞在院子里做游戏，成王随手从地上捡起一片梧桐树叶，把它剪成珪（古代诸侯举行典礼时用的一种玉器）的形状，并且对叔虞说："给你这个珪，我封你做唐国的诸侯。"站在一边的史佚听到了，就把这件事记录在案，并恭请成王选择吉日为叔虞举行封侯典礼。成王听了感到奇怪，说："我当时是和弟弟在开玩笑呀，怎么能当真呢？"史佚严肃地说："天子哪能随便开玩笑？大王既然说了封叔虞为唐侯，作为史官的我就要把它如实记录下来，按照规定应该举行仪式完成它，并用歌舞来庆贺这件事。"叔虞就这样被封为唐国的诸侯。

这个生动的故事反映了史佚作为朝廷史官忠于职守、一丝不苟的尽职态度，他奉行的"君言必录，君举必书"的原则，一直为后人所称道。但对他的具体做法则应作具体分析，不能盲目学习。唐代文学家、思想家柳宗元曾专门写了一篇《桐叶封弟辨》，文中问道："假如成王拿了桐叶与妃嫔、太监开同样的玩笑，难道也要按这种玩笑封他们为侯吗？"我们对待古代秘书留下的文化遗产，应该学习柳宗元的批判精神，取其精华，去其糟粕，只有这样才能从古人那里汲取有益的精神营养。

二、壮志未酬的秘书长——屈原

屈原的名字在全中国家喻户晓，他在中国文学史上的地位举国公认，而他的秘书工作生涯和取得的成就则并不为大多数人所知晓。

（一）屈原"左徒"官职的秘书性质

屈原生活于公元前 340 年至前 278 年。司马迁《史记·屈原列传》说他"名平，字原"，曾"为楚怀王左徒"。左徒就是楚国中央政府的"秘书长"。

春秋时期各诸侯国主要秘书官仍叫史官，但其职权已经被削减到仅掌大事记录、档案管理和天文历法。到了战国时期，各诸侯国干脆另设秘书官职，如秦国的尚书、魏国的主书、齐国的掌书、楚国的左徒等等。据现有史料考证，战国时期担任过楚国左徒一职的，仅屈原与春申君二人。

关于左徒的职责，《史记·屈原列传》说："入则与王图议国事，以出号令；出则接遇宾客，应对诸侯。王甚任之。"可见左徒的职责非常广泛：从辅助国君处理国事、提供参谋意见、参与制定颁布政策法令，到接待各方贵宾、应对各国诸侯等等，都在其职责范围之内。在今天，职责与此相当的行政职务是中央政府的秘书长。因此我们说屈原是中国古代最著名的秘书之一，并不是硬在名人身上贴"秘书"的标签。

（二）屈原的左徒身份与他的政治生涯

屈原主要的政治活动是在他担任左徒时期进行的，他在政治上的活动主要有：内政方面辅助怀王，议论国事及应对宾客，起草宪令及变法；外交方面参加合纵派与秦斗争，两度出使齐国，试图改善楚国与齐国的关系，结成反秦联盟。

屈原在楚国内政方面的政治活动是和战国时期发生的社会改革密切联系的。平王东迁以后，周王朝的政治制度已不能适应社会的发展，各诸侯国都已自成中心，形成群雄争霸的局面。位于长江流域的楚国与北方各国有相似之处，由于地理和政治上的有利条件，楚国在春秋后期发展成新兴大国。春秋战国之交，中原各诸侯国先后实行了不同程度的政治改革，经过长期角逐征战，形成了齐、楚、燕、韩、赵、魏、秦七雄并峙的局面，其中秦、楚、齐三国最为强大。

屈原22岁起担任楚怀王的左徒，当时正值七雄激烈争斗之际。由于屈原与楚王同宗，加上屈原"博闻强志，明于治乱，娴于辞令"（《史记·屈原列传》），即知识渊博，记忆力很好，洞察政治的兴衰变化，而且能言善辩，因此他深得楚怀王的信任。"怀王使屈原造为宪令"（《史记·屈原列传》），即主持国家政令的起草，推行变法之事。此前楚国已有吴起变法，刚刚主政的楚怀王开始也想有一番作为，因此支持屈原提出的改革措施。但楚国的政权实际上掌握在贵族重臣手中，他们为了维护个人既得利益而反对变法。当时楚国朝廷中充斥着佞臣，与屈原官位相仿的上官大夫见屈原得到重用，便心怀嫉妒，欲与屈原争宠。屈原起草宪令尚未定稿，上官大夫害怕变法损害贵族的利益，就想争夺其变法宪令的草稿，屈原当然不予，上官大夫于是在怀王面前挑拨离间，说："王使屈平为令，众莫不知。每一令出，平伐其功，曰以为非我莫能为也。"（《史记·屈原列传》）怀王庸懦昏愦，不加辨明，听信谗言，就疏远了屈原。屈原变法强国的愿望不能实现，陷入了深深的痛苦之中。

屈原与佞臣权贵集团的斗争，还表现在楚国的对外政策上。屈原分析了当时的形势，提出了"联齐抗秦"的外交策略，这是对楚国有利的正确策略，怀王曾采纳他的主张，并派屈原出使齐国，形成共同抵抗秦国的联盟。屈原被疏远后，秦国乘机派张仪出使楚国，以赠送国土来诱惑楚怀王。楚怀王目光短浅，贪图眼前小利，就改变了对外政策，采取绝齐亲秦方针，结果使楚国在政治上、外交上处于被动，吃了大亏。怀王一怒之下，轻率出兵讨伐背信弃义的秦国。由于失去了齐国的支援，楚国被打得大败。在国家处于生死存亡的危机之时，怀王再次派屈原出使齐国，以图改善与齐国的关系。就在这时，秦昭王又提出秦楚两国联姻，要与楚王会面，屈原谏阻说："秦，虎狼之国，不可信，不如毋行!"怀王之子子兰却劝怀王去，他说："奈何绝秦欢?"怀王终于去了秦国，结果被秦国扣留，最后客死于秦。

怀王长子顷襄王继位后，听信谗言，把屈原流放到江南沅、湘一带大概有九年之久。最后，屈原得知楚国都城郢都为秦所破，深感自己的政治理想无法实现，又无力挽救楚国，遂自沉于汨罗江中，以明其忠贞爱国之怀。

屈原是一个学者型秘书官，他学识渊博，对天文、地理、礼乐制度、前代的治乱兴衰和一些重要的历史传说，都很熟悉；对于春秋以来各大国的历史和一些重要人物，也很了解；而对楚国先王的创业史，尤为精熟。这些都成为他当好"秘书长"的有利条件，他凭这些条件总结了许多经世治国的理念，提出了一些深刻的见解。虽然由于种种原因，屈原作为左徒为楚国起草的"宪令"以及其他公文未能流传下来，但是屈原关于国家管理的许多重要思想却通过他的诗歌曲折地表达出来。例如"举贤才而授能兮，循绳墨而不颇"（《离骚》），就是说管理国家者一定要大胆举用品德高尚、才能出众的贤才，并且要严格执行一定的规章制度。从这个意义上说，屈原是我国历史上当之无愧的著名秘书。

（三）屈原的左徒身份与他的文学成就

屈原是中国最早的大诗人，他是"楚辞"的创立者和代表作者，开创了中国古代浪漫主义文学的先河。据文学史家考证，屈原的作品留下的有23篇，其中《离骚》1篇、《天问》1篇、《九歌》11篇可以作为屈原作品三种类型的代表。《离骚》是屈原以自己的理想、遭遇、痛苦、热情以至整个生命熔铸而成的宏伟诗篇，其中闪耀着鲜明的个性光辉，是屈原全部创作的重点。《天问》是屈原根据神话、传说材料创作的诗篇，着重表现作者的学术造诣及其历史观和自然观。《九歌》是楚国祀神乐曲，经屈原加工、润色而成，在人物感情的抒发和环境气氛的描述上，充满浓厚的生活气息。这些作品构成了屈原作品的浪漫主义基本风格。

屈原的文学成就与他曾经担任左徒一职有内在的联系。正因为他身为左徒（秘书长），楚怀王才让他主持国家政令的起草，推行变法，由此引起上官大夫等佞臣对他的诋毁，进而导致他悲剧的结局。他的《离骚》等诗篇中的许多诗句，反映了他与楚国腐朽贵族集团的尖锐对立，表达自己对楚国的热爱和对真理的追求，以及对恶势力决不妥协的斗争精神。

屈原的政治生涯是一场悲剧，他革除弊政的变法改革和联齐抗秦的外交努力都因为国君的昏庸和朝臣的腐败而未能成功，正是这种美好理想不能实现的幽思义愤和“虽九死其犹未悔”的爱国主义精神成为屈原诗歌创作的主要内容。《离骚》《九歌》《天问》等代表作是屈原坚持“美政”理想，与腐朽的楚国贵族集团进行斗争的实录，表达了他变法除弊的进步要求，深刻揭露了楚国政治的黑暗、贵族集团的腐朽和楚国最高统治者的昏庸，表现了他忧国忧民、爱国爱民、矢志献身祖国的决心。

关于屈原在中国文学史上的地位，鲁迅先生的《汉文学史纲要》是这样评价的：屈原作品“逸响伟辞，卓绝一世”，“其影响于后来之文章，乃甚或在‘三百篇’（即《诗经》）以上”。屈原的作品对中国古代文学的发展产生了巨大影响，而他的爱国爱民、追求真理、绝不向权贵和恶势力屈服的精神感染了一代又一代的中国民众，成为中华民族精神的重要内容。屈原是中华文化史上的一座丰碑。

司马迁在《史记·屈原列传》中用极其简洁的语言对屈原的生平和创作做了如下的评价：“其文约，其辞微，其志洁，其行廉。其称文小而其指极大，举类迩而见义远。”意思是：屈原的文章明快简练，语言精确细微，志趣高雅纯洁，行为端正清廉。他的文章看似平凡而其主旨却十分重大，所用材料贴近生活而表达的意义却极其深远。无论是其文、其辞、其志还是其行，都可以作为今天的秘书工作者行文、办事、做人的准则。

三、深谋远虑的参谋型秘书——冯谖

战国中期以后，各诸侯国的上层贵族“养士”之风更加盛行，所养之“士”称为食客、门客或舍人。他们流品繁杂，乃至有鸡鸣狗盗、引车卖浆之徒，但仍以有文化的游说之士为主。这些门客的职责是参议谋划、起草信函、处理日常事务、承担交办事项，实际上属主人的私人秘书，是后世幕僚的祖师。孟尝君门下的冯谖就是当时私人秘书中的佼佼者。

《史记·孟尝君列传》和《战国策·齐策》中记载了冯谖的完整故事。

冯谖出身贫民，穷得没法养活自己，听说孟尝君好客，就托人找孟尝君，希望投奔到其门下做个食客。孟尝君问他："有什么爱好？"回答说："没什么爱好。"又问："有什么才能？"回答说："没什么才能。"孟尝君笑道："那也没关系，先住下吧。"手下的人看不起冯谖，让他吃最下等的伙食。

过了一段时间，冯谖经常靠在柱子上一边弹他的剑，一边哼着歌："长剑呀长剑，咱们回去吧！吃饭没有鱼。"有人将这事报告了孟尝君，孟尝君发话："给他鱼吃，让他享受一般门客的待遇。"又过了一段时间，冯谖又弹剑唱道："长剑呀长剑，咱们回去吧！出门没有车。"别人都笑他不知足，也报告了孟尝君，孟尝君豪爽地说："给他配车，让他享受上等门客的待遇。"冯谖有了车，经常驾着车举着剑去看朋友，告诉人"孟尝君非常尊重我，把我当成上等客"。可没过多久，他又开始弹剑唱道："长剑呀长剑，咱们回去吧！没有钱养家尽孝。"别人都觉得他也太过分了，贪心不知足。孟尝君听说后就问他："冯先生双亲还健在吗？"回答说："还有老母在。"孟尝君就派人供给冯母的吃用，不让其短缺。此后冯谖就不再唱他的"弹铗歌"了。

后来孟尝君因供养门客太多感到费用紧张，需要人帮他到封地薛邑去收债，冯谖便主动承担了这个任务，在出发前向孟尝君告辞的时候问道："收完了债，买些什么带回来呢？"孟尝君说："你看我家缺少什么就买点什么吧。"

冯谖到了薛邑，让经办人员把应该还债的乡民们都召集起来核对债契。凭证全部核对完毕，冯谖说："孟尝君借钱给你们，是考虑到你们缺少本钱无以为业，要收取一定的利息是因为靠它供养那么多门客。我来之前孟尝君有交代：有偿还能力的还是按原来的契约还本付息，确实贫穷没有偿还能力的一律免除债务，把债契当面烧毁。孟尝君仁义如此，大家能够有负于他吗？"接着他把该免债的贫穷乡民的借据真的当众烧掉了，乡民们一起欢呼庆贺。

孟尝君听说冯谖烧掉了债契，非常恼怒，派人把冯谖召回并责问道："我家食客有三千人，而自己的奉邑不多，难以供给，才放债于薛以增加收入；正因为许多债民不能按时给付利息，才请先生到薛邑收取。听说先生把好多契书都烧掉了，这是为什么？"冯谖说："是烧掉不少债契，但并没有全烧。那些有偿还能力的我重新强调要如期还本付息；那些穷得根本无法还债的，即使你不免除他的债务，也只能利滚利越滚债越多，越多越还不起，逼急了他们就只好逃亡。所以如果急于逼他还债，最终不但要不到，您自己还会背上贪图利益不知体恤士民的恶名，那些借债的民众也会落得背离主人抵赖债务的名声，这可不是激励您的士民、彰显您的声望的做法呀。现在烧掉的是没有任何用处的债契，捐出的是根本无法收回的烂账，这样做的目的是让薛邑的老百姓更加爱戴您并广泛传播您关心民众的美好名声。再说，我出发之前问您买点什么回来，您不是说让我看家里缺少什么就买什么吗？我看您家里珍宝无数，犬马成群，美女满院，所缺少的只有'义'，因此我就给您买了义回来了。对此您还有什么疑问吗？"孟尝君不能理解这番高论，心里不太高兴，只好叹道："算了吧。"

一年后，齐愍王听信秦、楚等国传来的谣言，以为孟尝君名声压过齐王而把持国家大权，就找借口免去了他的相位，孟尝君只好回到自己的封地薛邑。离薛还有百里，就看到乡民们扶老携幼等在路旁迎接自己。孟尝君非常感动，回头对冯谖说："先生当初说为我买'义'，我不能理解，今天终于看到了。"

冯谖说："狡兔三窟也只能免于一死，现在您只有一窟，还不能高枕无忧。请让我为您再凿两个洞窟吧。"他带了孟尝君给的五十套车马和五百斤黄金来到魏国，对魏王说："齐国免了孟尝君的职，等于把治国的英才往他国赶，诸侯谁先迎接他，一定能够富国强兵。"于是魏王空出了相国的位置，派使者带着黄金一千斤，车马一百套，去聘请孟尝君。冯谖抢先赶回，告诫孟尝君说："黄金一千斤，算是贵重的礼物了；车马一百套，算是显要的使者了。齐王一定听到这个消息了。"魏国的使者往返请了三次，孟尝君坚持辞谢不去。

听说别国如此重视孟尝君，齐国的君臣都慌了，齐王派太傅送来黄金一千斤，彩纹四驾车马两套，佩剑一柄，专函向孟尝君道歉说："我听信谗言免了您的职位，实在太不应该了，特来向您谢罪。希望您看在先王宗庙的分上，不要计较寡人的过失，回到朝廷来管理国家。为表达诚意，我再给你增加一千户的封地。"冯谖告诫孟尝君说："请您向齐王求得先王的祭器，在薛邑建立宗庙。"宗庙筑成了，冯谖回来报告孟尝君道："三个洞窟已经凿好，您可以高枕无忧享受安乐了。"

在孟尝君被罢免相位时，原来的门客纷纷离他而去，只有冯谖对他忠心耿耿。恢复相位时，那些门客又欲投靠其门下，孟尝君感叹道："我这个人平时好客，对门客生怕有所不周，食客达三千多人，先生您是知道的。哪里想到这些人看到我一日被废，都背叛我而离去，没人为我着想。现在我依靠先生的帮助得以恢复相位，那些门客又有何面目再来见我？如有再来见我的，我一定要朝他脸上吐唾沫，狠狠地辱骂他。"冯谖听说后赶紧下拜，孟尝君问："先生您这是代那些门客来向我道歉吗？"冯谖说："不是代客道歉，而是因为您刚才说的一番话不够妥当呀。您听说过'物有必至，事有固然'这句话吗？"孟尝君说："我没听说过，不知道是什么意思。"冯谖说："凡是有生命的东西都总有一死，这就是'物之必至'；人在富贵时有许多士人投靠，贫贱时却很少有真正的朋友，这就是'事之固然'（客观事物本来的样子）。您难道没有看到那些一大早往集市上赶的人吗？天刚亮时争先恐后来到市场抢占摊位；到了傍晚，人们路过这里时却对两旁的摊位都懒得看上一眼。这并不是因为人们喜欢早晨而讨厌傍晚，而是因为傍晚时人们在集市上赚不到钱。所以说，在您失去相位时宾客都离您而去，不应该成为您怨恨他们而拒绝接纳他们的理由。希望您还能像过去一样热情地接待他们。"孟尝君听完后，再次鞠躬称谢："我一定听从您的指教。先生这番高论让我茅塞顿开，我哪里敢不接受您的意见啊！"

孟尝君做相国几十年，没遭受一丝半点祸殃，靠的都是冯谖的计谋。

上面这段完整的故事是综合《史记》和《战国策》中有关篇章改写的。两本史书记载的内容有一些差别，这儿在详略取舍上做了一些综合处理。

战国时期作为贵族私人秘书的"士"，主要作用就是为主人出谋划策。在上述这段完整的故事中，冯谖先后为孟尝君提出了四个重要的参谋意见。

第一，冯谖以孟尝君的名义免除了贫困乡民的债务（注意：对有偿还能力者并没有免除，这是《史记·孟尝君列传》中的记载，在《战国策》中是不加区别一律免除），为孟尝君买回了义（民心），使孟尝君有了一块可靠的根据地。冯谖那段关于免除无法还债的乡民债务的利弊分析，真正反映了他的远见卓识，即使今天看来仍然具有重要的参考价值。

第二，冯谖凭自己的智慧，通过外交策略促使齐王恢复了孟尝君的相位。游说魏国君主重金聘请孟尝君的情节（在《史记》中说的不是魏国，而是秦国，这点差别并不影响对冯谖的评价），充分显示了冯谖杰出的外交才能，他似乎还精通“君主心理学”，能够预测齐王会产生什么样的心理反应。

第三，在齐王再次聘请孟尝君任相国的时候，冯谖根据齐王先前听信谣传谗毁之言罢免孟尝君的行为，建议孟尝君提出在薛地建立宗庙供奉先王之器的条件，这就为孟尝君巩固相位加上了双重保险。

第四，在孟尝君打算拒绝接待那些在自己遇挫时离开身边的门客时，冯谖对他提出了仍要热情接纳门客的建议，并说出了一番“贫贱寡友”乃“事之固然”的理论（《战国策》中没有这一段），实际上是要求孟尝君以宽容之心对待门客的过错。如果一个领导人对部下的态度达到这种境界，那他还怕没有人拥护自己吗？

在奴隶制、封建制社会中，社会的管理者往往是一些平庸的贵族，这些人正如《左传》“曹刿论战”故事中所言，“肉食者鄙，未能远谋”，这些达官贵族往往因为高高在上脱离群众而缺少真知灼见。但这些人如果能礼贤下士，乐于听取部下的意见和建议，则也能在政治上有所建树。假如孟尝君当初把喜欢发牢骚的冯谖赶走，他大约也不会在历史上留下美好的名声。从这个意义上讲，冯谖的故事就不仅为我们留下一个参谋型秘书的生动形象，也为我们如何处理好领导和秘书的关系、充分发挥秘书人员和秘书部门的参谋咨询作用提供了一些有益的启示。

四、公文写作的高手——李斯

（一）出身低微，志向高远

李斯晚年官至“一人之下万人之上”的丞相，而他的从政生涯是从基层政府的秘书开始的。

据《史记·李斯列传》记载，李斯是楚国上蔡（今属河南）人，“年少时为郡小吏”。古本有注，郡小吏就是“乡小史”，“掌乡文书”，可见李斯是掌管文书的基层秘书。他不满足于小秘书的卑微地位，羡慕上层社会的生活。但是怎样才能改变自己的命运呢？他从无意间观察到的老鼠身上得到了启示。

李斯平时上厕所时，常常看到粪坑中的老鼠长得又小又瘦，只能吃到粪便中那些没有消化掉的残物，每当人、狗走近，总是表现出惊恐不安的样子，李斯觉得它们真是可怜。有一天他办公事来到官府的粮仓，看见仓中的老鼠长得又肥又大，吃的是上等的粮食，住在宽敞的屋子里，也不受人、狗的惊扰，优哉游哉的样子与粪坑中的老鼠有着天壤之别。这个发现使李斯的心灵受到极大的震撼，他由此悟出了一个道理：“一个人有出息还是没出息，就如同老鼠一样，是由自己所处的环境决定的。”于是他立下大志，一定要改变环境，进入社会的高层。

李斯的上述感悟，被某些人讥讽为“老鼠哲学”，批评它只注重现实利益，不讲仁义道德。其实这种评价并不客观。就像希望当将军的士兵不一定是坏士兵一样，一般人都有提升自己的社会地位的欲望，这或许还是社会进步的一种动力。李斯通过两种老鼠的比较，认识到环境对人的影响很大，希望通过改变环境来提升自己的社会地位，这本身并没有什么值得指责的地方，关键要看他通过什么方式、采取什么手段来改变自己的环境。

（二）发愤读书，创造机会

李斯选择了一条光明正大的道路来改变自己的人生环境——发愤读书，为自己创造建功立业的机会。

李斯出身寒微，找不到关系走捷径进入官场，于是他辞去小秘书的职务，去向当时最杰出的大学问家荀子学习。对于有抱负、有能力的青年来说，师从名师学习经世治国之道乃是进入上层社会的一条理想的途径。

荀子是先秦诸子中最后一位大师级的人物，虽然后人将他归入儒家，但是他的学问与孔、孟有很大差别。荀子集战国后期各家学派之大成，关注当时的政治局势，既讲授如何认识世界的哲学，也探讨如何管理天下的政治。《史记·李斯列传》说李斯"从荀卿学帝王之术"，也就是跟从荀子学习经世治国的政治学。

李斯秉性聪慧，几年后完成了学业，他要用自己的所学来改变自己的处境和地位。他本是楚国人，但是他看到楚王昏聩，觉得在楚国无法施展自己的才能，关东其他五国也差不多，只有发展势头正强的秦国才是施展才能的地方，于是决定到秦国去寻求发展。他向老师荀子告别时说道："弟子听说一个人若遇到机会就千万不可错过。……现在秦王想吞并各国做统治天下的帝王，这正是我这种平民出身的人施展抱负的好时机。……像我这种地位卑贱、所处环境困苦的士子，如果只会批评社会、侈谈淡泊功利、标榜与世无争，则实在不是士子的真实意愿。所以弟子我就要到西方去游说秦王、寻求发展了。"

当时秦国的相国吕不韦正在组织门客编修《吕氏春秋》，年近三十的李斯托人当上了吕不韦的舍人（私人秘书），参与《吕氏春秋》的编纂工作。吕不韦很赏识李斯的才能，就推荐他当了年仅十几岁的秦王嬴政的侍从秘书（侍郎），这样李斯就得到了游说秦王的机会。他劝年轻的秦王利用强大的国力和六国尚未结盟的大好时机，"灭诸侯，成帝业，为天下一统"，这些建议正符合秦王嬴政的雄图大略，李斯于是得到秦王的信赖，并被任命为长史（宫廷秘书长）。此后秦王遇事就咨询李斯，听取他的计谋，开展对六国的政治、军事和外交攻势。由于李斯本来不是秦国人，故而秦王除封他为长史外，又授予他"客卿"（外国高级顾问）的尊号。就这样李斯一步步进入了秦国的政治核心。

从李斯进入秦国核心决策层的过程看，他并没有采用不可告人的阴谋手段，他靠的是积极进取的精神、发愤读书获得的才能，以及对人生机遇的准确把握。

（三）公文写作，堪称一流

公元前237年，秦王罢掉吕不韦的相位而亲自主政，这对李斯实现施展政治才华的理想是一件大好事。但这时发生了一件意想不到的事，差点葬送了李斯的仕途。

就在这年，秦国的宗室贵族发现，来自韩国的水利专家郑国以帮助兴修水利为名在秦国搞间谍活动，便联名要求秦王下令驱逐六国客卿，李斯也在被逐之列。李斯不甘被逐，在离开秦国时给秦王写了一篇上书——《谏逐客书》，劝秦王收回成命。文章从秦王统一天下的高度立论，用精练而又气势磅礴的语言，列举大量历史事实，说明客卿辅佐前代秦王的功绩，反复阐明驱逐客卿的危害，力劝秦王为成就统一大业要广集人才，而不能拒绝他国来的人才。文章写得词强理直，雄辩滔滔，秦王看了深受感动，于是取消了逐客令，恢复了李斯“长史”的官职，继续采用他对国家大政的决策建议。

《谏逐客书》虽然只有短短七百来字，却是我国历史上最优秀的公文作品之一，体现了李斯极高的公文写作水平。该文作为史料被全文记录在《史记·李斯列传》中，它不仅具有重要文献价值，而且是一篇脍炙人口的散文，为历代文章选本所选收。鲁迅先生说：“秦之文章，李斯一人而已。”现代出版的各种中国古代文学作品选也都选录此文，中华人民共和国成立后各版中学语文课本也都把《谏逐客书》列为重点课文。

除《谏逐客书》外，《史记·李斯列传》还录有他写的几篇文章，例如他晚年写作的《上书废私学》《狱中上书》等，这几篇文章虽然影响不及《谏逐客书》，但从写作技巧看仍属公文中的上乘之作。

（四）参谋辅政，功勋卓著

重新受到秦王嬴政重用后，李斯以卓越的政治远见协助秦王制定了各个击破吞并六国的策略，并努力组织实施这一战略部署。仅用十多年时间，秦王嬴政就统一了天下，于公元前 221 年建立了中央集权制的封建国家。秦王嬴政自尊为“皇帝”，李斯因长期辅佐有功，被任命为丞相，终于实现了年轻时“位极人臣”的个人理想。

在丞相职位上，李斯辅佐秦始皇采取了一系列巩固中央集权制度的措施，主要包括：

第一，建议秦始皇废除分封诸侯的制度，实行郡县制。郡县制对巩固国家统一、促进社会发展起了积极作用，两千年来一直为各封建王朝所沿用。

第二，主持统一度量衡和统一货币的庞大工程，对促进全国各地经济往来和农业、手工业、工商业的发展起到了积极作用。

第三，根据法家的治国理念，协助秦始皇制定了全国统一的法律，“明法度，定律令”，尤其是从法律上规定“黔首自实田”，明确了封建的土地个人私有制度。

第四，向秦始皇提出了统一文字的建议，并亲自主持这一工作。他以秦国文字为基础，废除异体字，简化字形，形成了笔画比较简单、形体较为规范而且便于书写的小篆（也称秦篆和斯篆），作为标准文字。他还亲自用小篆书写了一部《仓颉篇》，作为文字的范本，推行全国。

第五，为了维护中央政府的绝对权威，他上书阐述了私学和儒术的“危害”，建议秦始皇焚杂书、废私学以统一思想控制言论，实行文化专制主义。秦始皇采纳李斯的这一建议，首开“焚书坑儒”的恶例。

以上几条，除最后一条焚书废学遭到后世的普遍否定外，其他几条都是符合历史发展方向的进步措施，加上前期在辅佐秦王统一中国过程中的举足轻重的作用，李斯不但对秦王朝来说是一位功勋卓著的贤臣，而且在整个中国历史进程中也是一个功大于过的历史名人。

（五）晚节不保，遗恨千古

从嬴政 13 岁即秦王位，到秦始皇 50 岁驾崩，李斯一直是秦始皇的主要谋士，其地位也从随身侍从秘书一步步上升为“三公”（丞相、御史大夫、太尉）之首的丞相。但是随着秦始皇死去，李斯不但地位急转直下，其性格中丑陋的一面也暴露无遗，最终落得一个身败名裂的结局。

公元前 210 年，秦始皇在巡视途中暴病而死，已经得宠的宦官秘书赵高与胡亥密谋伪造遗诏，废太子扶苏，立少子胡亥为帝，但政变须得到丞相李斯的配合方能成功。《史记·李斯列传》详细记载了赵高威逼利诱李斯参加政变的过程。从一开始斩钉截铁地拒绝参与（“此非人臣所当议也”），到后来“仰天而叹垂泪太息”地表示屈从，李斯在是非极其清楚的情况下为了保住自己的功名地位而背叛了刚刚死去的秦始皇。在赵高策划的宫廷政变得逞后，李斯又受到打压，他虽然明知“二世之无道过于（夏）桀、（商）纣”，但为了保全自己，他竟迎合秦二世的心意主动上书鼓励秦二世施行暴政，还为秦二世的荒淫无度寻找理论根据。

赵高掌握大权后，指鹿为马，横行朝野，容不得碍事的前朝老臣，就找茬诬陷李斯“谋反”，于公元前 208 年将其腰斩于市，并夷灭其三族。

公元前 206 年，秦帝国灭亡，但与李斯之死没有直接关系。因为在公元前 209 年陈胜、吴广就举起了起义大旗，一年以后项羽、刘邦也举起了反秦的大旗。

李斯年轻时为取得功名利禄而发愤读书建功立业，年老时为保住功名利禄而出卖灵魂阿顺昏君。司马迁在《史记·李斯列传》的末尾感叹道：如果不是因为功名利禄而晚节不保，“斯之功且与周（公）、召（公）列矣”。

五、多谋善断的军事秘书——郭嘉

1959 年毛泽东先后在郑州召开的政治局扩大会议和党的八届七中全会上两次推荐人们看看《三国志》中的《郭嘉传》。郭嘉到底是个什么样的人物？毛泽东又为什么要人们去了解郭嘉呢？

郭嘉的职务是曹操的“军师祭酒”，就是曹操的高级军事秘书。从如何发挥秘书的参谋作用的角度看，我们能从郭嘉身上得到许多有益的启示。

（一）二十多岁成为曹操的主要谋士

郭嘉，字奉孝，颍川阳翟（今河南禹州）人，生于公元 170 年，卒于公元 207 年。郭嘉是东汉末年著名军事家、谋略家，是曹操手下最主要的谋士之一。

郭嘉出身寒门，从幼年起即胸怀大志，史书记载他“自弱冠（20 岁）匿名迹，密交结英隽，不与俗接”。他暗暗与有识之士保持交往，等待成就功业的机会。最初他投奔当时实力最强大的袁绍，只几十天就发现袁绍优柔寡断，不善用人，难成大业。他对同在袁绍帐下当谋士的朋友辛评、郭图说：“夫智者审于量主，故百举百全而功名可立也。袁公徒欲效周公之下士，而未知用人之机。多端寡要，好谋无决，欲与共济天下，大难，定霸王之业，难矣！”于是他毅然决然离袁绍而去。

当时曹操正在招贤纳士，谋士荀彧向曹操举荐了郭嘉。第一次见面时，曹操问郭嘉：“（袁绍）地广兵强，而数为不逊。吾欲讨之，力不敌，如何？”郭嘉于是从十个方面论述了袁绍的劣势和曹操的优势。

一是袁绍礼仪烦多，常为形式所困，而曹操从实际出发，体任自然，这叫作“道胜”。

二是袁绍割据一方，逆天下大势而动，而曹操顺应统一大势，奉天子以率天下，这叫作“义胜”。

三是袁绍对待豪强过于宽纵，难以整治危局，而曹操拨乱反正，从严治政，上下皆循法度，这叫作“治胜”。

四是袁绍表面上为人宽厚，实际上心胸狭窄，嫉贤妒能，只重用自己的亲戚子弟，而曹操胸怀宽广，机智英明，用人不问远近，唯才是举，这叫作“度胜”。

五是袁绍优柔寡断，缺少主见，不敢当机立断，而曹操善于听从部下意见，谋定即行，应变自如，这叫作“谋胜”。

六是袁绍沽名钓誉，爱听奉承话，那些只会拍马溜须迎合主子而实际上干不了实事的庸人多投奔他，而曹操以诚待人，不务虚名，有功必赏，让那些有远见卓识和真才实学的人都愿意为之服务，这叫作“德胜”。

七是袁绍看到饥寒之人，恤念之情形之于表，却不考虑那些从未见到过的贫困百姓，而曹操对眼前小事时有忽略，而对于天下大事考虑周到，恩德施于四海，这叫作“仁胜”。

八是袁绍不会用人，常常惑于谗言，大臣之间争权夺利，互相猜忌，而曹操用人得法，使人各尽其力，而不会相互倾轧，这叫作“明胜”。

九是袁绍以亲疏定是非，赏罚不明，搞得臣子之间互相猜忌，而曹操是非分明，赏罚有道，这叫作“文胜”。

十是袁绍用兵好为虚势，其实不懂谋略，不知兵家要诀，而曹操精通兵法，能以少胜众，用兵如神，这叫“武胜”。

以上就是著名的“十胜论”，它为曹操战胜袁绍平定中原奠定了思想基础，从而消除了曹操在打败袁绍这件事上的顾虑，鼓舞了曹操统一北方的信心。曹操听后赞叹道：“使孤成大业者，必此人也。”郭嘉也对曹操的气度产生了深刻印象，非常高兴地说：“真吾主也。”于是曹操上表朝廷，封郭嘉为“司空军师祭酒”。当时正是汉献帝即位之初，献帝曾任命曹操为“大将军”，封武平侯，后来因为袁绍不满，曹操将“大将军”的头衔让给袁绍，自己改任“司空”（实际上还是曹操主持朝政），所以“司空军师祭酒”就是曹操自己的“首席参谋”。当时郭嘉只有 27 岁（虚龄），恰好与刘备三顾茅庐时诸葛亮的年龄一样大。

（二）为曹操统一北方做出重大贡献

郭嘉成为曹操首席参谋后，为曹操统一北方的多次征战出谋献策，忠心效力，做出了重大贡献。

郭嘉对曹操提出的第一个建议，是乘袁绍北征公孙瓒之机，“先取吕布”，以防与袁绍决战时“布为之援”。曹操采纳郭嘉之谋出兵吕布，吕布败退固守下邳，坚守不出。曹军久攻不下，将士疲惫，曹操便想撤军，随军参谋郭嘉和荀攸劝说曹操继续攻城，他们分析道：“吕布勇而无谋，今三战皆北，其锐气衰矣。三军以将为主，主衰则军无奋意。夫陈宫有智而迟，今及布气之未复，宫谋之未定，进急攻之，布可拔也。”（《三国志·魏书》）曹操采纳了他们的建议，决计继续攻城，不久果然攻克下邳，消灭了吕布势力，为即将进行的与袁绍的决战创造了有利条件。

据《三国志·魏书》记载，当刘备来投奔曹操时，有人建议曹操诛杀之以防后患，曹操征求郭嘉的意见，郭嘉分析说：虽然刘备将来可能成为后患，但是现在还不是除掉他的时候，因为您起义兵为百姓除暴，需要以诚信来招揽天下俊杰，如果杀了刘备，就会得到“害贤”的恶名，天下智士就不会来投奔您，您还靠谁来平定天下呢？“夫除一人之患，以沮四海之望，安危之机，不可不察！”曹操采纳了郭嘉的意见，收留了刘备。但后来曹操对刘备信任过度，派刘备率军去攻击进犯的袁术，郭嘉听说后大吃一惊道：“刘备率军出去后一定会反叛。”不出郭嘉所料，刘备果然举旗反曹。曹操后悔不已，想迅速消灭刘备反叛势力，众将却担心袁绍乘机从背后攻来。曹操难以决断之时，又是郭嘉分析道：“袁绍优柔寡断，不会做出快速反应。刘备反叛不久，众心未归，趁其立足未稳之际进攻他，一定能迅速取胜。”曹操从其计，从官渡迅速回师一举击败刘备大军，俘获其妻儿，擒其爱将关羽。正如郭嘉所料，袁绍没有做出任何反应。

官渡之战时，江东孙策已成为割据一方的豪强，孙策听说曹操大军与袁绍相持于官渡，就想乘机北上袭击许昌。消息传来，曹操帐下尽皆惊恐，只有郭嘉认为不足为虑，他分析说：“孙策在平定江东过程中，所诛之人有很多英豪雄杰，有许多人会拼死为其主报仇的。而孙策素来轻敌麻痹，不设防备，我看他一定会死于刺客之手。”果然如郭嘉所料，不久孙策为刺客所杀。

官渡之战后不久，袁绍呕血而亡，他的两个儿子袁尚、袁谭继续与曹军对抗。如何最后消灭他们呢？曹操本来打算强攻，郭嘉献计说：“袁绍这两个儿子之间有很深的矛盾，如果急攻之则他们会互相支持一致拒我，暂缓攻之则他们会互相猜疑而发生内讧。我们不如撤军南下，作出要攻打荆州刘表的态势，以等待他们内部矛盾激化发生事变，到那时再来打击他们，就会一举而平定北方。”曹操纳其计。两年以后，袁尚、袁谭果然发生内讧，曹操挥军见机行事，基本消灭了袁尚势力，击杀了袁谭，平定了冀州。

当时辽西少数民族乌桓部落与逃亡来的袁尚等残部联结，不断在边境作乱。曹操为统一北方，于建安十二年（207）秋出兵远征乌桓。刘备劝荆州刺史刘表趁曹操大军远征之机夺取许都。曹操闻讯非常担心，诸将也多主张回师中原，以防许都被袭。只有郭嘉力主继续北征，他认为刘备、刘表不足为虑，对曹操说：“表，坐谈客耳，自知才不足以御备，重任之则恐不能制，轻任之则备不为用，虽虚国远征，公无忧矣。”曹操听罢，消除了顾虑，又采纳了郭嘉“轻兵兼道以出，掩其不意”的战术建议，亲率轻骑兵，昼夜兼程，急速行军，一举歼灭乌桓主力和袁尚、袁熙残余势力。

至此，曹操在郭嘉等人的辅助下基本结束了统一北方的战争，就在曹操将战略目标转向南方之际，郭嘉在平定乌桓后回兵途中身染重病，不治而亡，年仅38岁。

（三）曹操对郭嘉的高度评价和深切怀念

郭嘉因为病重卧床之时，曹操不断派人探视，“问疾者交错”。郭嘉的早逝令曹操哀痛不已，他对荀攸等说：“诸位先生年龄皆与我相仿，只有奉孝（郭嘉字）最年轻。本打算在天下平定后，将管理国家的重任交付给他，未想到他中年夭折，这难道是天命吗！”他痛哭呼号：“哀哉奉孝！痛哉奉孝！惜哉奉孝！”接着表告天下：“军师祭酒郭嘉，自从征伐，十有一年。每有大议，临敌制变。臣策未决，嘉辄成之。平定天下，谋功为高。不幸短命，事业未终。追思嘉勋，实不可忘。”（《三国志·郭嘉传》）

就在失去郭嘉后的第二年（208年），曹操在赤壁之战中被孙刘联军大败，他慨叹道：“假如郭奉孝还在，断不会让我落得这种结局吧。”

六、文笔之分的见证人——任昉

(一) 从成语“沈诗任笔”看任昉的写作才能

在南北朝之前，古人并没有认识到公文写作和文学创作的性质和规律的本质差异，当时所有文章统统被称为“文学”，所以一般古代文学作品选中收录的先秦两汉魏晋的作品，有不少并不具有文学“通过塑造形象反映生活、表达思想感情”的特征，例如《尚书》中的篇目、《谏逐客书》、《论贵粟疏》、《出师表》等等，都是典型的公文。魏晋南北朝时期，出现了一批研究文体差别的学者和成果。从三国魏曹丕的《典论·论文》将文章分为奏议、书论、铭诔、诗赋四大类并指出它们在写作上的不同要求，到南朝梁刘勰的《文心雕龙》用大量篇幅系统论述诏策、檄移、章表、奏启、议对、书记等各种不同体裁公文的特点，表明古人逐步认识到应用性文体与文学作品有着不同的写作要求和创作规律。中国文学史和中国秘书史将这一认识过程称为“文笔之分”。

所谓文、笔，按刘勰的观点“无韵者笔也，有韵者文也”（《文心雕龙·总述》）未确。又有人说“文”指文学作品（以诗歌为代表），“笔”指应用性文体（以公文为代表），此说更加符合历史事实。如果说曹丕、刘勰的文论著作是文笔之分的理论标志，那么南朝在宋、齐、梁三代长期担任秘书职务的任昉，则因自己的写作实践而成为文笔之分的见证人。

任昉（460—508)，字彦升，祖籍乐安博昌（今山东寿光)，南朝著名秘书。他在南朝宋、齐、梁三代都任过官职，而且主要是秘书职务。据南朝梁代文学评论家钟嵘《诗品》记载，任昉自幼“聪明神悟”，4 岁诵诗数十篇，8 岁能写文章，“雅善属文，尤长载笔，声闻藉甚”。16 岁那年，就被南朝宋丹阳尹刘秉辟为主簿（相当于今县政府办公室主任)。齐明帝（萧鸾）时，年仅 18 岁的任昉因才思敏捷、文笔超群，先被任命为太子掌兵校尉掌管东宫书记，后任中书侍郎、司徒右长史等职。任昉 33 岁时，后来成为梁武帝的萧衍任命他为骠骑记室参军，主持文翰书记。南朝齐永元三年（501)，萧衍进军建康，任昉为记室。在梁先后任黄门侍郎、吏部郎、御史中丞、秘书监等职。以上所有职务，都是不同岗位不同级别的秘书官职。

任昉之所以能够长期担任重要的秘书官，与他杰出的写作才能是分不开的。他十几岁就出任主簿，是因为“尤长载笔”；以后不断被提拔重用，也是因为他“文笔超群”。据说任昉写文章“起草即成，不加点窜”，而文辞情真意切，透障凌厉，有“遒文丽藻”之誉。由于任昉公文写得规范而有文采，因而当时的王公表奏没有不请他写的，皇帝的许多诏敕也出自任昉之手，连萧衍代齐建梁时的禅让文书都是任昉的手笔。

任昉写作才能超群，与当时的大文学家沈约齐名，世称“沈诗任笔”，意思是：论诗歌等文学作品的创作，沈约成就第一；论公文等应用性文体的写作，则数任昉水平最高。而查看任昉留存至今的文章，确实多为代笔拟作的应用文告之类，很少诗作。沈约与任昉是好朋友，沈约坦然承认自己不擅长公文写作，“笔”力不如任昉，故对任昉“深所推挹”。而任昉不仅擅长写作公文，学问和文学也颇有成就，据说他晚年对“沈诗任笔”的说法“甚以为病”，自认为诗才不在沈约之下，在担任地方官时转好著诗，意欲胜过沈约。有一则民间流传的小故事，说是有一次沈约赠送给任昉一首诗歌新作，任昉觉得不过尔尔，自己就写了同类题材的诗作若干，把沈约的赠诗杂混其中，抄录后再呈送给几位友人评点。结果友人众口一词说其中有一首写得最好，而那首恰恰是沈约送给任昉的诗。从此以后任昉才真正认识到自己的文学才能确实不如沈约。

“沈诗任笔”在古代曾经是一个常用成语，有两个意思：一是说各人有各自不同的才能特长，不必非要与他人在某一方面比试高下；二是泛指不同体裁的文章。这个成语现在已不常用，但在文学史和秘书史上谈到“文笔之分”这个历史进步时，仍然会以“沈诗任笔”为例。任昉的文学成就不是很高，但是他却能在历史上成为名人，甚至进入成语典故，主要是凭他写作公文的杰出才能。因此，我们说任昉是魏晋南北朝时期公文写作逐渐成为一种专门技能的标志性人物。

（二）清正廉洁、亲民勤政的从政生涯

任昉一生大多数时间担任秘书官职，只在生命的最后几年，才当了地方上的主官——义兴（今江苏宜兴）太守和新安（今安徽黄山）太守。任昉担任太守时，以清正廉洁、亲民勤政而出名。

梁武帝天监二年（503），任昉调任义兴太守，他在太守任上为老百姓办了许多好事。有一年遇到大灾荒，任昉便把自己的俸米煮成粥，施舍给贫困灾民，救活了2 000多人。任昉严格禁止老百姓在灾年溺婴的行为，保护、救活了一大批婴儿，还用自己的俸禄资助贫困学生读书。任昉得到一片公田作为俸秩，每年可产谷800余石，而任昉只取其五分之一，其余的用来救济贫苦乡民，而自己的妻子儿女只食粗粮。据说任昉任满离开义兴时，“舟中惟有绢七匹，米五石而已”。义兴百姓非常爱戴任昉，在其尚未离任时即为其建生祠太守庙。为了感谢任昉在义兴的德政，后人在他经常垂钓的地方筑台纪念，称之为“任公钓台”，后列为宜兴十景之一。直到1998年，江苏宜兴市民还在原任公钓台的旧址上修建了占地120亩的任昉公园，以表达对任昉的永久怀念。

任昉最后任新安太守时，也以清廉勤政闻名，他常常徒步到各处视察，遇到“民通辞讼者，就路决焉”，即常常现场办公，处理案件。梁武帝天监七年（508），任昉病故在新安，时年48岁，当时其家中仅有桃花米20石，连举办葬礼的费用都远远不够。任昉临终前曾留下遗言：不许带“新安一物还都”，“杂木为棺，浣衣为殓”。任昉一生德高望重，客死他乡后，“阖境痛惜”，百姓为他共立祠堂于新安城南，岁终按时祭祀。梁武帝萧衍听到任昉去世的消息，也“悲不自胜”，“即日举哀，哭之甚恸”。

从任昉最后几年在地方为官的表现看，他确是一位在封建社会难得见到的清官。在地方当主官比任秘书官职更有条件贪赃枉法，而任昉始终克己自律、亲民勤政，可知他在担任秘书官职时也应是清正廉洁的。

（三）任昉的文学和学术成就

虽然任昉的文学成就不如沈约，但他当时也是著名文学集团“竟陵八友”的一员。《梁书·武帝本纪》载：“竟陵王（萧）子良开西邸，招文学，高祖（即后来的梁武帝萧衍）与沈约、谢朓、王融、萧琛、范云、任昉、陆倕等并游焉，号曰‘八友’。”竟陵八友中，沈约、谢朓的诗歌创作成就最高，而任昉、陆倕则“以文笔见称于世”。

任昉还以藏书丰富而名噪一时，他与沈约、王僧儒为当时的三大藏书家。他家虽贫，但藏书有一万余卷，所藏典籍范围很广，各类书籍他都加以存藏，有的书存有多种不同的抄本，有的典籍在官府书库内查找不到，到任昉的书室都可以查到。

任昉在学术上成就颇高，他一生著书颇丰，所著文章达数百万言，当时流传于世。见诸史书记载的著作就有：《杂传》247 卷，《述异记》2 卷，《地理书钞》9 卷，《地记》252 卷，《文集》23 卷，《文章始》（即《文章缘起》）1 卷，等等。这些作品现在大多已经散佚。在任昉的著作中，值得一提的是《文章缘起》。这本书早于刘勰的《文心雕龙》，有研究者认为它代表了当时文体学研究的最高成就，为后来萧统的《文选》确立了文体分类的基础，也启发了刘勰的文原思想。所以任昉在文章学上的地位十分显著。后来有许多人认为《文章缘起》是一部伪作，但杨赛先生的博士论文《任昉研究》举出六条证据来证明今本《文章缘起》大抵是任昉当年所作的原貌。

从任昉的著述目录看，他确实是一位学富五车、知识广博的“通才”和“杂家”，由此也可说明，任昉杰出的公文写作才能并非仅靠天资的“聪明神悟”，而是与其广泛的涉猎和不辍的耕耘分不开的。这些对今天有志于当一个优秀秘书的人来说，在如何提高综合素质方面是不是有一定的启发意义呢？

七、具有高超协调能力的谏官秘书——魏徵

唐太宗李世民在位期间，被史学界誉称“贞观之治”，它创造了君主时代最和谐的君臣关系和最文明的政治环境。说到“贞观之治”，不能不提魏徵，因为正是魏徵敢于直谏的胆略和善于协调的智慧，帮助唐太宗理顺了唐朝初期朝廷内外各种复杂的关系，才使唐太宗开明的治国方略得以顺利实施。

魏徵（580—643），字玄成，钜鹿（今河北晋州）人，曾任河北武阳郡书记，隋末战乱时参加瓦岗军，任起义军元帅府文学参军，专掌文书卷宗。后入唐，任太子李建成洗马（掌管图籍的秘书）。唐太宗即位后，魏徵先后任谏议大夫、光禄大夫、尚书丞、秘书监等秘书官职，最后任门下省主官侍中。

人们大多知道性格刚直、才识超群的魏徵是一个敢于犯颜直谏的诤臣，却很少有人注意到他还是一位善于协调的贤臣。纵观魏徵向唐太宗进谏的 200 多宗事项，几乎囊括唐朝初期内政外交的各个方面，涉及协调朝政事务、君臣关系、君民关系等，并取得了很好的协调效果。

（一）明确而独到的协调理念

魏徵曾主持编写《隋书》，一次唐太宗问魏徵：“隋朝灭亡的原因是什么？”魏徵答：“失去民心。”唐太宗又问：“民众与君主应是何种关系？”魏徵引用先贤的话答道：“君主就像一只大船，百姓就是汪洋大海，船只有在水中才能乘风前进；但是，水能载舟，亦能覆舟。太祖（李渊）举义旗推翻隋朝统治就说明了这一点。”正是基于对君民关系“水能载舟，亦能覆舟”的准确定位，魏徵才让唐太宗真正认识到民心的重要性，这也是封建社会最朴素、最实在的君民关系协调的理念。

魏徵明确而独到的协调理念还表现在他对君臣关系的独到见解上。一次唐太宗问他：“何谓明君，何谓昏君？”魏徵的回答一语中的：“兼听则明，偏信则暗。君王要多听各方意见，才能免受蒙蔽，避免片面性。”唐太宗接受了这一思想，鼓励大臣们提出不同意见，从而避免了朝廷决策的失误，“由是鲜有败事”（《资治通鉴》）。此后，“兼听则明，偏信则暗”成了“贞观之治”期间协调君臣关系的重要准则。

魏徵关于君民关系和君臣关系的见解，是一种广义的协调理论。这种协调是一种大协调，协调的是君主和百姓之间的关系，以及君主和辅臣之间的关系。正是基于这种明确而独到的协调理念，魏徵才敢于坚持原则直言进谏，其目的就是协调君民关系和君臣关系；而唐太宗也正是因为接受了这样的理念，才能够做到纳谏如流，择善而从。

（二）艰巨而复杂的协调任务

贞观初年，各种矛盾错综复杂，作为辅佐朝政的重臣，魏徵亲自协调的事务上自朝廷大事，下至百姓家事，真可谓国事家事天下事，事事操心。

大家都知道，唐太宗李世民是在发动玄武门之变后登上皇位的。尽管太子被杀，但其追随者散匿在民间，虽有朝廷赦令但仍不能令他们消除疑虑。由于魏徵曾任太子洗马，与李建成部下比较熟悉，因而唐太宗就派他为特使，去河北一带安抚李建成和李元吉的旧部，并授予他遇事可以酌情处理的权力。魏徵在履职途中遇到两辆被押解去长安的囚车，分别押着李建成的护卫将军李志安和李元吉的护军李思行，他俩都是在玄武门之变后从长安逃到河北后被抓的。魏徵看到这一情形，就同副使商量说：“朝廷已下了诏令，对李建成和李元吉的部下一律赦免，不再追究，现在又把李志安和李思行押送到长安治罪，今后还有谁敢再相信皇帝的诏令呢？我们奉旨安抚，谁还会相信我们呢？现在把他们放了，不再问罪，在朝廷宽大政策的感召下，其他人就会归降。”于是魏徵利用唐太宗授予他的“便宜行事”的权力，当即释放了李志安和李思行。就这样，魏徵圆满地完成了安抚任务，协调好了唐太宗与太子旧部之间的关系。

贞观六年（632），唐太宗坐稳了皇位，他的开明政策已初见成效。这时许多大臣请求唐太宗去泰山封禅，以炫耀功德和国家富强，只有魏徵坚决反对。唐太宗不解地问：“你是认为我的功劳不高、德行不尊、中国未安、四夷未服、年谷未丰、祥瑞未至吗？”魏徵答道：“陛下虽有以上六德，但全国户口并未恢复到隋末大乱之前的水平，国库还很空虚，如果千骑万乘浩浩荡荡千里东巡，耗费会有多大呀，沿途百姓承受不了啊！再说封禅这件大事必然引来各国使者、远夷君长的扈从，现在中原一带人烟稀少，草木丛生，他们看到大唐国力如此虚弱，对大唐怎么会不产生轻视之心？……这种只图虚名而实受其害的事，陛下为什么要干呢？”魏徵的谏言延宕了太宗的行期，后因中原数州洪水暴发，封禅之事再也没有提上议事日程。魏徵这次直谏其实是协调了百姓休养生息的需要和太宗炫耀功德的需要之间的关系，给国家带来了安宁平和的环境。

贞观七年（633），中牟县丞皇甫德参上书唐太宗，对三件事提出尖锐批评：“在洛阳修建东宫，劳民伤财；地租过重，让老百姓无法忍受；妇女喜欢梳高发髻的风气都是受宫中女子的影响。”唐太宗接书后大怒道：“德参这家伙是要国家不役使一个人，不收取一斗租，让宫里的女子都剃光头，这样他才会心满意足吧。”于是他要治皇甫德参的罪。魏徵得知此事后忙谏道：“自古以来，臣下上书如果不偏激就不能触动人主之心，这就是人们常说的‘狂夫之言’，圣明的人君会择其善者而从之。请陛下想想，皇甫德参上书所说的三件事是不是有道理呢？”唐太宗觉得魏徵说得在理，于是不但没有治皇甫德参的罪，还让他担任了监察御史。魏徵一番合情合理的谏言，不但免除了一位无辜臣子的罪，还有效地协调了君臣之间的关系。

（三）得体而有效的协调艺术

魏徵作为负责审议政令的门下省主官，经常主持政事堂会议。这个会议的主要功能是协调三省之间、皇帝与大臣之间、大臣与大臣之间的不同意见。魏徵在唐太宗的支持下坚持让大家畅所欲言讲真话，使中央政令在出台前得到充分论证，因此贞观年代的政令能较好地兼顾国家、皇室、大臣和百姓等几者的利益，使整个国家形成比较和谐宽松的政治环境。

身为封建帝制下的大臣，最难协调的就是最高统治者皇帝与臣民之间的关系。古代皇帝地位至高无上，臣子上书规劝或批评皇帝，稍有不慎，往往就会引来杀身之祸，所以历来就有“伴君如伴虎”的古训。在这样的大背景下，要想陈述不合皇帝口味和心思的意见，让皇帝牺牲一点局部利益以协调君臣关系和君民关系，不但要有大勇，而且要有大智。在这方面，魏徵绝对是一个很懂皇帝心理和讲究协调艺术的“良臣”。

魏徵高超的协调艺术有以下三点值得我们借鉴。

一是让协调对象（主要是皇帝）非常清楚地理解协调是为了国家的根本利益。例如，魏徵释放李志安和李思行，就是为了彰显朝廷宽大政策的可信性，以感召更多原来的敌对分子归顺朝廷，所以当他将处理此事的思路和依据奏报朝廷时，唐太宗大加赞赏。又如，他劝阻太宗封禅，所陈述的主要理由也是这会给大唐政权带来巨大危害，所以其建议易被太宗采纳。

二是魏徵很善于运用“寓贬于褒”的策略（也就是时下常说的“表扬激励法”）。他深知皇帝顾及面子，喜欢听顺耳的话，因此在协调中需要皇帝作出让步时，他就会巧妙地给皇帝戴上高帽子，从而让他愉快地接受调停。贞观七年（633），有一外戚犯事，都官郎中薛仁方严加查办，这名外戚的家人来告御状，唐太宗闻之大怒，反而要惩罚薛仁方。这时魏徵出面协调，他说：“自古皇亲国戚犯事都很难禁御。自古能禁断此事的，唯陛下一人。仁方履行职责，严格执法，正是在帮助你呀，怎么能处罚他呢？”高帽一戴，矛盾化解，唐太宗听后便采纳了魏徵的意见。

三是魏徵善于发现协调对象的优点和特点，用各种方式强化唐太宗“从谏如流”的形象，从而为其直言谏诤创造条件。纵观魏徵与唐太宗合作的整个历史，我们可以看出魏徵在前期对唐太宗的进言用词比较委婉谨慎，而真正的犯颜直谏主要在后期。唐太宗每接受一条意见，魏徵都会在各种场合予以充分宣扬，使唐太宗在朝廷内外得到了一个善于接受臣下意见的好名声。所以有人说唐太宗从谏如流的形象是魏徵“塑造”出来的。

应该强调，善于协调不仅是一个具体技巧的问题，还需要协调者有较高的思想水平，分析矛盾能看到实质，提出建议能说到点子上。魏徵在这些方面颇具优势，他不仅是一位杰出的政治家，还是一位杰出的学问家。他曾先后主持《隋书》《周书》《梁书》等正史的编撰工作，另有《次礼记》20卷，和虞世南、褚遂良等合编《群书治要》50卷。他对唐太宗的诸多上书谏言大都收录在《魏郑公谏录》《贞观政要》两本书里，它们成为民族文化的宝贵遗产。

八、才华横溢的一代文宗——欧阳修

在古代著名秘书中，欧阳修是一位个性鲜明、影响巨大的人物。

欧阳修（1007—1072），字永叔，号醉翁，晚号六一居士，吉州庐陵（今江西吉安）人，北宋天圣八年（1030）进士。欧阳修是北宋著名政治家、文学家。与历史上许多通过科举走上仕途的文人一样，欧阳修最初的职务是秘书——西京（今洛阳）留守“推官”（掌管文书的幕僚）。欧阳修一生除了担任过滁州、扬州、颍州（今安徽阜阳）、应天府（今河南商丘）等地的主官外，还担任过许多秘书性质的官职，如：景佑元年（1034）任宣德郎，充馆阁校勘；庆历三年（1043）以太常丞知谏院，授右正言知制诰，负责草拟皇帝诏令；至和元年（1054）受命纂修《新唐书》，不久被提升为翰林学士，这一职务主要职责就是为皇帝出谋献策，是皇帝的高级秘书。

（一）刚直率真，敢于言事

欧阳修性格刚直率真，他当谏官时给朝廷提出了许多有价值的建议：庆历三年（1043），欧阳修受命知谏院不久，就提出改革吏治、废除宋太祖时制定的任职年限一满就能提升官阶的旧制、建立审官院等主张。

当时，范仲淹推行新政，其反对者诬陷范仲淹及其支持者是“朋党”。欧阳修支持新政，特地写了一篇《朋党论》，针对保守势力诬蔑范仲淹等人结为朋党的言论，旗帜鲜明地提出“小人无朋，唯君子则有之”的观点，有力地驳斥了政敌的谬论，显示了革新者的过人胆识。

当时包拯任御史中丞，其主要职责是对官员进行监察。包公铁面无私，两任三司使都被他以巨额家产来路不明和生活奢侈的理由弹劾下台。掌管财政大权的三司使是个重要的职位，派谁去接任呢？因包拯以清廉出名，故而皇帝和宰相商定派他去，包拯领命，准备赴任。欧阳修认为朝廷此举不妥，立即写了《论包拯除三司使上书》给朝廷。欧阳修认为，包拯连续将两任三司使弹劾下台，如让包拯自己取而代之，则会使大臣们怀疑他弹劾别人的动机，为了保全包拯公正清廉的名节，不应让他去接任该职。

欧阳修上书建言非常注重调查研究，他的奏章内容极其翔实。庆历八年（1048），黄河决口改道北流，其后引起了黄河是否恢复故道东流的争论。欧阳修极力反对回河东流，连上两疏陈述不能回河的理由。两文列举了大量详细的调查数据和历史事实，得出结论：回河东流“于大河有减水之名，而无减患之实。今下流所散，为患已多，若全回大河以注之，则滨、棣、德、博河北所仰之州，不胜其患，而又故道淤涩，上流必有他决之虞，此直有害而无利耳，是皆智者之不为也”。可惜欧阳修的奏疏未被采纳，朝廷命令加紧堵口。嘉祐元年（1056）四月，决口塞而复决，回河失败。

（二）亲民廉洁，为政“宽简”

欧阳修23岁入仕，64岁退休离开官场，一直与老百姓保持着和谐融洽的关系，这从《醉翁亭记》中就可以感受一二：“负者歌于途，行者休于树，前者呼，后者应，伛偻提携，往来而不绝者，滁人游也……人知从太守游而乐，不知太守之乐其乐也。”熙宁三年（1070）四月，时任参知政事（副宰相）的欧阳修回故乡祭祖，由于对沿途地方官员接进送出、兴师动众的做法十分反感，他决定改走水道，从运河南下入长江进鄱阳湖再转赣江，日夜兼程回到故乡永丰。为不惊动地方县府，他直接投宿于码头客栈，“享受”农家伙食。

欧阳修在地方为官，对政事实行的是“宽简”政策。所谓宽简，就是宽容和简化，办事遵循人情事理，不求博取声誉，只要把事情办好就行。这是他一生为政的风格，他继包拯后任开封知府，包公重典严法，注重打击豪强劣绅，而欧阳修实行“宽简”政策，注重创造宽松和谐的社会环境。他从建章立制入手，从制度上约束官员的行为，同时加强教化，引人向善。欧阳修办事往往不动声色，同样把开封治理得井井有条。后人曾将他与包拯相比较，在开封府衙东西侧各竖一座牌坊，一边写着“包严”，一边写着“欧宽”。两位名臣，都成为后世为官的楷模。

（三）怜才爱士，奖掖晚辈

欧阳修善于发现人才，乐于提拔晚辈。《宋史·欧阳修传》评价他：“奖引后进，如恐不及。赏识之下，率为闻人。”宋代释惠洪《冷斋夜话》曾说“欧公喜士为天下第一”。

嘉祐元年（1056）三月，长于古文、笔力雄健的苏洵偕儿子苏轼、苏辙进京参加会试。欧阳修见到苏氏父子的文章后，极为赞赏，立即将苏洵的文章上献朝廷，并呈奏《荐布衣苏洵状》称：“眉州布衣苏洵，履行醇固，性识明达……其论议精于物理而善识变权，文章不为空言而期于有用。”经欧阳修的推荐，苏洵名声大振。

第二年，欧阳修以翰林学士的身份主持会试，苏轼、苏辙参加考试。欧阳修见到苏轼的文章《刑赏忠厚之至论》，认为其超凡脱俗，深为赏识，欲判为第一，但欧阳修并不知道此文作者是谁，怀疑它出自自己的门生曾巩，为避嫌而将其列为第二。之后，欧阳修又见到苏轼在试策中所作的《〈春秋〉对义》一文，激赏之下，将其提升为第一。直到发榜之时，欧阳修才知道给他留下深刻印象的那两篇文章的作者是苏轼。后来，欧阳修对另一考官梅圣俞道：“读轼书，不觉汗下，快哉快哉！老夫当避路，放他出一头地。”欧阳修如此推崇原本毫无名气的苏轼，令许多人感到不可理解。随着苏轼的出名，人们才叹服欧阳修为真正的伯乐。

在这次会试中，苏轼的弟弟苏辙也中了进士。除了“三苏”外，北宋的许多大政治家、大文学家也都得到过欧阳修的帮助和举荐，如梅尧臣、苏舜钦、王安石、曾巩等。这些人都是在尚未出名时就被欧阳修广为扬掖，“谓必显于世”；他写奏状推荐人才，常常担保说所荐之人假如“不如所荐”，“但有一事败误”，自己就“并甘连坐”“并甘同罪”“甘当朝典”。欧阳修对后辈人才的栽培和奖掖，在历史上实属罕见。

（四）文风简练，惜字如金

欧阳修所写的议论文说理透辟，抒情文优美俊逸，而他所有文章的共同点是文风简练。

欧阳修初入仕，任西京留守钱惟演的推官。有一次，钱惟演修建了一所驿舍，让尹师鲁、谢希深和欧阳修三个幕僚各写一篇文章记述这件事。谢文七百字，欧文五百多字，尹文三百多字。尹文文字精练、叙事清晰、结构严谨，欧阳修十分钦佩，就带了酒去向他讨教。欧阳修知道了自己文章的缺点，就认真地重写，重写的文章内容更加完整，篇幅却比尹师鲁的还要短。尹师鲁看了以后称赞道："欧阳修进步真快，简直是一日千里！"

欧阳修写文章非常注重修改。据说他写成著名散文《醉翁亭记》后，曾让衙役把文章分别贴在各个城门上，让行人为他修改。一位五十多岁的老樵夫对欧阳修说："你的文章字里行间充满了实情，就是开头太啰唆！"原文开头是："滁州四面皆山也，东有乌龙山，西有大丰山，南有花山，北有白米山，其西南诸峰，林壑尤美……"欧阳修根据老人的建议改为"环滁皆山也。其西南诸峰，林壑尤美……"这就是我们今天看到的《醉翁亭记》言简义丰的开头。

欧阳修在翰林院任职时，一次与下属出游，见路旁有匹飞驰的马踩死了一只狗，欧阳修提议："试书其事。"有人说："有犬卧于通衢，逸马蹄而杀之。"另一个人说："有马逸于街衢，卧犬遭之而毙。"欧阳修听后笑道："像你们这样修史，一万卷也写不完。"从者连忙请教："那你如何说呢？"欧阳修道："'逸马杀犬于道'，六字足矣！"下属都为欧阳修行文的简洁所折服。

欧阳修曾与宋祁共编《新唐书》，他自己编写的《新五代史》篇幅只有原本《五代史》的一半，其记述的内容却比原书更丰富。

（五）改革文风，功勋卓著

欧阳修是北宋诗文革新运动的领袖，在我国文学史上有着重要的地位。他师承韩愈，主张文章应"明道致用"。他所讲的"道"，主要不在于伦理纲常，而在于关心国计民生。他认为学道而不能至，是因为"弃百事不关于心"。他反对文章"务高言而鲜事实"，大力提倡简约、流畅、自然的文风，反对浮靡雕琢和怪僻晦涩。

欧阳修主持进士考试时，鼓励考生写质朴晓畅的古文，凡是内容空洞、华而不实、语言险怪者一律不予录取。与苏轼同时参加考试的一位考生叫刘几，平日爱写险怪文章，欧阳修决定拿他开刀以整饬文场风气。于是，他用大红笔将刘几的试卷从头到尾横抹一杠，批上"大纰缪"三字，予以张榜示众。此举虽然遭到落第举子们的围攻、辱骂，但欧阳修不为所动，坚持打击文坛险怪文风，毫不动摇。与此同时，他又通过科举考试，提拔、培养了王安石、曾巩、苏轼、苏辙等一批人。这样，他倡导的诗文革新运动就取得了决定性的胜利，一代平易文风逐渐形成。

欧阳修的散文大都内容充实、气势旺盛，具有平易自然、流畅婉转的艺术风格。叙事既得委婉之妙，又简约有法；议论纡徐有致，却富有内在的逻辑力量。章法结构既能曲折变化而又十分严密。此外，欧阳修在经学、史学、金石学等方面也颇有成就。

宋神宗熙宁五年（1072），欧阳修在颍州（今安徽阜阳）的家中，留下一万卷藏书、一千卷集古录、一张琴、一局棋和一壶酒，溘然长逝。苏轼评论欧阳修的成就说："论大道似韩愈，论事似陆贽，纪事似司马迁，诗赋似李白。"

九、锐意改革的中央政府秘书长——张居正

湖北作家熊召政的长篇历史小说《张居正》曾获第六届茅盾文学奖。文学作品难免有

虚构成分，但小说的获奖引起人们对这位历史人物的巨大兴趣。让我们撇开小说而揆诸史实，探寻这位因锐意改革而彪炳史册的中央政府秘书长的传奇人生。

（一）少年立志，中年入阁，难圆改革之梦想

张居正（1525—1582），字叔大，号太岳，江陵（今湖北荆州）人。张居正与战国时期秦国的商鞅、北宋的王安石并称中国封建社会初期、中期与后期最具盛名的三大改革家。他出身寒微，但自幼“颖敏绝伦”，年纪轻轻就立下经世济国的大志，梦想以自己的才能革除社会弊端，复兴大明王朝。他 16 岁乡试中举，23 岁考中进士。两年后，还是一个见习秘书的张居正就给嘉靖皇帝上《论时政疏》，指出当时政治生活中存在的“宗室骄恣、庶官瘝旷、吏治因循、边备未修、财用大匮”五种积弊，分析了它们的根源，提出改革时政的主张，但是未受到重视。43 岁时，已晋升为内阁大臣的张居正又向隆庆皇帝上《陈六事疏》，系统提出了自己的改革纲领——“省议论、振纪纲、重诏令、核名实、固邦本、饬武备”，刷新政治，以“新天下之耳目，一天下之心志”，这一改革主张仍然未被采纳。

由于没有掌握必要的权力，因而张居正美好的改革梦想一直没有实现的条件，他的治国才能也得不到施展的机会。

（二）晚年掌权，全面改革，推行新政见成效

1572 年，年仅 10 岁的万历帝登基，48 岁的张居正不久当上了“内阁首辅”。明代的“内阁”相当于中央政府办公厅，其主管“内阁首辅”相当于中央政府的秘书长。内阁作为秘书机构，本来权力不大，但如果皇帝无能、昏愦、懒惰、幼小或宠幸权臣，那么内阁的实际权力就有可能很大。隆庆帝驾崩前遗诏命高拱、张居正、高仪共同辅佐 10 岁的小皇帝朱翊钧（明神宗，即万历帝），张居正通过权力斗争，迫使高拱退出政治舞台，高仪不久也去世，张居正便升任内阁首辅。由于他是明神宗的老师，年幼的明神宗对他言听计从，又得到太后的信任，因而这位“秘书长”在明神宗登基后的前十年实际上掌握了朝廷的大权，这为他实现救世济国的改革梦想提供了权力条件。

张居正在掌权的十年内，进行了大刀阔斧的全面改革，取得了显著成效。

第一，严肃法纪，整顿吏治，提高行政效率。

封建社会的改革都是自上而下进行的，这就要求加强对各级官衙的控制，否则改革就是一纸空文。要发挥中央政府的权威职能，就要以法理政，取信于天下。当时张居正少年时代的恩人江陵辽王作恶乡里，鱼肉百姓，地方官畏惧辽王府的势力，不敢如实上报，张居正甘冒“谋产害友”的骂名，废去辽王，惩办了江陵一霸。不久，太监冯保的侄子殴打平民犯了法，张居正当上首辅曾得到冯保的支持，而张居正不徇私情，不但革掉冯保侄子的官职，还杖打四十大板，并通告冯保严格家教，伸张了法纪。他还依法惩治了违法乱纪的孔夫子后裔衍圣公孔尚贤和世袭贵族黔国公沐朝弼。就这样，张居正用一系列强有力的措施限制了皇亲贵戚的特权，并一再宣告：“强宗豪民敢有挠法者，严治不贷。”

张居正认为当时朝野贿赂成风、懈怠拖沓的主要原因是“吏治不清”，他以“课吏职”（即加强官吏考核）为手段，淘汰并惩治了一批官员。张居正上疏实行“考成法”，用内阁控制六科，以六科控制六部，层层考核官员的业绩，明确责任，赏罚分明。考成法的实行，极大地提高了行政效率，在他执政期间，“百官惕息”，“一切不敢饰非，政体为肃”，朝廷发布的政令“虽万里外，朝下而夕奉行”。这为改革创新提供了组织上的保证，扫清了政治上的障碍。

第二，改革赋役，厚商利农，减轻百姓负担。

明朝后期土地兼并严重，国家税源衰竭。为此，张居正提出惩办贪污、清理欠赋和清查田亩三项措施。张居正先以福建为试点，后在全国清丈土地，重绘土地图册，根据户部颁布的《清丈条例》对田地进行了认真清丈，查出漏税土地 80 余万顷，从严打击了违法的权贵地主。万历九年（1581），张居正下令全国范围内实行已在江西、广东等地试行成功的“一条鞭法”赋税制度，把各种田赋和徭役归并和简化，一概折银征收。这是中国自汉以后田赋征收由实物税转为货币税的一个历史转折，它扩大了货币流通的范围，削弱了农民对土地的人身依附关系，促进了商品经济的发展。张居正十分重视人民的生活，万历十年（1582），国家财政状况有了进一步好转，张居正上疏请求免除自隆庆元年（1567）至万历七年（1579）间各省积欠钱粮。张居正反对传统的“重农轻商”观念，提出“省征发，以厚农而资商……轻关市，以厚商而利农”的农商并重的主张，在一定程度上减轻了百姓负担，顺应了历史的发展潮流。

第三，摒弃旧规，躬行实效，倡导思想解放。

张居正在政治和经济上的改革是有深刻的思想基础的。他认为：“法制无常，近民为要，古今异势，便俗为宜。”也就是说，凡不能顺应时势而违背民众要求的，可不必因循；只要顺时利民的就是合适的，都应该遵从。他要求各级官员摒弃旧规，面向实际，躬行实效，以富国强兵为首要任务。宋以降，理学被尊为儒学的正宗，成为统治阶级的官方思想，培育出的文人学士只善谈玄说虚，鄙薄民生实事。为了批驳迂腐文人用祖制反对革新的做法，张居正总结历代兴亡盛衰的教训，提出因时顺势的变法思想。对于顽固守旧势力对他的批评——“今观其议论，不过富国强兵而已，殊使人失望”，张居正坦然接受：“过誉我矣！吾安能使富国强兵哉！”他大力提倡“扫无用之虚词，求躬行之实效”，提出如果不体察民情就是学问不到家的见解，大大突破理学的禁锢。他要求当官、做学问的走出衙门和书斋，面向实际，把治学理政与解决国计民生结合起来，这对当时陈腐守旧的思想界也是一种深层次的革新。

除了在政治制度、经济政策和思想文化方面的改革外，张居正还采取了一系列具体举措，试图振兴大明王朝。如起用名将戚继光等镇守边疆，保持了边疆在政治、经济上的稳定；任用著名水利学家潘季驯修治黄、淮，使两河流经区域多年无大患，保障了生产，稳定了政府的财源；整顿驿站管理制度，堵塞各级官员利用国家的邮驿设施滥用公款旅行吃喝的漏洞；等等。

张居正主政十年，使奄奄一息的明王朝重新获得勃勃生机。《明通鉴》说：“是时帑藏充盈，国最完富”，“起衰振隳，纲纪修明，海内殷阜，居正之力也”。这是清人对张居正的公允评价，张居正也因其巨大的历史功绩被誉为“宰相之杰”。

（三）人亡政息，改革失败，功过自有后人说

张居正于万历十年（1582）六月病逝，同年十二月反对派开始发难，已 20 岁的万历帝宣旨称其“诬蔑亲藩”“专权乱政”“谋国不忠”，张居正家被满门查抄，他的积极支持者统统被削职，他苦心经营的改革新政很快被废除。张居正英明一世，却落得人在政在、人亡政息的结局。明王朝也从此一蹶不振，几十年后便国破人亡。

对于张居正改革的失败，后人有各种评说。有归结为其性格缺陷的，“人人都承认他的政绩，却人人不喜欢他”；有归结为他用人失误的，他保举推荐的朝官在其死后却首先发难攻击他；有归结为他擅权压主的，身为“秘书长”却不把皇帝放在眼里，皇帝成年后便感到强烈不满。这些说法都不无道理，但我们用历史唯物主义观点来看，张居正改革失败乃是历史的必然，因为那个时代已经到了封建社会的晚期，各种弊端积重难返，社会矛盾极其尖锐，任何实质性的改革都必然触动权贵地主的利益，张居正这个“救时宰相”虽救得了一时，却救不了一世，因此他和他的改革的失败是封建专制社会晚期很难避免的悲剧。

张居正死后，其政敌有攻击他专权残暴的，有攻击他结党营私的，也有攻击他为儿子会试暗通关节的，但没有多少人攻击他贪腐。纵观张居正的一生，他在公正廉洁方面并无明显瑕疵，死后抄其家也没有抄出多少不法财产。张居正曾多次向明神宗提出“节用爱民”，“以保国本”，在皇室的奢侈性花费上他锱铢必较，寸步不让，使封建统治者的奢侈行为有所收敛。张居正自己在生活上更是力戒奢华，他纂修先皇穆宗实录，按惯例可得天子赐宴一次，张居正提出辞免，他说：“一宴之资，动之数百金，省此一事，亦未必非节财之道。”张居正对家人也严格要求：儿子回江陵应试，他要儿子自己雇车（不用公车）；父亲过生日，他吩咐仆人带着寿礼，骑驴回乡祝寿；次弟张居敬病重回乡调治，保定巡抚张卤例外发放免费使用驿站的“勘合”，张居正立即交还，并附信说要为朝廷执法，就不能不以身作则。对于明王朝来说，张居正确实是忠心耿耿、克己奉公的治国之才，正如他临终前不久写过的一偈：“愿以深心奉尘刹，不予自身求利益。”

无论是从才能、业绩，还是从个人品行上看，张居正都不愧为封建社会的一代英豪。他的悲剧告诉我们，有效的社会改革必须顺应历史发展的趋势，必须依赖人民群众的觉醒，必须伴随根本制度的变革，而不能仅仅寄希望于个别政治家的聪明才智和胆识魄力。

十、善于建章立制的首席秘书官——张廷玉

北京劳动人民文化宫原为清朝皇帝的祖庙——太庙。当年太庙中除供奉大清历朝帝后外，前殿西庑还列有清代历朝功臣的牌位。这些能够享受皇帝每年一次祭祀的功臣中仅有一位汉族大臣，他就是曾经为康熙、雍正和乾隆三朝效力的秘书官张廷玉。

张廷玉为何能够享受大清皇室给予汉族大臣的唯一的最高的礼遇和殊荣呢？

（一）张廷玉的主要功绩

张廷玉，字衡臣，安徽桐城人。生于康熙十一年（1672），28岁中进士，在康熙朝历任检讨、值南书房、洗马、侍讲学士、内阁学士、刑部侍郎、吏部侍郎等职。雍正朝历任礼部尚书、户部尚书、翰林院掌院学士、国史馆总裁、文渊阁大学士、保和殿大学士兼吏部尚书等职。雍正病逝前诏命张廷玉与庄亲王鄂尔泰为顾命大臣，乾隆即位后命其总理事务，他又在朝廷供奉十多年。

张廷玉在朝50余年，主要工作是担任皇帝的机要秘书，他对大清王朝最重要的贡献是建立和完善了军机处的规章制度。

雍正七年（1729），清廷对新疆准噶尔部用兵。因原来的秘书机构内阁距内廷过远，办事效率不高且不易保密，故设立军机处（最初叫“军需房”“军机房”）协助皇帝处理军务。军机处的主要职能是为皇帝起草谕旨，收受奏折，参议重要政务，它实际上已成为皇帝亲信的机要秘书处和参谋部。

军机处是中国历史上以精干高效闻名的秘书机构，它办事效率高的最重要原因是有一套相对合理的运作规程。《清史稿·张廷玉传》说，“军机处初设，职制皆廷玉所定”，张廷玉作为首任首席军机大臣，按照旨意对军机处的性质、官职、职能、纪律等都作了严格规定。

军机处的组建制度比较特别，仅设军机大臣和军机章京两职，由皇帝在朝官中选任，前者主持工作，后者具体承办，两者都是兼职，官籍（犹如今天的“组织关系”）仍在原衙门。军机大臣与军机章京只有工作关系，没有隶属关系，很难结成同党，这就保证了军机处忠实执行皇帝旨意，不会形成威胁皇权的势力。

军机处的工作方式很特别，它没有正式衙署，只有值班房，军机大臣以轮流值班、等候召见的方式为皇帝的决策提供服务。“拟旨”是军机处的主要工作，皇帝常一天数次召见军机大臣，询问情况，听取意见，作出裁决，然后由军机大臣草拟文书。

雍正后，清代皇帝的诏令分“明发上谕”和“寄信上谕”两种。前者是办理例行事务的文书，由内阁传抄发送；后者涉及机要大事，由军机处撰拟、抄写、密封、寄送，封函注明“某处某官开拆”，封口处盖有军机处印信，保密程度非常高。

军机处办理机要的速度很快，规定事情不问大小“悉以本日完结”，绝不积压。寄信谕旨交兵部由驿站传送，限以时日，速度较以前明显加快，保证了中央政令的迅速贯彻，大大提高了清政府的行政效率。

军机处有一套完备的保密制度：皇帝召见军机大臣时太监不得在侧，严禁各衙人员在军机值房附近停留，王公大臣非奉特旨不准进入。军机章京严格执行交接制度，手续缜密完备；不许过问不由自己经办的事项；撰写寄信谕旨、办理朱批奏折，都必须在办公房内进行；等等。

除了创设军机处的办事规程外，张廷玉对秘书工作的另一重要贡献是完善了中央政府处理上行公文的“奏折”制度。

奏折是清初出现的一种上奏文书的名称，常与题本、奏疏相混。为避免差错，提高处理文书的效率，张廷玉定下规制：陈请正常公务用“疏”，由通政司接收交内阁处理；涉及军国机要大事的用“折”，一律送专门收受密奏的机构奏事处，再交军机处转皇帝亲自批示处理。这表面上是公文处理程序的变革，实际上是将内阁处理重要政务的大权转移到军机处，不但极大地提高了处理政务的效率，而且强化了皇帝对国家大政的控制权。

奏折制度简化了程序，提高了效率，使皇帝可以利用奏折来与臣下商讨政务。雍正朝有许多重大政事就是皇帝与有关大臣通过奏折反复筹商后定下来的。后有史家评论说：“在中国章奏制度史上，雍正一朝应该是最为多姿多彩的时代，而帝王对朱批运用的巧妙和有效，雍正也可以说是前无古人了。”而这一切，张廷玉是功不可没的。

（二）张廷玉的成功之道

中国自古有“伴君如伴虎”的说法，张廷玉历康熙、雍正、乾隆三帝，50多年一直在朝廷核心担任要职，最后还能有“配享太庙”的殊荣，这在中国古代是绝无仅有的，他可以算是中国历史上最成功的秘书官了。探讨他的成功之道，对我们今天如何当好秘书不无借鉴价值。

1. 公文写作，水平高超

公文写作能力是秘书的看家本领，在这方面张廷玉具有明显的优势。他的父亲张英是康熙初年进士，历任翰林院编修、文华殿大学士，被首选入值南书房，成为康熙的机要秘书。张廷玉自幼受到良好的教育，工于书法，精通文义，32岁授翰林院检讨，康熙晚年入值南书房缮写上谕。雍正即位后，特命张廷玉“协办翰林院文章事”，“凡有诏旨，则命廷玉入内，口授大意，或于御前伏地以书，或隔帘授几，稿就即呈御览，每日不下十数次”，任首席军机大臣后，更是“晨夕内值，宣诏不时……每奉密谕，筹划机务，羽书四出，晷刻不稽”（《清稗类钞》）。雍正和乾隆对他的写作才能给予极高的评价，雍正说他“遵旨缮写上谕，悉能详达朕意，训示臣民，其功甚巨”，乾隆皇帝也在《故大学士张廷玉》诗中称赞他“述旨信无二，万言顷刻成”。

2. 忠于职守，坚持原则

张廷玉为官50余年，无论任何职，皆能“殚心竭力，务求平允，不敢一事疏忽”，“赞画军国大政难于数计”，遇事总是为朝廷着想，较少考虑个人利弊。张廷玉任吏部侍郎时，得知蠹吏张某舞文弄法，刁钻霸道，被人称为“张老虎”，于是将他重惩，朝中显贵多方营救，张廷玉亦不为所动，后被人们称为“伏虎侍郎”。他担任刑部左侍郎时，山东盐贩王美公等以邪教倡乱，聚徒骚扰地方，巡抚李树德逮捕150余人，均拟请斩杀。康熙命张廷玉前往济南勘查处理，张廷玉到济南后，“穷日夜之力检阅卷案”，得出“此盗案，非叛案也”的结论，仅戮其为首者7人，罚35人戍边，其余无辜被牵连者尽行释放。此事不仅得到民众的拥护，也深得康熙和朝中大臣的好评。雍正为政以严猛著称，朝臣投其所好，执法用刑唯恐不严，一时冤假错案遍于国中，张廷玉认为这样对国家不利，上疏奏请“慎刑”，反映刑部办案不问罪重罪轻，不分首犯从犯，“皆收禁，累无辜”，请求朝廷敕令都察院和大理寺驳正，对办案中营私舞弊草率从事者予以严厉处分。

3. 严谨自律，乐善好施

张廷玉为官清廉，性情淡泊。他办事公正，不结党营私，即使是经他推荐而受提拔重用之人，他也始终不让当事人得知。他主持会试时，有人想试探打通关节，他赋诗以辞：“帘前月色明如昼，休做人间暮夜看。”张廷玉对子弟要求亦十分严格，雍正十一年（1733），其长子张若霭参加廷试高中一甲三名探花，张廷玉闻知后，以“天下人才众多，三年大比莫不望鼎甲，官宦之子不应占天下寒士之先”为由，恳请将其子列为二甲，雍正从其请，将张若霭改为二甲一名。康、雍、乾三帝赐给他白银近万两，张廷玉或用于激励士子发奋学习，或寄回家乡购置公田以资助乡里穷人和灾民。他用雍正所赐白银近五千两在桐城东门外建石桥一座，大大方便了过往的商旅行人，得到乡人的称赞，此桥后被人称为“良弼桥”。乾隆五年（1740），张廷玉闻知家乡受灾歉收，便令家人捐谷一千石以救济贫民。

《清史稿·张廷玉传》说："廷玉周敏勤慎，尤为上所倚。"这个评价概括了张廷玉的才能、品质和他在朝中的地位。据说张廷玉患病时，雍正就对近侍说"朕连日来臂痛"，近侍们惊问其故，雍正说："大学士张廷玉患病，非朕臂病而何?"可见张廷玉确实被雍正视为股肱大臣，古代的秘书官能当到这个分上，也算是值得了。

第三节　中国古代当过秘书的名人

秘书工作是一项有较高文化素养的人才能胜任的工作，上古时代文化人数量有限，史官就是全社会最有学问的人。随着文化的发展，知识分子人数增加，涌现了许多大思想家、大文学家、大学问家、大政治家，这些人在成名之前或成名之后，大多数或长或短担任过秘书官职，因此，在"中国古代当过秘书的名人"的标题下可以列出一份很长的名单。考虑到介绍这些人的目的是让今人更好地对古代秘书工作发展的规律有所了解，而不是仅仅告诉人们某些名人当过秘书的历史事实，本书对"中国古代当过秘书的名人"也有一个大致的界定：第一，他们必须当过真正的秘书，而不是仅仅挂过虚衔，例如孔子曾经短期当过齐国贵族高昭子家臣，而家臣中只有一部分人的工作带有秘书性质，因此很难说孔子当过秘书。第二，他们的主要成就不是在秘书工作上（否则就应该算是古代著名秘书），但与秘书工作有一定的关系，或因某一方面的名气而被用为秘书，或因当秘书而对其成名有间接的影响。根据这个界定，本书选择了十位名人加以介绍。

一、老子

老子（约前 571—前 471）是道家学派的创始人。他与儒家学派的创始人孔子生于同一时代——春秋晚期。老子比孔子年长 20 来岁，但老子长寿，活到 101 岁，去世比孔子还要晚。

《史记·老子韩非列传》说："老子者，楚苦县（今河南鹿邑，一说安徽涡阳）厉乡曲仁里人也，姓李氏，名耳，字聃，周守藏室之史也。"守藏室即周天子的档案馆，可见老子是负责保管王室档案的史官。老子是何时出任周守藏史，又是何时离开这个职位的，史书上没有确切记载。但是据《史记·老子韩非列传》《史记·孔子世家》《庄子·天运》《吕氏春秋·当染》《礼记·曾子问》等典籍的记载，孔子一生曾四次向老子问学。第一次是，孔子 17 岁时即鲁昭公七年（前 535）问学于老子，那一年老子是 37 岁，地点在鲁国的巷党。第二次是在鲁昭公二十四年（前 518），地点在周都洛邑（今洛阳），这一年孔子 34 岁，老子 54 岁。第三次是孔子 53 岁时，即周敬王二十二年（前 498），地点在一个叫沛的地方（今江苏徐州附近）。第四次具体时间不详，在老子的故乡鹿邑。

根据这些记载大致可以推知老子任守藏史的时间是在中年，因为孔子第二次求学于老子的地点是在洛邑，当时老子应该正在守藏史的位置上。

老子并非出身于大贵族，他少年好学成为有学问的人，才被任用为守藏史。守藏史因在王室议事时站立在殿柱下以备咨询，也被称为“柱下史”。守藏史在王室诸多史官中地位并不高，但守藏史能看到王室档案库中丰富的古代文献，加上老子非常好学的主观条件，他很快成为一个远近闻名的大学问家，以至已经成名的34岁的孔子还专程从鲁国远道去洛阳向老子请教“礼”的学问。老子对孔子说：“你所说的礼，倡导它的人的骨头都已经腐烂了，只有他的言论还在。况且君子时运来了就驾着车出去做官，生不逢时，就像蓬草一样随风飘转。我听说，善于经商的人把货物隐藏起来，好像什么东西也没有；君子具有高尚的品德，他的神态谦虚得像愚钝的人。抛弃你的骄傲之气和过多的欲望，抛弃你做作的情态神色和过大的志向，这些对于你自身都是没有好处的。我能告诉你的，就这些罢了。”老子虽然没有对孔子口授很多学问，却让孔子看到许多他在鲁国看不到的珍贵文献，使孔子在学问上大有长进。老子在送别孔子时说：“我听说富贵的人是用财物送人，品德高尚的人是用言辞送人。我不是富贵的人，只能窃用品德高尚人的名号，用言辞为你送行。我想送给你的几句话是：‘聪明深察的人常常受到死亡的威胁，那是因为他喜欢议论别人；博学善辩识见广博的人常遭困厄危及自身，那是因为他好揭发别人的罪恶。做子女的要忘掉自己而心想父母，做臣下的要忘掉自己而心存君主。’”在聆听了老子的一番教诲后，孔子赞叹道：“鸟，我知道它能飞；鱼，我知道它能游；兽，我知道它能跑。会跑的可以织网捕获，会游的可制成丝线去钓，会飞的可以用箭去射。至于龙，我就不知道该怎么办了，它是驾着风而飞腾升天的。我今天见到的老子，大概就是一条龙吧!”（《史记·老子韩非列传》）

老子虽然当了较长时间的“史官”，但由于守藏史的地位不高，因而他在政治上对春秋末年周王室和各诸侯国的影响并不大，对中国古代秘书工作的发展影响也不大。老子之所以能成为中国乃至世界古代史上的文化名人，是因为他在离开守藏史的职位后潜心治学创立了影响深远的道家学说。《史记》对老子晚年的记录相当简略：“老子居周久之，见周之衰，乃遂去。……于是老子乃著书上下篇，言道德之意五千余言……莫知其所终。”后人多认为其所著之书即后来流传的《老子》（即《道德经》)。《老子》的思想倾向基本上是消极的、软弱的，不得意的知识分子、失势的权贵往往从中寻求精神寄托。但《老子》一书对后世影响深远，以它为主，形成了中国历史上和儒家对立的道家学派。

二、王羲之

王羲之（303—361，一作307—365，一作321—379），东晋著名书法家。字逸少，琅琊临沂（今属山东省）人，后移居会稽山阴（今浙江省绍兴市)。

据《晋书·王羲之传》介绍，王羲之是东晋权臣王敦、王导的侄儿，“深为从伯敦、导所器重”。当时陈留文人阮裕（竹林七贤之一阮籍的族弟）名气很大，正在担任王敦的主簿（主要秘书官)。王敦曾对只有十几岁的王羲之说：“你是我们家的好子弟，将来一定不会比阮主簿差。”

王羲之后来还真的就从当秘书开始了自己的职业生涯。《晋书·王羲之传》说，王羲之“起家秘书郎，征西将军庾亮请为参军，累迁长史”。这里“秘书郎”“参军”“长史”，全都是秘书职位。庾亮临去世前，专门上疏朝廷推荐王羲之，王羲之担任过江州刺史等主官职位（兼军职宁远将军）。因为他既年轻，又有能力，所以朝廷多次召他去京城建康（今南京）任侍中、吏部尚书等官职。但王羲之生性酷爱自由，“不乐在京师”，因此没有同意去就任京官。王羲之最后担任的官职是“会稽内史”（兼军职右军将军，后人称他为“王右军”）。当时因在位晋明帝司马绍的异母弟司马昱（后来的晋简文帝）从琅琊王改封会稽王，故会稽当时不称郡而称“会稽国”，会稽内史实际上是会稽一地的最高行政长官。

王羲之在会稽期间，地方上遭到饥荒，他开仓赈贷贫民；百姓赋役繁重，他上书抗争。永和十一年（355），王羲之称病辞去会稽的职务。王羲之一生性好山水与交友，会稽许多名士如孙绰、李充、许询、支遁都与他有同好。永和九年（353）三月三日，他和孙统等 41 人，宴集山阴兰亭，写下了著名的《兰亭序》。王羲之辞官后，更放情于山水之间，弋钓娱乐。他性情天然任率，传说他爱鹅并以书法作品换鹅，见人家案几滑净，便拿起笔来随意书写，还为老妪书扇，这种性情和爱好对他的书法有一定的影响。

相传王羲之 7 岁学书，12 岁读前人的书法论著。少时曾师从著名女书法家卫夫人（卫铄）学习书法，自以为学得不差。后渡江北游名山，见到李斯、曹喜、钟繇、梁鹄等著名书法家的书迹，又在洛阳看到蔡邕书写的石经及汉代隶书《华岳碑》，开始意识到自己不及。于是遍学众碑，从此书艺大进。王羲之所处的时代，楷书逐渐成熟，草书得到发展。他在此基础上，博采众长，一变汉魏以来质朴淳厚的书风，而创造了妍美流便的新风格，把草书推向全新的境界。他的行草最能表现雄逸流动的艺术美。《晋书》说他的书法“为古今之冠，论者称其笔势，以为飘若浮云，矫若惊龙”。王羲之由于在书法上的成就和贡献被后世誉为“书圣”。

三、刘勰①

刘勰（465？—539），南朝齐梁时代文章学大家。字彦和，祖籍莒县（今属山东省）。其著作《文心雕龙》在文学研究界被公认为中国古代文学批评史上最杰出的名著之一。

刘勰出身于一个家道中衰的庶族地主家庭。刘勰的父亲刘尚，曾任越骑校尉，很早就去世了。刘勰大约 20 岁的时候，母亲也去世了。贫寒的家境使刘勰在少年时代就“笃志好学”（《梁书·刘勰传》），立志通过学业文章踏入仕途，立身扬名。

南朝社会是实行门阀制度的等级森严的封建社会，“上品无寒门，下品无世族”，出身贫寒的庶族子弟，即使才华出众，也难以在仕途上获得发展。这时，一心向学的刘勰便做出了一个影响他终身命运的重要决定：到定林寺去，拜高僧僧祐为师。宏丽的定林禅寺，

① 根据眭达明先生《刘勰与〈文心雕龙〉》一文压缩改写。

典藏丰富，高僧辈出，名流云集，是当时佛教活动的中心。僧祐是定林寺的住持，他佛理精深，学问宏富，是齐梁佛教界的重要人物。在拜师以后的十年里，刘勰夜以继日，潜心攻读，刻苦治学，阅读了儒家的经典以及诸子百家散文、史传和各家的论文集。经过六七年的精心研究，一部寄托着刘勰心意的巨著《文心雕龙》终于问世了！

《文心雕龙》共10卷，50篇，分上、下部，各25篇，包括总论、文体论、创作论、批评论四个主要部分。上部从第六篇《明诗》到第二十五篇《书记》，每篇分论一种或两三种文体，可称为文体论。其中后七篇的标题是诏策、檄移、封禅、章表、奏启、议对、书记。从这些标题用词可以看出，它们都是中国古代公文，用现代文章分类学的观点看，这些公文都不属于"文学作品"的范畴，因此《文心雕龙》一书实际上是一部文章（包含文学作品）学巨著，文学理论界仅仅把它理解为"文学理论巨著"是不够准确的。（参见本书第三章第四节）

由于刘勰身名未显，当时的学术界还不大知道他，因而《文心雕龙》问世后，这部心血的结晶未得到文坛的重视、名流的首肯。当时沈约名高位显，在政界和文化界都拥有重要的地位，刘勰想首先取得他的认可，却没有机会接近他。一次，刘勰把书背着，像一个卖书的小贩似的，在大路边等着沈约。当沈约坐车经过时，刘勰拦住了他。沈约好奇地把《文心雕龙》拿来阅读，立即被吸引，认为此书"深得文理"（《南史·刘勰传》），大加称赏，后来又常常把《文心雕龙》放在几案上随时阅读。经过沈约的称扬，刘勰的名气才大起来，《文心雕龙》终于在士林中传播开来。同时，38岁的刘勰也告别了居留十年的定林寺，"起家奉朝请"，踏上了仕途。

出仕伊始，刘勰先被梁武帝之弟、中军将军临川王萧宏引为记室，开始了他的秘书生涯。接着，又调任车骑将军夏侯详的仓曹参军。天监九年（510），在秘书岗位上工作了七八年的刘勰出任太末县令。他在太末虽然"政有清绩"，但他毕竟是一根难得的"笔杆子"，所以不久又被调任梁武帝之子、仁威将军南康王萧绩的记室，并兼任昭明太子萧统的东宫通事舍人，重新回到了秘书岗位。东宫通事舍人和中书通事舍人一样，在南朝都是颇为重要的职务，出身寒微的刘勰被委任此职，可以称得上是一种重用和殊荣。天监十七年（518），刘勰升任步兵校尉，仍兼东宫通事舍人。至此，刘勰已走到了他的仕途的顶峰。之后，僧祐圆寂，为了整理编撰僧祐留下的大量经卷，梁武帝下令刘勰与沙门慧震到定林寺撰经。从此，刘勰便中断了在仕途上继续发展之路。经卷撰成以后，刘勰上表要求弃官为僧，并烧掉了胡子和头发自誓，得到了梁武帝的允许。刘勰从此变服为僧，改名慧地。但不到一年刘勰就死了。由此可见，刘勰从天监初年跻身仕途后，中间除担任过短时间的太末县令，其余绝大多数时间是在秘书岗位上度过的。

四、骆宾王

骆宾王（638？—684？），唐代诗人，与王勃、杨炯、卢照邻合称"初唐四杰"。字观光，婺州义乌（今浙江义乌）人。

骆宾王很小的时候，其父死于青州博昌县令任所，其家流寓博山，后移居兖州瑕丘县，骆宾王在贫困落拓的生活中度过了早年岁月。骆宾王七岁能诗，号称“神童”，据说那首著名的《咏鹅》诗就是他七岁时所作。

高宗永徽年间（650—655），骆宾王为道王李元庆府属。后入蜀，为姚州道大总管李义军幕僚，平定蛮族叛乱，文檄多出其手。仪凤三年（678）任武功主簿，后调任长安主簿，又由长安主簿入朝为侍御史。武则天当政，骆宾王多次上书讽刺，得罪入狱。骆宾王《在狱咏蝉》有云：“露重飞难进，风多响易沉。无人信高洁，谁为表余心？”以诗抒悲愤。次年，遇赦得释。光宅元年（684），武则天废中宗李显为庐陵王，积极准备改唐为周。这年九月，徐敬业在扬州起兵反对。骆宾王为徐府属，被任命为艺文令，掌管文书机要。他起草著名的《代徐敬业讨武曌檄》：“班声动而北风起，剑气冲而南斗平，喑呜则山岳崩颓，叱咤则风云变色。以此制敌，何敌不摧；以此图功，何功不克！……请看今日之域中，竟是谁家之天下！”慷慨激昂，气吞山河。

据《新唐书》本传说，武则天读了他写的《代徐敬业讨武曌檄》后深为其才华所折服，皇然问：“谁为之？”有人回答说是骆宾王所写，武则天感叹曰：“宰相安得失此人？”十一月，徐敬业兵败，骆宾王下落不明。武则天慕其才，曾多方寻找，然未果。

在诗歌创作上，骆宾王擅长七言歌行，长篇歌行《帝京篇》为初唐罕有的长篇，在当时就已被称为绝唱。他还曾久戍蜀地边城，写有不少边塞诗。例如：“晚风连朔气，新月照边秋。灶火通军壁，烽烟上戍楼。”（《夕次蒲类津》）豪情壮志，见闻亲切。《畴昔篇》《艳情代郭氏赠卢照邻》《代女道士王灵妃赠道士李荣》等也都具有时代意义。其五律也有不少佳作。如《在狱咏蝉》，托物寄兴，感慨深微，是脍炙人口的名篇。其公文代表作《代徐敬业讨武曌檄》因极富文采，后世流传极广，被公认为古代散文中的名篇佳作。

五、李白①

李白（701—762），唐代大诗人。字太白，号青莲居士。其生地一说为唐剑南道绵州昌隆（今四川江油）青莲乡，今一般认为是碎叶城。

李白自幼饱读诗书。《新唐书·李白传》《唐才子传》也说他“十岁通诗书”“十岁通五经”。除喜读诗书外，李白少时还好任侠，且喜纵横。魏颢撰《李翰林集序》，刘全白撰《唐故翰林学士李君碣记》，都称其“少任侠”。《新唐书·李白传》说他“喜纵横术，击剑，为任侠，轻财重施”。从这些记载看来，李白自幼为学便异于常人，此后交游之人，也多豪侠之士。

开元十三年（725），为了寻找机会施展自己的才能和抱负，25 岁的李白离开蜀地，“仗剑去国，辞亲远游”（《上安州裴长史书》），开始了他在各地的漫游生活。

李白离开四川以后，沿江而下，到达江陵，此后过洞庭、上庐山、到金陵、抵扬州，到 27 岁时，李白来到湖北安陆，在这里成家定居。几年后，35 岁的李白又北游太原，东

① 本小节根据眭达明先生《安能摧眉折腰事权贵的李白》一文压缩改写。

游齐鲁；后又南下，漫游江苏、安徽、浙江等地，在会稽与吴筠相识并建立了友好关系。

天宝元年（742），由于吴筠等人的揄扬和推荐，唐玄宗召李白入京。李白是一个有着强烈仕进之心的人，他在到处漫游期间，就曾多次投书长吏，干谒求进。《与韩荆州书》《上安州裴长史书》等文章，就充分表达了他追求仕进、积极用世的强烈愿望。然而，他的“毛遂自荐”并未见用，因而一直谋官不成。现在皇帝召见他，李白当然非常高兴，认为这次进京可能有机会施展自己的才能和抱负，为苍生谋幸福。李白到长安以后，也确实受到了唐玄宗的特殊优遇。李阳冰《草堂集序》说玄宗“降辇步迎，如见绮皓；以七宝床赐食，御手调羹以饭之。谓曰：‘卿是布衣，名为朕知，非素蓄道义，何以及此?’”。但玄宗最后只让他做了翰林供奉，李白大失所望，于是“犹与饮徒醉于市”（《新唐书·李白传》）。李白在长安住了三年，仍然过着狂放不羁的生活，不愿迎合权贵，相传有“龙巾拭吐”“御手浸羹”“力士脱靴”“醉草蛮书”等故事。在此期间，李白除了奉命写过几篇应和诗文外，也起草过公文，这一点，《李太白全集》保留下来的数篇公文可资佐证。另外《李翰林集序》也说：“上皇豫游，召白。白时为贵门邀饮，比至，半醉。令制出师诏，不草而成。”在半醒半醉状态下起草公文出师诏，居然连草稿也不要打，可见李白的文采确实非他人可比。

由于李白在封建帝王面前傲岸狂放，卑视贵戚、大官僚以及高力士之类的权势人物，因而他受到权贵们的排挤攻击。据说，有一次李白奉命为杨贵妃作诗，他在诗中把杨贵妃比作汉成帝的宠妃赵飞燕，以赞美杨贵妃的姿色，而高力士却趁机从中挑拨，说李白故意讥刺杨贵妃。以后每当唐玄宗想给李白加官晋爵，杨贵妃等人就从中阻止。

李白知道自己“不为亲近所容，益骜放不自修”（《新唐书·李白传》），于是上疏“乞归”，玄宗“亦以非廊庙器，优诏罢遣之”（《本事诗·高逸》）。后来，李白曾写过“安能摧眉折腰事权贵，使我不得开心颜”（《梦游天姥吟留别》），很可用来说明他当时的心境。天宝三年（744），李白离开长安，“遂浪迹天下，以诗酒自适”（《唐故翰林学士李君碣记》）。从此，唐玄宗便得了一个只把李白当作满足自己享乐的御用文人，酒醉饭饱之后，坐在沉香亭畔，“赏名花，对妃子”，让李白作诗、李龟年唱曲，作为自己的赏乐对象而不真正重用人才的骂名。

李白本有建功立业的抱负，想借机得到玄宗赏识，以便青云直上，这是可以理解的。但必须说句公道话，唐玄宗让李白当翰林供奉，并没有不重用李白。

翰林院是唐玄宗时正式成立的一个内廷秘书机构，翰林供奉是由北门学士、翰林待诏改名而来，最后定名为翰林学士。玄宗即位之初，又改北门学士为翰林待诏，以张说、陆坚、张九龄等文学之士为之。他们的任务是“掌四方表疏批答，应和文章”，甚至“宸翰所挥，亦资其检讨，谓之视草”（《旧唐书·职官二》），连御笔文字也由他们润色修改，学士们的内廷秘书身份基本成熟。过了不久，玄宗又因中书事务繁多，文书经常积压不能及时处理，乃选文学之士号“翰林供奉”，与集贤院学士共同承担朝廷重要文书的起草任务。开元二十六年（738），唐玄宗又改翰林供奉为翰林学士，于宫中别置学士院（即后人所称的翰林院）以安之，使其专门负责起草朝廷重要文书。

由此可见，唐玄宗让李白当翰林供奉（实际上应叫翰林学士，因为从开元二十六年即公元738年起，唐玄宗就改翰林供奉为翰林学士了，而李白的入朝时间是在天宝元年即公元742年，所以李白所任职务应为翰林学士，史书上写为翰林供奉，只是沿用旧名而已），不但没有轻视怠慢之意，甚至还可以说是一种特殊的重用。李白因皇帝让他做翰林供奉而大失所望是有点自视过高，求进太急了。与其怪唐玄宗没有重用李白，倒不如说个性张扬、疾恶如仇、绝不“摧眉折腰事权贵”的李白很难适应秘书工作的角色要求。

李白被放还后，继续他的漫游生活，东南西北行踪不定。在其后的漫游漂泊生活中，李白更是感受到了“上层”社会的人情冷漠、世态炎凉。56岁的时候，他在庐山被永王召为幕僚（又当了一次秘书）。就在这一年，永王和他的哥哥唐肃宗争夺帝位。第二年，永王兵败，李白受到株连，被逮捕后囚禁在浔阳（今江西九江）。后来虽经人营救出狱，但仍被流放到夜郎（位于今贵州桐梓）。第二年，在流放途中遇赦，才得回来。62岁那年，李白死于当涂县。

李白在封建社会的政治道路上碰了壁，这是他的不幸；但他在诗歌艺术中取得了巨大的成就，成为我们民族史上伟大的浪漫主义诗人，又是他的大幸了。如果他留在长安继续从政，或许他的诗歌成就将是另外一种模样，他不一定会成为今天人们所称颂的“诗仙”。

六、苏轼

苏轼（1037—1101），宋代著名政治家、文学家、书画家。字子瞻，号东坡居士，眉山（今属四川眉山）人。苏轼出身于寒门地主家庭，幼年承受家教，既长，“学通经史，属文日数千言”（《亡兄子瞻端明墓志铭》）。

嘉祐二年（1057）与其弟苏辙同科中进士，苏轼被派往福昌县（今河南宜阳）任主簿。因才能出众，不久即调升凤翔府（今陕西凤翔）签判，后又调京授大理评事等职。这期间苏轼针对财乏、兵弱、官冗等政治弊端写了大量策论，要求改革。

此时宋神宗即位，任用王安石主持变法。苏轼的许多师友，包括他的恩师欧阳修在内，因在新法的施行上与新任宰相王安石政见不合，被迫离京。苏轼也请求外调，十年间先后被任命为杭州、密州、徐州、湖州等地主官。每到一地，苏轼都能兴利除弊，因法便民，因政绩显赫而深得民心。

元丰二年（1079），43岁的苏轼在湖州知州任上遭遇到他一生中最大的挫折。有人故意把他的诗句扭曲，以讽刺新法为名大做文章，苏轼以“文字毁谤君相”的罪名被御史台的吏卒逮捕，解往京师，受牵连者达数十人。这就是北宋著名的“乌台诗案”（乌台，即御史台，因其上植柏树，终年栖息乌鸦，故称乌台）。苏轼坐牢103天，几次濒临被砍头的境地。

由于朝野有识之士（包括已经退居金陵的王安石）纷纷劝谏宋神宗赦免苏轼，苏轼才躲过一劫，得到从轻发落，被贬为黄州（今属湖北黄冈）团练副使，本州安置，受当地官员监视。

元丰八年（1085），宋神宗驾崩，年幼的哲宗即位，高太后听政，以王安石为首的新党被打压，司马光被起用为相。苏轼被调回京都任中书舍人、翰林学士、知制诰等高级秘书官职。后来又因与司马光意见不合而出知颍州、扬州、定州、英州（今广东英德）、惠州、儋州（今海南儋州市）等地。

苏轼一生遭受了很大的政治磨难，仕途曲折，历尽升沉。然而这正好有利于他加深阅历，扩大视野，使他在文学上获得很大的成功。苏轼是北宋成就最高的文学家之一，有多方面的创作才能，在诗、词、散文等方面取得了第一流的成就。今存诗 2 700 多首，词 340 多首，散文方面的题材和体裁都极为广泛，成就很高，为“唐宋八大家”之一。

苏轼在一生的政事活动中，写过不少经世治国的公文，如《上神宗皇帝书》《论河北京东盗贼状》《乞免五谷力胜税钱札子》《奏浙西灾伤第一状》《乞减价粜常平米赈济状》等。苏轼写作的公文和他的文学散文一样，气势纵横，雄辩滔滔，行文流畅。

苏轼的书法、绘画造诣也很高。他的书法同蔡襄、黄庭坚、米芾并称“宋四家”。苏轼论画卓有所见，主张“神似”，提出“诗中有画”“画中有诗”，在画史上很有影响。他善画竹石，今存《古木怪石图》等画作。

在介绍苏轼时有必要提一下他的胞弟苏辙（1039—1112），因为他与苏轼同一年（1057）中的进士，且都被派到外地任县衙主簿（苏辙往渑池，苏轼往福昌）。苏辙一生中先后任过齐州（今山东济南）掌书记、门下省起居郎、中书省中书舍人、翰林学士知制诰等秘书官职，也担任过其他官职，政治上数起数落。

苏辙与其父苏洵、兄苏轼合称“三苏”，均为北宋散文家，同列“唐宋八大家”之内。苏辙擅长政论和史论，在政论中纵谈天下大事，如《新论》（上）说“当今天下之事，治而不至于安，乱而不至于危，纪纲粗立而不举，无急变而有缓病”，分析当时政局，颇能一针见血。《上皇帝书》说“今世之患，莫急于无财”，亦切中肯綮。史论同父兄一样，针对时弊，古为今用，《六国论》《三国论》是其史论名篇。在文学成就上，苏辙不如其兄苏轼，但苏辙担任秘书职务的时间比苏轼长得多。

七、司马光

司马光（1019—1086），北宋政治家、史学家、文学家。字君实，陕州夏县（今属山西）涑水乡人，世称涑水先生。

据《宋史·司马光传》，司马光七岁的时候，就能听懂别人讲解的《左氏春秋》，他非常喜欢，回家后对家人讲述自己的理解，居然基本正确，“自是手不释书，至不知饥渴寒暑”。有一次，“群儿戏于庭，一儿登瓮，足跌没水中，众皆弃去，光持石击瓮破之，水迸，儿得活”。这就是著名的“司马光砸缸”的故事。

宋仁宗宝元元年（1038），不满 20 岁的司马光“登进士第”，从此步入仕途。初入仕途时任过华州判官、苏州判官、大理寺评事等职。皇祐三年（1051），33 岁的司马光由枢密副使庞籍推荐任馆阁校勘，司马光从此开始了对历史的研究。仁宗末年任天章阁待制兼侍讲知谏院，英宗朝晋龙图阁直学士，立志撰修《通志》作为朝廷统治的借鉴（后来由宋神宗赐书名《资治通鉴》）。治平三年（1066）撰成战国至秦通志八卷上进，皇帝看过后大加赞赏，命令设立书局，由朝廷拨款并配备助手，让司马光完成他的撰写计划。

1067 年，宋神宗即位，任命司马光为翰林学士，由其充当自己的顾问秘书，而司马光却竭力推辞。宋神宗对他说："古之君子，有的有学问但文章写得不好，有的会写文章但学问不深。只有董仲舒、扬雄两人兼而有之。你既有很深的学问也善于写文章，为什么推辞不愿上任呢？"皇帝没有批准他的辞呈，就这样司马光还是当了几年朝廷的机要秘书，为皇帝起草了许多公文。

宋神宗重用王安石，让他主政实行变法。司马光本来与王安石关系不错，但两人政见不同，司马光竭力反对王安石的变法主张。司马光自知无法与王安石共事，于熙宁三年（1070）连上五札，自请离京，先是出知永兴军路（今陕西西安），一年后又离职退居洛阳，并将朝廷为他设的书局搬到洛阳。司马光在洛阳 14 年，专心致志编撰《资治通鉴》，至元丰七年（1084）成书。

次年宋哲宗继位，太皇太后听政，召司马光入汴京主持国政。司马光掌权后数月间尽废新政，罢黜新党。1086 年，司马光在当了八个月宰相后病死，终年 68 岁。他被追封为温国公，谥文正。

司马光一生先后在仁宗、英宗、神宗、哲宗四个皇帝在位的时候任职，当过地方小官，也当过翰林学士、宰相等大臣。他在政治上明确反对王安石变法，对他在历史上的作用，后人有不同的评说。司马光一生写过很多文章，但他的文学地位不如欧阳修、苏轼，他也没有被列入"唐宋八大家"。但是司马光在史学上的地位相当高。他主持编撰的《资治通鉴》是中国历史上第一部编年体通史（《春秋》为现存最早编年体史书，《史记》为第一部纪传体通史）。《资治通鉴》内容通贯古今，上起战国初期韩、赵、魏三家分晋，下迄五代末年赵匡胤（宋太祖）灭后周。《资治通鉴》把这一千多年的史实，依时代先后顺序记写；对于重大的历史事件的前因后果及其与各方面的关联都交代得清清楚楚，使读者对史实的发展能够一目了然。近代著名学者梁启超评价说："司马温公《通鉴》，亦天地一大文也。其结构之宏伟，其取材之丰赡，使后世有欲著通史者，势不能不据以为蓝本，而至今卒未有能愈之者焉。温公亦伟人哉！"

八、蒲松龄

蒲松龄（1640—1715），清代杰出的文学家。字留仙，又字剑臣，别号柳泉居士，世称聊斋先生，山东省淄川县（现淄博市淄川区）人。

蒲松龄出身于一个逐渐败落的地主家庭。他的一生由三条主线贯穿：读书求名，教书为生，写书寄情。

蒲松龄 19 岁应童子试，以县、府、道三考皆第一而闻名籍里。后来却屡应省试不第。40 多年间，蒲松龄一共参加过十几届科考，每次都是满怀希望而去，垂头丧气而归。尽管一再受挫，但他直到年过六旬，才在老妻的规劝下放弃科考。

蒲松龄一辈子几乎可以用"穷愁潦倒"来形容，从青年时代即开始了舌耕笔耘的坐馆生涯，大部分时间是在远离家乡的地方教书，直到垂暮之年。设馆执教是蒲松龄一生赖以维持生计的职业。

蒲松龄一生主要精力用在"写书"上。除主要著作《聊斋志异》外，他还写过 100 余首诗，100 余阕词，3 出戏本，14 种俚曲，还有有关农桑、中药之类的杂著，总共有 200 多万字。

文言短篇小说集《聊斋志异》是蒲松龄倾其一生精力完成的文学名著。据文学史家考证，蒲松龄自 20 余岁就开始了《聊斋志异》一书的创作，到 40 岁左右完成初稿，中年以后又进行了一些修改和补充。《聊斋志异》全书共 8 卷，491 篇，40 余万字。其内容丰富多彩，故事多采自民间传说和野史逸闻，将花妖狐魅和幽冥世界的事物人格化、社会化，充分表达了作者的爱憎感情和美好理想。作品继承和发展了我国志怪传奇文学的优秀传统和表现手法，情节幻异曲折，跌宕多变，文笔简练，叙次井然，被誉为我国古代文言短篇小说集中成就最高的作品集之一。

《聊斋志异》书成后，蒲松龄因家贫无力印行，直至他去世 51 年后的 1766 年（清乾隆三十一年）方刊刻行世。后多家竞相翻印，国内外各种版本达 30 余种，近 20 个国家有译本出版。全国《聊斋志异》出版物有 100 多种，以《聊斋志异》故事为内容编写的戏剧、电影、电视剧达 160 多出（部）。

读书、教书、写书概括了蒲松龄的生平，但他一生中还有一段小插曲——当过一年多秘书。康熙八年（1669），淄川人孙蕙知江南宝应县，孙蕙与蒲松龄同龄，两人又是同乡好友，关系不错。次年，孙蕙聘蒲松龄为自己的幕宾（私人秘书），蒲松龄在衙署里负责起草各种文案，并陪同孙蕙送往迎来、游历视察、出入官场。孙蕙次年 3 月升迁高邮州，蒲松龄同往。孙蕙进入官场后，日益冷漠蛮横。他喜好享乐，购买了一班歌女姬妾，把这些薄命女子视同玩物。为人正直、富有同情心的蒲松龄很难接受孙蕙的做派，因此虽然很受孙蕙看重，蒲松龄还是在一年后辞掉幕宾回去教书、写书了。

据杨剑宇先生介绍，蒲松龄任孙蕙幕僚一年余，起草了整整两册文书，有 70 余页，称《鹤轩笔札》，其手稿现存于青岛博物馆。从这些文书看，蒲松龄以自己的观点影响孙蕙，为百姓办了些好事。如邻近的知县见宝应县连年灾荒，卖儿鬻女者甚多，便来信托孙蕙代为贱价买些婢女。蒲松龄受命回书，他在回信中以辛辣的讽刺回绝了来信者趁火打劫的要求。又如，他见官场利用百姓的诉讼案件敲诈勒索，便在为孙蕙起草的告示中披露了官场的黑暗，劝百姓息讼。①

一年多的幕僚生活是蒲松龄一生中唯一的一次从政经历，使蒲松龄更直接、更深刻地了解到民生疾苦和官场黑暗。这段经历对《聊斋志异》中一些揭露官场腐败的篇目的创作产生了直接的影响。

九、龚自珍

龚自珍（1792—1841），清代思想家、文学家。字璱人，仁和（今浙江杭州）人，出身于世代官宦学者家庭。龚自珍 20 岁以前，在家学习经学、文学。段玉裁说他“所业诗文甚夥，间有治经史之作，风发云逝，有不可一世之概。尤喜为长短句”，“造意造言，几

① 杨剑宇．中国秘书史．上海：同济大学出版社，1988：303－304．

如韩李之于文章”，认为“自珍以弱冠能之，则其才之绝异，与其性情之沈逸，居可知矣”（《怀人馆词序》）。然而这样一个才华横溢的人直到26岁应浙江乡试始中举，次年应会试又落选。嘉庆二十五年（1820）开始入仕，为内阁中书舍人（明清内阁中的中书舍人为缮写正本、誊抄副本的低级秘书职务）。

嘉庆二十四年（1819）会试落选后，他又参加五次会试。道光九年（1829），时年38岁的龚自珍第六次参加会试，始中进士。他在殿试对策中仿效王安石《上仁宗皇帝言事书》，撰《御试安边抚远疏》，议论新疆平定准噶尔叛乱后的善后治理，从施政、用人、治水、治边等方面提出改革主张。“胪举时事，洒洒千余言，直陈无隐，阅卷诸公皆大惊。”但主持殿试的大学士曹振镛“以楷法不中程，不列优等”，将龚自珍置于三甲第十九名，龚自珍不得入翰林，仍为内阁中书。道光十五年（1835）后，又任了几个很卑微的官职。道光十九年（1839），龚自珍48岁，辞官南归。道光二十一年（1841）春，龚自珍执教于江苏丹阳云阳书院。三月，父亲龚丽正去世，龚自珍兼任了原由其父主持的杭州紫阳书院讲席。夏末，他曾写信给江苏巡抚梁章钜，准备辞去教职，赴上海参加反抗外国侵略的战斗。但八月十二日突患急病暴卒于丹阳，年仅50岁。

龚自珍从青年时起，就深刻地意识到封建国家的严重危机，具有一种特殊的敏感性。梁启超说：“举国方沉酣太平，而彼（指龚自珍、魏源）辈若不胜其忧危，恒相与指天画地，规天下大计。”（《清代学术概论》）龚自珍对时代的危机，不只是敏锐地感觉到了，而且积极地建议予以挽救；他对现实政治社会问题也提出了积极的建议，写下《西域置行省议》和《东南罢番舶议》，主张抵抗外国资本主义侵略和巩固西北边疆。道光九年（1829）十二月，他写了《上大学士书》，建议改革内阁制度。道光十二年（1832）夏，又有手陈“当今急务八条”，其中之一就是“汰冗滥”。道光十八年（1838），林则徐奉命到广东查禁鸦片，龚自珍作《送钦差大臣侯官林公序》，坚决支持林则徐严禁鸦片，抵抗英国侵略者，主张和外国作有益的通商，严格禁止奢侈品的输入，并驳斥了各式投降派的有害论调。

龚自珍这样一个既有文学才华，又有政治见解且极富爱国热情的人才，在清代后期的科举考试中，居然屡次落选，最后中了进士后，又不被重用，这很能说明清代科举制度的腐朽和政治制度的黑暗。

十、林则徐

林则徐（1785—1850），清代政治家、思想家和诗人。字元抚，又字少穆、石麟，福建侯官人。林则徐曾任湖广总督、陕甘总督和云贵总督，两次受命任钦差大臣。因其主张严禁鸦片，主持禁烟运动，阻碍英军迅速北上，故而在中国有“民族英雄”之誉。

林则徐的父亲林宾日是教书先生，他的教学方法非同一般，教育态度又开明。在他教的学生中，中举或考上进士的有数十人，最杰出的还是儿子林则徐。林则徐八九岁时在学堂写出“海到无涯天作岸，山登绝顶我为峰”的诗句，震惊四座。

嘉庆九年（1804），林则徐参加乡试中举。嘉庆十一年（1806），林则徐担任厦门海防同知书记（秘书），负责处理商贩洋船来往、米粮兵饷的文书记录。那时厦门的鸦片走私问题严重，历任厦门海防同知皆是贪官污吏，外商贿赂成风，无人打击走私。林则徐认识到鸦片问题的严重性，开阔了视野。这期间他得到福建巡抚张师诚赏识，张招他为幕僚（自己的私人秘书）。张师诚位极人臣，对典章大政等政治学问均有所知，他将自己在公事上的知识、权术一一传授给林则徐。

嘉庆十四年（1809）林则徐参加会试落第，他留在张师诚幕府继续当幕僚。直到嘉庆十六年（1811），26岁的林则徐赴京会考，殿试高居第二甲第四名，授翰林编修。他在翰林院度过了七年岁月。

嘉庆二十一年（1816），林则徐离开翰林院，往江西南昌任考官。嘉庆二十五年（1820），林则徐任江南道监察御史，河南南岸河堤缺口，河南巡抚琦善办事不力，引发大水灾，林则徐不惧琦善满洲贵族的背景，向嘉庆帝直奏琦善的无能。林则徐为官清廉，不畏权势，行事果敢，不假情面，导致同僚的猜忌、冷嘲热讽，因此厌倦了官场。道光元年（1821），林则徐以照顾病危父亲为由辞官而去。

父母和乡亲父老极力反对林则徐辞官，而且他在家乡也不知用什么谋生，因而林则徐不情不愿地再涉官场。道光帝亦知林则徐任内的政绩卓越，特地召见夸赏他，并破格复其官职。

道光三年（1823），林则徐任江苏按察使，在任期间澄清江苏吏治，改革审判程序，亲自裁决案件。在任四个月内就把江苏的积压案件处理十之八九，被江苏百姓称为“林青天”。他认为江苏之风气败坏，全因鸦片害人，于是下令江苏禁烟。

其后几年，林则徐先后任陕西按察使、湖北布政使、河南布政使、东河河道总督等职。道光十二年（1832）二月，调任江苏巡抚。道光十七年（1837），升湖广总督。

道光十八年（1838）十一月十五日，林则徐受命任钦差大臣，入广州禁烟。到任之前他先弄清广州受鸦片毒害情况，查找各家烟馆，掌握了大量第一手资料。道光十九年（1839）正月林则徐抵广州任所后，收缴鸦片近2万箱，约237万斤，六月三日在虎门海滩上当众销毁。

第一次“鸦片战争”时期，林则徐以虎门销烟、奋力抗英而闻名中外，成为一代名臣、民族英雄，为后人所称颂。但也是因为禁烟和抗英，林则徐成了朝廷的一名“罪臣”，遭受了五年悲壮的流放生活。

林则徐在广州的禁烟功绩，最初得到了道光皇帝的充分肯定。但时隔不久，大清在鸦片战争中节节失败，道光帝惊慌失措，急令直隶总督琦善前去“议和”。琦善是妥协派的骨干，当然不会错过这一陷害和打击林则徐的机会。他声称英国所不满的只是林则徐一人，只要清廷惩治林则徐，所有问题都可解决。其间，林则徐两次上奏，大胆陈述禁烟抗英的合理性和正义性。道光帝翻脸，指责林则徐简直是一派胡言。

道光二十年（1840）九月，道光帝下旨革了林则徐的职。次年六月二十八日，道光皇帝又下旨，将林则徐“重发往新疆伊犁，效力赎罪”。赴戍途中，与妻子在古城西安告别时，他写下了“苟利国家生死以，岂因祸福避趋之”的诗句。这是他爱国情感的抒发，也是他性情人格的写照。

道光二十五年（1845）开始，朝廷重新起用林则徐，将其调任陕甘总督、陕西巡抚、云贵总督。道光二十九年（1849），林则徐因病辞归，结束了他的政治生涯。道光三十年（1850）清廷为镇压太平军，再任命他为钦差大臣，督理广西军务。道光三十年（1850）十月十九日，林则徐与世长辞，享年66岁。死后清廷晋赠其太子太傅，照总督例赐恤，谥文忠。

思考题

1. 简述中国古代对秘书人员在政治素养、职业道德、学识才能方面的主要要求。
2. 中国古代培养秘书的主要方式有哪些?
3. 简述中国古代选拔秘书等国家官吏的制度的演变。
4. 如何理解“古代著名秘书”的含义？除教材所介绍的十位有代表性的著名秘书外，你是否还能举出一些其他著名秘书?
5. 如何界定“中国古代当过秘书的名人”? 为什么那么多著名人物都当过秘书?

第三章 中国古代的公文写作和文档管理

第一节 公务文书和文书档案工作的出现

一、文书的前身——结绳和刻契

文书档案工作是所有秘书工作中最主要的一项工作，它以公务文书为对象，包括公务文书的写作、处理和保管利用等内容。我国是世界最古老的文明发源地之一，具有巨大文化含量的文书档案工作产生得很早。

文书就是用文字记录下来的材料，文书工作的产生是以文字的出现为前提的。但在文字产生之前，我们的祖先已经有了类似于文书的记事方法——结绳和刻契。

结绳，就是在绳子上打上大大小小、各式各样的结，以表示不同的意思。《周易·系辞》说："上古结绳而治。"郑玄注："结绳为约，事大，大结其绳，事小，小结其绳。""治"者，管理也，"结绳而治"就是用结绳的方法来进行管理，这说明"结绳"乃是一种管理方法。

刻契，就是在木板、竹片、骨片或其他材料上刻些缺口或其他记号，用来记录某种事实或作为有关各方的一种信约，其目的在于"刻其数"以备忘。《旧唐书》在记述东谢蛮时说："俗无文字，刻木为契。"《释名》也说："契刻也，刻识其数也。"这表明刻契也是文字产生以前的一种记事符号。"契"字的构形本身也能说明它具有"契约"的含义。"契"是一个复合结构，由三部分组成："丰"就像刻出齿的木板形；加上"刀"旁，表示用刀来契刻；再加个“大”字，则表明是大的（重要的）契约。由此可知，“契”作为动词，表示契刻，这是从制作手段上说的；而“契”作名词之用，则是指契约，这又是就功能作用而言的。“契”的异体写作“栔”字，从“木”旁，正表明刻木为契，以为凭据。根据古代的传说，伏羲氏曾教民众以两片木板相并合，在上面刻上几道痕，记住数目，然后各持一片，作为凭据。这就是传说中最早的“契”。

结绳和刻契是人类在发展过程中普遍使用过的记事表意方法，现代的一些民俗调查表明，我国一些少数民族，如云南的傈僳族和哈尼族、台湾的高山族等，一直到几十年前还在使用结绳或刻契的方法来表意记事。有一个很典型的例子：中华人民共和国成立初期，云南省福贡县人民政府收到贡山送来的一件木刻。① 如下所示：

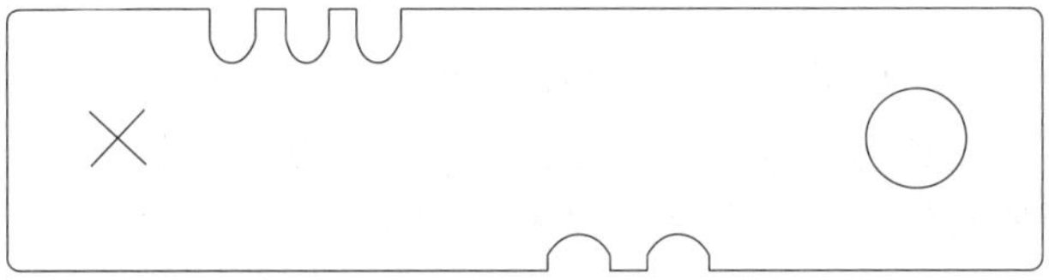

木刻的一端刻有“×”形符号，表示相会，另一端刻有一个圆圈，代表一个凳子，木刻的一边刻有三个缺口，代表三个人，另一边有两个缺口，代表两件东西。这件木刻的全部意思是：你们派来的人我们已经相会，带来的两件东西也已经收到，现派我的两个弟弟和一个随从去你处，并送你一张凳子。以上这些意思一般人很难理解，但是在特定的环境下，尤其是经有关当事人（如携带该木刻的人）的解释，这件木刻是可以作为一件信函来看待的。

从结绳、刻契的管理功能和信约功能看，可以说它们是文书的前身。

二、汉字的发明和公务文书的出现

随着文明的发展，我们的祖先在原来记事的图画符号的基础上创造了文字。文字的出现是人类社会由野蛮时代过渡到文明时代的标志。文字与结绳刻契等符号标记不仅有数量上的差别，而且有本质上的不同，因为文字能将复杂思想、事件以及其他语言信息记载下来，使之远距离传递和长时间保留，因此文字是积累经验、扩大智慧、推动人类进步的重要工具之一。

关于汉字的起源，自古以来就众说纷纭，其中影响最大、流布最广的当数“仓（苍）颉造字”说。

“仓颉”是否确有其人呢？这本身就值得我们去探秘。远古人并不像后代文明社会的人一样，都有明确的私名。传说中的上古人物的名字，大多是后人依据某一特征而另起的。其中有一条非常重要的起名原则就是依照发明创造的丰功伟绩。比如“有巢氏”指的是发明建造房屋的祖先，“燧人氏”指的是钻燧取火的发明者，“庖牺氏”则是由“养牺牲以供庖厨”而得名的，“神农氏”又是指最早开创农业的神——人格化的代表。由这一原

① 本例参见邹家炜等编著的《中国档案事业简史》。

则加以类推，“仓颉”也很可能是具有同样性质的名称。从古代的读音上说，“契”与“颉”音相近，那么，“仓颉”也可能就是“创契”（亦即“创造文字”）的意思。当然这只是一种推断，但现代学界公认汉字不可能是由某一个人创造发明的，而是在长期的历史发展中逐渐形成的。

从现在的考古发现看，仰韶文化遗址出土陶器上的一些刻画符号，被许多文字学家视为中国文字的源头，这些陶器至今已有6 000多年的历史。而仓颉据传说是黄帝的史官，距今为4 400年左右。这就是说，在仓颉之前，文字已经有了1 500年以上的发展演变历史。仓颉作为黄帝的史官，可能第一次对人们在生产、生活实践中创造出来的文字进行搜集、整理、统一，并普及推广使用，在汉字的演变过程中起过十分重要的作用，因而后人认为他是汉字的发明人。

文字的出现是公务文书形成的必要条件，但公务文书的出现要晚于文字的出现，因为公务文书出现之前文字可以刻画在石块、陶器之类的器物上，也可能用于私人文书。那么，作为文书工作对象的公务文书最早出现于何时呢？

根据古代传说，黄帝以前的氏族首领，如前面提到的有巢氏、燧人氏、伏羲氏（庖牺氏）、神农氏，大多以语言来发布指令，因此那时产生文书的可能性不大，所谓“神农无制令而民从”（《淮南子·氾论》），指的就是这种情况。《后汉书·祭祀志》说：“自五帝始有书契。”“五帝”的组成有多种说法，比较通行的，指黄帝、颛顼、帝喾、唐尧、虞舜。既然“五帝”之首是黄帝，由此推断，我国最早的公务文书当出现于黄帝时期。

关于黄帝时期出现公务文书的看法，还有一些典籍可以佐证。如《左传·昭公十二年》载，楚灵王说他的“左史”倚相是一位“良史”，能读懂《三坟》《五典》《八索》《九丘》，历来学者认为这几部书是我国最古的书，其中《五典》为五帝所作，这表明可能到春秋时还有黄帝时期的文书传世。此外，《史记·五帝本纪》说黄帝曾命大挠作甲子以记时日，命容成制历法以定农时，又让隶首作算数，这些传说也说明黄帝时期出现了公务文书。

随着公务文书在社会管理活动中的出现，也就产生了管理它们的工作人员——史官，传说中黄帝就有多位分工明确的史官（仓颉仅仅是其中的一位）。

以上材料说明，文书工作的主体（史官）和客体（公务文书）都产生于传说中的黄帝时期（距今约4 400年），因此可以说我国文书工作的历史是从黄帝时代开始的。而在文书工作产生之前，已经有了为部落联盟领导集团提供辅助管理综合服务的其他秘书工作，因此，不能把文书工作的开端认定为古代秘书工作的开端。但文书工作一出现，就成为秘书工作中最重要的一项内容。

三、夏代的公务文书和文书档案工作

“帝舜荐禹于天，为嗣。十七年而帝舜崩。……禹于是遂即天子位，南面朝天下，国号曰夏后，姓姒氏。”（《史记·夏本纪》）

夏民族、夏朝代、夏文化，是我们中华的立国基点。不认识或不承认这一点，都是违背历史事实的。在这一小节，我们拟对夏代的文书档案工作作一些初步的探讨。由于至今考古发掘中没有发现夏代文书档案的原件，因而有关夏代的文书档案工作的情况只能通过一些典籍作间接的大致推断。

1. 公务文书成为国家管理的工具

恩格斯在《家庭、私有制和国家的起源》中曾精辟地指出国家形成有这样两个标志：其一，按地区划分国民；其二，公共权力设立。从这两方面来看，夏政权确实是我国历史上第一个国家政权。

先说第一个标志。夏禹时代，炎黄、东夷、苗蛮等部族之间的交往已相当频繁，以地缘为基础的华夏民族共同体已初步形成，“茫茫禹迹，划为九州，经启九道”（《左传・襄公四年》），原始的“九州”地域观念已经形成。其时血缘亲族因素虽然在共同体内依然顽强存在，但已不再是划分人群的首要依据了。《庄子・天下篇》说禹“置万国”，《左传》《国语》说禹会诸侯于会稽或涂山，均可证明夏禹时代确实已经试图剪断血缘纽带而代之以地缘联系了。

再看第二个标志。夏禹时代公共权力已设立，其物化形式表现为建立了军队，制定了刑法（《左传・昭公六年》记“夏有乱族而作禹刑”），修造了监狱（《今本竹书纪年》称“夏台”“圜土”），“这些东西都是以前的氏族社会所没有的”（恩格斯《家庭、国家和私有制的起源》）。此外，从古籍记载来看，夏王是最高统治者，他的下面设有六卿分管各方面事务，称“六事之人”，还有牧正、庖正、车正（即管理畜牧、膳食、车旅的官职）等一系列职官，并设立了贡赋制。

以上材料说明，夏朝已经建立了国家机构。随着国家机器的出现，公共事务的管理也就成为国家行为，从黄帝时代就已经出现的公务文书，也就成了国家管理的重要工具。

2. 关于夏代的官方文书和文书档案工作的推断

国家管理带有强制性，比原始社会的公共事务管理要严格得多，因而也就需要比较有条理的文书。尽管迄今为止尚未发现夏代公务文书的实物材料，但揆诸史籍至少有以下这样几个可靠的证据说明夏代有了比较成熟的公务文书。

（1）《国语・晋语》载：晋文公时，阳人犹“有夏商之嗣典……樊仲之官守焉”。《国语》是信史，这则记载可作为夏朝已有文献记录的旁证材料。

（2）《论语・八佾》载：“夏礼吾能言之，杞（夏的附属小国）不足征也。……文献不足故也，足则吾能言之矣。”这就是说，“文献”并非没有，只是“不足”而已。孔子的这一慨叹告诉我们，他或多或少是接触过夏朝的文书档案的。

（3）细察《史记》诸本纪，可以看出，其《五帝本纪》所述的远古帝王世系不仅不能连贯，而且矛盾不少，这说明五帝谱系的来源不是历史文献，而是神话传说材料。然而，《夏本纪》和《殷本纪》所述的帝王世系却相当完整，井然不乱。过去虽有人对夏、殷本纪所记的历史表示怀疑，但自王国维以来历史学家对甲骨文的研究，已证明《殷本纪》与甲骨文反映的世系几乎是完全吻合的，由此可以相信《夏本纪》系谱的可靠性。我们很难设想，假使没有比较原始的夏王朝的档案，仅凭口耳相传的材料，能编制出如此明确清晰的夏朝帝王世系。这就表明，夏之先人也一定是有册有典的。如果我们把《夏本纪》和《竹书纪年》中夏代帝王世系表相比照，就会发现二者几乎没有出入，这也正好说明二者当是以相同的文献记录作为依据的，那就是夏代传下来的夏王朝档案。

（4）《吕氏春秋・先识》等书记载，夏朝末年，夏桀（第十七个王）荒淫残暴，行将灭亡之际，掌管文书档案的“太史令终古”取出宫藏的“图法”（《太平御览》引作“图书”，亦即国家的典志、档案）展示给夏桀看，对桀哭谏。然而夏桀仍执迷不悟，终古只得携“图法”投归了商汤。这一则记载很重要，它至少告诉我们这样三点信息：其一，夏代不仅有典有册，而且有了像“终古”这样的秘书官员；其二，这些秘书官员已开始把文书档案工作视为自己的重要业务，同时他们还负有劝谏君王的职责；其三，“终古”劝谏无效，遂携“图法”出奔之举，说明当时人们已经认识到秘书人员、秘书工作的重要作用，认识到文书档案对国家存亡兴衰确实所系极重。

（5）在我国最早的公务文书汇编《尚书》中，收录有夏代的公文一篇，即《甘誓》。这篇公文全文 88 字，记载的是夏代开国帝王启在讨伐有扈氏时对将士发布的战前动员令。尽管对《尚书》所收公文是不是“上古帝王之书”的原文有不同看法，但这篇“誓”文也绝非纯为杜撰，至少它是依据一定的历史文献由后人补记的。

从以上材料看，夏代应该已经有了比较发达而正规的文书档案工作。但这些公务文书是如何形成的，记载于何种载体，是如何保管下来的，目前尚无法作出具体推断。

第二节　中国古代公文种类和名称的演变

一、对古代公文、公文种类、公文名称的界定

在探讨古代公文种类和名称的历史演变之前，有必要对“古代公文”“公文种类”“公文名称”等概念作一大致的界定。

1. 关于古代公文的范围

按照现代秘书学观点，公文是指国家机关和其他社会组织在履行法定职责、处理公务事务时使用的具有特定效力和规范格式的文书。公文概念的外延要小于公务文书，因为公务文书是公务活动中形成的文字材料的统称，公文属于公务文书，而公务文书并不都是公文。现代公文有一个明显的外部标志，就是要加盖公章，是对上、对下、对外、对内发出的正式文件，而公务文书则包括诸如会议记录、内部交流材料以及个人向组织提交的申请、建议等等。

我们不能用现代公文的严格定义来理解古代公文，因为古代社会组织没有现代这样严密，公务活动的程序也没有现代这样规范。如果按照这一定义，则连大臣向皇帝递交的奏疏也不算公文，那样古代公文的范围将会很窄。我们认为，古代公文可以定义为“公务往来中使用的有规范名称和格式的文书”。根据这一界定，则主要起记录作用的大多数甲骨卜辞、钟鼎铭文以及历代由皇帝近身秘书记录皇帝言行的“起居注”等，都不能算是公文；但春秋末期郑国子产铸于铁鼎上的“刑书”，是向民众发布法律的文书，应该属于公

文，大臣就国家事务向最高统治者递交的奏疏等，则是古代公文的重要组成部分。

2. 古代公文种类和公文名称

所谓公文种类，是指根据行文关系对公文进行划分得到的大的类别。现代文书学将公文分为下行文、上行文、平行文三类，这一分类方法继承了古代对公文的分类法，它符合文书工作的一般规律。按照行文关系对公文进行分类，最早可以追寻到西周时代，《周礼·春官》就将公文分为“王命”“外令”“四方之事书”等几类。“王命”即以周王的名义发布的命令性公文，由内史负责起草，“外令”即以中央政府名义发布的文书，由外史负责起草，这两种文书都是下行文书；“四方之事书”则是四方诸侯有事向周王报告的公文，属于上行文书，由“内史读之”，即由内史先看再向周王汇报。东汉末年，蔡邕在他的《独断》里总结秦汉两代公文文体，更明确地将公文分为下行文（包括策、制、诏、戒）和上行文（包括章、奏、表、议等）两大类，这里的行文关系已经非常清楚。

所谓公文名称，是根据功用的差别对公文进行划分得到的小的类别。现代公文中的“指示”“通告”“请示”之类就是公文的名称。公文名称是公文标题构成要件。在公文标题中包含公文名称这一做法也是自古而然，例如《入关告谕》《论贵粟疏》《出师表》中的“谕”“疏”“表”等就是公文的名称。每一种公文名称在格式上都有相对固定的要求。

二、我国最早的公文名称——誓

“公文”一词最早出现于西晋陈寿撰《三国志·魏志·赵俨传》中：“辄白曹公，公文下郡，绵绢悉以还人。”此处“公文”显然是指中央政府下达至各州郡的正式文件。作为公务往来的正式文书的公文，则比“公文”一词的出现要早得多。

公务文书是公务活动中所产生的文字材料。它的产生与社会管理公务活动的出现和文字的出现是直接相关的。从理论上说，有了这两个条件，公务文书的出现就是必然的。原始社会末期，文字出现不久，就产生了公务文书，但正如前文所说，公务文书不等于公文。有的秘书史读本说《尚书》中收录的五帝时期的文献《尧典》《皋陶谟》是我国最早的公文，此说值得商榷。《尧典》是尧、舜有关“帝位”禅让的言行记录；《皋陶谟》是皋陶和禹在舜帝前对答的记录，主要内容是皋陶陈述他的施政计谋。从功用上看，它们也不具有“公务往来”的属性，而且据考证它们为春秋战国时期的文化人根据历史传说所作，“典”“谟”不能算是古代最早公文的名称。

我国最早的有据可查的公文名称是“誓”。《尚书》中以“誓”为名者5篇：《甘誓》《汤誓》《牧誓》《费誓》《秦誓》。其中《甘誓》是夏开国帝王启讨伐有扈氏发布的军事动员令，《汤誓》是商汤讨伐夏桀前发布的军事动员令，《牧誓》是武王讨伐商纣至商都城牧野郊外时发布的军事动员令。这些“誓”具有相同的名称、相同的功用、相同的格式，已经具备了公文的主要特征，所以说“誓”是一种比较规范的公文。从写法上看，“誓”大多中心突出，要言不烦，富于气势和鼓动力。兹以《甘誓》为例：

尚书·甘誓

大战于甘，乃召六卿。

王曰："嗟！六事之人，予誓告汝：有扈氏威侮五行，怠弃三正，天用剿绝其命。今予惟恭行天之罚。左不攻于左，汝不恭命；右不攻于右，汝不恭命；御非其马之正，汝不恭命。用命，赏于祖；弗用命，戮于社，予则孥戮汝。"

[**参考译文**]

将要在甘进行一场大战，夏启便召集了六军的将领。

启王说："唉！各位将领和士兵，我向你们发布以下的命令：有扈氏轻蔑地对待自然规律，怠慢甚至放弃正朔大典，上天因此要废弃他的大命。现在我奉行上天的意志去惩罚他们。兵车左边的兵士，如果不善于用箭射杀敌人，便是不具备完成命令的本领；兵车右边的兵士，如果不善于用矛刺杀敌人，便是不具备完成命令的本领；驾驶战车的士兵，不懂得驾驭战马的技术，便是不具备完成命令的本领。努力完成命令的，便在先祖的神位面前行赏；不努力完成命令的，便在社神面前给予惩罚。我要把你们这些不努力完成任务的人变作奴隶，以示惩罚。"

对这篇檄文，许同莘《公牍学史》中有一段精当的点评："首二句史臣记事。'威侮五行'二句，申有扈之罪。'恭行天之罚'句，申明出师之意。以下则皆申军纪以誓众。文止数十言，而包举无遗，古书简要如是。"

誓虽然是出现最早的公文名称，但到秦汉以后就不再用了。军事动员令后来一般用"檄"。现代汉语的"誓师""誓词"等词语，盖源于此。

三、古代主要公文名称的使用情况

夏商周三代，历史绵延虽逾千年，但上古社会发展相对缓慢，且典籍留存较少，目前所知的当时国家行政活动中使用的公文名称数量不多。根据《尚书》和其他典籍，当时使用的公文名称主要有誓、诰、命、策、典、盟等不足十种。秦汉以后，随着大一统的国家政治制度的成熟，逐步形成了与封建国家管理制度相适应的体系比较完备的公文种类和名称。据统计，自夏代到清代的 4 000 多年里，我国历代使用过的公文名称多达数百种，其中有的名称为许多朝代通用，有的名称只是某一个朝代甚至只在某一特定时期、特殊场合专用。下面我们择其要者对古代公文名称的历史发展作一些考察。

（一）古代主要下行文名称

1. 诰

诰是历史上出现较早、使用时间最长的公文名称之一。诰即告晓之意，是君王告于万邦臣僚之言。《尚书》中有《大诰》《汤诰》《召诰》《酒诰》《康诰》《洛诰》等数篇，可见夏商周三代诰是国王对下发布命令使用的常用公文。秦时废，汉代后复用，以下历代，诰仅限于皇帝授官或封赠某种称号的命令。明清时规定授予五品以上高官用"诰命"，授六品以下小官用"敕命（令）"。辛亥革命后废除。

2. 制

制又名制书、制诰，是君主颁布重大政治制度时使用的文告，蔡邕《独断》说："制书，帝者制度之命也。"制始于秦，汉称"制诏"，唐宋后称"制书"，一直沿用到清代。

辛亥革命后废除。

3. 诏

诏又名诏书。诏即昭告之意。起于商代，为商王告勉臣子或诸侯的文告。周代偶用于大臣向国王敬言。秦代开始，诏成为皇帝的专用文书。诏书是皇帝就具体事项对臣下的训示或对臣子的上奏的答复。皇帝手书的诏文又称“手诏”，《三国演义》第二十回有汉献帝手写血字密诏，交董承除掉曹操的情节。从规格上看，诏书要低于发布重大制度的制书。到明清时，出现了新的公文“谕”“旨”，诏书就多用于宣布重大政务（但仍然有别于颁布制度的制书），而皇帝就一般性事务发布指示时多用“谕”或“旨”（见下文）。辛亥革命后废除。

4. 敕书、戒书

“敕”始见于《尚书·皋陶谟》：“敕天之命。”“敕”与“戒”同义，皆为告诫之义，故又名“戒敕”。在汉代“戒”是皇帝对臣僚进行训示时用的专用文名，而一般上级官员向下级官员行文则用“敕书”。南北朝以后，敕成为君主专用的下行文，而臣下不能用，“戒书”一名遂废除。宋代皇帝诫励百官、晓谕军民的公文名称叫“敕牓”。元以后，“敕”的用处有所改变，授六品以下低级官职也用“敕命（令）”。辛亥革命后废除。

5. 策（册）书

《说文》：“策者，符命也。”古代“策”与“册”通，因书写在竹简上而得名，故隋唐后又称册书、册命、册文。策（册）书作为公文名始于汉代，是皇帝用于册封或罢免诸侯王、公卿、大夫的专用公文。策（册）书一直沿用到清末，辛亥革命后废止。

6. 命、令

据刘勰《文心雕龙》，“命”乃“古者王言，若轩辕唐虞，同称为命”。《尚书》中有《顾命》《冏命》《文侯之命》等篇。夏商周三代时命是君主发布的封爵、授官的号令，与诰、誓同为当时常用的公文名称。《尚书》中没有以“令”为篇名的，但文字中有“发号施令”的说法，令是一种与命相当的文种。《字书》说：“大曰命，小曰令，上出是命，下出是令。”看来令不限于国君的下行文，但“小曰令”的说法未必准确，战国时秦有商鞅起草的《变法令》，所涉之事并非具体实务。秦代以后以制、诏代替了命、令的功能，此后命基本废止，而令在两汉魏晋南北朝时仍然广泛使用，如汉高祖有《五年大赦天下令》，曹操有《置屯田令》《举贤勿拘品行令》等，皆为著名公文。隋唐以后，令不复用。辛亥革命后，命令（令）又成为常用下行公文。

7. 谕、旨

谕者，告晓也。秦汉之际就有汉高祖刘邦《入关告谕》，但其后数代没有用谕作公文名称者。到明清时期，谕又成为皇帝常用的诏令文书。如明代皇帝对官员训示或委任的文书用“效谕”；清代，除皇帝使用谕外，上级官员对下行文也可用谕，如“谕帖”“堂谕”等，为示区别，凡皇帝晓谕京城或地方官员的下行文称“上谕”（上即皇上）或“圣谕”。

旨即旨意的意思，唐代即有称为“敕旨”的公文，是皇帝批准臣下施行政务的公文，但使用不多。元明清三代，皇帝发布的公文统称“圣旨”，皇后颁发的文书称为“懿旨”，太子及诸王下发的文书称“令旨”。

明清两代，皇帝的指示有时统称“谕旨”，如清代皇帝处理例行政务发出的指示叫

“明发谕旨”，一般由内阁根据皇帝旨意撰拟并负责发出；而处理重大机密事务时发出的指示，叫“寄信谕旨”，一般由军机处起草、抄写并密封后，下发到受文官员，要求他们亲手拆封。但谕、旨单用时还是有差别的，“有所特降者曰谕，因请而降者曰旨”，也就是说，谕一般是皇帝主动发出的命令或指示，而旨则多为皇帝对官员的请示性文书的批答，因此，谕一般要抄写多份，发给各有关衙署或官员，而旨一般只发给奏请的官员本人。

旨在辛亥革命后被废止，而谕则在国民党政府时仍然使用，如蒋介石发出的一些密令称“委员长手谕”或“总统手谕”。

8. 檄

檄始于春秋战国时期，是周天子或诸侯用来声讨敌方、号召军士的文书，与此前的“誓”功用相当。《说文》曰：檄“以木简为书，长尺二寸，用以号召”。檄实际上就是讨伐令或军事动员令，后来也在讨伐政敌时用。有人认为檄文可对下用，也可以对上级和平级用。实际上，檄文虽然多列数讨伐对象的“罪恶”，但它主要不是写给讨伐对象看的，而是给本方军士或吏民看的，所以从行文关系上看它应属下行文体。檄作为公文名称一直沿用到清代，辛亥革命后不再用，但“檄文”一词却仍是现代汉语的常用词。

刘勰《文心雕龙》论檄文之特点说：“或述此休明，或叙彼苛虐……植义扬辞，务在刚健。插羽以示迅，不可使辞缓，露板以宣众，不可使义隐。必事昭而理辩，气盛而辞断。”古代著名的檄文有东汉末年陈琳的《为袁绍檄豫州》、唐代骆宾王的《代徐敬业讨武曌檄》。

9. 典

典为法的意思，是帝王颁布的法律、法令的统称。《尚书》即有《尧典》，但只是有关尧、舜禅让的记录，不算公文。《周礼·天官》说大宰一官的职责是“掌建邦之六典”，六典包括政典、治典、刑典、教典、礼典、事典，此时之“典”既包括法律文件，也包括一般制度性文件。后世的“典”是专门的法律文件的名称，如唐代有“唐六典”等。

10. 帖

帖为小柬，现代仍有帖子、请帖等语词。作为公文名称，始于南北朝，是当时官府征调兵役、徭役发给吏民的一种文告。如《木兰诗》中有“昨夜见军帖，可汗大点兵”。唐代政事堂宰相指挥政事的公文叫“堂帖”。明代知府、知州下行公文也叫帖。

11. 批答

批答是君主对臣下的章疏作出回答的公文，如仅表示准否，就叫作“批”，如要作具体回复，则称作“答”，相当于今天答复下级机关的公文“批复”。官府对所属官员或百姓的陈情的答复，也称“批”。公文中有“批”字，始于唐代，以下历代皆沿用。

（二）古代主要上行公文名称

1. 奏

奏是臣子向君主进言上书的统称。刘勰《文心雕龙》卷五曰：“陈政事、献典仪、上急变、劾愆谬，总谓之奏。”意思是说，对国家政务或重大典章礼仪提出建议，或报告紧急情况，或检举揭发过错，均用奏报告皇帝。“奏”与“章”“表”的用途没有明显区别，汉代不用“奏”，而用“上疏”。汉代以后，“奏”通常与“议”“章”“疏”“折”等连用作为公文名，称“奏议”“奏书”“奏章”“奏疏”“奏折”等。

2. 章

章是大臣受皇帝封赠后，表示谢恩的上奏文书，始于汉代。东汉时这种章体又用于对皇帝的庆贺和谏议。章文程式开头称“稽首上书谢恩陈事”，文内多为对皇帝歌功颂德之辞，以后各代习惯把章跟奏、表、疏等连在一起用，称章奏（或奏章）、章表、章疏等。

3. 表

表是大臣向皇帝陈述事情的上行公文，始用于汉初，魏晋南北朝时表文盛行，唐宋以下亦多用此名。表的用处非常广泛，举凡论谏、劝请、陈乞、进献、推荐、庆贺、慰安、辞解、陈谢、讼理、弹劾等，均可用表。诸葛亮的前后《出师表》、李密的《陈情表》为表体文中的代表作。

4. 议

议是臣下就重大国事向君主论说事理、表述意见的文书。周时遇有国家大事，周王就召集群臣在王室议论，《周礼·秋官》：“一曰议亲之辟，二曰议故之辟，三曰议贤之辟，四曰议能之辟，五曰议功之辟，六曰议贵之辟，七曰议勤之辟，八曰议宾之辟。”秦时李斯有《上秦皇罢封建议》。汉代将议称为“驳议”，唐代又改称“议”，宋代以后，议名虽存，但不属公文专称了。

5. 上书

“上书”一词始于战国，是臣民向君主陈述主张、见解的公文名称。战国时君臣同“书”，秦初改“书”为“奏”，汉时复用“上书”；其后各代上书与奏文并用，“上书”又称“上言”或“上辞”。近代，民间仍有人称人民来信为“上书”。

6. 疏（上疏）

疏者通也，疏本是一种向皇帝提出意见、表达看法或有所匡谏的上奏文体，自秦至清，一直沿用，汉、唐、宋、清使用尤多。对所议事项分条陈述，是疏的一个明显特点。历史上留下许多以“疏”为名的公文名篇，如汉代晁错《论贵粟疏》、唐代魏徵《谏太宗十思疏》、南宋宗泽《乞毋割地与金人疏》等等。

7. 状

状是汉代末期出现的下级向上级陈述事由的文体之一。本来用于大臣为皇帝察举官吏，列其才能或罪状，或调查某事列其好坏，有点类似于今天的考察报告。唐宋后扩大使用范围，通用于吏民百姓向官署状告或下级官署向上司报告，如唐有“牒状”，宋有“奏状”，元有“申状”，明有“呈状”，清有“诉状”等等，宋代苏轼的《乞不给散青苗钱斛状》为古代公文之佳作。明清以后，状多用于法律部门和信访部门，现代汉语中“告状”一词，即起源于此。

8. 露布、封事

露布和封事是臣民上书君主的公文名称，所言之事不涉机密、不缄封者谓之露布，事涉机密、为防有泄而缄封者谓之封事。这两种上行文名称自汉代到明代都有应用，但露布在汉以后仅用于军事获胜奏捷文书，类似于今天所说的“捷报”。

9. 题本、奏本、奏折（奏摺）

题本、奏本、奏折是明清两朝大臣向皇帝进奏的几种主要公文。明代对题本、奏本使用的界限有明确规定："凡内外各衙门，一应公事用题本。……军民人等陈情、建言、申诉等事，俱用奏本"，并对题本、奏本的程式作了明确的规定（《明会典》）。清代沿用明制，题本、奏本并用，统称为"本章"，规定言公事需用印者称题本（由通政司送内阁的称"通本"，送朝廷部院的称"部本"），言私事如乞恩认罪不需用印者，称为"奏本"。可见凡处理例行公事用"题本"，涉及具体事务用"奏本"。清康熙时出现了一种专门奏议军国大事的机密上行公文"奏折"，乾隆时，为免"奏本"与"奏折"相混，简化上奏文种类，规定"向用奏本处概用题本"。题本和奏折的分工明确：处理国家日常例行公务用题本，由内阁受理；处理军国机要大政用奏折，由军机处（皇帝的亲信机要秘书处）受理。

10. 揭帖

揭帖是明清两代内阁直达皇帝的一种机密文书。明代内阁中有密奏及奉谕对答者，都称为揭帖，直送皇帝的正本叫"御览揭帖"。清代，揭帖又用来指称题本的副本，题本送皇帝，而揭帖（即副本）则一式三份，分送各有关司、部、科供参考。

11. 呈、详

呈是下级官员和吏民向上级陈述事由的公文，呈文类似于现代的"报告"，始用于宋代，明清两代使用比较多。明代以后"呈文"仅用于向内阁或六部送交，不送达皇帝，清初规定，官府向上用"呈文"，吏民报官用"呈词"。详是下级官员和吏民向上级陈述事由并请上级批答的公文，类似于今天的"请示"，始于明代，盛行于清代。清代"呈"和"详"两种公文明确分工，是文书工作的一大进步。（详又是司法机关的专用公文，反映办案情况，类似于现在的办案报告。）

（三）古代主要平行公文名称

1. 移（移书）

移是古代广泛使用的一种平行文书名称，始用于春秋时期，初作"遗书"，战国时改称"移书"，为各诸侯国之间或国内各官署之间的往来公文。汉魏以后，官署或官员之间的往来文书统称"移""移书"或"移文"。

2. 关（关文）

关是朝廷各部之间互相质询的来往公文，始用于晋代，沿用至清代。清代使用范围扩大到地方组织之间往来行文。关文又用于向国外派遣官员时作为身份证明，相当于今天的"护照"，《西游记》第45回有"恐言语差错，不肯倒换关文"一说，可见在明代关文即已有此用法。

3. 咨

咨者询也，征求意见的意思。宋代开始为翰林学士院所使用，元明清时地位较高、级别相等的官署，公事往来也用咨文。辛亥革命后，南京临时政府规定"同级公署职员互相行文曰'咨'"，是对古代"咨"文的沿用。

4. 载书（盟书）

春秋战国时诸侯王集会所订立的共同遵守事项，称为"盟誓"，写成文书叫作"载书"。《春秋左传·襄公十一年》曰："秋七月，同盟于亳……乃盟，载书曰：凡我同盟，毋蕴年，毋壅利，毋保奸，毋留慝，救灾患，恤祸乱，同好恶，奖王室……"载书除留原本外，还必须抄录副本数份给各参盟国保存，如同现代国与国之间订立的“条约”“公报”。

5. 国书

国书是春秋战国时邻国互派使节、沟通情报的公文。国书代表国家意见，其写作水平关系到国家形象，故其文辞“务协典礼，从容委屈，高卑适宜，乃为尽善”（《文心雕龙》）。国书被后世沿用，如唐代向国外派遣使臣，宋与辽、金之间的往来均用“国书”，现代外交活动中用的“国书”，则是国家元首派遣或召回大使时向对方发出的正式文书。

6. 照会

照会始用于宋，原是一种类似于今天“通报”的下行文。明代中期始作不相隶属的文武官府之间行文使用的文种，官阶相同者用“黑笔照会”，官阶不同者用“朱笔照会”，类似于现代公文中的“函”。其后，官府与地方绅士，或与外国公使、领事办理交涉事项时，统用黑笔照会文书。清末照会成为我国正式外交公文名称，沿用至今。

（四）古代多用公文名称

历史上公文名称大多只用于一个行文方向，如照会虽有下行文和平行文两种用法，但同一时间内它只有一个用法。但也有少数公文名称，在同一时期可用作不同行文方向的公文名称，其中使用较多的有以下三种。

1. 牒

牒旁从木片，与牍、简等皆为古代文书的统称，如魏晋时风行的记录家世、族谱的私人档案叫作“谱牒”。牒作为公文名，可能起自魏晋，但有据可考的最早的牒文是在唐代，白居易《杜陵叟》诗中有“昨日里胥方到门，手持尺牒榜乡村”之句，可见牒在当时可用于官府向老百姓发布告令。牒在宋元明三朝沿用，并规定了固定的格式，称为“故牒”。晚清由于外交活动需要，出现了“通牒”一名，有“普通通牒”（即照会）、“最后通牒”两种，是国与国之间往来平行文书名称。

2. 札（劄）子

札旁从木，牒旁从木片，其意互通，古时札、牒同物而异名。札子是宋代盛行的一种多用公文名称，既是下行文，也是上行文。宋代皇帝颁布重大军政命令时多用“御札”一名；中书省、尚书省或各地方主官向下属发布命令文告，均用札子；臣僚向皇帝或上司进言议事，也用札子。宋代有许多以“札子”为名的公文名篇，如欧阳修的《论按察官吏札子》、曾巩的《议经费札子》、王安石的《本朝百年无事札子》等等。宋以后，元明清三朝也有用“劄”“札付”等为文名的，但数量显著减少。

3. 榜（牓）

用于下行文时为张贴或悬挂以公布示众的公文。唐宋两代节度使将皇帝下达之“敕书”的内容公告吏民的告示叫“布政牓”；《水浒传》第 23 回写武松上景阳冈前酒家告诉他“冈子路口都有榜文，可教往来客人结伙成队”，此处“榜文”即布告；榜后来多用于发布科举考试的结果，“榜上有名”成语即源于此。榜也有用于上行文者，类似于宋代的“札子”，如欧阳修有《归田录》，大多为榜文。元代以后，榜不再用于上行文。

第三节　中国古代的文书工作制度

一、有关公文拟制的重要制度

1. 文书正副本制度

重要公文须建立副本，这一制度自西周时代即已形成。据《周礼·春官·内史》《周礼·秋官·司寇》《礼记·内则》等文献记载，西周时期从周王的王命文书到地方官府的重要文书大多有副本多份，分存各处。所谓“太史、内史、司会及六官皆受其贰而藏之”，这里的“贰”就是抄录的文书副本。王命文书颁发之后，正本交受命者，副本交由内史保存。中央各官署的文件，一份在原官署存档，一份上纳王室“天府”文件库保存。地方官署的重要文书也是一式两份，一份自行保存，另一份送交所属诸州史收存。“宰告闾史。闾史书为二，其一藏诸闾府，其一献诸州史，州史献诸州伯，州伯命藏诸州府。”（《礼记·内则第十二》）

文书正副本制度，既是文书工作的重要制度，也是档案工作的一项重要制度。它为现行公文的执行和历史文件的保存提供了保证。有人认为副本收藏制度建立于清代，起因于雍正七年（1729）吏部文件库失火，所有档案被毁，这就把文书副本制度的历史一下子推后了两千多年之久。

2. 公文主官签发制度（判署签押制度）

公文须由主官签名或画押后才能生效，现代文书学称之为“签发”，古代称为“判署签押”。这一制度是由文书制作者（史官）签名逐步发展而形成的。

在殷墟甲骨文中，有许多记事卜辞的开端部分刻有“卜人”的名字，这个“卜人”就是前来向巫史询问某件事情凶与吉的人，多为国王，而代卜人向神灵问卜的巫史也要在记事文字之末刻上自己的名字，以示负责。这是文书签名的发端。

战国时期齐国国相田婴首先在契券文书上签名，称为“押券”，各官署仿行之，在官文书（限于缣帛书写的公文，简牍文书则多用封泥）上押署。经过秦汉的发展，到三国时逐渐兴盛起来，《三国志·魏书四·三少帝纪》注引《魏氏春秋》：“此秋……中领军许允与左右小臣谋，因文王辞，杀之……已书诏于前。文王入，帝方食栗，优人云午等唱曰：‘青头鸡，青头鸡。’青头鸡者，鸭（谐音‘押’）也。帝惧不敢发。”这里说的是一些臣僚谋划除掉司马师，起草了诏书，并督促少帝曹芳画押签字，但少帝畏惧，未敢签发这篇诏书。可见，公文签押制度在三国时即已正式实行。东晋以后正式以纸书写公文，在纸上便于押署，公文押署制度即被朝廷定制下来。

判署、签押有一定的区别。判署，又称判签，就是主官审查文稿后写上最后意见，如同意发则书“可”“闻”“依”“行”“从”等字，或书写简短判语。签押，又称画押、押尾，就是主官经判署后签上自己的姓名，签名以后公文才能生效。

古代有的朝代还以法律形式规定，公文判署签名不得由他人代行，如《唐律》规定："诸公文有本案，事直而代官司署者，杖八十；代判者，徒一年。"

3. 文书行文避讳制度

避讳就是对于君主或尊者的名字，避免说出而改用其他字。避讳之俗大约开始于西周。《礼记·曲礼上》说："入竟（通'境'）而问禁，入国而问俗，入门而问讳"。

文书行文避讳制度，则始于秦始皇。他规定所有的书面文字或口头语言中，均不得写出或说出他的名字。秦始皇名为政，古代"政"通"正"，他称帝以后，便规定任何场合不准用"正"字，凡需要表达"正"的意义时，一律用"端"字代替，如"正月"要改为"端月"。

这种文书行文避讳制度为我国封建社会历代袭用，到了唐朝以后还以法律的形式加以明确规定。《唐律疏义·职制》第115条规定："诸上书若奏事，误犯宗庙讳者，杖八十；口误及馀文书误犯者，笞五十。"唐太宗名叫李世民，文书中就要讳"民"字，而"民"是一个常用字，凡行文要用"民"字者一律用"人"字代之，否则就要治罪。宋代规定需避讳的字竟有50多个，如为了避宋太祖赵匡胤名字之讳，将"匡"字改成正、辅、规、纠、光、康、王等字，全国吏民如有姓匡者，一律改姓为"王"，把匡城县改为鹤丘县，将"胤"字改成"裔"字，把胤山县改为平蜀县。

文书行文避讳制度是一种极其丑陋的制度，其目的是维护、显示帝王至高无上的特权地位，它给秘书工作者以及全国官民造成了许多麻烦。更加严重的是，历代有无数的秘书人员和其他官员因不小心违背了避讳的规定而受到惩罚。例如，清康熙二年（1663）明史案结案，因庄廷鑨等人主编明史，在史稿中直称清太祖努尔哈赤名字，结果"死者七十余人，妇女并发边"。清代大兴文字狱，因文书行文犯讳而铸成的文字狱大案就有几十起，许多无辜者蒙遭严刑乃至残杀。由此可见文书避讳制度之危害。

4. 公文签发前的执论制度

这是唐太宗制定的一项非常重要的制度。所谓执论，就是决策要经过充分论证。贞观元年（627），唐太宗对门下省黄门侍郎王珪说："中书所出诏敕，颇有意见不同，或兼错失而相正以否。元置中书、门下，本拟相防过误。人之意见，每或不同，有所是非，本为公事。或有护己之短，忌闻其失，有是有非，衔以为怨。或有苟避私隙，相惜颜面，知非政事，遂即施行。难违一官之小情，顿为万人之大弊。此实亡国之政。"（《贞观政要·政体第二》）这是要求门下省对中书省起草的公文，要认真进行审议，不要碍于情面而通过那些有过误的文件。

贞观三年（629），唐太宗又对中书、门下两省的官员说："中书、门下，机要之司。擢才而居，委任实重。诏敕如有不稳便，皆须执论。比来惟觉阿旨顺情，唯唯苟过，遂无一言谏诤者，岂是道理？若惟署诏敕、行文书而已，人谁不堪？何须简择，以相委付？自今诏敕疑有不稳便，必须执言，无得妄有畏惧，知而寝默。"（《贞观政要·政体第二》）宰相房玄龄依照唐太宗旨意对文书签发前的"执论"问题做了具体规定：中书舍人在拟制有关军国大政的公文时，必须充分表达自己的意见，并且签上自己的名字，以示负责，然后送中书侍郎和中书令加以审示，形成初稿后转送门下省，由门下省给事中和门下侍郎审查、论证，提出修改意见或反驳意见后封还中书省，由中书省修改或重写。

文书执论制度使中央政令在下发前经过充分的论证，避免了中央决策失误，"由是鲜有败事”。它对“贞观之治”的出现起了重要作用。遗憾的是，在唐太宗以后，这一重要制度没有继续执行。但这一制度的合理性对于我们今天起草重要文件、出台重要政策或形成重要决定，仍然有很高的借鉴价值。

5. 请示类公文一文一事制度

一文一事，即一件公文只陈述一件事，不同的事由不得混杂在一件公文中。这种做法大约始于魏晋南北朝，通用于唐代，而见诸典籍记载的成文制度则是在宋代。

考秦汉上行公文，往往一文数事。曹操的公文多为一文一事，内容专一，篇制简短。东晋桓温下令公文用纸制作后，此做法逐渐盛行起来。在唐代的请示类上行公文中已经基本上没有一文数事的现象，这说明此时一文一事已经自然形成制度。南宋《庆元条法事类》卷十六《文书门》规定：“谏奏公事，皆直述事状，若名件不同，应分送所属，而非一宗事者，不得同为一状。”这是目前所能见到的关于一文一事制度的最早记录。

请示类上行公文实行一文一事制度，符合文书工作的发展规律，因为它能突出公文内容主旨，加快行文速度，提高公文处理的效率，也便于文稿的管理、查询和文书档案的保管。它作为文书制作的重要原则之一，一直沿用至今。

6. 公文用纸制度

从东晋末年起，纸张成为日常公文的唯一载体。为了体现公文的特殊性和权威性，历代对公文用纸的颜色、尺寸等也有一些相关规定，并成为一种制度。

南北朝时公文用纸分黄、白两种，较为重要的公文用黄纸，一般公文用白纸。黄纸是用黄蘖汁浸染过的，这种方法称为“入潢”。经过“入潢”的纸可以长年防蛀，所以重要公文用它来书写。

唐代造纸业很发达，纸张的品种和产量大增，国家对公文用纸做了更为详细而明确的规定：黄纸是皇家的专用纸，称为“黄敬”，官府往来文书和臣民上书只能用白纸；一些用途特殊的文书要用特别制造的纸，如征讨性的命令用白藤纸，皇帝颁发给臣僚和内外命妇的“告身文书”（即“委任状”，宋以后称“诰命文书”）用“五色绫纸”，给吐蕃、回纥等少数民族属国国王颁发的文书用“金花五色绫纸”等。唐代对文书用纸的尺寸也作了规定：皇帝的诏敕文书规定高一尺三寸，长三尺；一般臣僚的文书尺寸，必须小于这个标准。

唐以后各代，对公文用纸都有相应的规定。

7. 引黄、贴黄制度

“贴黄”一词，源于唐代。唐代的敕书是用黄纸写的，如需要作局部改动，就用黄纸贴上改写，称为“贴黄”，此种做法尚不能称为制度。到了宋代，“贴黄”的概念有所变化：凡上行文书写完后如有重要补充说明，可另外写于黄纸（已非皇家专用）上贴于正文后，称为“贴黄”。

宋代还规定，凡送呈朝廷的章奏文书，须将内容要点、呈递日月写于黄纸上，贴于封皮或文首，称为“引黄”。引黄是公文摘由的开始，它能使受理公文者一目了然地看到公文的主要内容，提高了公文处理的效率。

明清两代，“贴黄”一词的意义又有变化。崇祯即位之初，批阅章奏时深感文字之冗繁，便命内阁制作贴黄式样，令进本官员自己将疏奏用百字左右进行摘要，贴附于文尾，以便皇帝阅览。此种“贴黄”，实际上是宋代“引黄”制的发展。

清代初年，对章奏的字数和贴黄制度作了严格的规定。顺治二年（1645），规定“凡内外官员题奏本章，不得过三百字，虽刑名钱谷等本，难拘字数，亦不许重复冗长。仍将本中大意，撮为贴黄，以便阅览，其贴黄不许过一百字。如有字数溢额及多开条款，或贴黄与原本参差异同者，该衙门（指通政使司）不得封进，仍以违式纠参。”（《钦定大清会典事例》卷十三）康熙年间又对贴黄的格式作了更具体的规定。

明末和清代统治者严格规定“贴黄”制度，是对公文冗繁之弊的一种治标不治本的对付办法，但是用现代文书学的观点看，宋代的引黄和明清的贴黄，实际上就是公文摘由制度。现代制作篇幅较长的公文也要附内容摘要（或摘由），就是对古代文书贴黄、引黄制度的继承和发展。

8. 公文用印制度（见第四章第八节）

二、有关公文办理的重要制度

1. 收文、发文登记制度

收到公文或发出公文要进行详细登记，这一制度在秦代之前就已经初见端倪。在《秦律十八种·行书律》中有如下规定：“行传书、受书，必书其起及到日月夙暮，以辄相报也。书有亡者，亟告官。隶臣妾老弱及不可诚仁者勿令。书廷辟有曰报，宜到不来者，追之。”这说明传送或收到文书，必须登记发文或收文的月日朝夕，以便及时回复。这是现存最早的关于公文登记制度的确切史料。

到了宋代，公文登记制度有了进一步发展：公文收发不仅要登记，而且重要的涉及机密的公文还要装入封皮折角密封，并逐一编号。编号的目的是为了更严格地登记，有利于加强责任心，并便于根据登记来承办和催办。

元代对公文处理的程序是：收到文件后先登记，注明日期，然后发放给有关部门办理，承办人员要签字接案；处理完毕后归档。元代还建立了朱销文簿，即将应办之公文逐一登记，办完结案后再依次勾销，并简要注明办理情况。

清代衙署对公文已经实行分类登记，根据公文的发文衙署和公文性质，实行分簿登记。这是文书工作走向成熟的标志。

总之，我国古代文书收发登记制度是比较健全的。

2. 办文时限制度和催办制度

所谓办文时限制度，就是要求在规定时间内将公文事由办理完毕的制度。这是提高公文处理效率的一种手段。明文规定的办文时限制度最早出现在唐代。《唐律疏议·名例》规定：“小事五日程，中事十日程，大事二十日程。”《唐律疏议·职制》规定：“勾经三人以下者，给一日程；经四人以上，给二日程；大事各加一日程。……稽程者，一日笞十，三日加一等，罪止杖八十。”以上仅仅是一般公文的办理时限。对皇帝制敕诏令和军国重事的公文，则要求随到随办，一旦成案，“即日行下”“当日并了”，不得延误。如有稽缓者“一日笞五十，十日徒一年”。

宋代规定：对收文办理，应“当日受，次日付”；对发文办理，“小事限五日，中事给十日，大事二十日”，稽迟者罚之（《庆元条法事类》）。北宋大理寺决定的案牍，大事限二十五日，中事二十日，小事十日。审刑院详复，大事十五日，中事十日，小事五日（《宋史·刑法志》）。

元代规定紧急公文必须随到随办，不得稽迟；对于一般公文办文时限规定为：大事三十日，中事十五日，小事七日。元代还形成了公文定期催办制度，在京都各衙署，十日催，五日再催；对外地官府，五百里内，十五日催，十日再催；五百里外，三十日催，二十日再催；千里外，五十日催，四十日再催；三千里外，七十日催，六十日再催。三催不报，以罪论之。

值得指出的是，古代的公文办理时限制度是以法规的形式规定的，因而具有严肃性和强制性，这种制度如果严格执行，对提高办文速度和质量是有积极意义的。

3. 元代的照刷、磨勘制度

元王朝为了加强统治，实行了一种名曰“照刷、磨勘”的文书处理监督制度。“明察曰照，寻究曰刷，复核曰磨，检点曰勘。”也就是说，照刷、磨勘是检查官府公文处理过程中有无稽迟、错漏等现象发生，从而揭发和纠正政务活动中各种弊端的一种手段。照刷工作由王朝各级监察机关负责，定期施行，最初为每季一次，之后改为半年一次，即所谓“上（下）半年通行照刷”。为了严格贯彻执行，元王朝还对照刷的内容、方法以及处罚等项作出了详细具体的规定，照刷之后，根据文卷的情况分别标明“稽迟”“违错”或“已绝”“未绝”等字样，并署名盖印，以示负责。当时规定，只有处理完毕并经过照刷而没有差错的文卷（称“已绝经刷文卷”）方可进入档案库。不难看出，各级监察机关对官府文卷的照刷和磨勘，乃是元王朝督查政务、考核官吏，借以加强统治的一种措施，不完全是文书档案工作制度，但这反过来也正说明了公文在行政管理中的重要作用。

4. 公文票拟（拟办）制度

票拟，即由秘书部门首先对题奏文书进行阅读，并在一张专用纸签上拟出初步处理意见，然后再转呈皇帝定夺，这种做法类似于今天由办公室主任在公文处理单上写上“拟办意见”。此制形成于明代宣德年间，当时阁职渐崇，“凡中外奏章，许用小票墨书，贴各疏面以进，谓之条旨。中易红书批出，上或亲书，或否”（黄佐《翰林记·传旨条旨》）。“凡章奏，禁中称文书，必发阁臣票拟。阁票用本纸、小贴、墨字。内照票拟，或皇上御笔，或宦官代书，具即在文书上面用朱字。阁票如有未合上意，上加笔削或发下改票。”（叶凤毛《内阁小识》）票拟本来只是自然形成的题奏处理程序，明英宗登基时，因为只有九岁而由太后执政，太后怕担擅权之名，就命令内阁对所有题奏本章先提出初步意见，再连同原来的题奏送太后定夺。从此票拟就成为一项公文处理的制度。票拟制有利于发挥秘书部门的参谋作用，是秘书工作的一大进步。这一制度后被清代承袭，是现代公文“拟办”程序的发端。

5. 公文传递制度（见第四章第三节）

6. 公文保密制度（见第四章第八节）

第四节　中国古代公文文风和公文写作理论

一、古代公文文风的演变

1. 金文文书的写作特点

现存最早的公务文书——甲骨文书，除了记事简单外，尚无“文风”可言。金文文书中已经有了近500字的长文，也就有了文风特点。刘勰在《文心雕龙·铭箴》中概括金文的文风特点是：“其取事也必核以辨，其攡文也必简而深。”也就是说，金文文书具有内容上的纪实性、庄重性和文字上的简约性特点。从现存金文文书材料看，刘勰的评价是准确的。

2.《尚书》中公文的写作特点

《尚书》为我国最早的公文汇编。汉人传说先秦时《书》有100篇，但近代学者多以为现存《尚书》编定于战国时期。自汉以来，《尚书》一直被视为中国封建社会的政治哲学经典，是帝王和贵族子弟及士大夫必修的功课，因此对后世公文写作有很大的影响。

现存《尚书》共收古代公文28篇，其中商代及以前的公文8篇。从内容上看，商以前的公文突出“神权”，商以后的公文则突出“德政”。这是西周统治者“敬德保民”思想在公文中的反映。

《尚书》中的文章，篇章结构由松散逐步趋向完整严谨，有一定的层次，已注意在命意谋篇上用工夫。《酒诰》《无逸》《秦誓》等篇章尤其堪称典范，条理分明，首尾呼应，结构非常严谨。

《尚书》中公文的语言特点，刘勰说是“文如诡，而寻理即畅”(《文心雕龙·宗经》)。意思是文字似乎深奥，但寻找它的用意，还是易于明白的。实际上《尚书》中部分篇章具有一定的文采，带有某些情态。如《盘庚》三篇，是盘庚动员臣民迁殷的训词，语气坚定、果断，显示了盘庚的目光远大。其中用“若火之燎于原，不可向迩”比喻煽动群众的“浮言”，用“若乘舟，汝弗济，臭厥载”比喻群臣坐观国家的衰败，都比较形象。《无逸》篇中周公劝告成王：“呜呼！君子所其无逸，先知稼穑之艰难乃逸，则知小人之依。”《秦誓》篇写秦穆公打了败仗后，检讨自己没有接受蹇叔的意见时说：“古人有言曰：‘民讫自若是多盘，责人斯无难，惟受责俾如流，是惟艰哉！’我心之忧，日月逾迈，若弗云来！”话语中流露出诚恳真切的态度。

3. 春秋到西汉的公文写作概况

春秋战国时期，外交活动频繁，变法革新运动兴起，文化教育事业繁荣，公文的体裁和文风出现了多样化的倾向。当时的外交文书、法令文书以及士大夫向君主陈述政见的“上书”，散见于《左传》《国语》《战国策》以及后来的《史记》中，出现了李斯这样的公文写作大家。这一时期公文写作有说理透辟，文辞流畅且口语化的特点。

秦代国祚短暂，二世而夭，在为数很少的公文中，大皆具有“尚质而不文”的特点。

即注重公文的内容而不讲究文采，秦始皇的《除谥法制》颇能说明秦代公文的这一特点：

朕闻太古有号毋谥，中古有号，死而以行为谥。如此，则子议父，臣议君也，甚无谓，朕弗取焉。自今已来，除谥法。

朕为始皇帝，后世以计数，二世三世至于万世，传之无穷。

该文在语言上是富于典范意义的，它明白朴实，简洁明了，没有华丽的辞藻和无谓的修饰。公文是一种应用文体，"尚质而不文"是符合公文的写作要求的。

西汉初期，出现了一批公文写作大家和一些堪称典范的公文名作。如贾谊的《陈政事疏》《论积贮疏》，晁错的《论贵粟疏》，司马相如的《谏猎疏》等。这些公文的主要特点是具有政论性。写作者关心国家和社会的发展，面对现实，分析形势，针砭时弊，总结秦王朝短期覆亡的原因，借古喻今，都写得深切晓明，有很强的说服力和感染力。鲁迅在《汉文学史纲要》中指出：贾、晁的疏论"皆为西汉鸿文，沾溉后人，其泽甚远"。

4. 赋、骈文对公文文风的影响

从西汉后期开始，公文文风受赋和骈文的影响，出现忽视内容、过分追求形式的不良倾向。

赋是起源于先秦而盛行于汉代的一种文学体裁，其特点是以铺叙描写为主，讲究辞采，句语整炼，半散半韵，似诗而实文。赋作为文学体裁在文学史上有一定地位，但它的行文特点极其不适于文书写作。自西汉中期开始，有人却用它来撰写章、疏之类公文，致使部分公文丽词满篇而内容不实。如东方朔上书一篇文辞竟达十万字，而汉武帝大加赞美，这势必助长公文写作过分注重文采且又崇尚繁冗的不良之风。

东汉末年和魏晋时期产生了骈文，文学史上又称"骈体文"或"骈俪文"。"骈文"本义即对偶文的意思，是从中国古代文章中的一种修辞手法演变来的。骈文的主要特点是：通篇文章句法结构相互对称，词语对偶；在声韵上，骈文讲究运用平仄，音律和谐；修辞上注重藻饰和用典。一般说来，骈文多注重形式技巧，这往往束缚内容，但运用得当，也能增强文章的艺术性。很明显，骈文与赋一样不适合于公文写作。

骈文对公文写作的影响有一个发展过程。三国时一些著名政治家比较务实，因而公文写作以散文为主，这一时期出现了一些公文佳作，如曹操的《举贤勿拘品行令》，诸葛亮的《出师表》，陈琳的《为袁绍檄豫州文》等。西晋时，骈文渐成气候，与散文分离，但两晋公文仍是以散文为主。南北朝时，骈文进入鼎盛时期，尤其是南朝，朝廷的公务文书，几乎全是用骈体撰写。

南朝开始出现文、笔之分。按刘勰观点："无韵者笔也，有韵者文也。"（《文心雕龙·总术》）有人又称"文"为文学作品，"笔"为应用文，当时有所谓"沈（约）诗任（昉）笔"之称。任昉以"笔"闻名，而考其作品多为代笔拟作的骈体应用文告，属于"有韵者"。文、笔之分说明公文写作已经成为一种专门技能。

受赋和骈体文的影响，从西汉中期到南北朝，虽然三国时期有公文佳作面世，但公文文风总的发展趋势是日益追求辞藻的华美，形式的奇巧，而忽视公文的内容。这种文风显然不符合公文务实的要求，是文书工作发展史上的一股逆流。

5. 隋唐时期的公文文风改革和唐宋公文文风

隋代初年，几乎完全继承了梁、陈讲求文辞华美而忽视内容的形式主义文风，这种文风不仅影响了行政效率，而且影响到了整个社会风气，一些有识之士看出了形式主义文风的流弊，提出了改革文风的建议。首发倡议者是大臣李谔，他于开皇三年（583）呈《上隋高帝革文华书》，历陈浮华文风之害，请求朝廷“屏黜轻浮，遏止华伪”。隋文帝杨坚采纳了李谔的建议，于次年“普诏天下，公私文翰，并宜实录”，违者治罪。这年九月，泗州刺史司马幼因所上表章过于华艳而真被朝廷治罪。自此拉开了隋唐文风改革的序幕。隋代皇帝带头改革文风，魏徵《隋书·文学传》说：高祖“发号施令，咸去浮华”；炀帝“暨乎即位，一变其风”，其所作公文“并存雅体，归于典制”，“故当时缀文之士，遂得依而取正焉”。

但延续几百年的浮华文风不是短期内就能扫除干净的。唐立国之初，高祖李渊就于武德元年（618）发布了改革文风的《诫表疏不实诏》，严厉批评了“表疏因循，尚多虚诞。申请盗贼，不肯直陈”“乱语细书，动盈数纸，非直乖于体用，固亦失于事情”的现象。

初唐时期，唐太宗李世民和魏徵、陈子昂等都发表过改革文风的言论，魏徵、陈子昂还在写作实践上做出表率，写出了许多朴实直言、不加雕饰的公文，对文风改革产生了很大影响。《新唐书·陈子昂传》说：“唐兴，文章承徐、庾余风，天下祖尚，子昂始变雅正。”

唐代中期，骈体文又有所抬头，韩愈、柳宗元发起“古文运动”，把文风改革推向了高潮。经过几辈人努力，唐代的公文文风总体上呈现出词强理直、质朴务实的文风。

唐代的文风改革一直延续到宋代，欧阳修、苏轼、王安石等人不仅从理论上倡导文风改革，而且写作了大量文风朴实而又长于说理的公文。宋代公文不仅数量多，而且质量高，是我国公文写作的繁荣期。

6. 元代白话体公文的出现

元代统治者重武轻文，且机要多由蒙古人、色目人官吏掌管，其公文写作往往不重章法用语，缺乏规范，因此元代缺少精彩典范的公文篇章。俚语俗话纳入公文，因此形成了“白话体”公文，对传统的以文言为主要表达形式的公文书面语是一次冲击，使得元代公文在语言上呈现出通俗明白的风格。从书面文言向通俗白话的转变，在公文语言上无疑是一大进步。

7. 明代的文牍主义和屡禁繁文措施

公文是一种应用文体，行文宜朴实简明，而封建社会最后两个朝代，却是文牍主义盛行，长而空的公文比比皆是。其中最值得人们思考玩味的，莫过于明代屡次严禁繁文而终无收效。

明代初年，朱元璋亲自处理朝廷政务，对官吏起草的公文动辄数千言上万言非常反感。洪武二年（1369），他对翰林侍读学士詹同说：“古人为文章，或以明道德，或以通当世之务，如典谟之言，皆明白易知，无深怪险僻之语。至如诸葛孔明《出师表》，亦何尝雕刻为文？而诚意溢出，至今使人诵之，自然忠义感激。近世文士，不究道德之本，不达当世之务，立辞虽艰深而意实浅近，即使过于相如、扬雄，何裨实用？自今翰林为文，但取通道理明世务者，无事浮藻。”（《太祖高皇帝实录》卷四十）

洪武六年（1373），朱元璋对内阁中书省臣僚说：“唐虞三代，典道训诰之辞，质实不华，诚可为千万世法。汉、魏之间，犹为近古，晋、宋以降，文体日衰，骈俪绮靡，而古法荡然矣。唐、宋之时，名儒辈出，虽欲变之，而卒未能尽变。近代制诰章表之类，仍蹈旧习，朕尝厌其雕琢，殊异古体，且使事实为浮文所蔽。其自今凡告谕臣下之辞，务从简古，以革弊习。尔中书宜播告中外臣民，凡表笺奏疏，毋用四六对偶，悉从典雅。”（《太祖高皇帝实录》卷八十五）

洪武九年（1376），刑部主事茹太素上书论时务，文章长达万言。朱元璋让中书郎王敏念给他听，虚文多而实事少。第二天又让人接着念，摘出切实可行的话才五百多字。朱元璋颇为感叹地说：“朕所以求言者，欲其切于事情而有益于天下国家，彼浮词者，徒乱听耳。”于是朱元璋命令中书省定立了建言格式。“颁示中外，使言者陈得失，无繁文。”（《太祖高皇帝实录》卷一百一十）

洪武十五年（1382），刑部尚书开济上奏说，内外诸司议刑奏札，动辄千万言，泛滥无纪。朱元璋当即下令：“虚词失实，浮文乱真，朕甚厌之。自今以繁文出入人罪者，罪之。”（《太祖高皇帝实录》卷一百四十九）

朱元璋的这些严厉措施，当时对于克服繁文之弊确实起过不小的作用，但由于朝政日趋衰败，至嘉靖年间，繁文之弊又有所抬头。都察院左都御史胡世宁上书，“乞申敕内外诸司，凡事当奏题者，务照弘治以前旧规，删去烦文”。嘉靖皇帝接受了胡世宁的意见，“令诸司章奏，不许烦词，第宜明白，开陈要旨，庶易省阅。”（《典故纪闻》卷十七）

隆庆年间，大学士高拱上书：“内外诸司，凡有章奏，务在直陈其事，意尽而止……存恭肃之作，且还简实之风。”隆庆皇帝接受了这一建议，遂下令：“近来章奏，信多繁词，且语涉肆慢，甚非人臣奏对之体。所司通行严禁，违者部院及科臣劾治之。”

明代对繁文一禁再禁，但繁文之弊始终未能禁止，到明末崇祯时，不得不想出“贴黄”的办法来提高公文处理效率。文牍主义与政治腐败相伴而生，封建社会后期的政治日趋腐败的现实，决定了少数有作为的帝王或大臣的努力无法改变文书工作的这种趋势。

二、古代几种公文写作理论

1. 先秦诸子关于公文写作的言论

关于公文写作理论的探讨，最早可以追溯到孔子。

孔子关于“文质”关系的言论对后世公文写作影响很大。他说：“质胜文则野，文胜质则史。文质彬彬，然后君子。”（《论语·雍也》）对孔子这段话有不同的理解，据范文澜先生的解释，这是对《尚书》中两类不同文章风格的概括，“质”指内容质朴，“文”指富于文采，“史”则指流于虚浮，因为经过史官的文字加工。这几句话意思为：质朴多于文采，就显得粗野；文采多于质朴，就未免虚浮；文采和质朴相协调，才称得上是君子之作。由于《尚书》本来就是古代公文，这段话就是孔子对公文的语言形式和思想内容关系的论述。

另有人认为，孔子的“质”和“文”的本义是指人的品德和文化修养，但可以引申到文章的内容与形式方面来。他要求“文质彬彬”，也就是启示文章内容与形式应该统一。后世多用质、文来指代文章的内在内容和外在形式，如“尚质不尚文”“秦世不文”，等等。

墨子是接近社会下层的思想家，他主张“节用”，反对一切雕饰、文采。他说：“衣必常暖，然后求丽”“先质而后文，此圣人之务”（《墨子佚文》）。墨子本人是逻辑学家，重视言论的论证性，他说：“夫辨者，将以明是非之分，审治乱之纪，明同异之处，察名实之理……论求群言之比，以名举实，以辞抒意，以说（推理论证）出故。”（《墨子·小取》）墨子的这些言论可以作为公文写作的参考。

荀子对文章内容和形式的关系也有比较精辟的论述。他批评“墨子蔽于用而不知文”“惠子蔽于辞而不知实”（《荀子·解蔽》）。他认为：“乱世之征……其文章匿而采”（《荀子·乐论》），就是说，文章内容空虚隐蔽而又过分华丽，是“乱世”的一种外在特征。

2. 魏晋南北朝公文理论的繁荣

魏晋南北朝的公文文风日下，而公文写作理论却处于繁荣的时期。这一时期先后出现了曹丕、陆机、葛洪、李充、钟嵘、刘勰、颜之推等文学理论家，他们的文论著述中包含了许多公文写作的理论。其中最早研究公文文体的是曹丕，其代表作是《典论·论文》；而对公文研究贡献最大的则是刘勰，其代表作是《文心雕龙》。

曹丕的《典论·论文》将文章分为四大类，并指出它们在写作上的要求。他说：“夫文本同而末异，盖奏议宜雅，书论宜理，铭诔尚实，诗赋欲丽。”也就是说，奏议要求语言规范，书论要求说理充分，铭诔要求内容实在，诗赋讲究文采华丽。他划分的四大类文章中，奏议是公文，书论和铭诔也属于应用性文体，只有诗赋是纯文学，因此，有人仅仅把《典论·论文》当作文学理论著作是不准确的。曹丕还指出：“此四科不同，故能之者偏也，唯通才能备其体。”这是说四类文章各有特点，一般人只擅长其中的一到两种，只有少数“通才”才会写各种文章。《典论·论文》还充分评价了文章的社会功用：“盖文章，经国之大业，不朽之盛事。”这里所说的“文章”，指的是前面列举的四类文章，其中多数是公文或应用性文体。

刘勰的《文心雕龙》可以说是古代公文理论的集大成者。他在《文心雕龙·章表》中重复了曹丕关于公文社会功能的观点：“章表奏议，经国之枢机。”他还用了大量篇幅，系统地论述了自上古以来的各种不同体裁的公文，并且依照其性质，对公文进行了分类归纳，即诏策、檄移、章表、奏启、议对、书记六科。对这六科文章分别定义，而且溯源其历史，探讨其写作特点与风格。此外，对各种文体的主要代表作家与作品，也作了精辟的阐述。如论及诏策的文风色彩时，他说：“故授官选贤，则义炳重离之辉；优文封策，则气含风雨之滋；敕戒恒诰，则笔吐星汉之华；治戎燮伐，则声有洊雷之威；眚灾肆赦，则文有春露之滋；明罚敕法，则辞有秋霜之烈。”（《文心雕龙·诏策》）其意是说：凡授官选贤的诏令，要灿如日月，饱含正气；封王晋侯的诏令，要含有风雨滋润的用意；敕戒百官的常诰，要有笔吐银河的光辉；发布用兵打仗的诏令，要有雷霆万钧的声势；发布赦免重刑犯人的诏令，要如春风雨露般润泽；发布惩罚或整肃法纪的诏令，则要像秋霜一样威严凛然。又如，对于“檄移”这种讨伐令性质的公文，他提出的要求是：“植义扬辞，务在刚健……事昭而理辨，气盛而辞断。”（《文心雕龙·檄移》）

3. 韩愈的公文写作理论

在唐代公文文风改革中，陈子昂、韩愈、柳宗元、元稹、白居易等也提出了一些公文写作理论，其中韩愈的理论具有代表性。

韩愈提出“文以载道”的主张。他认为，道是目的和内容，文是手段和形式。主张用道来充实文的内容，文道合一，以道为主。他提出学习先秦两汉古文的主张，学古的用意是要在继承传统的基础上创新。他坚持“惟古于词必己出”（《南阳樊绍述墓志铭》）、“惟陈言之务去”（《答李翊书》）的写作原则，要求从字句到文章要全面革新，骈文中的浮词丽语是陈言，古老的经典之言是陈言，因袭、模拟也是陈言，而新鲜的语言必须是有自己特色的。

韩愈不仅从理论上倡导务实的公文文风，而且用自己公文写作的实践对骈俪文体发起进攻，他的《论佛骨表》完全以散体表述，全篇明白如话，堪称古代公文写作的典范。

第五节　中国古代公文的载体、制作工具和书写字体的演变

一、公文载体的演变

1. 甲骨文书（从商代到西周）

到目前为止，考古发掘中发现的我国最早的文书原件是殷商时代的甲骨文书。

甲骨是龟甲和兽骨的合称。龟在古人的心目中是神灵之物，兽骨主要是牛的肩胛骨，而牛在古代也是行太牢礼的祭祀品，是供神来享用的，因此龟甲和牛骨就被用来当作占卜的工具。甲骨文即是刻写在龟甲和兽骨上，用来记录占卜和祭祀等活动的文字，它又称卜文、贞卜文、卜辞等。由于甲骨文最早发现于殷商的废墟（今河南安阳小屯村），所以又称殷文、殷墟文字、殷墟书契。

商代统治者凡事都要占卜。其方法是：占卜之前，先将龟甲或牛骨的背面钻出圆洞和橄榄核形槽穴（均不穿透），占卜时用炭条在甲骨洞槽边上灼炙，甲骨一受热，就会在正面出现各种不同形状的裂纹。这种裂纹，古人称之为“卜兆”，而且认为神的意旨就从这些卜兆中委婉地传达出来。贞卜史官就根据这种卜兆裂纹的粗细、长短、曲直、横斜、隐显等，来判定事之吉凶。然后将占卜时间、事由、占卜的结果以及事后应验情况，都刻在卜兆的旁边。因甲骨面积有限，刻写的文辞也有限，故大多为十几字、几十字，最多也仅有九十多个字。今人将单个字称为贞卜文字，成句的则称作卜辞。

完整的卜辞，基本上都是这样一种格式：最前面刻有占卜日期和卜官的名字，称为“前辞”；接着刻需要向神请求的问题，称为“命辞”（也叫“贞辞”）；观察卜兆后所断定的吉凶，称为“占辞”（也叫“果辞”）；所卜事项的实际结果则记在“占辞”之后，称为“验辞”。

从内容上说，甲骨文又有卜辞和非卜辞两大类。其中作为占卜记录的卜辞占了绝大多

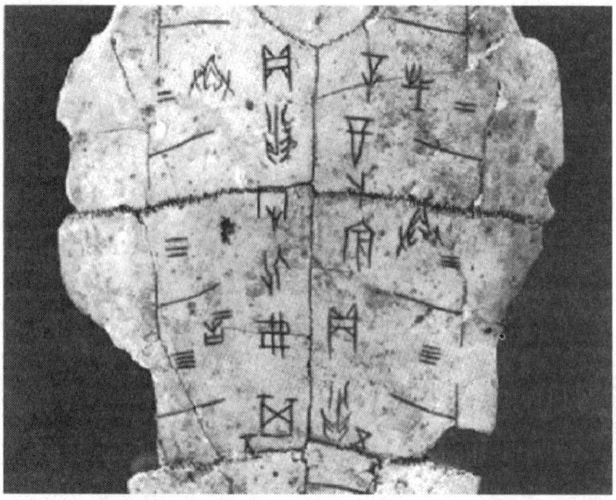

商晚期龟甲甲骨文

数，但也有少数非卜辞的记事文辞。这些记事文辞或为干支表、世系祀谱，或记龟甲的入贡、收藏情况，或言殷王的重要活动以及其他事件，也大都和占卜活动有关。郭沫若主编的《甲骨文合集》将其内容分为二十二类，即奴隶和平民，奴隶主贵族，官吏，军队、刑罚、监狱，战争，方域，贡纳，农业，渔猎、畜牧，手工业，商业、交通，天文、历法，气象，建筑，疾病，生育，鬼神崇拜，祭祀，吉凶梦幻，卜法，文字，其他。可见甲骨文辞所涵括的社会内容是相当广泛的。正由于此，现代一些史学家才依凭这些真实可贵的材料，去研究殷商历史的各个侧面，进而揭明了殷商社会的本质特征和基本内涵。

总之，甲骨卜辞作为一种应用性文字，不仅在形式上有一定的格套，在内容上也是以商王活动为其中心，并出现了类似于请示、报告的上行文，已初步具备了文书的基本要素。故此我们认定它是一种文书，并称之为甲骨文书。

由于甲骨质地坚硬，不易腐朽，考古发掘中发现的较多，而到目前为止，尚没有发现殷商时代其他载体的文书，因此有人认为甲骨是殷商时代文书的主要载体。

甲骨文书在西周时期数量锐减，目前考古发掘中仅发现有西周初年的为数有限的甲骨文书，其中最有代表性的要数“周原甲骨”。1977 年在陕西省岐山县凤雏村一座西周建筑遗址的窖穴内出土龟腹甲 13 600 余片，牛肩胛骨 300 余片，内有 289 片龟腹甲刻有文字。每片字数多寡不等，少的 1 字，多的 30 字。1979 年，在邻近的扶风县齐家村也发现和采集到 22 片甲骨，内有 6 片刻有文字。岐山南麓的岐山县与扶风县一带古称周原，是周人灭商前的都城遗址。此地出土刻辞龟甲与《诗·大雅·文王之什·緜》“周原膴膴，堇荼如饴；爰始爰谋，爰契我龟”所记相合，故称周原甲骨。《周礼》中有大卜、卜师、龟人、占人等职，这些甲骨刻辞无疑是其执事时记事文书的孑遗。周原甲骨刻辞记述了周人有关祭祀、战事、与邻国交往等重要国事。年代包括文王、武王、成王、康王、昭王、穆王时期。内容有占卜、记事、卦象三方面。

西周刻字甲骨在陕西长安张家坡（3 片、共 30 字）、北京昌平白浮（4 片、13 字）、山西洪赵坊堆村（1 片、8 字）均有发现。这些刻辞为研究周初历史提供了宝贵的史料。

目前尚未发现有西周中期以后的甲骨文书，可以说到西周中期甲骨文书已经被淘汰。甲骨文书被淘汰的原因有二：一是甲骨坚硬难以制作，因此人们便用容易制作的简牍文书取而代之；二是周人“事鬼神而远之”，占卜活动在社会生活中的影响有限，主要与占卜活动有关的甲骨文书也就不被重视了。

2. 金文文书（从商代到战国）

在我国历史上，青铜器从商周一直沿用到西汉，大约有一千五六百年的历史。青铜是铜和锡的合金，其主要成分是铜，因为加进了一定比例的锡，浇铸出来呈青灰色，故称青铜。用青铜铸造的器具，则为青铜器。而铸刻于青铜器上的文字，就称作铜器铭文，也称金文。

西周柞伯簋及铭文拓本

古人之所以要在青铜器上“做文章”（诸如纪功烈、昭明德、记誓约、铸刑典），是因为青铜器乃王权的象征、等级的标志，同时能永久保存，传于后世。《左传·襄公十九年》载臧武仲对季孙说：“且夫大伐小，取其所得以作彝器，铭其功烈，以示子孙。”又《左传·昭公十五年》注：“彝，常也，谓可常宝之器。”昭示子孙，以垂久远，以此来维护王权和家族的显赫地位。这种青铜器上的铭文具有文书的性质，所以称之为金文文书。

从金文文书发展来看，商代前期铭文鲜见，后期才开始出现少部分有字铭器，但多为一字或二三个字，内容不外乎族名、作器者名、受祭者名。这种铭文主要起表示所有者的标识作用，亦即《礼记·祭统》中所说的“铭者，自名”，故被称作“自名体”。到了商代末期，渐渐有了少量十几字以至四十几个字的铭文，这些铭文在说明作器的原因时略带点记事性，已初步具备了时间、地点、人物、事件等记事要素，所以又被称为“记事体”。总之，商代的青铜器主要为了使用，“自名体”的金文尚不具有文书的性质，“记事体”金文则可以算是简单的文书，但数量不多。

到了西周，随着宗法礼制的日益强化，礼制的物化形式——青铜彝器也臻于鼎盛，从而促进了铭文的“如火烈烈”（《诗经·商颂》）的蓬勃发展。其时，铭文明显加长，百字左右的比比皆是，甚至出现了近五百字的长铭。这些铭文的内容十分广泛，主要包括祭祀典礼、颂扬先祖、征伐纪功、赏赐册命、训诰臣下、刑典契约等，涉及政治、军事、经济、外交、法律、文化各个方面。由于这些铭文均出自当时人之手，具有明显的书史性质，所以郭沫若在《周代彝铭进化观》中称它们为“《周书》之逸篇”。郭沫若进而指出，西周铭文有“喧宾夺主”现象，即是说当时彝器制造的目的，主要不是为了使用，而是为了勒铭记事。这一“宾”一“主”的转变，遂使记事体在铭文中占据了绝对的优势地位，而商时曾居统治地位的自名体此时已属强弩之末。因为注重记事，铭文字数增多，篇幅加长，结构更趋于完整，语言表达也趋于多样化。

值得注意的是，西周记事体铭文有关册命的部分，在穆王之后逐渐形成了一定的格式，至厉王时甚至达到程式化的地步。统观《两周金文辞大系图录考释》所收恭、懿至厉、宣时期的四十多篇册命铭文，其结构宛出一辙，表述层次不外是：时、地、受命者、作册尹、册命（命官、赏赐、勉励）辞、祝辞等。可知此类铭文已相当规范，故此，有的学者把它称作册命体。

总之，西周的金文文书从内容上说，具有涉及面广、含“金”量高、可信度强的特点；从形式上说，则有文辞茂美、记事详细、结构完整诸特征。金文文书是西周盛行的一种文书形式，青铜器在西周也便成为一种重要的文书载体。

春秋战国时期，礼崩乐坏，礼器减少，日用器多。加之此时竹帛已普遍使用，文字应用日繁，琢于盘盂终不及书于竹帛方便，所以青铜铭文急剧减少。而在为数不多的金文文书中有一件值得一提，那就是1977年出土于河北省平山县中山王墓中的“中山王鼎”（现存河北省文物研究所）。此鼎为铜身铁足，造型独特，通高51.5厘米，腹径65.8厘米，刻铭文469字，其内容主要是赞颂司马赒率师伐燕而建立的功勋，并谴责燕王姬哙让王位于燕相子之，因为“臣主易位，逆天违人，故身死国亡”。原有文献只记载当时齐国乘机入侵，攻破燕都，今据此鼎铭文，中山国的相邦司马赒也率师参加了这次伐燕，并夺地数百里，城数十座。齐伐燕事发生在周慎靓王五年（前316），鼎的铸造时间当在此后不久。由于关于中山国的历史，原有文献所载仅是片言只语，此鼎铭文为研究战国时期中山国的历史提供了重要资料，因而具有极高的文物价值。

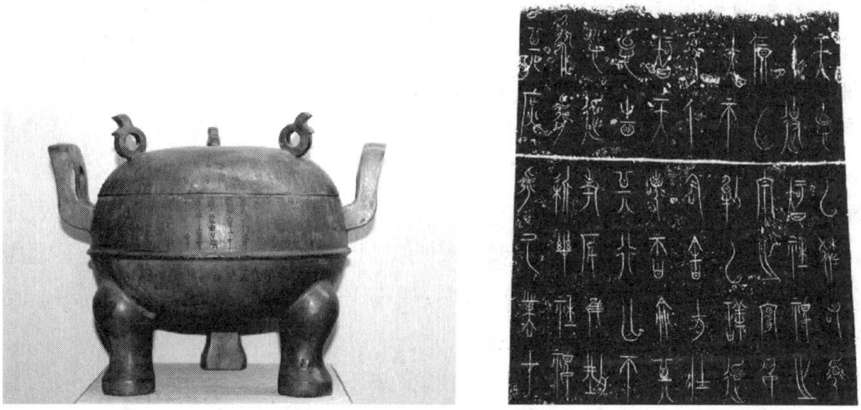

中山王鼎及其部分铭文

有的秘书史读本将春秋末年郑国子产所铸“刑鼎”也作为重要的青铜铭文加以介绍，误也。子产所铸“刑鼎”乃是铁鼎，虽然与青铜器同属金属载体，但毕竟不能将它归入青铜铭文。

秦汉以后青铜器都是实用品或工艺品，不再作为文书的载体。

3. 简牍文书（从商代到晋代）

我国南方盛产竹木，北方在古代木材也较多，因此竹和木很早就成了公文书写的载体。所谓简牍文书就是指刻写在竹简或木片上的文书。其中刻写在竹片上的称竹简，也称简策、简册、汗简等；而刻写在木片上的称木牍、版牍。人们常称信函为“尺牍”，又称文稿为“文牍”，就导源于此。

简牍文书主要用于记事，内容包括帝王、官员的命令、文告、书信、簿册、典籍等。刘向《别录》称：“新竹有汁，善朽蠹。凡作简者，皆于火上炙干之。”《后汉书·吴祐传》引李贤注：“杀青者，以火炙简，令汗，取其青，易书，复不蠹，谓之杀青，亦曰汗简。”可知竹简的制作过程是：先选取新竹，截削成片，使之光滑，然后用小火炙烤，去其水分（汗），称“杀青”，以防蛀防朽，继而就可用刀或笔在上刻写（写错了用刀子刮去，称“削”），最后用麻线或皮绳将多片简系成册。如文书不止一册，则将数册再编连在一起，称编（即篇）。《史记·孔子世家》载：“孔子晚而喜《易》……读《易》，韦编三绝。”这是说孔子读《易》十分勤奋，致使编连竹简的皮绳多次断绝。

在造纸术发明之前，简牍是古代公文的主要载体。

商代简牍文书迄今为止无实物出土，但根据以下理由，完全可以推断商代已经有了简牍文书。

首先，甲骨文、古金文中已经出现了“册”“典”二字，《尚书·多士》载：“惟尔知，惟殷先人，有册有典，殷革夏命。”“册”字象将若干条竹简（木片）用细绳编缀成一页书之状；而“典”字则象置册于几上，或作两手捧册之形。显然，这“册”“典”二字的构象不可能是凭空产生的，应当是也只能是现实生活中有册有典（“册”中之重要者）的具象化的反映。

其次，在流传至今的商书中，第一篇是《汤誓》，它虽然并非作于伐桀之时，可能是后人的追述或者是后世重编，但所记汤伐桀的史实却极为清楚，伐桀的理由也列举得至为充分，不可能是一无所本的凭空捏造。除了《汤誓》外，《书序》谓还有《夏社》《疑至》《臣扈》《典宝》《仲虺之诰》《汤诰》《明居》等篇，它们也都与伐桀有关。这些篇章或存或佚，虽不能坐实何篇为商初所作，但也难以否认其中必有商初的文献，《尚书·多士》所说的“有册有典，殷革夏命”，指的就是这些后世亡佚的篇章。又《墨子·贵义》说“昔者周公旦朝读《书》百篇”，周公是西周的开国功臣，他读的《书》当然是前代的典籍。另外，《史记·殷本纪》记载的殷契以下诸王世系脉络十分清晰，据王国维《殷卜辞中所见先公先王考》《续考》考证，这一世系基本符合史实。由此也可推知，司马迁一定利用了商时史官留下的册典作为原始依据。

由上述几点来断定，商朝肯定已有了简牍文书。可能是由于竹木难以永久保存，加之当时防腐技术欠发达，简牍“在地下埋藏了三千多年，恐怕不可能再见了”（郭沫若《奴隶制时代》）。

简牍文书在西周得到更广泛的使用，这是有许多确切的史料可以证明的。《礼记·中庸》载：“文武之政，布在方策。”就是说周文王、周武王的政令，都书写在竹木上。书王命于简牍，我们可由下例证明之。《诗经·小雅·出车》曰：“昔我往矣，黍稷方华。今我来思，雨雪载途。王事多难，不遑启居。岂不怀归，畏此简书。”此诗是周宣王时的作品，这一章叙写了一个远征者归途中的心理状态。因“王事多难”，他不得不随师远征；虽切盼早日还乡，却又“畏”此“简书”。因为“简书”书有出征时王的敕命。半途而归，岂非违命？故曰“畏”。这一“简书”显非泛指，只能是特指“此”（这一）载有王命的书，因书于竹简，才称之为“简书”。将王命书于简牍，不仅有“畏此简书”这一铁证，还有许多铭文可作“铜证”。如西周颂壶上铭文即云：“颂拜稽首，受命册，佩以出。”由此我们可以推知，《尚书》中的《酒诰》《召诰》《牧誓》《顾命》等文书，当是周天子发布的简牍文书。至于一般日常往来的文书，当然也都是书写在竹木之上，而不会是铸在笨重的青铜器上。

春秋使用竹简更为普遍，除典籍（如《诗》《书》《礼》《易》）和文学著作外，当时史官记史，用的也是竹简。《左传·襄公二十五年》记齐崔杼杀庄公后齐太史被杀之事曰：“辛巳，公与大夫及莒子盟。太史书曰：‘崔杼弑其君。’崔子杀之。其弟嗣书而死者二人，其弟又书，乃舍之。南史氏闻太史尽死，执简以往，闻既书矣，乃还。”这是说太史兄弟三人为了尊重事实而被杀，为南史氏所闻，执简而往，决心拼着一死，必须把崔杼杀君逆行书之于简册，以昭告世人和后世。春秋时，还以竹简书刑法，史称“竹刑”。《左传·定公九年》载：“郑驷歂杀邓析而用其《竹刑》。”杜预注云：“邓析，郑大夫，欲改郑所铸旧制，不受君命而私造刑法，书之于竹简，故云《竹刑》。”

战国时期、秦代、汉代的简牍文书，自古代到当代都有大量实物出土。当代考古发掘中出土的著名简牍文书有：1975 年于湖北省云梦县睡虎地秦墓中发现的“云梦秦简”1 100 多枚；1978 年在湖北随县出土的“曾侯乙墓战国竹简”200 多枚；1983 年发掘于湖北江陵的“张家山汉简”1 600 多枚；1993 年在湖北省荆门市郭店村楚墓中发掘出“郭店楚墓竹简”804 枚；2011 年，江西省南昌市发现西汉海昏侯刘贺墓园，出土竹简约 5 000 枚，至 2016 年考证出其中一部分为失传 1 800 年之久的《齐论语》。

睡虎地秦墓竹简

简牍文书直到东晋才被纸质文书取代。

4. 缣帛文书（从春秋到晋代）

春秋战国时期，随着纺织业的发展，人们开始用缣帛亦即丝、棉织品制作文书，这就是缣帛文书。通常认为缣为丝织品，帛为棉织品，实际上“缣帛”是纺织品的统称。《墨子》中屡屡提到“书于竹帛”，《韩非子·安危》亦云“先王寄理于竹帛”，帛即缣帛。墨子、韩非子诸人之所以竹帛并提，一则他们所见先世古籍是书于竹帛之上的，再则竹帛在当时也确乎广泛用为书写材料，所以才概而言之。近世出土的帛书，最早为战国时期的楚帛书。

缣帛本来没有一定规格，后来出现专门制造的用于书写材料的缣帛，在白丝帛上面，按一定间距织成条红格，类似后来的有格信笺形状。张揖《古今字诂》说："古之素帛，依书长短，随事裁绢，枚数重沓，谓之幡纸。"一篇文章书毕，将素绢裁断卷成一束，称一"卷"。"卷"与简牍中的"册""篇"含义一样，也是计算文书数量的单位。

缣帛用为书写材料，不仅轻软平整，易于书写，而且裁取随意，卷折甚便，不论运转、携带，抑或展阅、收藏，都远比笨重的简牍优越得多。尤其是绘制版图文书，是简牍无法比拟的。因此缣帛文书的出现，是文书工作中的一大进步。然而，缣帛制作工艺复杂，价格过于昂贵，所以只能在有限范围内和制作特殊文书时使用。如《战国策·燕策》所记"荆轲刺秦王"的故事"图穷而匕首见"的情节中的"地图"，就是绘制在细帛上的。

根据古籍记载，缣帛文书在秦皇宫中已被经常使用，皇上的诏令一般都以缣帛来书写，以显示其地位之尊贵。

两汉的缣帛文书较之于秦朝运用得更为普遍。据王国维、罗振玉《流沙坠简·简牍遗文》① 考释："按汉时书记大抵用木，所谓尺牍皆是也。惟《汉书·高帝纪》'书帛射城上'，《苏武传》'天子射上林中，得雁，足有系帛书'。古诗：'呼儿烹鲤鱼，中有尺素书。'则简牍之外亦兼用帛作书。"1973 年 12 月在湖南长沙马王堆 3 号西汉墓出土了一批秦末至汉初书写在缣帛上的文献。帛书用整幅或半幅的缣帛书写，存放在 3 号墓东边箱一个长方形的漆匣内，其中，有的帛书卷在一块宽 2～3 厘米的木片上，出土时折叠的边缘已经断裂，帛片互相粘连在一起，破损十分严重。经过修复及考订，判明共有帛书约 28 种，约 12 万字。这说明在汉代贵族中使用缣帛制作文书已经很平常。

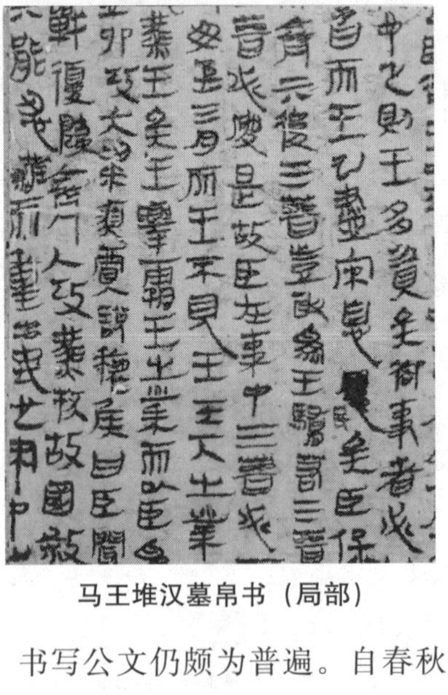

马王堆汉墓帛书（局部）

三国两晋时，以"幡纸"书写公文仍颇为普遍。自春秋到两晋，缣帛文书沿用了约 800 年。

---

① 罗振玉，王国维．流沙坠简．北京：中华书局，1993：226．

5. 石刻文书（从春秋到秦代）

春秋战国时期，出现了一种镌刻在石头上的文书——石刻文书。《墨子》一书曾多次提到：古者圣王“书于竹帛，镂于金石”，墨子是战国初年人，说明最迟在春秋末年就出现了石刻文书。春秋战国时，最有名的石刻文书是唐代在今陕西凤翔县境内发现的，至今仍保存在故宫博物院内的“石鼓文”。石鼓又称石碣，共有十石，每石高约三尺，径约二尺，上狭下大，顶圆底平，其形如鼓，故名石鼓，每个鼓四面环刻四言诗一首，字体为篆书。据唐兰先生考证，石鼓为战国之物，其内容主要是歌颂田原之美和田猎之盛，借以“光宗耀祖，垂裕后昆”，具有明显的书史性质，故被誉为先秦史诗。

由于石刻记事原材料丰富，刻石工序简单，又兼有金文文书难以被破坏、搬移，能够永久保存的优点，所以石刻文书出现后，就逐渐取代了青铜铭文。

石刻文书在秦代颇为盛行。秦王嬴政二十六年（前 221）统一天下，前 219 年率大臣东巡，以宣扬他的威德，到峄山、泰山、琅琊，都刻石以歌颂自己的功业。前 218 年，又东巡，在芝罘山又刻石。前 215 年，东巡至碣石，也立石颂德。前 211 年，南巡至会稽，亦有石刻。十年之间，四次巡游，刻石六处。其五篇文辞，载于《史记》，唯峄山刻石文《史记》失录。这些石刻文书，有的宣扬皇帝的功绩，有的公布皇帝的诏令、宣达王朝的政策，有的整肃民风、宣扬封建道德，具有很强的书史性。我国古代刻石记事的新途径，正是从秦代开始流行的。

值得一提的是，这些刻石，晚于石鼓文百年左右，从尚存的《泰山刻石》等实物的形制来看，由馒头形的石鼓，发展为方形石柱式刻石，是一大进步。因为工艺上已从圆柱形的基本平面走入方正形的基本平面，给书写提供了有利的条件。此后的版块形汉碑，则是在方柱形的基础上的发展，直到现代的碑石，仍沿袭着版块形的制作。

秦代峄山刻石全碑

石刻虽然在秦代风行，但毕竟不能作为日常文书使用，所以不可能成为文书的主要物质形式。但后世大凡需要昭示后人的纪念性文字，往往以碑刻记之，这种文书形式为后世留下了大量宝贵的史料。因此我们说秦代大量使用石刻文书，是我国文化史上的一大创造。

6. 铁质文书

大约在殷商时期，我们的祖先就发现了天然铁（陨石铁）并加以利用。春秋时期发明了冶铁技术，铁器约在战国时期广泛用于农业生产。

由于铁器比青铜器坚硬，不易镌刻，且铁器易生锈腐蚀，故铁质文书在历史上始终未成气候。值得一书的是春秋末年郑国所铸的“铁鼎刑书”和汉代的“丹书铁券”。

《左传·昭公六年》载子产铸刑书于鼎。子产是郑国的执政，代表新兴地主阶级利益，他在改革田制、赋税的基础上，为了适应新的封建制和整顿城乡秩序的需要，主持制定了一套刑法，原为简牍文书，为了让广大平民知道国家法律的内容，限制旧贵族的特权，子产于鲁昭公六年（前536）命人将刑书铸之于鼎，公之于众，从而开了公开以法治国的先河。据张国华先生考证，子产所铸“刑鼎”为铁鼎而非青铜鼎，所以此刑鼎实为我国最早的铁质文书。

铁质文书见于史书记载的还有汉代出现的“丹书铁券”。丹书铁券是古代帝王赐给功臣世代保持优厚待遇及免于刑事处罚特权的证书。券用铁制成，用朱砂书写或刻字后嵌以黄金。《汉书·高帝纪》：“与功臣剖符作誓，丹书铁契，金匮石室，藏之宗庙。”《后汉书·祭尊传》：“丹书铁券，传之无穷。”这种特殊的文书为后代所沿用。《水浒传》第九回说柴进“太祖武德皇帝敕赐与他‘誓书铁券’在家，无人敢欺负他”，这里的“誓书铁券”即“丹书铁券”。

7. 纸质文书（东汉以后）

由于简牍笨重，缣帛又过于贵重，人们希望有一种制作简单、书写方便的新的书写材料。西汉时，人们从缣帛受到启发，发现了一种新的书写材料，那就是赫蹏，亦即丝棉纸。据载，汉成帝时，赵飞燕被封为皇后，她的妹妹也很受成帝宠爱。汉成帝的一个女官曹伟能生了个男孩，赵飞燕的妹妹就派人送去一个小匣子，里面装着毒药和“赫蹏书”，强迫曹伟能服毒自杀。这是赫蹏用于书写的力证。正史还记载，汉光武帝即位后，改组掌管奏章文书的尚书台，令右丞掌管尚书台印绶以及纸、笔和墨。汉章帝建初元年（76），贾逵应朝廷召请为二十位学生讲学，授予每位学生一部抄在简和纸上的经书。另据考古发掘，在西安市东郊的灞桥、陕西扶风，以及甘肃居延肩水金关西汉烽塞遗址，都发现过西汉时期的麻纸。同时，在内蒙古额济纳河旁也出土了东汉初期的纸张，上面还残留有文字。这说明早在西汉和东汉初期，已发明了造纸术，只是未被普遍使用而已。公元105年，宦官蔡伦改进造纸术，用树皮、麻头、破布、旧渔网等价格低廉的材料作为原料，制成了植物纤维纸。由于大大降低了成本，且原料丰富，纸张遂被广泛使用，开始逐步取代简牍和缣帛。

三国时，纸与简帛并用，高级的文典还是用帛作为材料，稍次一等的才用纸，公文往来则沿用简牍。但到了晋朝，由于造纸技术的进一步发展和大量质优、价廉的纸张用于书写，在官府文书方面，纸由并行于简帛而逐渐独行天下。东晋末年，桓温称帝后随即下令停止用简牍书写公文，而代之以黄纸。从此以后，纸张就成为我国朝廷和各级官府公文的正式书写材料，简牍则完成了它的历史使命。这一变化，极大地方便了文书的写作、传递和使用，大大提高了文书工作的效率。

造纸术的发明和改进，是我国古代劳动人民对世界文化的一项重大贡献，它不仅促进了文书工作的发展，而且极大地加快了文化的传播。

二、古代公文的书写制作工具

制作文书除了需要骨、竹、木、帛、纸等书写载体外，还离不开书写工具。我国的雕版印刷术发明于唐代，活字印刷术发明于宋代，但印刷技术多在民间书坊被应用于佛经、诗文、教材和学术著作的印刷，直到明清两代，才偶尔用于公开的不重要的公文的制作。古代公文基本上是用手工抄写的方法制作的，书写工具主要有笔、墨、砚、刀，简称“文房四宝”。在纸张成为日常文书的唯一载体后，刀基本上失去了“书写工具”的作用，“文房四宝”遂被用来指称笔、墨、砚、纸（特指宣纸）。

1. 笔

传说毛笔是由秦代将领蒙恬创造的，这明显不符合历史事实。笔的出现大约与文字的出现同步，仰韶文化遗址出土陶器上的一些被视为汉字源头的刻画符号，已有明显的笔锋，说明这些花纹是用笔画上去的。现代考古发现的最早的毛笔是湖南长沙左家公山一座战国时期的古墓中出土的一支竹杆毛笔，笔头由优质兔箭毛制成，笔杆细长，一头劈成数片，将笔头夹在中间，用细丝缠扎，外涂漆以加固，并带有笔套。此笔的制作工艺已达到很高的水平，证明在此以前很久已有毛笔。

汉代朝廷和官署中的秘书官员，为了随时记录用笔方便，有“负橐簪笔”的习惯，即将笔杆末端削尖插入发髻，备随时取用。唐代以后，此种做法仅在朝廷内沿用，其他官署不甚流行。

我国古代制笔工艺以安徽宣州生产的“宣笔”最佳，“宣笔”又称“鼠须笔”“鸡距笔”，以选料严格、精工细作著称。其特点是：笔头短而硬，书字坚而挺，刚柔适中，适宜于秘书人员在矮案上悬腕书写，既适合在竹木上书写，又适合在纸张上书写。宣笔历史悠久，自秦代到宋代一直是官府制作公文使用的主要工具；宋代以后又出现了“湖笔”（产于今浙江省湖州吴兴县），明清时代的“湖笔”盛行于官府书写公文。这种笔头以羊毛为主，兼掺兔、黄鼠狼尾毛制作。宣笔、湖笔在我国文书制作史上有着重要贡献。

2. 墨

墨的出现大约也与文字的出现同步，原始遗址墓中曾出土了数块氧化锰颜料，这可能是最原始的墨。甲骨文中也有用笔蘸朱墨书写后再刻写的痕迹。由此看来，东汉兰台令史李尤在《墨砚铭》中说的“书契既造，砚墨乃陈”是有一定道理的。

长沙杨家湾战国墓出土竹简上的文字全是用墨书写的。史载汉代官署使用的是“烟墨”，出产于隃麋地区（今陕西千阳），当地有大片松林，有较大的烧烟制墨作坊。唐代以后，安徽徽州（今黄山市）成为当时全国的制墨中心，宋元明清时徽墨有了进一步发展，直到今天徽墨仍然是墨中精品。

3. 砚

陕西临潼县仰韶文化初期的墓葬中发现了一块石砚，上面还有盖，掀开石盖，砚面凹处有一支石质磨棒，砚旁有黑色颜料（氧化锰）数块以及灰色陶质水盂共五件（新华社1980年5月26日讯）。这说明早在五千年以前，原始社会后期砚已具有一定形态。秦汉时期出现了石砚、玉砚、陶砚，并有方、长、圆诸种外形，有的带有三足，可见砚的制作已经日益精美化。唐代制作的端砚（今广东肇庆市）、歙砚（今安徽歙县）、洮砚（今甘肃甘南自治州）、澄泥砚（今山东泗水），被宋人列为“四大名砚”。砚虽然成为具有收藏价值的工艺品，但它的基本功用还是供研墨书写，因此在古代是制作文书不可缺少的工具。

4. 刀

在以甲骨、石料和青铜为文书载体时，大都是用刀具在上面刻镂成文，因此刀在当时是刻写甲骨、石刻文书的主要工具。在制作简牍文书时，通常竹简和木牍是事先由匠人加工好的，但书写公文时仍然不能离开刀，这是因为简牍中难免有加工不够精细的，遇有不平滑的地方，须用刀刮削平整，另外书写时难免有错字、漏字或需要作局部改动，这时需要用刀将原来写的字刮掉重写。因此，秘书人员在简牍上写抄公文时也是离不开刀具的。1973—1975年，在发掘湖北江陵凤凰山秦汉墓群时，在168号汉墓出土的墓主的随葬品中，与一批竹简文书放在一起的还有一套文书工具，包括毛笔、石砚（及研石）、墨、青铜削刀，这对我们了解古代公文的书写制作情况是极有价值的。由于刀在古代制作公文中与笔一样是不可缺少的工具，因此后人把与公文案卷有关的事叫作“刀笔”（带有贬义），管理文书的吏员称为“刀笔吏”，擅长写作公文的人称为“刀笔老手”。

三、古代公文的字体演变

我国古代除辽、金、元等少数朝代曾用过少数民族文字书写公文外，绝大多数公文是用汉字书写的。因此，这里所说的文书字体的演变，仅限于公务文书所用汉字字体的演变。

1. 甲骨文和金文的字体（商代和西周）

殷商和西周甲骨文书中所使用的书体统称为甲骨文。甲骨文是现存中国最古的文字，大约有4 000多个单字，其中已经辨识者不足2 000。它的基本字形结构跟后代汉字是一致的。用许慎的“六书”来检查，在字形结构方面指事、象形、形声、会意皆已齐备。由于是用刀刻成，不免与笔写的字形有较大差别。

商、西周、春秋、战国时期铜器上铭文字体统称为金文。金文出现在商代中期（公元前15世纪），消失于秦灭六国，也就是秦用小篆统一中国文字时（前221），通用了1 200多年。1985年容庚《金文编》修订第四版采用铭文3 902件，收正文（可识的字）2 420字，附录（还不能确定的字）1 352字，共计3 772字。这是今日可见金文的总数，虽不一定准确，也相差不远。这些字多半可以和《说文解字》相对照。

2. 大篆（春秋战国）

大篆，字体为西周初年太史史佚所创，后因史佚的曾孙史籀（周宣王的太史）以这种

甲骨文书和青铜铭文上的字体

字体书写成启蒙学童的识字教材《史籀篇》而得到普及，故后世又称大篆体为“籀文”，明代丰坊《书诀》载：“籀又损益润色，别号籀文。”（参见本书第二章对史佚的介绍）大篆字体方正微长，行款整齐，笔画匀称，偏旁、结构基本稳定。从西周晚年到秦统一六国，大篆是周王室和秦国公文用的字体。前面提到的战国时期的“石鼓文”即为大篆体文字。

石鼓文中的大篆字体

3. 小篆（秦、汉）

小篆又名秦篆，指秦始皇统一文字所用的书体。后世称篆书，一般皆指小篆。秦统一全国后，因原来各国文字异形，诏书发至外地当地官吏看不懂，统一文字成为当务之急。秦始皇以行政手段废除他国异文，命李斯、赵高、胡母敬（太史令）等对文字进行加工整理，“罢其不与秦文合者”，制定出“小篆”，以此作为全国标准文字。小篆文字确已规范化，偏旁都有固定的形式和位置，形体竖长方，其空虚不足之处尽量用笔画填满，不顾象形、指事、会意等意义的体现。

峄山刻石中的小篆字体（李斯书）

汉承秦制，篆书仍旧是国家公文的标准书体。当时的上层重要公文没有流传下来，但皇帝玉玺、皇后玉玺、诸王金玉印、货币、虎符等文物的书体皆属小篆，可说明小篆乃公文用字。

4. 隶书（秦至东汉）

隶书分秦隶、汉隶和“八分”。秦隶指秦始皇时期使用的简体字，汉代日常应用仍是隶书，但是形体、笔势不断发展，东汉中期出现庄重典雅的新体，熹平四年（175）以新隶体立石经于太学，隶书成为国家的标准书体，魏以后称之为“八分”。

隶书在战国时代即已出现，秦始皇灭六国，以小篆为正规公文通用字体。但小篆笔画繁复，字体规整，书写速度较慢，颁行不久，御史程邈又根据当时社会已流行使用的隶体文字，整理出较之小篆简便的“隶书”，作为小篆辅助文字，用于非正规公文的行文，民间往来文书也多用隶书。东汉许慎《说文解字》之叙说：“秦烧灭经书，涤除旧典，大发吏卒，兴戍役，官狱职务繁，初有隶书，以趣（趋）约易。”说明小篆在当时是一种简化字。秦推行小篆只是为保持秦人的篆书传统，具有政治意义，隶书在实际应用上已占优势。小篆比六国文字复杂难写，隶书比六国文字简易，更符合社会发展的需要。湖北云梦睡虎地出土约为秦始皇三十年的 1 200 多枚竹简上就都是规则、熟练的隶书。隶书的字体结构基本定型。秦隶字形较方，少波势；汉隶字形横向发展，竖短横宽，波势极大；八分形体方正，笔画匀称，波势工整。汉隶发展到八分，已经成为国家公文的标准书体。

熹平石经上的字体

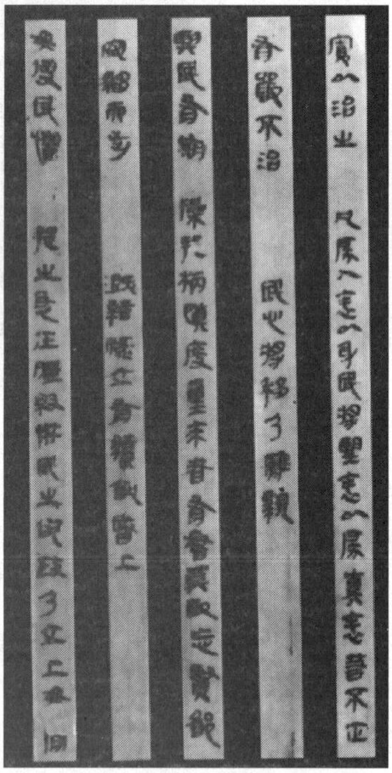

云梦秦简上的秦隶

5. 真书（楷书）

汉代末年和曹魏时，官府与民间出现了“真书”（又称“楷书”“正书”），它从隶书演变而来，是日常书写趋向简易的潮流造成的新书体。

世传魏初的钟繇为“真书之祖”，南朝宋时羊欣在《采古来能书人名》中说：“钟书有三体……二曰章程书，传秘书、教小学者也。”这就是说当时由钟繇创造的真书已经应用于典籍整理和学校教育。

真书出现后，作为正式公文用字始于两晋，盛于唐代，并一直沿用至今。后来从楷书演变出笔画比较灵活自然的“行书”。“行书”写得规矩点，近于楷书称“行楷”。历史上一些帝王，为了表现其书法水平，喜爱书写行楷字，对各级官吏和秘书人员产生了很大影响，许多撰文人员也使用行楷。作为公文用字的字体发展到真书后，就已经基本定型，其后出现的魏碑体、宋体等均为真书的变体，在字形和笔画上与真书没有大的差别，仅运笔方式和粗细比例有所不同而已。

颜真卿真书《多宝塔碑》

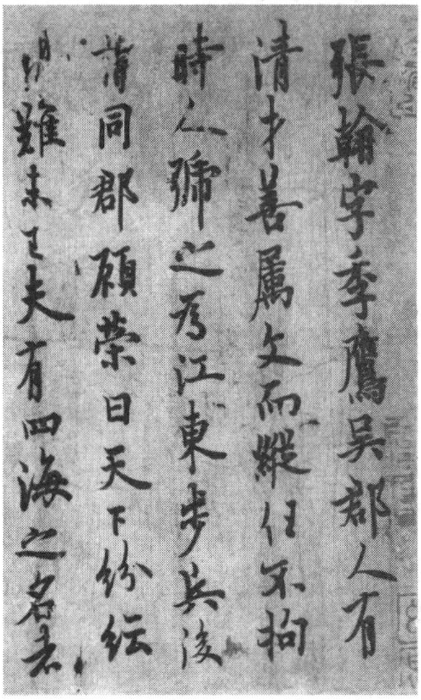

欧阳询行楷《张翰帖》

第六节　中国古代档案工作概况

一、夏、商、西周的档案工作

1. 夏商两代档案工作的概况

文书留存保管就转化为档案。文书工作和档案工作从来就不可分割。唐人张怀瓘《书断》云：“大道衰而有书，利害萌而有契。”早在私有财产刚出现的原始社会末期，档案工作就出现了。

夏、商、周三代，档案管理就已经成为国家行政管理工作的重要内容之一。

《吕氏春秋·先识览第四》记载："夏太史令终古出其图法，执而泣之……终古乃出奔如商。"这里所说的"图"即版图档案，"法"即法典档案。说明夏代已由史官管理并利用档案。

商代统治者的活动主要记录在甲骨和简牍中，自1899年以来，出土的甲骨档案达15万片以上。从考古发掘可知，商代的甲骨档案集中保存在殷都宗庙地区的窖窦中，这些窖窦即商代的档案库。库中的档案经过一定的集中归档管理，存放有序，有朝代可循，由操纵王朝政务、宗教大权的巫史记录并保管。

2. 文书立卷归档制度的雏形

从甲骨档案的保存情况看，当时已经有了文书立卷归档制度的雏形。

甲骨档案集中于宗庙，且按照一定的方法有次序地保管。其中有的龟甲编连成册，还发现有将"背甲制成刀子的样子，中间穿孔，上面刻辞的"（陈梦家《殷墟卜辞综述》），据考古学家考证，背甲有一个不小的穿孔，可能是为了将若干片甲骨穿扎起来，这大概就是典册之"册"字的原形。穿扎成册或按包保管，可能是将记载同一事情的甲骨集中在一起，这样更便于保管和查用。特别值得指出的是，为了集中保管这些甲骨档案，当时已有了"归档"的做法。根据《殷墟卜辞综述》记载："卜辞集中出土于殷都安阳，而卜辞中所记占卜地往往有在殷都以外的，可见在外地占卜的这些甲骨仍旧归档于殷都。"如纣王在征伐夷方时所形成的甲骨档案，就都带回到殷都宗庙。这些情况都说明，商代已经有了最初的立卷归档的制度。

3. 西周档案种类的增加和副本制度的形成

西周国家机关庞大，档案种类明显增多。王朝中央保存的档案主要有图版（地图与户籍）、盟约（盟书和约剂）、谱牒（王室世系记录和贵族族谱与家谱），史官保管的有诰、誓、政典、记注等档案。上述档案大多制有副本多份，正本存于天府，藏于"金縢之匮"，副本则分存于太史、内史、司会及六官等处。

4. 西周中央政府的档案管理机构——天府

收藏珍贵档案的天府，是我国历史上有确切史料记载的最早的中央政府正规档案管理机构。

有关天府的记载始见于《大戴礼记·少闲》。西周宗法制度逐渐完备，宗庙设置与收藏更趋完善，于"春官"下设"天府"，"掌祖庙之守藏与其禁令"。天府为"九府"之一，地位颇高，不同于一般的档案库房。负责保管天府档案的史官称"守藏史"。

据《周礼》，当时"功书藏于天府"，"凡邦之大盟约，莅其盟书而登之于天府"，"乡老及乡大夫群吏，献贤能之书于王，王再拜受之，登于天府"。

西周时还出现了将一些极机密、极重要的文书档案收贮于"金縢之匮"的做法。所谓"金縢之匮"，就是把重要的文书档案放置于金属带子捆缚的匣子之中。据《尚书·金縢》和《史记·鲁周公世家》记载，周武王灭商后病重，周公策书告神，请代武王死。事毕，就"纳书于金縢之匮"，亦即把载有祷辞之册秘藏起来。周公"纳书于金縢之匮"的做法也为此后历朝所继承。如左思《魏都赋》："窥玉策于金縢，案图箓于石室。"吕向注："金縢，金匮也。"

二、春秋战国时期的档案工作①

1. 社会动荡中档案的除旧布新

春秋战国之交，是我国社会由奴隶制向封建制的转型期。由于新兴地主阶级政治变革的要求日益强烈，原先那些维护奴隶主阶级利益、记录旧制度的典册档案，就越来越成为束缚新兴地主阶级发展的桎梏。因此，他们非但不愿保存这些档案，反而是必欲除之而后快。《左传》和《孟子》中有两段记载颇能说明当时旧档案被销毁的情况：《左传·襄公十年》载，郑国新兴地主阶级为确立自己的合法地位，纷纷要求焚毁维护贵族特权的"载书"典册，当政的子孔想杀掉他们，"子产止之，请为之焚书"，并告诫说："众怒难犯，专欲难成……不如焚书以安众"，否则"专欲无成，犯众兴祸"，子孔不得不"焚书于仓门之外，众而后定"。《孟子·万章下》记载，北宫锜问孟子："周朝制定的官爵俸禄的等级制度是什么样的呢?"孟子答道：详细情况已经不知道了，因为诸侯"恶其害己也，而皆去其籍"。这说明那些记录等级制度的档案是维护中央王权利益的，对诸侯不利，所以被毁掉了。这些记载表明，春秋后期，旧档案的损毁是相当普遍的，以致孔子想了解古代礼制的情况，却苦于找不到有关的档案，而发出"文献不足"的感叹。

与此相适应，那些束缚被统治者——奴隶人身自由的奴籍档案，也在奴隶反抗斗争中被销毁。据史料记载，春秋战国时期，各国相继发生"民溃"，在这些奴隶、平民的起义暴动中，不少国君、贵族的宫室被攻占，宗庙被破坏，"器用多丧"，许多档案也随之被毁。

在旧档案被大量销毁的同时，伴随着社会大变革的历史进程，又相继出现了一些新的档案。前者可谓"除旧"，后者则是"布新"。档案除旧布新的过程，是当时阶级斗争的需要，也是这一时期社会剧变的反映。

这一时期出现的新的档案内容相当丰富，种类也十分繁多，其中最引人注目的是法律档案。公元前 536 年，郑国著名政治家子产，鉴于当时阶级关系的新变化和旧礼制的丧失，最先制定和公布了成文法。接着在公元前 513 年，晋国铸刑鼎，公布范宣子所作的刑书。此后各国纷纷制定成文法，形成一股潮流。魏国李悝编纂的《法经》，是这一时期各国立法发展之大成。这些新制定的成文法，或书于简册，或铸于鼎彝，都是作为一种重要档案由专人保管的。特别是商鞅变法以后的秦国，对法律档案的保管尤为重视。据《商君书》记载，其时秦国法令文书除正本之外，复制有副本多份，一份收存于王宫禁室内，"封以禁印"，由少府派尚书保管，不准私自启阅，专供国君查用。其余的分别存放于丞相府、御史府和郡县官员处，各设专人保管，以供各级官员及平民查询。由此可见，法律档案从无到有、从少至多集中体现了当时新兴地主阶级的意志，维护了统治阶级的利益。它和当时出现的盟书、计书一样，同属于大变革时代所形成的一些新的档案。

① 参见本章附录《孔子编订"六经"对中国古代档案事业的贡献》。

2. 诸侯纷争中档案的流散

夏、商、西周三代，档案乃神圣之物，是被深藏固守，秘不示人的。之所以秘不示人，不仅仅是为了垄断文化，还因为这类档案资料中包含着许多统治经验和统治方法，统治者是决然不肯让外人知道的。

春秋后期，诸侯纷争，诸侯国与周王室的矛盾日益尖锐，王室衰微，世卿制度也渐趋瓦解。“杀君三十六，亡国五十二，诸侯奔走不得保其社稷者，不可胜数”（《史记·太史公自序》），在这种情况下，一些档案被销毁了，另一些档案则因种种原因流散于世。《左传·昭公二十二年》载，王子朝率召氏、毛氏、尹氏、南宫氏等旧族和官工带着王室所有典籍逃至楚国。宋司马光描述当时档案流失情况时说：“周室衰，道德坏，五帝三王之文飘沦散失，弃置不省。”在王室和诸侯自身地位不保的情况下，以保管档案为主要职掌的史官，社会地位也明显下降，一些史官常常以自己掌管的档案作为见面礼，奔走于各国以求取官职，谋求生路。这也是当时档案大量流散的一个重要原因。档案大量流散于社会，对档案的保管留存非常不利，但从另一方面看，这也使社会上一些知识分子（士）获得了接触、了解和利用档案的机会。

3. 孔子对档案的收集和整理

孔子没有当过史官，但他因教学编纂教材的需要对古代档案资料进行了大规模的收集和整理。

《史记·孔子世家》载：“孔子之时，周室微而礼乐废，诗书缺。追迹三代之礼，序书传。”这里的“追迹三代之礼”就是搜集夏、商、西周有关典章制度的文献资料。孔子曾专程向“周守藏室之史”老子“问礼”。孔子向老子“问礼”，不是仅仅聆听几句教诲，其主要目的是考察收集周守藏室中的档案资料。《尚书纬》记载：“孔子求《叙》，得……三千二百四十篇……定可以为世法者百二十篇，以百二篇为《尚书》”；《公羊传注疏》引闵因《叙》：孔子“制《春秋》之义，使子夏等十四人求周史记，得百二十国宝书”。这些记载说明孔子为编《尚书》《春秋》亲自或派他的学生到各地去搜集有关的历史档案资料。

孔子对搜集到的档案文献加以整理，“考其真伪”（杜预《左传序》），“删去重复”（王充《论衡·正说》），“编次其事”（《史记·孔子世家》），“存其精要”（梁启超语），遂成“六经”。清代学者章学诚说“六经乃周官之旧典”，就是说它们是古代档案资料的汇编。

由于孔子的努力，这些宝贵的上古文书档案得以保存到今天，成为后世研究上古社会的珍贵文献资料。如果没有“六经”，我们今天要了解上古社会的具体情况将是何其难哉！所以朱自清先生说：“孔子是在周末官守散失时代，第一个保存文献的人。”（《经典常谈》）

4. 档案的广泛利用

孔子编“六经”，开辟了利用档案传道授业的一代风气。

商、周统治者为了垄断文化，一方面将档案深藏固守于王宫官府，秘不外传，另一方面又通过“学在官府”的教育体制，剥夺平民受教育的权利。孔子首创私学，明确提出“有教无类”，广招各阶层人士入学（《史记》载孔子弟子有三千人之多），并且将其搜集到的档案编纂为“六经”作为系统的教材，向学生传授，这就从档案利用和教育对象两个方面打破了贵族对文化的垄断，扩大了文化的传播。自此以后，档案不再纯粹是贵族阶级的统治工具，而被广泛用作传道授业的工具，这是孔子在我国古代档案提供利用方面所做出的巨大贡献，它开辟了档案利用的新领域，其直接结果是极大地加快了古代文化的传播。在孔子之后，效法孔子利用档案典籍招徒讲学蔚然成风，如墨子、孟子、淳于髡等，弟子都在千人以上。私学的发展，使文化人（士）的数量激增，于是中国历史上出现了思想异常活跃，学术空前发展的百家争鸣的局面。

春秋战国时期档案利用的另一种方式就是用于修史。此前夏、商、西周三代对档案保管比较重视，但保管的都是原始档案，没有人利用它们编写过真正的“史书”。孔子利用档案编的《春秋》是公认的我国第一部编年体史书，它开创了根据档案资料编写史书的优良传统。在《春秋》之后不久出现的《左传》和《国语》两部重要史书，前者是编年体，后者是国别体，都是依据大量档案文献编著而成的。到汉代司马迁完成《史记》、班固完成《汉书》后，利用官方档案编修前代史书成为历代惯例；隋唐后，这一传统又为历代最高统治者认同并予以支持。中国史学界引以为豪的材料齐全、体例合理的“二十五史”，无不是利用档案的成果。

三、秦汉魏晋南北朝的档案工作

1. 秦王朝对档案的态度

秦代为加强中央集权，巩固对全国的统治，对不同档案采取了截然不同的态度。

对有利于巩固秦统治的法律档案和舆图档案，秦王朝十分重视。秦以法为治，重要的法律档案均立正副本，正本藏于中央禁室，封以禁印，作为重点档案保存。此外，因为舆图象征着本国的版图和对别国的征服与统治，所以秦统治者在统一六国过程中，对各国所献的地图以及绘制的各国宫室图样，都视为重要档案，妥善收存于丞相府和御史府中，并设专人负责保管。刘邦占据咸阳时，秦丞相府、御史府的这些舆图档案为萧何所接管，使刘邦对天下地理险要、人口物产的分布了如指掌，对日后在楚汉战争中的胜利起了重要作用。这从一个方面说明了秦朝舆图档案保存得相当完整。

另一方面，对不利于秦政权的原六国档案，秦王朝又断然采取措施，予以大量销毁。秦灭六国后，被兼并的各国保留着原有的制度，收藏有记载本国制度和历史的档案典籍。尤其是战国时期的各国史书，都详细记载了秦国对他国攻战、蚕食的史实，对秦国难免会有所指斥和讥讽。这些档案，不仅保存于原各国官府，而且在战乱中大量流失到了民间，这就形成了一种巨大的潜力，威胁着秦王朝的统一。如果这些档案典籍被长期保存下来，就可能会引起人民追怀故国、反抗秦政的危险，这对秦代统治者来说显然是极为不利的。事实上由于秦统治者的极端残暴和严刑峻法，在国内已经出现了反抗行动。正是在这样的背景下，秦王朝采取了“烧灭经书，涤除旧典”（《史记·秦始皇本纪》）的措施。公元前213年，秦始皇采纳丞相李斯的建议，下令焚烧六国历史典籍。当时规定，史官所藏史书，除秦国史籍外都得烧毁；《诗》《书》等儒家文献及诸子百家的书，除博士官收藏者外，私人收藏者一律送官府烧掉，只有医药、卜筮和种树等技术性书籍不在禁毁之列。

2. 汉代档案数量和中央档案库房（机构）的增加

汉代历时400余年，封建政治、经济、文化有了长足的发展，档案数量也急剧增加。

汉王朝建立起了比较完整的档案管理系统。汉历朝皇帝在宫内外设置许多馆阁典藏档案和图书，其中著名的有石渠阁、兰台、东观、天禄阁、麒麟阁等处。

3.《史记》和《汉书》——档案利用的伟大成果

汉代档案库收藏着丰富的档案文献，为修史著述提供了条件。汉代出现了两部史学巨著《史记》和《汉书》，它们都是档案利用的伟大成果。

《史记》是中国第一部纪传体通史。汉司马迁撰。司马迁字子长，其父司马谈于汉武帝建元、元封年间为太史令，司马迁自幼受家学熏陶，年轻时游访名山大川，广泛收集各种档案史料，后任汉太史令。他利用所职掌的档案及“石室金匮之书”，经十余年努力，终于写成《史记》。该书记事起于传说中的黄帝，讫于汉武帝，历时三千余年。所述史事，详于战国、秦、汉。全书一百三十篇，包括十二本纪、十表、八书、三十世家、七十列传，共五十二万六千五百余字。该书取材丰富，对《左传》《国语》《世本》《战国策》《楚汉春秋》及诸子百家多所采摘，又利用了国家收藏的档案、民间保存的古文书传，并增添了亲身采访和实地调查的材料。

《汉书》是一本纪传体西汉断代史。作者班固，其父班彪撰写《后传》六十五篇，作为《史记》续篇。班固曾任兰台令史，负责掌管皇家档案图籍，典校秘书，有条件看到大量的档案文献和图书资料；又加上编写《汉书》有《史记》《后传》作为主要依据，因此，《汉书》保存的历史资料比较丰富。全书共一百篇，其中包括纪十二篇、表八篇、志十篇、传七十篇，后人析为一百二十卷。

4. 魏晋南北朝档案工作概况

魏晋南北朝是封建割据、列国对峙的动乱时代。这一时期的档案工作有如下特点：

一是谱牒档案（家谱、宗谱档案）盛行。魏晋实行九品中正制，以出身高低定官品，因此反映世系出身的谱牒档案备受重视，官府和豪门世族之家广为收藏及编修。梁武帝时朝廷设谱局，诏令专人收集纂修，谱牒学应运而生。故有“人尚谱系之学，家藏谱系之书”之说。这是魏晋档案工作的特点之一。

二是私家利用档案修史的现象十分普遍。由于社会动荡，政权更迭频繁，原存于官府馆库的档案流散严重，因此，官僚士大夫收集、抄录、保藏档案者颇多，有的世代相继，利用档案史料修史著述。当时私人修史盛行，一种史书往往多家修撰。如修后汉史者 9 家（一说 13 家），修晋书者 20 余家。二十四史中的《后汉书》（范晔撰）、《三国志》（陈寿撰）均为这一时期私家撰修的史书。

四、隋唐两宋的档案工作

隋唐两宋时期，档案工作较之前代有较大发展。

1. 出现了专门的档案机构和专职档案人员

隋唐以前，文书工作和档案工作是难以严格区分的，主管档案的官员同时也兼有其他职责，隋唐时期，出现了专门的档案机构和专职档案人员。

隋代在秘书省下设立了史馆。唐太宗时，将史馆置于宫中并加以扩大，选派名士充任史官管理史馆。史馆的职责是收集、管理历史档案和当朝档案，并利用档案监修国史。史馆是专门的档案机构，其主管史官也不再兼任其他秘书职务，史官和史馆中其他人员都是专职的档案人员。唐代史馆收集了大量前朝和本朝的档案，并根据丰富的史料编修了《晋书》《梁书》《陈书》《北齐书》《周书》《隋书》《南史》《北史》等正史，还留下大量的唐代历史档案文献。

唐代中央机关还设立了专门的人事档案库——甲库。唐时实行科举取士，参加省试和选试者，其职名、履历、考绩、授官情况，都有详细记载，形成了大批人事档案，当时叫做官甲、甲历或甲敕，甲库就是专门保管它们的档案库。这些甲历要复制多份，分别存放于尚书省的吏部和中书省、门下省，因此三省都有甲库。甲库令史是专职的档案管理员。

2. 对起居注和时政记十分重视

起居注是记载皇帝言行的档案册籍，自古就有“左史记行，右史记言”的规例，但后来有的帝王如秦始皇不满于史官“君举必书”，不允许有损皇帝形象的记载保留，因此没有坚持。唐代虽然也有此种现象，但多数帝王非常重视起居注的修撰。唐代由门下省的起居郎主要负责记行，中书省的起居舍人主要负责记言，“天子御正殿，则郎居左，舍人居右”，所记“季终以授国史”，即按季度送史馆作为修撰国史的档案材料。唐代起居注的档案材料丰富而详尽，远远超过前代。

时政记是唐朝才出现的皇帝重要政务活动的记录，是起居注的补充材料，主要记录起居郎和起居舍人不在场的议事活动，由宰相一人撰录，每月封送史馆。时政记在唐代只在短期内实行过，但在宋代被沿用，也留下了大量朝廷活动的原始记录。

3. 各级档案库房的普遍建立

宋朝于宫中设立了大型皇家档案库——金耀门文书库。与此同时，还在中央各官署到地方各州县，普遍建立了档案库——架阁库。

架阁是一种专门存放案卷的分层分格的木架，架阁库也就是档案库。架阁库是地方官府首先建立的。北宋仁宗时（1022—1063），江南西路转运使周湛，采用“千丈架阁”法收贮州县簿籍档案，朝廷发文各地予以推广，于是各地方官府开始普遍设置存放文书档案的架阁库。架阁库由地方长官直接负责，库内设管勾、守当等专门的档案工作人员。

徽宗崇宁年间（1102—1106），从尚书省开始，三省、三司、枢密院等中央官署中也设置架阁库，并由制敕库房等部门管理。

4. 档案管理程序的制度化

唐代进一步完善了文书定期归档制度和副本存档制度，并且在档案的查阅、档案的鉴定等具体管理程序上形成了一些制度，这些制度在宋代得到进一步完善。据《庆元条法事类》等史籍记载，宋代档案管理工作的各个程序都已经形成了制度。

关于档案的收集——地方的户口税收等册籍档案、司法档案，每年要按期逐级上报，限二月十五日前到州，三月底到转运司，六月底到尚书省户部或刑部（《庆元条法事类·赋役门》）；尚书省各部形成的档案，在本部保存两年后，送尚书省架阁库统一保管，八年后，再移送金耀门文书库收存。这种档案逐级向上移交集中的制度，显然有利于中央对地方政府的权力控制，在客观上使档案得到妥善的保存。

关于档案的整理——重要的档案要分门别类编录成册，按照年月日顺序粘连，并在粘连处加盖骑缝印。每册封皮上要写明年月、张数、封题和事目，并按时间先后，以“千字文”为序登录编排。

关于档案的保管——架阁库的档案要定期曝晒，以防霉变。发现档案内容有遗漏，要及时从他本上抄录补齐。如遇水浸火焚等灾害性损坏，要及时雇人从他本誊写复制。对重要的档案要专门存放。档案管理人员在替任时，离任者要列出案目，办理移交手续。

关于档案的鉴定和销毁——凡制敕、祥瑞、狱案等重要档案要“长留”，其余非长留者，架阁库保管十年，每三年进行一次鉴定，不需存留者要申报上级批准后才能销毁。须长留的档案在本署架阁库保管一定年限后，要移送专门的库房（金耀门文书库）保存，移出的档案要在原登记簿上用红笔注销，写明转移年月。

关于档案的查阅——按规定，凡查阅档案，要“委官一人，监视出入（借出和归还）”，并由监官限定归还日期，办理严格的登记手续。归还档案时要认真检查清点，在登记簿上写明归还日期。机密档案一般官员不得借用。

对藏匿、弃毁、盗窃档案以及不按规定管理档案的失职者，宋代的法律规定要给予严厉处罚，例如对应该“长留”的档案不按规定“别库架阁”者，要“杖一百”。这说明宋代对档案管理的要求确实很高。

从以上记载看，早在一千年前的宋代，有些档案管理制度和管理方法已经与近、现代档案管理的要求很接近，说明我国的档案工作在宋代已经相当成熟。

五、辽、金、元的档案工作

1. 辽、金档案工作简介

与两宋政权对峙的辽、金政权的档案工作是在当时中原文化的影响下建立和发展起来的。辽在建国之初，仍然处于奴隶制社会，辽太祖利用在战争中俘虏的汉族知识分子，制订了许多封建的典章制度，从而完成了向封建制的转化。辽代二百多年中对本朝国史档案的建立不甚重视，以至后人“语辽事，至不知起灭凡几主”（元好问《故金漆水郡侯耶律公墓志铭》），但却用各种方法搜求宋王朝的图籍档案。苏辙奉命使辽归来后，向朝廷汇报说：宋朝各种典章案牍，“北界无所不有”（《论北边事札子》）。

与南宋并存的金王朝，较多地采用了宋朝发达的档案管理制度，在各官署普遍设立架阁库，设专人保管档案。因为金王朝官府的架阁库中收贮有女真文、契丹文和汉文三种文字的档案，金王朝要求管理人员必须通晓两种以上文字，以便及时地为统治者提供档案的利用。

2. 元代档案工作概况

公元13世纪后半叶，元王朝在统一中国的过程中，逐步完成了向封建制的过渡。元朝统治者在攻灭金朝和南宋时非常重视对档案典籍的收藏。元将张柔攻陷金汴京后，“于金帛一无所取，独入史馆，取《金实录》并秘府图书。”（《元史·张柔传》）至元十三年（1276），元军攻陷临安，对宋王朝的各种档案图书、户口版籍文簿等“尽仰收拾”。元世祖时各项典章制度的建立，大都借助于金和宋遗留下来的这些档案文献。

在档案文件的保管方面，元王朝也沿用了宋代的架阁库制度。元世祖时规定，所有“已绝经刷文卷”要每季一择，并分别写明事目、首尾张数，按照年月顺序编次注籍，再经“检勾人员”亲自照过，“别无合行不尽事理”，然后，“依例送库立号、封题，如法架阁”（《元典章·吏部八》）。日后需要查用时，按照规定检取，用毕即归还勾销。

六、明、清的档案工作

1. 明初统治者对档案的重视

明朝统治者早在反元起义时就注意档案管理，朱元璋多次明令部下收集元代档案，奖励携档案降明的元将。另一方面又十分重视自身档案的建设。早在起义过程中，朱元璋在逐步建立起来的政权机构中，就设立了照磨所等文书档案工作机构，汇集、保管起义中形成的各种档案。明王朝建立后，档案工作得到了进一步加强。洪武元年（1368）在宫中特建大本堂以保管从元代官府收集的档案。以后置天下诸司架阁库、五军都督府照磨所，并增设管理六部档案的照磨与管勾人员。洪武二十四年（1391）派监生百余人到各布政使司“考校诸司案牍”，加强中央和地方官府档案册籍的管理。

2. 明代建立的大型档案库

明代为了保管日益增多的档案，在京城和各级官府建立了档案库，其中中央政府在南京和北京建立的几座档案库规模宏大，建筑技术高超，有的档案库至今保存完好。除上面提到的大本堂外，最著名的还有以下几处：

后湖黄册库，位于南京后湖（今玄武湖）中心小岛上，洪武十四年（1381）朱元璋亲自筹划建造，是中国封建社会规模最大的档案库，专藏全国赋役黄册与鱼鳞图册（土地图籍）。后湖黄册库到明末库藏黄册达 179 万余册。

古今通集库，位于明故宫内，是皇帝的御用档案库。收藏皇帝给功臣、将领、藩王、驸马等的诰封、铁券和官员的诰封底簿等档案，由太监掌管。

皇史宬，位于北京故宫东，是一座全用砖石砌成的宫殿式的档案库，嘉靖十三年（1534）建造，专藏皇族的玉牒、历代皇帝的实录和圣训。皇史宬在建筑技术上具有适合保存档案的各种特点，反映了中国古代高超的建筑水平和保护档案技术的丰富知识。

3. 清代档案工作的建立和加强

清朝在入关前就开始积累保存档案，存留至今的有满文老档和满文木牌等。入关后建立全国政权，各项制度进一步完备，中央和地方衙署设有典籍厅、满本房、汉本房、档房等文书档案机构。皇史宬仍被沿用为保存清代实录、圣训和玉牒的皇家御用档案库。

雍正皇帝执政时，曾连下十一道圣旨整顿吏治，“尽革时弊”，其中规定了一些档案工作制度，如缴回朱笔制度、副本收存制度、修档制度、清档制度以及档案的整理、移交、清查、保密制度等。

内阁是清代前期朝廷唯一的总秘书机构，内阁储藏档案的地方称为内阁大库；军机处是清代中期以后皇帝的机要秘书处，处内也设有档案库——方略馆。内阁大库和方略馆档案库藏十分丰富，清王朝的重要档案大多保存在这两个地方。

4. 清代档案利用的新特点——地方志的普遍编修

清代对档案的利用是多方面的，国家举行“大典”都要查考旧案，日常政务活动中参阅档案更是频繁。

清代初年，利用档案编纂了各种文献汇编，雍正时期的《朱批谕旨》和《八旗通志初集》，就是根据缴回的雍正朱批奏折和清初有关八旗的各种文书档案材料编纂而成的大型公文汇编。乾隆时期，修书编史之风更加盛行，这一时期先后编修了《皇朝文献通考》（300卷）、《续文献通考》（252卷）、《清会典》（100卷）、《清会典则例》（180卷）、《皇朝通典》（100卷）、《皇朝通志》（126卷）、《大清一统志》（500卷）等，其内容之多无法一一详述。

普遍利用档案编修地方志，是清代档案利用的一个新特点。方志的编修在清代进入全盛时期。康熙曾诏令天下郡县修辑志书，雍正七年（1729），又严谕各省限期修志，清代各省的通志即陆续于此时编成。此后，各府、州、县每六十年一修志书成为固定的制度。由于朝廷和各级官吏重视，形成了举国上下修辑志书的高潮，当时省有《通志》，府有《府志》，直隶州、厅以及县、市、镇也都有志。据1985年《中国地方志联合目录》中对一百九十个收藏单位的统计，截至1949年，我国保存下来的志书共八千二百多种，其中百分之八十是清代编修的。

清代还出现了不少擅长修志的史学家，其中最杰出的代表是章学诚（1738—1801）。章学诚曾任国子监典籍，从27岁起即随其父编修《天门县志》，在以后的二十多年间，他又先后编修了《和州志》《永清县志》《亳州志》《常德府志》《荆州府志》《湖北通志》等多种志书。章氏还对志书的编修提出了颇有价值的理论见解，他认为“方志乃一方全史也”，“志属信史”，因而必须严守事实，这就必须依据原始档案。为避免志书之“荒陋无稽”，他认为在平时就要注意对案牍材料的收集和积累，因此，地方州县应设立专门的编修方志的机构“志科”。章学诚为此专门写了《州县请立志科议》。

思考题

1. 我国最早的公务文书出现于何时？从哪些材料可以推断夏代已经有了比较成熟的公务文书？

2. 请列举古代主要的下行文、上行文、平行文和多用文种的名称。

3. 唐代公文签发前的执论制度的主要内容是什么？它对今天的文书工作有何借鉴价值？

4. 中国古代在公文办理方面形成了哪些重要制度？主要内容如何？它们与现代文书工作制度有何联系？

5. 简述中国古代公文文风的演变概况。

6. 我国古代公文载体主要有哪些？它们各使用于哪些朝代？

7. 我国古代公文书写制作的工具有哪些？

8. 简述古代公文字体的演变情况。

9. 历代主要档案机构、大型档案库和有特色的档案有哪些？

10. 简述中国古代形成的主要档案制度和利用档案取得的重要成果。

附录：

孔子编订“六经”对中国古代档案事业的贡献*

先秦时期保管档案的官员是史官，而对我国古代档案事业做出最大贡献的人物却是没有当过史官的孔子。孔子对古代档案事业的贡献，主要表现在他对历代文书档案材料的搜集、整理和利用上，其有形成果就是“六经”。

“六经”即《诗》《书》《礼》《乐》《易》《春秋》六部儒家经典，其中《乐》自秦始皇焚书后即已亡佚，现存的其余“五经”不一定是当时的原貌，但它们是孔子为教学需要而整理编订的教材，已为学界所认同。对于“六经”在中国古代文化史上的地位，哲学史家、文学史家、教育史家、史学家从不同角度给予很高评价，但对孔子编纂“六经”在中国文书档案事业史上的意义则探讨不够。实际上，编纂“六经”是我国古代对文书档案第一次有目的的大规模的整理和利用，在中国文书档案事业史上是一件值得大书特书的大事。

一、从内容上看，“六经”多为文书档案材料的汇编或摘要

清代学者章学诚曾提出“六经乃周官之旧典”的观点①，但他没有展开详细论述。下面我们试以这些经典的内容为主要论据来论证“六经”的档案性质。

1.《书》和《春秋》的档案性质

《书》即《尚书》，是中国最早的一部历史文献汇编，收录的是商、周两代最高统治者发布的政令和重要讲话的记录。《春秋》是中国第一部编年体史书，按年记载了鲁国从隐公元年到哀公十四年间（前722—前481）的历史大事，内容包括政治、军事、经济、文化、天文气象、物质生产、社会生活等诸方面，是当时有准确时间、地点、人物的原始记录。这两部书，一是古代文书的精选，一是历史记录的摘要，其档案性质十分明显。

2.《礼》的档案性质

关于《礼》，现存有《周礼》《仪礼》和《礼记》三部礼书。《周礼》原称《周官》，是一部官制汇编，规定了西周中央政府“天、地、春、夏、秋、冬”六部的职掌和属官人数，其档案性质比较明显；《仪礼》是记载典礼仪节的书，记录的是商、周统治者名目繁多的典礼的复杂程序，实际上就是职业司仪据之经办典礼的“程序单”；《礼记》是儒家论说或解释礼制的文章汇编，其中一半以上是解说《仪礼》相应篇章的，另有少数则是《仪礼》所失收的古代典礼仪节的文件。从这些内容看，三部礼书中，前两部是关于典礼程序的档案材料汇编，《礼记》则是对《仪礼》的阐释和补遗。

3.《诗》的档案性质

《诗》即《诗经》，是我国第一部诗歌总集。人们都知道《诗经》的文学价值很高，却

---

* 此文为本书主编杨树森所作，原载《档案学研究》2001年第2期。

① 章学诚．章学诚遗书（影印本）．北京：文物出版社，1985：762.

未必了解它也具有档案性质。下面我们重点论证《诗》的档案性质。

第一，《诗经》所收诗歌分为“风”“雅”“颂”三大类，“雅”中所收之诗多属史诗，“颂”为庙堂祭祀时演唱的歌颂祖先功业的颂歌，也具有史诗的性质，这些“史诗”文学价值不高，而史料价值却很高。如《大雅·緜》记述了周族古公亶父自豳迁岐的故事，其资料后来成为司马迁撰写《史记·周本纪》的重要根据。再如《周颂·臣工》《大雅·桑柔》等篇保存了有关土地分配和耕作的资料，《大雅·公刘》等篇保存了关于赋税的资料，《小雅·十月之交》留下了周幽王六年（前776）九月六日地震的同时发生日食的情况，这是中国最早的有确切日期的地震记录。

第二，《诗经》中最具文学价值的是占总数一半以上的“风”诗，而从周王朝采集这些诗的目的和方式看，它们具有社会调查资料的性质。“风”诗主要是各地民歌，其内容有反映政治黑暗、民生疾苦的，也有表现男女爱情的，这些诗之所以能进入宫廷和贵族上层社会，是周王朝实行“采风”制度的结果。西周的“采风”制度在我国行政管理史上是独具一格的：中央政府设置专职的采风官员（“行人”），定期到民间“采诗”。《汉书·食货志》记载：“孟春之月，群居者将散，行人振木铎徇于路以采诗，献之大师，比其音律，以闻于天子。”《汉书·艺文志》：“故古有采诗之官，王者所以观风俗，知得失，自考正也。”《礼记·王制》也说：“天子……命太师陈诗以观得失”。可见采风的主要目的是“观政”，即了解各诸侯国政绩的好坏和各地的风俗民情，然后安邦理国，赏功罚罪，而不是如有些文学选本所说的仅供王公贵族“制礼作乐”。《诗经》中保存有如《伐檀》《硕鼠》等反映劳动人民生计维艰、对贵族剥削表示强烈不满的民歌，将它们配乐演唱是不会给宫廷贵族带来愉悦的，这也能说明“采风”的目的是了解民情。从“采风”的目的（观政）和方式（专人定期采集）看，它实际上是一种社会调查。采风所得的诗，在当时乃是原始的调查材料，这些材料被王室保存起来，也就转化为档案。所以说《诗》中的“风”诗，原本也具有档案的性质。

“六经”中的另外两部，《乐》已不传，《易》相传为周文王所作，如此说成立，则《易》的原本必为周王室所收藏的重要档案。由于《易》的内容比较深奥，限于篇幅本文不作具体分析。仅从以上四部经书的内容来看，章学诚关于“六经乃周官之旧典”之说是有一定道理的，但笼统地说“六经”就是周代官方的文书档案，则抹杀了孔子搜集、整理它们的历史功绩，确切的说法应该是：“六经”大多为孔子搜集并加以整理的档案材料的汇编或摘要。

二、古代典籍关于孔子及其弟子搜集档案情况的记载

“六经”具有档案性质，但“六经”是否确为孔子所编纂，学界曾有不同见解。否定者最极端的观点是钱玄同提出的，他认为“孔子无删述或制作‘六经’之事”[①]。肯定者最极端的观点是康有为提出的，他认为“凡‘六经’皆孔子所作，昔人言孔子删述者，误也”[②]。这两种观点皆为偏颇之论。准确的说法是：“六经”是孔子依据搜集到的档案材料加以整理而形成的，他不是“六经”的著作者，但肯定是“六经”的“编纂者”。

---

① 钱玄同．论诗说及群经辨伪书//古史辨．第一册．北京：北平朴社，1926：69－70.

② 康有为．孔子改制考．北京：中华书局，1958：179.

历代典籍中有许多记载可以证明，孔子为编订“六经”曾长期有意识地进行档案材料的搜集和积累。现略举数例：

其一，《史记·孔子世家》载：“孔子之时，周室微而礼乐废，诗书缺。追迹三代之礼，序书传。”这里的“追迹三代之礼”就是搜集有关夏、商、西周有关“礼”的文献资料。《论语·八佾》载：“子曰：‘夏礼，吾能言之，杞不足徵也；殷礼，吾能言之，宋不足徵也。文献不足故也。足，则吾能徵之矣。’”这也说明，孔子为研究“礼”的演变曾搜集、考察过杞国（杞侯为夏的后人）和宋国（宋侯为殷的后人）所保存的有关夏礼和殷礼的档案典籍，他发现材料不全，不足以为据，因此才发出“文献不足”的感叹。

其二，《史记》“孔子世家”和“老子列传”都有孔子专程到周向“周守藏室之史”老子“问礼”，“孔子西观书于周室”的记载。现存汉代石刻中有一块孔子见老子的画像，画中就有“一人手捧简策，交孔子翻阅”的细节[①]，这可以说明孔子向老子“问礼”，绝不是仅仅聆听几句教诲，而主要目的是考察收集周守藏室中的档案资料。

其三，《尚书纬》记载：“孔子求《书》，得……三千二百四十篇……定可以为世法者百二十篇，以百二篇为《尚书》”。《公羊传注疏》引闵因《叙》：孔子“制《春秋》之义，使子夏等十四人求周史记，得百二十国宝书”。这里所讲的“求”当然是寻找、搜求的意思。这些记载中的确切数字未必可靠，但孔子为编《尚书》《春秋》而亲自或派他的学生到各地去搜集有关档案资料，应当是没有什么疑问的。

三、孔子利用档案编纂“六经”的目的和背景

孔子虽然做过“大司寇”等高官，但从政时间仅五年左右，他一生大部分时间是办学教书，是一位职业教育家。《史记·孔子世家》说：“孔子以诗、书、礼、乐教，弟子盖三千焉，身通‘六艺’者七十有二人。”可见“六经”乃是孔子为教学需要而编订的系统的教科书。他所利用的档案资料来自何处呢？

孔子在鲁国是有影响的文人，且当过高官，他可以看到鲁国的官方档案。因鲁君为周公后人，所以鲁国保存的档案典籍比较丰富，这为孔子利用档案编订“六经”提供了较好的条件。但从“六经”的内容看，仅仅依靠鲁国官方档案是不够的。《诗经·风》收有“十五国”民歌，这十五国遍布北方各地。《春秋》记述历史事件的范围也遍及当时整个中国，包括被视为蛮夷的楚、越等南方诸国。这些内容不可能仅仅取自鲁国的官方档案。

我国上古夏、商、西周三代，最高统治者对档案十分重视，档案被当作神圣之物深藏于王宫之中，有专人保管，秘不外传。春秋前期，各诸侯国档案管理基本沿袭西周旧制，由史官管理档案。但到了春秋后期，诸侯国与周王室的矛盾日益尖锐，世卿制度也渐趋瓦解，维护周王室利益和保护世卿贵族利益的档案典册在社会变革中不断被销毁或流散于世。

关于档案被销毁的情况，《孟子·万章下》有一段记载颇能说明其严重程度。北宫锜问孟子：“周朝制定的官爵俸禄的等级制度是什么样的呢？”孟子答道：详细情况已经不知道了，因为诸侯“恶其害己也，而皆去其籍”。这说明那些记录等级制度的档案是维护中央王权利益的，对诸侯不利，所以被毁掉了。这表明档案的损毁情况相当严重，以致孔子

---

① 孔祥骅，孔正毅．孔子本纪．合肥：安徽人民出版社，1998：20.

想了解古代礼制的情况，却苦于找不到有关档案，而发出“文献不足”的感叹。

春秋后期，档案流散的情况也十分严重。宋代司马光描述当时档案流失情况是“周室衰，道德坏，五帝三王之文飘沦散失，弃置不省”①。在王室和诸侯自身地位不保的情况下，以保管档案为主要职掌的史官，社会地位明显下降，一些史官常以自己掌管的档案作为见面礼，奔走于各国以求取官职，谋求生路，这是档案大量流散的一个重要原因。档案大量流散于社会，对档案的保管留存非常不利，但从另一方面看，这也使社会上一些知识分子（士）获得了接触、了解和利用档案的机会。孔子就是在这种背景下，对古代档案资料进行大规模的搜集和整理的。

四、孔子在整理档案过程中所做的主要工作

一是“考其真伪”（杜预《左传序》），即经过考订将不合事实的荒诞无稽的材料去掉。“六经”主要取自夏、商、周三代的历史档案，而上古帝王都崇拜神灵，每有重要活动，必先祭神占卜，神灵旨意和占卜结果的记录也留作档案，于是上古档案就出现了“天道鬼神灾祥卜筮”与帝王的人事政治活动“备述于策”的现象②。孔子不相信鬼神（《论语·述而》：“子不语怪、力、乱、神”），在整理档案时，就把有关“天道鬼神灾祥卜筮”之类的虚假材料去掉了。这是今天看到的“六经”中很少有鬼神巫怪之类内容的原因。

二是“删去重复”（王充《论衡·正说》），即将不同途径收集来的材料中重复的材料删去。这主要体现在孔子对《诗》的整理上。《史记·孔子世家》载：“古者《诗》三千余篇，及至孔子，去其重……三百五篇孔子皆弦歌之。”从“三千余篇”减至“三百五篇”，去掉了百分之九十，司马迁不说“去其劣”，而说“去其重”，可见这一过程不是内容上的精选和删减，而是版本的鉴定和选择，即将版本不同而内容重复者去掉。

三是“编次其事”（《史记·孔子世家》），即按照一定的标准排列归类并编定目录。“六经”内部篇目排列归类的标准非常清楚。如《春秋》作为编年史按年排序，《书》作为历代重要文书的汇编按朝代先后和帝王世系排列。至于《诗》，因为篇目较多，其排列分类有几个层次，首先按照“诗篇之异体”分为“风”“雅”“颂”，“风”为民歌，“雅”为史诗，“颂”为颂歌。对其中篇目最多的“风”诗，又根据其来源的地域分为“十五国风”。

四是“存其精要”（梁启超语）③，即经过对档案材料的认真鉴定，将有较高价值的保留下来。上文提到，孔子搜集到的古代帝王的公文，多达三千二百四十篇，孔子“断远取近，定可以为世法者百二十篇，以百二篇为《尚书》”。孔子以是否可为后世效法为标准，对古代公文档案的价值作了认真鉴定，然后将具有永久保留价值的档案编纂成册，这完全符合孔子的政治理想以及培养治世之才的教育目的，因而这一点是比较可信的。

两千多年前孔子所做的上述四项工作，与今天档案整理工作十分相近，可以说“六经”的成书过程就是孔子按照一定的指导思想有意识地搜集档案并加以整理的过程。

五、孔子对中国古代档案事业的贡献

孔子编纂“六经”主要目的不在于保存档案文献，而在于用它作教材，但他在客观上

① 司马光．司马温公文集．北京：中华书局，1986：69.

② 周谷城．中国通史．上海：上海人民出版社，1957：104.

③ 梁启超．先秦政治思想史．北京：中华书局，1963：254.

对中国古代档案事业做出了巨大贡献，这主要表现在以下四个方面。

1. 为后世保存了比较系统的历史档案文献

如前所述，春秋后期档案损毁流失十分严重。孔子在这种情况下对历史档案进行了一次大规模的搜集和整理，将它们编成“六经”，并作为教材传授给学生，使这些宝贵的上古档案文献得以保存，成为后世研究上古社会的珍贵文献资料。试想，如果没有“六经”，我们今天要了解上古社会的具体情况将是何其难哉！应当特别指出的是，孔子本人不是史官，他不能以鲁国官方的身份来进行档案搜集和整理，也不具有“修史”的资格，他是以学者的个人身份做这些事的，这就尤其显得难能可贵。

2. 开创了利用档案资料编纂史书的优良传统

“六经”中的《春秋》是我国第一部编年体史书，在它之前也没有什么其他体例的史书，孔子修《春秋》，开创了根据档案编写史书的优良传统。在《春秋》之后不久出现的《左传》和《国语》两部重要史书都依据大量档案编著而成，它们毫无疑问受到《春秋》的影响。到汉代司马迁完成《史记》、班氏兄妹完成《汉书》后，利用官方档案编修前代史书成为历代惯例。隋唐后，这一做法又为历代帝王认同支持。中国史学界引以为豪的材料齐全的“二十五史”，无不是利用档案的成果，而开利用档案编修史书之先河者，就是孔子。

3. 提出了“述而不作”的编纂档案资料的原则

“述而不作”语出《论语·述而》。朱熹解释这句话：“孔子删《诗》《书》，定《礼》《乐》，赞《周易》，修《春秋》，皆传先王之旧，而未尝有所作也。”(《四书章句集注》) 用现代语言来说，就是孔子编纂“六经”，只是对原有的档案材料作删、定、赞（简评）、修，一般不改动原文。这与目前我国档案馆编纂档案文献的原则“尊重原文形成的历史，不能以己意对原文润色或改写”是完全一致的。当然，孔子编纂“六经”是用作教材，是为了传授、弘扬自己以“仁”为核心的儒家思想，因此编纂中不可能不反映自己的思想，但这只体现在删留的标准或自己对有关材料的“赞语”之中，而没有过多地改动档案材料的原文。

4. 利用档案传道授业开辟了档案利用的新领域

任何档案都是全社会的公共财富。商、周统治者为了垄断文化，一方面将档案深藏固守于王宫官府，秘不外传，另一方面又以“学在官府”的教育体制来剥夺平民受教育的权利。孔子首创私学，提出“有教无类”，广招各阶层人士入学，并将其搜集到的档案编纂为“六经”作为教材向学生传授，这就从档案利用和教育对象两方面打破了贵族对文化的垄断，扩大了文化的传播。自此以后，档案不再纯粹是贵族阶级的统治工具，而被广泛用作传道授业的工具，这是孔子在古代档案提供利用方面所做出的巨大贡献，它开辟了档案利用的新领域，极大地加快了古代文化的传播。此后不久，中国历史上就出现了思想异常活跃、学术空前发展的百家争鸣的局面，这不能不说与孔子开创利用档案传道授业的风气有直接联系。

第四章 中国古代其他秘书工作

第一节 中国古代的社会调查

一、古代社会调查概要

调查研究是我国现代秘书部门一项极为重要的工作。秘书部门既要为领导的调查研究提供服务，又要独立承担调查研究任务。我国古代奴隶制或封建制度下，并没有现代意义上的调查研究，但是，古代一些有作为的帝王或政治家，懂得为了巩固政权，就必须了解民情，而了解民情就要进行社会调查。尽管古代没有“社会调查”或“调查研究”的说法，但有些做法则属于典型的社会调查。

史书上关于“帝王”进行社会调查的记载，最早的可以追溯到原始社会末期。据《史记·五帝本纪》等记载，尧、舜、禹等都曾深入民间考察民情或自然环境。例如，有一则“华封三祝”的传说，说一天尧到华地，有一个名“封”的管理地方的小官对尧祝贺说：“愿圣人多男儿、多富、多寿。”尧回答说：“不敢，不敢。多男儿就要多替他们操心；多富就要多出许多麻烦事情；多寿会遇到很多不如意的耻辱。还是免了罢。”封又说：“给每个男儿一份工作，有什么操心呢？把财富分掉让大家都富足，有什么麻烦呢？天下安乐就和人民一起安乐，天下不安就努力修德，有什么耻辱呢？”由于尧、舜、禹经常深入民间虚心听取人民意见，因此深受人民爱戴。

历史上有许多关于帝王到各地巡视的记载。例如秦始皇、武则天、朱元璋、康熙、乾隆等人都进行过这种巡视。但是真正形成制度的社会调查，应首推西周和汉代的采风制度。

二、西周的社会调查制度——采风观政

早在西周王室立国之初，就形成了一整套较为严密的社会调查制度——“采风制度”。

1. 采风的目的

所谓采风，也就是周王朝派专人负责采集四方风俗善恶，代语歌谣。这项工作今日看来似乎是小事，但在当时政治生活中所起的作用，却是不容忽视的。

采风的目的主要有两个。

其一是为了观俗。周王朝实行的是“尊礼尚施”的宗法礼制。所谓“礼”说到底也就是维系宗法贵族之间、贵族与平民之间、华夏族与少数民族之间的道德法律的准绳，是调节阶级、民族关系，平衡政治势力的手段。《周礼》上说的治国“八则”之一就是“礼俗以驭其民”。礼有嘉、凶、吉、宾、军五种（称“五礼”），俗则指各方土地所生之民情风俗，是与礼制不同而不必变革的久行成法。在古人看来，生民的性情习惯、服食好恶等，皆与自然气候、山川地势密切相关。《礼记·王制》上说：“凡居民材，必因天地寒暖燥湿，广谷大川异制，民生其间者异俗，刚柔轻重迟速异齐，五味异和，器械异制，衣服异宜。”对于这殊方异俗的生民来说，周王朝治理方策是“修其教不易其俗，齐其政不易其宜”，亦即用礼制教导人们敬让亲和，根据不同的习俗施行相应的政令，以使生民安居乐业。唯其如此，才能达到“礼俗以驭其民”的目的。也唯其如此，周王朝才需要建立采风制度，借采风来观俗，从而给周王室提供调整“驭民”政策的信息和依据。

其二是为了观政。周初统治者汲取前朝亡国之教训，一再警惕自己要以殷为鉴。殷人原本“何天之休”“何天之龙（庞）”（《诗·商颂·长发》），分明是天之骄子，可是为何上天后来却一改初衷，“改大邦殷之命”（《尚书·康王之诰》），而“兴我小邦周”（《尚书·大诰》），由此周人感悟到“天命靡常”——一旦失德，天命即转向他人。那么，如何才能使“靡常”的天命不再转移，让夺来的江山“永支百世”“于万斯年”呢？其唯一的途径就在于敬德保民、“秉德明恤”（保持美德，了解民间的忧患）。《尚书·康诰》上说：“天畏棐忱，民情大可见。”天意就在民情中，民心向背可以决定天命之去向，西周统治者由此而确立了轻鬼神、重人治的治国方略。而如此重视人治，当然就需要掌握民情，进行社会调查。采风之制的设立，其目的之一就在于让统治者“不出牖户，尽知天下所苦”，从中“观风俗，知得失，自考正也”（《汉书·艺文志》）。

2. 采风制度的具体内容

西周时，中央政府设有专门的“采风”队伍，犹如今天的专职“调查员”。他们或男或女，“男年六十，女年五十无子者，官衣食之，使之民间采诗”（《春秋公羊传》宣公十五年《解诂》）。可知他们是民间选拔出来专事采风的公职人员，所谓“男年六十”“女年五十”云云，则表明他们均有比较丰富的社会经验。

当时朝廷中指定的采风官员叫“行人”。所谓“行人”，就是因王室之事巡行天下的使

者。由于他们巡行时常因事急行速，必乘𬨎轩（一种专供传达紧急公务用的传遽轻车），所以称他们的工作是“传遽之事”，又称他们为“𬨎轩之使”。《周礼·秋官·大行人》载，𬨎轩使“七岁属象胥，谕言语，协辞命。九岁属瞽史，谕书名，听声音。”象胥就是翻译，瞽是乐师，史是史官。𬨎轩使来到各诸侯国，召集象胥，教习言语，推广雅言，统一辞令；召集乐师，审听地方音乐、民间歌谣；召集史官是正文字。这其中就包括从象胥、瞽、史那里收集方言俗语、诗歌民谣，以补充或丰富雅言和雅乐。但是这还只是采风工作的一种方式，更主要的方式是靠𬨎轩使者，深入民间，“巡游万国，采览异言，车轨之所交，人迹之所蹈，靡不毕载”（郭璞《方言序》），径自从民间获取原始的、鲜活的风俗风情资料。

采风作为一种制度，周天子也率先垂范，他定期深入民间进行调查，“天子五年一巡守，岁二月，东巡守……命大师陈诗以观民风”（《礼记·王制》）。

此外，古籍中还有“国史采诗”“天子听政，使公卿至于列士献诗”（《国语·周语》）的说法，可知当时的史官乃至于公卿列士这些职位颇高的官员也须通过各种渠道采集民风俗情，以供“天子听政”之需。

采风在当时是定期的、经常性的，因而也是制度化的。除了天子的采风为每隔五年的春二月之外，𬨎轩使的采风通常是在春天或秋天进行的。据《汉书·食货志》记载：“孟春二月，群居者将散，行人振木铎徇于路以采诗。”这是说孟春二月，农夫即将下地劳动的时候，𬨎轩使摇着木铎（一种类似铜铃的乐器，铜口、木舌），在道路上巡行，向农人征集民谣。同样的采风有时是在秋后进行的，汉代刘歆在给扬雄的信中就曾记载周代𬨎轩使“以岁八月巡路，求代语、童谣、歌戏”。

至于采风所得，需要及时上报。具体来说，有这样几种方式：

一是逐级上报。那些从民间提拔上来的采风人员，须将采风之所得经由“乡移于邑，邑移于国，国以闻于天子”（《春秋公羊传》宣公十五年《解诂》）。

二是献给太师。太师是周王室主管调查工作的，因而𬨎轩使采风得来的那些民歌俗语，须“献之大师，比其音律，以闻于天子”（《汉书·食货志》）。

三是面献天子。这是针对职位高的官员来说的，如“公卿至于列士献诗”。

西周时，朝廷还专门设有乐宫，常由盲人充任，称为瞽。这些乐官将采集来的诗配上乐曲，唱给天子听。所谓“瞽献曲”（《国语·周语》），“有瞽有瞽，在周之庭”（《诗·周颂·有瞽》）即指此而言。

采风作为我国古代行政管理工作中的一大创举，还可从采风范围之广和持续时间之长上见出。从前者来说，当时采风的范围几乎遍及周王朝的整个统治区域，以《诗经》中十五“国风”而言，就占有今陕西、山西、山东、河南、河北、湖北等省的全部或一部分，可见采风范围是相当广阔的。由此也可知𬨎轩使深入民间，“巡游万国”当非虚言。从后者来说，《诗经》中所收之民歌，其年代大致可分为西周前期（武王孝王）、西周后期（夷王至平王东迁）和东周（平王东迁至春秋末期），这说明采风不仅盛行于整个西周时期，在东周也得到沿续。

采风本为观政而设，周天子正是凭借这些民俗的、语言的、文学的资料，来了解各诸侯国的风俗民情、政治臧否，然后赏功罚罪，安邦理国。仍以诗歌为例，周天子通过观赏各地采集来的诗歌，从内容和情调上便可了解政绩的好坏，正如《礼记·乐记》所说：“治世之音安以乐，其政和；乱世之音怨以怒，其政乖；亡国之音哀以思，其民困。”我国最早的诗歌总集《诗经》十五“国风”，大多是当时輶轩使采自民间，又经乐师、史官加工润饰而成的，我们从中也的确可以看到周代各地社会生活的真实图景。如《七月》《伐檀》《硕鼠》等篇，反映的是劳动人民生计维艰、贵族对他们的剥削压迫和他们的不平心声，《击鼓》《伯兮》《东山》等篇，反映的是人民对频繁战争的厌恶和战争造成的妻离子散、田园荒芜的惨景等。从其来源及主要内容看，《诗经》可以说是一部社会调查材料的汇编。

3. 采风的意义和影响

西周的采风之制，从其规模之大、范围之广、时间之久来看，可以说是我国古代国家管理的一个创举。采风的主要责任官员“行人”就是古代的调查员，采风所得的材料就是古代的调查材料，从这个意义上说，采风也是我国古代秘书工作中的一个创举。

西周采风制度影响深远，采风之制不仅为东周所继承，也不仅营造了“诵诗三百，弦诗三百，歌诗三百，舞诗三百”（《墨子·公孟》）的盛况，而且对两汉时期也颇有影响。这在史家笔下屡见记载。

三、汉代的采风调查

汉代是我国历史上一个相对稳定而又比较强盛的王朝，这与统治者继承西周的采风制度是有关系的。

汉初，由于内部战乱和边疆战事的影响，经济凋敝，民间贫困。汉武帝为了巩固统治，缓和矛盾，继承西周的采风制度，加强了社会调查，对民间疾苦有所了解，从而采取了轻徭薄赋、休养生息的政策。

西汉武帝时，曾“遣谒者巡行天下，存问致赐”。元狩六年（前 117），又“遣博士大等六人分循行天下，存问鳏寡废疾”（《汉书·武帝纪》）。以后元帝、平帝更多次“遣光禄大夫褒等十二人循行天下……因览风俗之化”，“遣谏大夫博士赏等二十一人循行天下……举茂材特立之士”（《汉书·元帝纪》），“遣太仆王恽等八人置副假节，分行天下，览观风俗”（《汉书·平帝纪》）。

东汉光武帝父子“起于民间”，更重视各地风俗之览察，不仅“广求民瘼，观纳风谣”，甚至“以谣言（即地方歌谣）单辞转易守长”（《后汉书·循吏列传》）。至和帝即位，又“分遣使者，皆微服单行，各至州县，观采风谣”（《后汉书·方术列传》）。这种情况一直延续到汉末，也未见废止。

与西周采风留下了一部《诗经》相似，汉代采风为后人留下了许多“乐府”诗。汉代观听风谣与用人政策相联系，注重歌辞，因此存录民歌谣辞较多。现存的乐府诗歌中著名的有长诗《孔雀东南飞》，反映了民间的一个婚姻悲剧；童谣《举秀才》则讽刺了东汉时期察举制度存在的弊端，其歌云：“举秀才，不知书；举孝廉，父别居。寒素清白浊如泥，高第良将怯如鸡。”这是说被推荐的“秀才”，却连字都不认识；察举的“孝廉”，却是不许父亲在一起居住的不孝之子；自称清白的文官浊如污泥；号称“良将”的武官，却胆怯如鸡。

四、古代调研的方方面面

调查研究不仅是秘书部门的工作任务，而且是一种基本的工作方法，它渗透在各项社会工作之中。下面列举古代其他各项工作中调查研究的应用，以使读者对古代调研有一个全面的了解。

1. 行政管理与调研

古代杰出的政治家非常重视调查研究。如相传为春秋时期管仲所作的《管子·问》就是专讲调查研究的。它开篇提出“凡立朝廷，问有本纪”，接着一口气提出了六十多个要进行调查的问题，涉及经济、政治、社会生活等各个方面，有人说它是“世所罕见的最古老、最全面的社会调查提纲”。再如战国时期的秦国改革家商鞅，特别重视做定量调研。《商君书·去强》说：“强国知十三数：竟内仓口之数，壮男壮女之数，老弱之数，官士之数，以言说取食者之数，利民（靠谋利为生的商人）之数，马牛刍藁（饲料）之数。欲强国，不知国十三数，地虽利，民虽众，国愈弱至削。”可见商鞅把准确的统计数据作为富国强兵的必要条件，而要“知”这么多的基本数据，就必须进行全面的调查研究。

2. 人口普查与调研

中国是世界上最早进行人口普查的国家，中国最早的人口统计数字见于西晋《帝王世纪》中，称夏禹时，中国共有人口 1 355 万人，这一数字未必可靠。但从商鞅重视数据调查的言论看，以法家思想治国的秦代就有了人口普查是可信的。秦始皇创立的“上计制度”就是人口、钱粮统计制度。到汉朝，随着社会的稳定，人口统计纳入正轨。据《汉书·地理志》，西汉平帝元始五年（5）全国共有居民 12 222 062 户，59 594 978 人，这是我国首次较为精确的人口普查。明朝推行“户帖制”，将人口逐户登记在册，登记表即“户帖”的格式，内容由户部统一制作发放，朝廷还派官员分赴各地监督登记。明太祖洪武二十四年（1391）统计为 10 684 435 户，56 774 561 人（《太祖高皇帝实录》卷二百十四）。

3. 军事指挥与调研

调查研究在军事中的作用不需要强调，因为战略分析和战术侦察都属于广义的调查研究。《孙子兵法》中“知彼知己，百战不殆”已成名言。在古代记录战争的史籍中，关于调查研究的记录比比皆是。以人们所熟悉的赤壁之战为例，曹操下书于孙权曰：“今治水军八十万众，方与将军会猎于吴”，孙权手下“莫不失色”，要求投降。独周瑜对孙权说，这些人“不复料其虚实，便开此议，甚无谓也。今以实较之，彼所将中国人不过十五六万，且已久疲……甚未足畏。”显然周瑜对曹军的实际情况进行过认真的调查研究，所以有必胜的信心。后来周瑜、诸葛亮这两位善于通过调查研究而“知彼知己”的统帅指挥孙刘联军以少胜多打败曹军，也就在情理之中了。

4. 侦查办案与调研

古代法制不健全，审理案件注重口供，刑讯是常用的审讯手段，屈打成招造成的冤假错案不可计数。但也出现少数注重证据、断案公平的“青天”，如唐代狄仁杰、宋代包拯、明代海瑞等。如果细考他们的事迹，就会发现他们之所以在破案断狱中很少失误，除了自身的公正清廉外，轻口供、重证据、重视通过亲自调查研究获取第一手证据，乃是他们办案的共同特征。

五、皇帝的巡视和微服私访

最高统治者亲自到各地巡视，也是一种重要的调研形式。巡视兼有督查官员的作用，但更主要的目的是了解下情。

古代有作为的帝王都比较重视亲自进行调查研究。秦始皇、汉武帝、唐太宗、武则天、明太祖以及清代的康熙、乾隆，都曾经多次离开京城到各地进行巡视。秦始皇统一中国后的十二年中，进行了五次大规模巡视，几乎跑遍了秦国的所有国土，有人估计秦始皇有一半以上的时间是在巡视中度过的。而一些昏庸无能的统治者，则很少走出京城，如三国时蜀国的后主阿斗当了四十年皇帝，基本上没有出过皇宫。

曾经有一些电视剧把古代皇帝微服私访渲染得有板有眼，有人根据电视剧的情节评论康熙说：“作为至高无上的皇帝，不顾个人安危亲自深入民间了解人民的疾苦，充分地表现了一个政治家对于治理国家的忘我精神。”这实在是对历史极大的误解！古代皇帝的微服私访不能说绝对没有，但正史上基本找不到，按说皇帝如果真的通过微服私访来了解民情，这种好事正史是不会遗漏的。所以，可以说古代野史和现代电视剧中描写的皇帝微服私访情节，基本上属于杜撰。就拿康熙来说，据北京社会科学院满学研究所研究员、北京满学会会长阎崇年先生说，在记载康熙的《清圣祖实录》中并不存在微服私访的任何记载，他认为“康熙微服私访，一、绝无意识；二、绝无必要；三、绝无可能”。他解释道：“微服私访”是现代人的意识，清朝皇帝，绝对有一身皇族的傲气，不屑和平民百姓为伍，看看末代皇帝溥仪《我的前半生》就知道了，那绝对是贵为天子，睥睨下人，要说和一般老百姓勾肩搭背，那绝对不可能；再说，康熙皇帝不需要微服私访，因为他有一个“密折”制度（就是秘密报告），通过密折，康熙就能知道一切。阎崇年先生是清史研究专家，他对清史的研究就是从《清圣祖实录》开始的，因此他的结论显然要比善于“戏说”的电视剧可靠得多。

古代皇帝离京巡视常有，而微服私访今人则不必当真，更不能对它评价过高。这是我们在考查古代调查研究工作中必须注意的。

第二节 中国古代的信息工作

科学决策必须建立在准确全面的信息基础之上，因此信息工作是现代秘书工作的重中之重。古人虽然没有形成现代信息科学所说的“信息”概念，却留下许多有关信息工作的记载。了解古人是如何做信息工作的，对我们认识信息工作的重要意义是不无裨益的。

一、古人重视信息的作用

古人最早是从军事方面认识到信息的重要性的。成书于春秋末年的《孙子兵法》全面论述了信息的重要作用、来源、范围、获取方式等一系列重要问题，强调准确、及时、可靠的信息对于战争胜负的巨大影响。

孙子说：“知彼知己者，百战不殆；不知彼而知己，一胜一负；不知彼不知己，每战必殆。”（《谋攻篇》）他认为对敌我双方情况的准确分析和判断，乃是克敌制胜的前提条件。如何做到知彼知己呢？“知彼”的重要途径，就是对敌方军事情报的广泛搜集、系统研究和正确判断。孙子认为情报的搜集范围应包括敌方面临的内外环境、民心的向背、军心的稳乱、天时地利情况、君主将帅特点和弱点、士卒政治素质和作战能力、内部纪律性等信息。《行军篇》《用间篇》还论述了如何获得情报、如何对信息进行分析以得出准确判断等问题。

如果说军事行动最需要的是作战对方的信息（敌情），那么治理国家最需要的就是管理对象的信息（下情）。传说中尧、舜在朝廷前置“进善之旌”和“诽谤之木”，就是为了广开言路，了解下情。《左传》中有一则“子产不毁乡校”的故事，可以代表古人对民间信息的认识。

春秋末年，郑国民众经常聚集在乡校批评议论朝政，有人建议执政的子产下令拆毁乡校，子产说：“为什么要这样做？百姓们有空来到这里议论朝政得失，他们认为是对的我们就推行，他们认为是错的我们就改正。他们是我们的老师啊，为什么要毁掉乡校呢？他们的批评为我们提供了有用的信息，正是我们需要的苦口良药，可以用来医治执政中存在的毛病。”

从《孙子兵法》和子产的这番高论可以看出，古人很早以前就意识到信息的重要作用。

二、古代收集信息的方式

调查研究和吏民来信来访是古人收集信息的两种最主要的方式。由于古代的调查研究和信访工作本章都有专节介绍，所以本节只介绍其他几种主要的收集信息的方法。

1. 通过行政系统收集信息

古代不存在类似于今天信息网络的专门信息机构，朝廷和中央政府主要通过各级行政官员逐级上报的方式来了解各地政情、军情、民情，即规定各级行政官员和地方节度使等必须及时将重要信息上报朝廷，若有隐瞒不报者将治重罪。《汉书·食货志》记载，西周天子为了解下情，由国家出资请孤寡老人收集民间表达“怨恨”的民歌，上报官府，“乡移于邑，邑移于国，国以闻于天子。故王者不出牖户，尽知天下所苦，不下堂而知四方”。这里的“邑”是大夫的领地，“国”是诸侯国，乡、邑、国、天子，就是当时的国家行政系统。这一记载说明，通过行政系统来收集信息的制度，早在西周时代就已经形成。

又据《新唐书·刘晏传》记载，为了迅速掌握全国各地的经济信息和商业情报，刘晏以各地巡院为基地，创造了全国信息网，聘用精英收集各地有关庄稼好坏、市场价格变动、物资余缺等信息，“四方货殖低昂及它利害，虽甚远，不数日即知。”刘晏等综合各地信息做出正确的经济决策，使市场长年保持稳定。

2. 派出间谍收集信息

春秋战国时期的诸侯国之间，以及后来各民族政权、各政治集团之间的矛盾冲突中，向对方派出间谍以窃取情报，是古人常常采用的收集信息的方式。战国末期，魏国曾派水利专家郑国以帮助秦国兴修水利的名义来到秦国，他的真实身份就是魏国间谍。有趣的是，中国古代四大美女中，西施和貂蝉也都是政治斗争中的女间谍。

南北朝时期先后效力于西魏和北周的韦孝宽是一个善于派遣间谍窃取情报的高手。公元538年，东魏命牛道恒进攻西魏，韦孝宽派间谍到东魏搞到了牛道恒的笔迹和图章样式，让人模仿其笔迹用牛道恒的名义给自己写了一封表示和好的信，盖上仿制的牛道恒图章，然后设法让这封假信落到牛道恒的上司手中，制造了对方的内部矛盾。韦孝宽趁对方上下离心、互相猜忌之机率军出击，大获全胜。（《北史·韦孝宽列传》）公元575年，北周发兵讨伐北齐，为了摸清北齐国内的政治、军事情况，韦孝宽培训了大批间谍，打入北齐国内各个地方，还从北齐收买了许多间谍，这些间谍搜集并送回了大量情报。北齐朝廷内部有什么矛盾，兵力怎样部署，军队有什么动向，韦孝宽都了如指掌。战争结果自然是可想而知。（《周书·韦孝宽列传》）

3. 通过吏民告密获取信息

“告密”指向有关部门告发别人的私下言论或行为。告密在道德上为大多数人所不齿，但在古代某些时候却成为统治者获取信息的重要方法。史书记载的第一个告密者是商纣王的臣子崇侯虎，周文王因“叹了一声不该叹的气”被他告密而坐了七年大牢。战国时秦国商鞅制定的“秦律”将“告密”制度化，“不告奸者腰斩，告奸者与斩敌首同赏，匿奸者与降敌同罚。”（《史记·商君列传》）

除了商鞅时期的秦国外，古代历史上中央政府鼓励告密的有四个时期。

一是汉武帝时的“告缗”政策。汉武帝为解决国库匮乏问题，对商人和手工业者征收重税，鼓励知情者揭发检举其中隐瞒不报或自报不实的，此即“告缗”。凡揭发属实，被告者财产全部没收，并戍边一年，没收的资产分一半给告发人以作奖励。

二是唐代武则天执政时为打击政敌而鼓励告密，告密有功者予以封赏，内容不实者不追究责任。朝廷专门向全国发出通知，号召民众投递密奏。凡有上京告密者，臣下不得问，沿途皆给驿马，免费供五品官的食宿标准。

三是明成祖朱棣抢了侄儿的皇位后为打击不服者而鼓励官吏彼此告讦。一时朝野内外均以刺探臣民隐私为乐事，“事无大小，天子皆得闻之。家人米盐猥事，宫中或传为笑谑，上下惴惴无不畏打事件者。”（《明史·刑法志三》）

四是清代朝廷为维持和巩固统治而大兴“文字狱”。“文字狱”大都由告发而起，康、雍、乾三朝的一百余年里文字狱多达百起。

通过臣民告密虽然也能获得某些信息，但是更多情况下会造成冤假错案，而且会使整个社会伦理尽丧，人性被严重腐蚀。这种方法实在不足为今人仿效。

4. 成立情报机构收集信息

古代历史上真正可以称为“情报机构”的只有明代的锦衣卫和东厂、西厂等。

锦衣卫成立于洪武十五年（1382），原为皇帝的卫队，朱元璋为加强中央集权统治，特令其掌管刑狱，监视和督查全国官吏和民众，成为皇帝的耳目和爪牙。锦衣卫监视能力极强，朱元璋废掉宰相后，博士钱宰被请来帮他办事，一天下朝回家后赋诗一首怀念睡懒觉的生活：“四鼓咚咚起着衣，午门朝见尚嫌迟。何时得遂田园乐，睡到人间饭熟时。”第二天上朝时朱元璋就对他说：“你昨天作了一首好诗呀！不过我并没有嫌你‘迟’呀，还是改为‘忧’字吧？”钱宰一听，吓出一身冷汗，连忙磕头谢罪。

除了锦衣卫之外，明代还有由司礼监太监充任头目的特务组织东厂、西厂和大内行厂，它们与锦衣卫职权基本相同，但厂的势力更大于卫。锦衣卫侦伺一般官员，厂则侦察官民和锦衣卫，内厂则监视官民和厂、卫，而皇帝直接领导与监督所有侦察机关，构成一整套侦察特务机构体系。

虽然厂、卫为巩固明代统治立了大功，但是依靠特务组织秘密搜集信息、监视本国臣民言行的做法也遭到后人的强烈谴责，此种做法不可效仿。

三、古代传递信息的方式

古人政务系统传递信息的主要方式是“驿传（邮驿）”，由于政务信息大多是以公文为载体的，因此“驿传”通常被解释为古代公文传递的主要手段。由于古代驿传制度的内容比较丰富，本章将在第三节“中国古代的机要交通工作”中作详细介绍。这里只介绍古人传递信息的另外几种方式。

1. 利用烽火传递信息

《墨子·号令》载：“与城上烽燧相望，昼则举烽（发烟），夜则举火。”利用烽火台传送信息至迟在西周时期已被采用，著名的“烽火戏诸侯”的故事可以作为佐证。周幽王爱妃褒姒是一位绝色佳人，但始终不开笑脸，有人出了一个馊点子：一天傍晚，周幽王带着爱妃褒姒登上城楼，命令四下点起烽火，邻近的诸侯看到烽火，以为西戎部族来犯，便纷纷发兵赶来救援，来到城下才知道是周幽王为了逗爱妃一笑干的蠢事，只好气愤地收兵回营。褒姒见状，果然淡然一笑，幽王大悦。不久后的一天，西戎果真来犯，幽王下令点火求援，各诸侯以为周幽王又在开玩笑，没有发兵救援，结果城堡被攻下，幽王被杀，继位的周平王不得不将都城从镐京迁到洛邑。烽火通信与长城的修建紧密相关，春秋战国时期形成的长城上，相隔一定距离建有烽火台。翦伯赞先生《秦汉史纲》说：“汉代沿长城全线西至罗布泊沙漠，直达克鲁库特格山麓，皆列置堡垒烽燧……万里相望，于是中国的西北，筑成了一条坚强的防线。”

用烽火传递军情信息的方式代代相传。《后汉书・光武帝纪》曰："遣骠骑大将军杜茂将众郡施刑屯北边，筑亭候，修火燧。"唐代仍以烽堠传递紧急军事情报，边境大致每三十里设一"烽堠"，各烽堠置帅一人、副帅一人。遇有敌情，以燃一炬、二炬、三炬……表示敌人数额多少。"诸烽堠不警，令寇贼犯边，及应举烽燧而不举，应放多烽而放少烽者，各徒三年。"（《唐律疏议・卫禁》卷八）

烽火以及更原始的鸣锣、击鼓、撞钟、吹号等传递信息的方式虽然在漫长的封建社会里一直被沿用，但它们只能传递一些简单且并不保密的军情信息，不能成为古代传递信息的主要方法。

2. 利用信鸽、鸿雁传递信息

信鸽是专门驯养的用以传递书信的鸽子。我国利用信鸽传递信息的做法历史悠久。传说汉高祖刘邦被楚霸王项羽围困时，就是以信鸽传书引来援兵脱险的。汉代张骞、班超先后出使西域时，都曾用信鸽传递消息。在西夏与北宋的战争中，西夏军队利用信鸽做军事通讯。南宋初，大将曲端的军队中也使用信鸽传达消息召集军队。

古代还有"鸿雁传书"的传说。据《汉书・苏武传》记载，苏武出使匈奴，被单于流放北海放羊。后来汉朝与匈奴和亲，汉要求放苏武等人，匈奴诡称苏武已死，与苏武一起出使匈奴的常惠把苏武的情况密告汉使，并设计让汉使对单于讲：汉皇打猎射得一雁，雁足上绑有书信，说苏武在某泽牧羊。单于听后，只有让苏武回汉。后来，人们就用鸿雁比喻书信和传递书信的人。

3. 利用"邸报"传递信息

"邸报"是我国最早的报纸，有人说它创办于西汉初期，但无可靠史料支持，但至迟在唐代即已流行。唐代各藩镇在京城长安设置"上都邸务留后使"，如同今天各省市的驻京办事处。他们负责上下公文出纳传递，并及时收集、选编朝廷诏令和各地章奏文书，收集朝廷和全国各地信息，并将这些文件和信息汇编成册，通过邮驿传递给各藩镇节度使。这种公文和信息汇编称为"邸报"，邸报后来成为历代地方官员了解朝廷政务和京师信息的重要工具。

从秘书工作发展史的角度看，邸报具有政务公报的性质，是传递非保密性质公文的一种有效方式，至今仍在应用；从新闻学的角度看，它又具有报纸的性质，是我国古代最早的报纸。宋代开始有人传抄邸报出卖，偶尔还以雕版印刷出卖，牟取暴利。明清邸报有了发展，增加了新闻内容。崇祯年间，开始允许民间私设报房，用活字印刷，称"京报"。清代内阁（朝廷总秘书机构）在东华门外设有一个专门的机构名谓"抄写房"，每天由报房派人去那里抄取当天发布的新闻，这些新闻被印刷成单页不加封皮的新闻纸叫"宫门抄"。而各地方总督、巡抚官署中发抄的分寄各府、州、县的重要信息的内部新闻纸则叫作"辕门抄"。清代中期之前，邸报在正常情况下由邮驿组织传送，有特殊紧急信息也派专人传送。清代中期之后，新闻信息大增，由商人报房编辑，公开经营发行，刊载公文相应减少，邸报遂完成了它作为古代信息和公文传递工具的历史使命。

第三节　中国古代的机要交通工作*

“机要交通”是一个专门术语，特指党政军管理系统内上下级之间或平行机关之间秘密信息和重要公文的传递。机要交通工作不是单纯的公文传递，因此不宜简单地归入“文书处理”；也不是一般的信息沟通，因此也不宜简单地归入“信息传递”。机要交通工作与保密工作也存在着内容上的重叠交叉。因此我们介绍古代秘书工作时将“机要交通工作”单列一节专题介绍。

中国古代的机要交通工作主要是通过“驿传”来完成的。所谓“驿”，是古代专供传递公文人员中途更换马匹或休息住宿的地方，元代以后称为“驿站”。专门用来传递公文的马匹称为“驿马”，专供驿马通行的道路称为“驿道”。通过这个专门渠道传送公文或其他重要信息就是“驿传”，也称“邮驿”。

驿传是古代传递政情信息的最重要的手段，它的产生、发展和消亡，无不与政权秘书活动紧密相连。

我国古代驿传制度，渊源于军事信息情报的需要而逐步产生。它产生于奴隶社会，定制于秦汉，兴盛于唐宋，鼎盛于元明清，消亡于民国初年。

一、先秦邮驿组织的产生

公文是行政管理的重要工具，公文传递实际上是政令和信息的上通下达，因此，历代各王朝对公文的传递都非常重视。早在商周时期，随着王权的强化，文书制度和信息工作网逐步建立，从中央王室到各诸侯国，不但设有史官来掌管文书的起草和记录工作，还出现了负责传递公文和重要信息的专门人员——“行夫”或“僖”。在殷墟甲骨文中就出现了“僖”字，考古学家们认为，“僖”就是传递情报的人。

春秋战国时期，随着水陆交通的发展，各诸侯国都建立了邮驿组织。各诸侯国内部的政令传达和诸侯国之间频繁的公文往来，大多是通过邮驿来完成的。《左传》中有多处关于邮驿的记载。《孟子·公孙丑》载孔子言：“德之流行，速于置邮而传命。”意思是：德政的推广流行，比通过邮驿来传达王命的速度还要快。这里用“邮传”作比方来形容速度之快，说明当时邮传已经相当发达，公文传递的速度也很快。关于当时传递公文的具体情况，由于缺少可靠史料，难考其详。一说当时称徒步传递为“邮”，骑马传递曰“驿”，未必可信，但当时已经有了“驿站”或“邮亭”一类的机构，又有“驿吏”“驿卒”一类的专职人员，因此可以说至迟在战国时期，我国已经建立了比较发达的公文和重要信息传递网。

---

* 本节部分内容选自潘林杉《中国古代秘书通论》。

二、秦汉全国邮驿组织的建立

公元前 221 年，秦始皇在灭掉六国后建立了中央集权的秦王朝，为了维护国家统一，发展农业生产，防御匈奴入侵，秦始皇在统一文字和度量衡的同时，还推广“车同轨”，在全国统一修筑了“驰道”，并开挖河渠，发展水上交通，为邮驿的发展提供了有利条件，形成了以京师咸阳为中心，东通东海，南达南海，北至九原，西连西域的交通网。驰道宽五十步，沿途设有邮亭，用来传递公文军令。秦王朝十分重视军令传递的速度，从首都咸阳持军令赴各郡的军事通信人员，沿途所经之处，无论什么人，都不得阻挡。《秦律》中有对阻拦信使的人加以惩处的明确规定。

除传送军令之外，各地驿站还负责传递报告当地政治、经济、吏治、教化等方面的公文、奏疏。为了保证传递无误，还制定了相应的法规。如《秦律十八种·行书律》中有规定：“行命书及书署急者，辄行之；不急者，日毕，不敢留。留者，以律论之。”可见当时已经将公文分为“急”与“不急”两类，凡皇上颁发的诏书、制书和标明急字的文书，须立即传送；不急的，当日送完，不准搁压。

汉代，邮驿事业进一步发展，规定五里设邮，十里设亭，三十里设驿。邮驿行政事务，中央由太尉府法曹驿官掌领，地方军政部门设驿丞管理。汉代驿传的效率很高。《后汉书·西域传》记载了汉代在“西域”地区邮驿组织的发展，“立屯田于膏腴之野，列邮置于要害之路，驰命走驿，不绝于时月。”西汉时，从金城（今兰州附近）到长安，将近七百公里的路程，公文往返只需七天。东汉时，天子玺书一昼夜可行千里。这些都大大便利了政令的传达和各地的联系。

全国邮驿组织的建立和驿传制度的形成，对秦汉政权的政令迅速通行全国付诸实施，起到了重要作用。

三、汉以后驿传事业的发展

自公元 220 年东汉灭亡，到公元 581 年隋代建立，中国基本上处于分裂状态，三百多年分裂局面下的驿传情况缺乏详细的历史记载。但是嘉峪关古墓壁画中的驿使形象告诉人们，秦汉建立的驿传制度并没有废止，而是一直在缓慢发展。

经过魏晋南北朝和隋代的发展，邮驿组织到了唐代已有相当的规模。唐代经济繁荣，内外往来增加，驿传事业也十分发达，驿传制度更加完备。当时的驿站分陆驿、水驿、水陆兼驿三种，“三十里置一驿，其非通途大路则曰馆”（《通典》卷三十三）。据《新唐书·百官志》统计，当时全国共有驿馆 1 643 处，工作人员 17 476 人，其中陆驿 1 297 处，14 267 人，水驿 260 处，2 349 人，水陆相兼驿 86 处，860 人。陆驿分六等，配不同数额马匹：一等驿配马 60～75 匹，六等驿配马 8 匹。水驿每驿配船 2～4 只不等。邮驿组织在中央由兵部的驾部郎中管辖；在地方，各节度使下设馆驿巡官四人，各州有兵曹、司兵、参军分掌邮驿，各县皆由县令兼理驿事。另外，还建立了邮驿的考绩制度和视察制度，并规定各道有判官一名掌管全道驿政考绩；中央有监察御史一人兼馆驿使，考察驿务。

唐代对公文传递速度也有明文规定：陆驿一般公文日行三百里，军务急件和皇帝敕书日行五百里。这种速度在当时是十分惊人的。唐代著名边塞诗人岑参有《初过陇山途中呈宇文判官》一诗形容当时驿传事务之忙和速度之快：“一驿过一驿，驿骑如星流，平明发咸阳，暮及陇山头。”

唐代对驿传工作实行考绩制度。工满一年，成绩显著而无差错者为“上考”；成绩一般且有差错者为“下考”。另外还实行监察制度，“以监察第二御史主邮驿。”（《唐会要》卷三十一）大历十四年（779）九月，门下省上奏曰：“两京请委御史台，各定知驿史御史一人，往来勾当。”

驿传任务，原先一是负责传递公文、信件，二是负责护送过路官员（包括安排食宿）。后来，又负责传送政府重要物品，可是最后发展到官署杂品，甚至连鲜货果品也要交其传递。杨贵妃最爱吃鲜荔枝，唐玄宗为了博得贵妃一笑，便下令兵部让驿骑传递，荔枝上市时节，岁岁日日要保障供给，稍有稽滞，驿骑将受律令处之。这位贵妃只知日日品鲜，却不知路途之遥远，驿骑之艰苦。诗人杜牧为此写诗：“长安回望绣成堆，山顶千门次第开。一骑红尘妃子笑，无人知是荔枝来。”（《过华清宫绝句》）

一些诗人鉴于驿者事业艰辛和生活艰苦而写诗，这里仅抄录两首。一首是歌颂陆驿骑者，一首是歌颂水驿船夫。“绛台驿吏老风尘，耽酒成仙几十春，过客不劳询甲子，惟书亥字与时人。”（李商隐《戏题赠稷山驿吏王全》）“苦哉生长当驿边，官家使我牵驿船。辛苦日多乐日少，水宿沙行如海鸟。逆风上水万斛重，前驿迢迢后淼淼。半夜缘堤雪和雨，受他驱遣还复去。夜寒衣湿披短蓑，臆穿足裂忍痛何！到明辛苦无处说，齐声腾踏牵船出。一间茅屋何所值，父母之乡去不得。我愿此水作平田，长使水夫不怨天。”（王建《水夫谣》）

四、宋代形成的“急递铺”制度

宋代驿传制度大致沿袭唐代，但也有改革：将驿站改为军事性质的组织，由枢密院下设军邮局统管，各驿站的传递人员由民夫改为兵卒担任，称为“递卒”。并另在驿站以外设专门传送紧急军务文书的“急递铺”，犹如今天在普通邮政外建立专门的“特快专递”。沈括《梦溪笔谈·官政一》说：“驿传旧有三等，曰步递、马递、急脚递。急脚递最遽，日行四百里，唯军兴则用之。熙宁中又有金字牌急脚递，如古之羽檄也，以木牌朱漆黄金字。”南宋名将岳飞被秦桧陷害，召回南宋京都临安，一日之内在前线接到十二道金牌，催他班师南撤，放弃抗金战争，就是由急递铺传送的朱漆金字牌。

急递铺将公文划分为“最速”“次速”“平常”三个等级。最速公文日行450～500里，次速公文日行350～400里，平常公文日行300里。其日行速度之所以如此之快，是因为采用了轻骑接力、昼夜不停的办法。当时送公文的铺兵穿着特定防雨衣，头插羽毛，身佩弓刀，腰系响铃，所骑之马颈脖上还佩铃铛。路上车马、行人听到铃声，皆须让道。下站听到铃声，立即备马待发。所递公文，均要装袋封记，挂不同颜色木牌表示缓急之别，分黄漆青字牌、黑漆白字牌、黑漆赤字牌等多种。紧急公文，内用布包裹，再用油绢卷起缚好，然后用夹板束系。如边关紧急公文，则用“匣子”封锁，挂黑漆赤字牌。凡传递公文的牌与匣，均须编号、登记，注明发收官署、时间等项。收到公文包件的铺，由铺司检查验收，办理登记、交接手续。急递铺所在地方监察官署定期派员对所传递公文有无延缓、拆封、短少、损失等情况进行检查，如发现问题，即由主管官署和御史台予以处罚。

宋代“急递铺”制度为金、元、明、清各朝沿用。《中国大百科全书》介绍，元代中统元年（1260）置燕京（今北京）至开平（今内蒙古正蓝旗东）、开平至京兆（今西安）急递铺，每十里或十五里、二十五里设一铺，每铺置铺兵五人。不久，令各州县依例设置，与邻境所置铺相接。至元三十一年（1294），于大都（北京）置总急递铺提领所，各路置总铺，设提领一员。至治三年（1323），又于每十铺置一邮长。一开始，只有中书省、六部、御史台、枢密院及各行省、行台的下行公文及地方申省公文方许入递，其后扩大入递范围，凡中央各部门及地方各官府来往公文均可入递。

又据中国社会科学院历史所林金树先生考证，急递铺与驿站的机构、人员、管理等，分立两个系统，各司其职。[①] 明代中原、江南一带急递铺通常十里一铺，今天在许多地方经常看到的十里铺、二十里铺、三十里铺等地名，都是古代设有急递铺的地方发展起来的村镇。

五、元、明、清驿传事业的发展

元朝疆域辽阔，为有效地保持中央政府和各地的公文往来和联系，统治者吸取了历代的经验，建立起一套严密的公文传递制度。元初，规定兵部兼管全国公文传递工作，在全国遍设各类驿站。不仅如此，元代还在亚洲西部和东欧等地设了许多驿站，凡当时元军控制地区都建有驿站组织。元代驿站最多时达一万多处，最少时在中国境内的尚有 1 496 处（这还不包括上面提到的“急递铺”系统），构成以大都（北京）为中心的稠密交通网。驿路东北通到奴儿干（今黑龙江口一带），北方通到吉利吉思部落（今叶尼塞河上游），西南通到乌思藏宣慰司辖境（今西藏地区），范围之广为前代所未有。驿站分陆站和水站，陆站又有马站、牛站、车站、轿站、步站之分，黑龙江下游地区还置狗站，用狗拉雪橇行于冰上。据《马可·波罗旅行记》记载：“所有通至各省之要道上，每隔二十五或三十英里必有一驿。无人居之地，全无道路可通，此类驿站亦必设立……合全国驿站计之，备马有二十万匹，专门钦使之用。驿站大房屋有一万余所，皆设备妍丽，其华靡情形，使人难以笔述。”马可·波罗的描述不一定全部准确可靠，但它能说明元代驿传规模之大。

明代驿传机构，在京城设会同馆，地方分别设水马驿、递运所和急递铺。《大明会典·兵部·驿传》记载：“自京师达于四方，设有驿传。在京曰会同馆，在外曰水马驿并递运所，以便公差人员往来。其间有军情重务，必给符验以防诈伪。至于公文递送，又置铺舍，以免稽迟。”明代在北京和南京均设“会同馆”，这是中央驿站。京外的“水马驿”

---

① 林金树．关于明代急递铺的几个问题．北方论丛，1996（6）．

是驿传组织的骨干，全国共设水马驿千处以上。“铺舍”就是专送紧急公文的“急递铺”。

驿传组织在清代初期和中期仍有发展，清初有官办驿站 1 600 余处，驿卒 7 万余名，驿马 4 万多匹，归兵部主管。鸦片战争后，由于近代邮政的出现和电报的使用，中原地区驿传迅速衰落，但边远地区的公文依然靠驿站传递，直到 1913 年，北洋政府宣布撤销全部驿站。

邮驿是古代以传送公文为主要职责的机构。鸦片战争后，西方列强在华开办邮政业务，控制了我国的邮政事业，但此时的邮政已经不以公文传递为主要业务了。

第四节　中国古代秘书参谋言谏职能*

一、夏、商、西周时期的史官言谏职能

我国文臣言谏制度最早可以追溯到原始部落联盟后期的民主管理制。

在传说中的尧舜禹时期，“帝王”（实为部落联盟首领）即位皆由“四岳”推举，“四岳”就是协助天子管理部落事务的谋臣，在领导集团内起着重要的参谋作用。尧舜为防止政令失误，曾相继设置“进善之旌”“敢谏之鼓”“诽谤之木”，广泛听取臣民对政务的建议、批评，这既是古代信访制度的萌芽，也可以说是纳谏制度的萌芽。

夏、商、西周三代，出现了不少著名的谏臣。夏桀之时，太史终古多次进言，请求夏桀关心老百姓的疾苦，不要贪图享乐、施行暴政。夏桀不听谏言，终古最后拿出他保管的记录前代帝王的档案，“哭谏”夏桀，但夏桀始终拒听逆耳忠言，迫使太史携带档案（图、法）投奔了商汤。

这样的故事在古代一再重演。商纣王之时，微子和箕子也数次进谏，均遭拒绝。纣王叔父比干叹道：“主过不谏，非忠也。畏死不言，非勇也。过则谏，不用则死，忠之至也。”（《史记·殷本纪》正义引《括地志》）他冒死进谏纣王，劝其修善行仁，结果被剖心而死。周厉王也是一个暴君，不听谏官劝告，拒谏饰非，残害忠良。他还派特务监视人民，谁反对他就杀谁，结果激起民愤被打倒。而商汤、文武等贤君，则都乐于听取臣下意见。

西周末年周王室太史史伯是我国历史上第一个以出谋献策而闻名于世的参谋秘书。他学识渊博，见闻广异，足智多谋，并富于预见性。一次，他在与人讨论西周政局时，曾指出：

> 和实生物，同则不继，以他平他谓之和，故能丰长而物归之。若以同裨同，尽乃弃矣。故先王以土与金、木、水、火杂，以成百物。是以和五味以调口，刚四肢以卫体，和六律以聪耳，正七体以役心，平八索以成人，建九纪以立纯德，合十数以训百体，出千品，具万方，计亿事，材兆物，收经入，行姟极。故王者居九畡之田，收经入以食兆

---

* 本节内容是在潘林杉《中国古代秘书通论》第二章第五节的基础上增删而成的。

民，周训而能用之，和乐如一。夫如是，和之至也。于是乎先王聘后于异姓，求财于有方，择臣取谏工，而讲以多物，务和同也。声一无听，色一无文，味一无果，物一不讲。王将弃是类也，而与专同，天夺之明，欲无弊，得乎?（《国语·郑语》）

这就是我国历史上有名的"和同论"，其中包含着许多有价值的思想，如"先王聘后于异姓"的优生学观念，"择臣取谏工"的开明政治主张，以及"以他平他"（即从对立中求统一）的哲学见解等。史伯的这通见解本是为讨论政局而发的，在他看来，周王室的衰落是必然的、无可挽回的（"欲无弊，得乎?"）。其主要原因是当政者"去和而取同"，亦即摈弃多样化的有机统一（"和"），而实行简单化的绝对同一（"同"），这显然违背了万事万物的本性。史伯的预见是否正确呢？我们可由另一段史实作为佐证：周宣王二十二年（前806），封其弟姬友于郑（今陕西省华县），是为郑桓公，26年后周幽王继位，用郑桓公为周司徒。他眼见幽王昏庸侈靡，社稷不保，恐遭杀身之祸，就去向史伯请教。史伯建议说，济水、洛水、黄河、颍水之间（今河南东部一带）地理位置优越，物产丰富，现在只有东虢、郐两个小国，如果你将部族、财产迁徙到那里，以那儿作为基地，就能站稳脚跟。郑桓公采纳了他的建议，后来桓公之子郑武公攻灭了郐和东虢，建立起郑国，成为春秋初年最强盛的诸侯国。

二、春秋战国时期"士"的参谋才能

春秋战国时期，诸侯争霸，学说思想处于百家争鸣的局面。这时崛起的新的秘书群体——士，多以善为主人出谋献策而闻名。他们可以说是专职的参谋人员。

春秋时，齐国大夫鲍叔牙，以善于识别人才著称。齐桓公任他为宰，他却辞谢，保举管仲，被桓公采纳，任仲为卿，尊为"仲父"。管仲主张改革，以"尊王攘夷"相号召等，被齐王采纳，使齐国日渐富强，齐桓公成为春秋第一个霸主。越国谋臣文种，在越国被吴国击破固守于会稽之时，进言越王说：应贿赂吴国太宰嚭，从中求和，免遭亡国。当勾践从吴回国以后，文种和政治家范蠡共同献计于勾践，应整顿国政，君臣刻苦图强，十年生聚，十年教训，均被越王采纳。战国之时，秦国商鞅主张改革变法，被秦孝公采纳，通过两次变法，奠定了秦国富强之基础。张仪辅佐秦惠文王，游说各国服从秦国，瓦解齐楚联盟，夺取了汉中之地。苏秦游说于魏、韩、赵、楚、燕、齐等国之间，得到多数国君信任，并给予"合纵长"称号，佩六国相印。赵平原君的门客毛遂，以自荐著称。当秦军围困赵国都城，情况危急之时，平原君赴楚求援，毛遂自荐，与其同往。平原君同楚王谈判，讲不到问题关键时，毛遂直陈要害，说服了楚王同意赵楚合纵，最后击败了秦军。

以上是先秦时期"士"在各地向诸侯言谏的若干事例，类似的情况在古代典籍中比比皆是。本书第二章介绍的参谋型秘书冯谖就是其中一个典型。

三、秦汉时期秘书参谋言谏制度的形成

秦和西汉先后设置了许多参谋顾问人员，如给事中、光禄大夫、谏议大夫、博士等，

还有国家编制以外金马门的“待诏”。这些人员可以出入禁中，侍从皇帝左右，出谋献计，备顾问咨询，规劝进谏，协助决策，近于今之政府智囊人员。史称这些人为“谏官”“言官”或“谋士”。

参谋顾问人员能否大胆进谏，行使权力，则完全取决于君主之明暗。开明君主能使参谋人员畅所欲言、直言相告、有谏多纳；而昏庸君主，则厌恶忠贤谏臣、排除谏诤，甚而予以迫害残杀，对投其所好之佞臣，却倍加宠信、委以重用，致使政治黑暗、国家衰败。

秦汉两代是我国古代言官制度正式确立时期。秦始皇立国后承袭前代言谏做法，从组织上建立一种参谋言谏制度。他首创监察、言谏体制为：设御史纠弹百官违败而肃纲纪；置言官谏正君主（或政府）而防专断。前者为纠违败于已成之后，后者为正法令于未布之前。这一制度，实际上是封建国家政治体制之一，其中“置言官谏正君主”，虽对独裁者秦始皇来说是句空话，仅属摆设，但对巩固封建社会秩序却有重要意义。

汉代充任言官职务者，多为一时名儒和皇家贵戚。他们可以向皇帝直言规谏或婉言讽谏。东汉韦彪曾上疏说：“谏议之职，应用公直之士，通才謇正，有补益于朝者。”（《后汉书》卷二十六《韦彪传》）故“公直”“通才”成为后来封建社会对参谋顾问人员的德才要求。两汉的谏官给统治者提出了许多很好的建议，对汉王室的稳定起到重要作用。

四、魏晋南北朝时期言谏职官制度的发展

三国两晋南北朝是言谏职官制度发展时期。三国之蜀，曾以费诗、杜微、周群、尹默等人任谏议大夫，并以庞统、诸葛亮、法正为军师或谋士，他们皆为刘备建立蜀国立下汗马功劳。曹魏除置太中大夫、中散大夫、谏议大夫、散骑侍郎、散骑常侍（魏文帝时，将散骑与中常侍二官合一）外，还设给事中、给事黄门侍郎，共掌“规谏不典事”“平尚书奏事”。荀攸、荀彧、郭嘉为魏初重要谋士，曹操对他们十分宠信。

晋代言谏人员，设有给事中、给事黄门侍郎、散骑常侍、散骑侍郎。据史料记载，晋代给事中已有一定品位，并为常员，这是言谏制度一大进步。南北朝谏官的品秩和职掌，较前代进一步明确，给事中是最主要的谏官，其职掌是“讽议左右，从容献纳”，兼以出纳王命。

五、隋唐时期参谋言谏制度的昌盛和发达

隋唐是参谋言谏制度发达昌盛的时期。以前历代言官分属若干机构管辖，隋初则归门下省，其长官为纳言，统管散骑常侍、通直散骑常侍、谏议大夫、给事中等言官。门下省成为统辖谏言之机关，其职掌是为皇帝出主意，陪从朝直、省读奏案。隋后期由于炀帝专断，生性不喜谏官，故一度废除谏官制度。

唐时重谏官轻御史。谏议大夫、给事中同称侍臣，分属门下、中书两省管辖。其时门下省设给事中四人，位次谏议大夫，既管政令封驳（封还诏书之不行，驳正诏书之所失）

涂归，又管监察、信访、人事，驳正刑狱、审铨官资、纠理冤滞。唐代给事中职宽权重，超过前代谏职。

唐朝廷还设左右散骑常侍各两人，左右谏议大夫各四人，左右补阙、拾遗各六人。左者属门下省，右则归中书省。大事廷议，小事上封事。谏诤是言官天职，他们对皇帝命令、中书门下草诏以至一切军国要略、措施得失，都可谏议。伟大诗人白居易曾担任过左拾遗，后升任补阙。他介绍拾遗职责说："左右拾遗，掌供奉讽谏，凡发令举事，有不便于时、不合于道者，小则上封，大则廷诤。""朝廷得失无不察，天下利病无不言，此国朝置拾遗之本意也。"白居易在任拾遗、补阙时，尽职力谏，有一次直言指责唐宪宗过错，宪宗便恼羞成怒地说："白居易小子，是朕拔擢致名位，而无礼于朕，朕实难奈。"（均见《旧唐书·白居易传》）

唐时言路大开，出现许多直言谏官。最著称者有魏徵、王珪、褚遂良等人，他们皆直谏不讳，提出自己的主张，成为最高统治者的得力助手。如魏徵任唐太宗谏议大夫时，前后陈谏200余事，规劝李世民以"隋亡为鉴"，认为"君若舟，民似水"，"水能载舟，亦能覆舟"，"兼听则明，偏信则暗"，"思安居危，戒奢以俭"，"任贤受谏"（见《贞观政要》）。这些谏言，全被太宗采纳。唐初出现"贞观之治"的繁荣昌盛局面，与进谏、纳谏有很大关系。

六、两宋辽金参谋言谏制度的衰退

北宋给事中至神宗元丰始定为执事官，而有专任，隶属门下省。不久，给事中又升为门下后省长官。宋廷另置左右散骑常侍、左右谏议大夫、左右司谏、左右正言等谏官（"司谏""正言"即唐之"补阙""拾遗"），左属门下省，右归中书省，号曰两省官，掌谏议之职。宋时言谏之制表面上有所发展，而实际上言官实权大为削弱，主要职责为分治六房和五案，而不是谏正君主和封驳诏书。朝廷对于谏官和忠贤良将抗金反元的许多谏言，不予采纳，相反使其蒙遭贬官、下狱以至诛灭。不少贤臣因上书反对主和投降政策，而遭打击迫害。

辽金亦设言谏之官，但基本上是名存实亡。如金之给事中划归宣徽院，掌朝会宴享之事务，不主言谏之任。辽金也设有谏院，置左右谏议大夫、左右补阙、左右拾遗，他们对皇帝仅伴食进退，不能履行言谏之职。

七、封建社会后期参谋言谏制度名存实亡

元明清三代是封建社会后期，君主专制愈加严重。言谏之职，性质更为大变。三代共同特点：名义上设有谏官机构、人员，然而，不以谏诤为根本之任，而以言官充任记录、传达朝奏、稽考、注销、修注等事，致使谏官变为"监官"和事务官。其官名虽未改，但面貌已非。

元以武力霸天下，皇权高度集中、专横，自然不让言官谏诤。它所设置给事中、左右

朴阙，全令其充任记录、修注等事务，实属张冠李戴，其言谏封驳之责，无人主掌。

明代初期办置谏院，配左右司谏各一人，左右正言各二人，还有谏议大夫一人。不久，均被裁废。所置给事中职掌是封驳下级来文章奏等事务，而不是封驳皇旨。明代还有不少参谋幕僚，对皇帝和朝廷直陈己见，提出批评、建议，他们虽都是以敢言著称，但除明初李善长、朱昇等建言被采纳外，多数未被采纳，并遭迫害。

清季较元明更进一步削弱参谋言谏之制。所设给事中，隶属都察院，听都御史考核，则失去驳正诏书、备顾问参谋之职。朝廷的重大决策及谕旨诏令，悉由皇帝一人专断独裁。

自秦以来，言官与御史分署管辖，前者以正天子、朝廷为任，后者以纠百官为职，职责不同，系统分明。明之给事中不能封驳诏书，而仍成独立体系，体制尚未咸失。清代六科给事中则并入都察院，其职权仅限于稽考和注销，完全失去了谏正君主、朝廷之职，只不过充当独裁皇帝监察百官的耳目而已。由于清代言官制度彻底裁废，致使君主及其朝廷无度奢侈，政治更加黑暗，政府极端腐败，从而加速了封建社会制度的灭亡。

我国古代参谋言谏制度对维护统治、巩固政权起过积极作用。凡是言谏制度比较健全的王朝，政治较为安定巩固，国势也就繁荣强盛；反之，君主乾纲独揽、大耍淫威、排除辅佐、堵塞言路，则政治黑暗、国家衰退，以至亡国。

在最高统治者身边设专门驳正违失的谏官，这种制度对于防止最高领导人决策失误，也有一定的借鉴价值。

第五节　中国古代的督查工作*

督查是对领导的重要决策或工作部署贯彻执行情况进行督促检查。中国古代没有与今天秘书部门的“督查”完全对应的专门机构和专项工作，但是历代统治者为了维护中央的权威，使最高统治者的意图和朝廷的决策得到贯彻执行，也需要对行政系统内的衙署和官员进行督促检查，为此还设置了相应的机构，配备了相应的官职，建立了相应的制度。需要说明的是，古代对政令贯彻情况的“督查”与对官员本身的“监察”是结合在一起进行的，很难截然分开，因此本节介绍的内容中有一些在今天看来属于纪检监察部门的职责。

一、中国古代的督查机构和督查官职

中国在先秦时代已经有了督查工作的萌芽，但是真正比较规范的督查，则是自秦始皇

* 此节内容参考了杨树森所作《古人是怎样进行督查的?》，发表于《秘书工作》2007年第4期。

建立中央集权的封建国家开始。此后历代朝廷的督查职能主要由御史府（台）承担。

1. 御史大夫和御史府（台）

在统一中国之前，秦国就设有御史一职。《史记·廉颇蔺相如列传》载，渑池会上秦王请赵王奏瑟，“秦御史前书曰：‘某年月日，秦王与赵王会饮，令赵王鼓瑟’”。此记载说明当时秦御史是跟随国王的文字秘书。秦始皇统一天下以后，在中央实行三公（丞相、御史大夫、太尉）九卿（中央各部门的长官）的政体。“三公”都设有自己的衙门——丞相府、御史府、太尉府。其中丞相府是协助皇帝处理全国政务的行政机构，太尉府是掌军事的机构，而御史府则是主要的秘书机构，御史大夫相当于朝廷的办公厅主任。在御史府的主要职掌中，对大小官员的监督和考察，受命代皇帝巡视各郡县并监理郡务，以及受命处理皇帝亲自交办的特殊事宜等几项，都可以归属于今天的督查工作。

御史府督查的主要对象是丞相府。它通过对以丞相为首的行政官员的督促检查，保证行政系统忠实地贯彻执行皇帝的决策意图。为了强化这一功能，秦始皇规定：御史大夫为“候补丞相”，他虽然不直接插手丞相府的具体事务，但是一旦丞相的位子出现空缺，御史大夫就自动升为丞相。古代帝王一方面要依靠一人之下万人之上的丞相去管理国家政务，另一方面又总是担心丞相对自己不忠，害怕丞相权力过大而使皇权旁落。秦始皇年轻时在这方面有过痛苦的经历，他十三岁即王位时，秦国的大权被相国吕不韦操纵，每遇大事必经“相父”同意才能决策，直到九年后除掉吕不韦，他才真正掌握秦国的决策权。为了协调皇权和相权之间的矛盾，秦始皇在他统一中国后就根据自己的执政经验，设立了御史大夫一职来监督约束丞相，并明确御史大夫为“候补丞相”。这样一来监督者就会瞪大眼睛去挑丞相的过错，找机会弹劾丞相以便自己升迁，而丞相为了免遭弹劾，便会小心谨慎，奉公守法，忠实贯彻国君的统治意图。

虽然秦始皇设计的这种相互制衡的监督机制并没有避免秦王朝的夭亡，但是这种由御史府承担督查职责的机制为汉代袭用。东汉后御史府改称御史台，基本职能未变，一直到明代初年。

明初，朱元璋废除宰相一职，御史台自然失去原来的监督宰相（丞相）的职能，遂改名为“都察院”，其职掌是“纠劾百司，辨明冤枉，提督各道，为天子耳目风纪之司”，成为主要监督考查一般官员的机构，其主要官员仍然叫作“御史”。

2. 明代和清代的“六科”

朱元璋建立大明王朝后，为巩固皇权，废除了宰相一职，由皇帝自任最高行政长官，原隶属于中央行政机构中书省的吏、户、礼、兵、刑、工六部改为直接对皇帝负责。为适应这种集皇权、相权于一身的体制，朱元璋除了设立规制庞大的中央秘书处——内阁外，还专门设立了以督查为主要职能的秘书机构——六科。六科的主要职掌是：对吏、户、礼、兵、刑、工六部贯彻执行皇帝旨意的情况实施监督，以保证皇帝的政令（制敕）通行全国。六科于皇宫午门外东、西朝房内集中办公，具体分管对各部的督查。每科配都给事中（主管）一人，左、右给事中各一人，给事中若干人。给事中官位很低（七品），但权力很大，皇上交派各部办理的事项，由他们每五天检查督办一次，倘若有拖延不办，或是动作迟缓者，由他们及时奏报皇上，若各衙门顺利完成了皇上的重大指令，也由六科备案核销。

明朝前期几代皇帝依靠六科了解、督查六部贯彻政令的情况，较好地实现了对行政机构的控制。自明代中期开始，宦官集团逐渐控制了朝政，六科的督查功能削弱。万历年间，六科划归内阁管理。清代初年重新设置了独立于内阁的六科，对六部实行“对口督查”。雍正时将六科改由都察院管理，但它的主要职能仍为对六部进行督查，直到清末才撤销。

3. 监御史、刺史、监察御史和巡按

御史府（台）和六科的职责主要是督查丞相府和中央各部，监御史、刺史、监察御史和巡按则是朝廷对地方官员进行督促检查的主要官员。

为加强对地方的控制，秦始皇向各地派出监御史，对郡县长官进行监督查办。西汉对地方的监察最初沿用秦朝的做法，汉惠帝时规定：监御史两年一任，每年十月到朝廷奏事，十二月再回到自己的岗位上去。汉武帝撤销了在各郡设置监御史的做法，下诏将全国分成冀、幽、并、兖、徐、青、扬、荆、豫、益、凉、交趾、朔方等十三州即十三个监察区，每区由皇帝任命一名刺史，并给刺史规定了明确的监察职责——“六条问事”，具体内容是：第一条，豪强恶霸侵占田地，以强凌弱；第二条，二千石的郡守对抗中央，欺压百姓；第三条，二千石的郡守贪赃违法，乱杀无辜；第四条，二千石的郡守任人唯亲，不举贤能；第五条，二千石的郡守依仗权势，乱拉关系；第六条，二千石的郡守勾结豪强，不奉政令。这里规定的督查对象“二千石的郡守”就是一郡之首，相当于今天的省长，“六条问事”主要就是查看这些“高级干部”是否认真贯彻执行朝廷的方针政策，是否滥用刑法、欺凌百姓等。刺史任期为九年，如果能较好地履行职责，可以直接升为郡守。刺史虽然被赋予的权力不小，但官阶不高（俸禄只有六百石），如果在任期尽心尽职，就可望直接升迁为二千石的郡守，这种机制就迫使刺史竭尽全力去做好任期内的督查纠劾工作。（“刺史”一职后来演变为地方行政长官，此为后话）

汉代这种对地方官员进行督查的机制为魏、晋及以后各朝继承，只是后来这个官职的名称不再叫“刺史”，而叫“监察御史”（隋唐）、“巡按”（明清，又称“巡按御史”），这些由皇帝直接派出的督查官员，虽然官品不高（如明代巡按御史为正七品），但是由于直接受皇帝派遣，在加强中央政府对地方的控制、整治地方官员行政不力现象方面能够发挥重要作用。例如，明代宣德年间的巡按御史黄润玉，“出按湖广，斥两司以下不职者至百有二十人”（《明史·黄润玉传》）。

二、中国古代督查的形式

1. 最高统治者亲自巡视督查

《明史·职官志》说：“巡按则代天子巡狩”，这说明刺史或巡按的职责就是受派遣代替天子本人对地方行政官员进行监察和督查。《孟子·梁惠王下》说：“天子适诸侯曰巡狩。巡狩者，巡所守也。诸侯朝于天子曰述职。述职者，述所职也。”这里所说的“述职”就是下级对上级的汇报，与它相对应的“巡狩”则是上级对下级的督查。从这个角度看，帝王为了督促地方政府贯彻执行自己的统治意志而亲自到各地进行视察，也是古代督查的一种形式。

天子出巡始于古代关于尧舜的传说，西周有“天子巡狩诸侯”的记载，春秋战国时期逐步演变为国君的行政视察。秦始皇灭六国后在位十二年，先后五次出巡，足迹所及，几达当时秦国的所有国土。后来的汉武帝、唐太宗、武则天、朱元璋、康熙、乾隆等一些有作为的帝王，都经常到各地进行巡视。

2. 督查官员奉旨督查

监御史、刺史、监察御史和巡按等受皇帝指派，代表皇帝出巡，以检查诏令贯彻落实情况，这是古代对地方进行督查的最基本的形式。前文已有介绍，此不赘述。

3. 建立办文时限制度进行催报督查

领导机关的政令一般是通过公文下达的，因此明确规定办文时限，并以此为据对下级贯彻落实政令的情况进行催办催报，是督查工作的一个重要手段。这种督查形式始于唐代。《唐律疏议·名例》规定：“小事五日程，中事十日程，大事二十日程。”《唐义疏议·职制》规定：“稽程者，一日笞十，三日加一等，罪止杖八十。”对皇帝制敕诏令和军国重事的公文，则要求随到随办，一旦成案，“即日行下”，“当日并了”，不得延误。如有稽缓者“一日笞五十，十日徒一年”。

宋代规定：对收文办理，应“当日受，次日付”；对发文办理，“小事限五日，中事给十日，大事二十日”，稽迟者罚之。（《庆元条法事类》）

元代规定紧急公文必须随到随办，不得稽迟。元代还形成了公文定期催办制度，在京都各衙署，十日催，五日再催；对外地官府，五百里内，十五日催，十日再催；五百里外，三十日催，二十日再催；千里外，五十日催，四十日再催；三千里外，七十日催，六十日再催。三催不报，以罪论之。

明代改革家张居正为内阁首辅时规定，官员公事文件上必须注明完成时限和进度，这些文件副本要发到各相关部门和监督人员手中。时限一到还没有办完，就要问罪。这项制度颁行后，“自是，一切不敢饰非，政体为肃。”（《明史·张居正传》）

值得指出的是，古代公文办理时限制度往往是以法规形式颁布的，因而具有很强的严肃性、权威性、强制性。

4. 通过文卷的“照刷磨勘”进行督查

“磨勘”本来是宋代出现的一种审官形式，即通过核查官员所办事项的案卷，对官员的政绩作出鉴定，并作为官员升迁降黜的依据。元代建立的“照刷磨勘”制度则是一种督查制度，“明察曰照，寻究曰刷，复核曰磨，检点曰勘”（《元典章》）。就是通过对官府所办理的文卷的定期跟踪核查，及时发现公文处理中有无拖延、疏忽、隐没、涂改、规避等现象发生，从而揭发和纠正政务活动中各种弊端。这样就使“磨勘”的功能由本来的评价鉴定转变为督查监控，由注重行政的后果转变为追踪控制行政的过程。

据覃兆刿《磨勘转官与照刷磨勘文卷制度》（《光明日报》，2000 年 5 月 19 日）介绍，元初文卷的照刷磨勘每年一次，后来改为半年一次，当时对照刷的内容、方法以及处罚措施都有详细规定，照刷告一段落，则视不同情况注明“已绝”（事已办毕）或“未绝”、“违错”（事已施行，但其中有违枉失错之处）、“稽迟”（事当办而未办）等字样。若经过照刷磨勘，确定办事过程无疑枉之事，便可注明“已绝经刷文卷”，后送入架阁（即今档案馆）保管，对那些从文卷中发现有问题的当事者则限期纠正处理，否则呈报朝廷弹劾或治罪。为了防止公事延误，便于及时从文卷中发现问题，当时还规定了周年交案的办法。

由于“照刷磨勘”是一种行之有效而又便于操作的行政督查形式，所以被明、清两代沿袭下来。这一督查形式对保证政令的有效贯彻、维护行政系统的稳定有序起到了积极作用，对今天的行政督查也有一定的借鉴意义。

第六节　中国古代的会务工作

会议自古以来就是行政管理的一种常用手段。“办会”历来是秘书工作的一项重要业务。了解古代会务工作的一般情况，对我们理解当代管理活动中会议的作用，以及如何做好会务工作，有一定的借鉴价值。

严格地说，会议是商讨议决事项的集会，有别于礼仪性的集会。但无论是正式会议还是一般集会，组织筹备工作都是会务工作。为了行文方便，本节下面对一般集会（如动员大会）和会议不作严格区分，一律统称“会议”。

一、原始社会部落联盟会议和会务工作

人类脱离动物界，形成了社会组织以后，就必然会有议决事项的会议。从理论上说，会议的历史与人类社会的历史一样长。但在漫长的原始社会早期和中期，会议仅限于规模较小的氏族内部，不需要专门的会务组织工作，因此可以说那是一个只有会议而没有会务工作的时代。

到了原始社会末期，若干氏族组成了胞族，若干胞族组成部落，若干部落组成部落联盟。部落和部落联盟实行原始民主制，重要问题集体议决，因此产生了频繁的原始会议。

原始社会末期的会议大致有以下几种：

一是部落联盟首长召开的议事会议，类似于今天的办公会议。如由最高部落联盟组织人员和部落成员分别参加的议事会、民主大会，还有长老会议。据古代传说，黄帝发动对炎帝的战争前，就召开了各部落酋长大会；尧在确定派谁去主管治水时，也召开了部落联盟会议，尽管他本人觉得鲧不可靠，但还是服从了多数人的意见，决定派鲧去治水；尧去世后，已经掌握实际管理权的舜提议让尧的儿子来继位，但遭到与会人员的反对，大家一致推选舜当领导。

二是战争动员大会。如黄帝在发动对南方蚩尤部落的战争前，就召开了一次大会，动员所有参战人员团结一致、勇猛进攻，最后终于战胜了蚩尤；又据《墨子·兼爱》记载，禹在代替舜指挥伐苗战争前，也举行了战前动员大会，还在会上发表了“伐苗誓辞”。

三是庆祝大会。如黄帝击败蚩尤、炎帝之后，被大家拥戴为“天子”。不久，在釜山（今河北省涿鹿县）举行庆祝大会，参加会议的有“万国”之多。

四是礼仪性质的朝见大会。大禹即“天子”位不久，先后在涂山（今安徽怀远）和苗山（今浙江绍兴）举行了各国诸侯（实际为各部落酋长）大会，要求他们服从中央指挥。这种礼仪性会议仪式非常讲究，有仪仗队、乐队、舞队，禹头戴垂珠曳玉冕，身穿日月星辰山龙华虫绸花袍，气派威严，非常隆重。

从传说中的这些部落联盟会议看，参加人数已比较多，议决的事项也比较重要，这些会议必然有许多会务工作，诸如会议的准备和通知、仪式的确定和指挥等。这些会务工作，是在会议主持者的领导下由“百模”“纳言”之类的秘书官负责实施的。

二、历代会议概览

阶级和国家出现以后，作为国家管理重要手段的会议也逐渐增多，处理国家内部事务和国与国之间行政事务的会议相继产生，对会议的组织工作要求越来越高。如春秋战国时期，诸侯列国之间盟约会议，会议的主持人、记录人等，都比较齐备。

封建王朝是专制政权，国家大政方针的形成往往缺少民主讨论的过程，因此历代会议虽然不少，但大多为礼仪性的会，如天子登基、册封太子、祭祀祖先的仪式等。历史上对国家施政产生重大影响的会议不多，其中最著名的要数西汉中期的“盐铁之议”和唐代的“政事堂会议”。

1. 西汉的“盐铁之议”

汉武帝在元狩年间起用桑弘羊等人，制定和推行一系列新经济政策，如统一币制，盐铁和酒类官营，实行均输平准、算缗告缗（两种重要的税收政策）等，这虽然充裕了国家财政，但是广大农民负担愈来愈沉重。这些客观情况促使武帝晚年的政策发生重大改变。征和四年（前89）武帝诏令：“当今务在禁苛暴，止擅赋，力本农”，从而在一定程度上恢复了汉初的“与民休息”政策。

汉武帝在政策上的转变，对于稳定汉王朝的统治是必要的，但统治集团内部意见并不统一。武帝死后，继位的昭帝年幼，大权掌握在霍光手里。为了保证“与民休息”政策的实行，昭帝始元六年（前81）二月下诏命丞相田千秋、御史大夫桑弘羊召集郡国所举贤良文学六十多人在长安开会，询问民间疾苦。贤良文学之士与桑弘羊意见不一，他们就汉王朝的内外政策进行了几十天的辩论，史称“盐铁之论”。西汉桓宽编撰的《盐铁论》详细记载了盐铁之议的情况，这本书可以说是中国古代一部比较完整的会议纪要和会议文件汇编。

这次具有确定治国方策性质的会议，反映了统治阶级内部对当时经济和政治形势的不同认识，以及由此而提出的不同的治国政策。经过这次辩论，“与民休息”的政策进一步得到肯定，对昭帝、宣帝时期社会经济的恢复和发展产生了积极的影响。

2. 唐代“政事堂会议”

魏晋南北朝时期逐渐形成的中央政府机构的“三省制”，到唐代得到逐步完善。三省之间的关系是中书出令，门下审议，尚书执行。中书省是起草政令的机关，中书舍人拟稿后由中书令或中书侍郎选定并补充修改，再呈送皇帝画一“敕”字，然后送达门下省，经过门下省审议后再由皇帝亲自批准，才能成为国家的正式法令交尚书省执行。

中书省拟好的政令送达门下省时，如遇门下省反对，就会将它“封还”，命令即算作废，皇帝的“画敕”也等于无效。所以唐代皇帝欲下诏敕，一般先由门下省和中书省举行联席会议，会议场所称为“政事堂”。政事堂会议的出席人包括中书、门下两省长官及副官，多时有十几人，最少时只有两人。开会时有一主席，称为“执笔”，讨论结果由他综合记录，等于现在之书记长。此项主席轮流充任，有时一人轮十天，有时一人轮一天。

尚书省长官一般不出席政事堂会议，他们只有执行命令之权，而无发布命令及参与决定命令之权。皇帝命令，在“敕”字之下须加盖“中书门下之印”，即必须在政事堂会议正式通过，然后才能送尚书省执行。未加盖“中书门下之印”而由皇帝直接发出的命令，在当时被认为是违法的，不能为下面各级机关所承认。

中央政令须由政事堂会议通过才有效，皇帝一人说话不算数，这在封建社会中算是最“民主”的决策制度了。贞观三年（629），唐太宗对中书、门下两省的官员说：“中书、门下，机要之司。擢才而居，委任实重。诏敕如有不稳便，皆须执论。比来惟觉阿旨顺情，唯唯苟过，遂无一言谏诤者，岂是道理？……自今诏敕疑有不稳便，必须执言，无得妄有畏惧，知而寝默。”（《贞观政要·政体第二》）由于政事堂会议制度使中央政令在下发前经过充分的论证，避免了中央政府决策失误，“由是鲜有败事”。它对“贞观之治”的出现起了重要作用。这一制度的合理性对于我们今天起草重要文件、出台重要政策或形成重要决定，仍然有很高的借鉴价值。

古代类似盐铁之议这样的会议究属少数，大多是一些例行会议。各个朝代会议之频繁、会务工作之烦琐，均大同小异。下面引录潘林杉先生的《中国古代秘书通论》① 一书中对清代会议概况的介绍，以便读者了解封建社会会务工作的大致情况。

三、清代的会议概况

1. 清代会议的种类

清代的会议多种多样。就朝廷会议而言，已形成完备的会议制度。按它的形式名称划分大致有六种：

第一，常朝会，这是皇帝例行的办公会。一般情况下一日一次，特殊情况下改为二日、三日乃至五日一次，于黎明时分举行。会议由皇帝亲自主持，与会人员除有关朝官外，还有掌玺、记注官等服务人员。内容通常是预先拟好的谕诏，由皇帝在会上宣布，有时也议论一些问题。

第二，大朝会，有定期和不定期两种。定期的大朝会为每年新年、冬至、万寿（皇帝生日祝寿）各举行一次的“三节会”，不定期的指皇帝登基、大婚（包括公主结婚）、册封

① 潘林杉．中国古代秘书通论．合肥：安徽人民出版社，1990．

皇妃或太子等大会。大朝会是朝廷举行的规模最大、最隆重的大会。参加大会人员，除在京的朝廷文武官员、皇室亲王等成员外，地方各省还派人参加，人员多在500人上下。会议内容多为内外官进表献辞，对皇帝和朝廷歌功颂德。

第三，军礼大典会，这是不定期的会议，与大朝会有相同之处，参加对象不尽相同。内容有大阅、亲征、命将、纳降、凯旋、献俘等，均与军队活动和战争行动相关，其仪式也很隆重。

第四，皇帝会见被“引见”官员会议。通过“引见”，皇帝可以直接面视县以上官员，并予以任免。清代这类会议比较多，是临时性的会议。

第五，外交活动举行的各种会议，诸如朝觐、迎送外国使者等。这类会议，自第一次鸦片战争以后与日增多。

第六，探讨统治方略的会议，由皇帝随时召集身边重臣或参谋顾问，咨询官员，座谈讨论。

从内容上看，以上六种会议只有第一种和第六种才是真正商议事情的会议，其他四种都是礼仪性的集会。

2. 清代会议的内容

如果按会议内容划分，清代朝廷大会有五个方面：

一是“吉礼”性的会议，包括祭天地、神祇、太庙、陵寝、历代帝君、先圣先贤、忠烈名臣等祭典会。

二是“嘉礼”“宾礼”等会议，包括皇帝登基、大婚、庆寿、册封、颁诏、筵宴、传位等庆典会和朝贡、敕封以及与宗室外藩王公、官员、宾朋、师弟等相见会议。

三是军礼会。

四是凶礼会，包括帝后、妃嫔、皇子、亲王、公主、品官以及庶士、庶人等的丧葬礼仪会。

五是皇帝处理政务的会议，内容包括谋划方略、解决具体问题等。

3. 会务工作的落实

上列各种会议的会务事项，俱由秘书工作性质的部门负责安排实施。清初期，分别由礼部、乐部、太常寺、光禄寺、鸿胪寺安排落实。内阁和军机处成立以后，由其牵头，具体工作则由礼部、大常寺、鸿胪寺、光禄寺以及中央有关部门负责落实。譬如：太常寺负责庙坛祭祖会议安排事项；光禄寺负责节庆、祭典、婚丧等会议的筵席；鸿胪寺负责朝会、宴会、祭祖礼仪事项，通知参加大朝会等官员名单，排定班次，确定不同官员穿戴官服，安排行礼礼仪；乐部负责大朝会、祭祖宴会等奏乐，乐队一般由28人组成。清末光绪年间官制改革，将光禄、太常、鸿胪并入礼部。宣统三年（1911）又改礼部为典礼院，故具体工作，先后由礼部、典礼院安排。

礼部分置了许多部门分管会务礼仪，如仪制清吏司掌嘉礼、军礼事务，祠祭清吏司掌吉礼、凶礼事务，主客清吏司掌典礼和接待外宾事务，精膳清吏司掌“燕飨廪饩牲牢”事务，等等。吉礼、嘉礼、军礼、宾礼等会议，执事官（殿内侍班、领侍卫内大臣、豹尾班侍卫、记注官等）都是东西相向站立，殿内侍班有一定法定人数。皇帝和大臣、顾问商讨国事的会议，其他任何人不得闯入室内。

每一种会议，由皇帝的侍卫处按法定程序负责安排随从警卫。侍卫处由御前大臣统领，内有几百人编制。

从清代会务的数量、会务组织机构和事务看，封建朝廷的会务工作是极其烦琐的，且所承办的会议大多是维护封建帝王威严的礼仪性会议。所以，古代在会议组织方面的秘书工作没有多少值得今天借鉴的有益经验，反倒有许多做法是今天应该努力避免的。

第七节　中国古代的信访工作

一、中国信访工作的起源

中国古代最早的信访工作，可以追溯到原始社会末期的尧舜时代。《史记·文帝本纪》上说："古之治天下，朝有进善之旌、诽谤之木。"这里所说的"古之治天下"，指的就是尧舜治理天下的时代。

所谓"进善之旌"，乃是尧在位的时候在朝廷前设置的一面旗帜，它的作用就是让老百姓站在这面旗帜下向他直接指陈对政事的意见、建议和批评。只要是站在这面旗帜下说的话，不管内容对错，也不管语言是否尖锐，一律不追究责任。据《大戴礼记·保傅》《后汉书·杨震传》等典籍记载，尧的这一措施乃是广开言路的一大妙招，旗杆一竖，前来提意见和建议的人很多。

当是时，尧正派鲧去治理泛滥成灾的洪水，但鲧用筑坝造堤的方法治水，九年不见成效，大水冲毁了堤坝，水灾反而更严重了，老百姓意见很大，于是尧听从人民意见，命舜巡行天下，考察民情。舜虽然不辞劳苦，四处巡视，仍担心自己见闻有限，办事有遗漏，出差错，便在自己的门前设了"诽谤之木"（简称"谤木"。"谤"与"诽谤"指一般的议论、指摘过失或提出意见，不含贬斥色彩。由于此木为舜所立，舜又名重华，所以又称"华表"）和"敢谏之鼓"。所谓"诽谤之木"，就是在门前立了一根木柱，无论谁发现了舜的过失，都可以在木柱前大胆地指出来，由安排在木柱前的书记员记录下来，转告给舜。所谓"敢谏之鼓"，就是在门前放上一面大鼓，无论是哪个人想荐贤良之士，想献治国之策，都可以击几下大鼓，舜就接见他们，听取意见。通过这种办法，舜得知颛顼帝的八个子孙、帝喾的八个子孙，世代贤良，为百姓办了不少好事，舜便委以重任。舜又得知帝鸿氏的后代浑沌行凶作恶，包庇奸邪；少皋氏的后代穷奇不讲忠直信义，散播凶言恶语；缙云氏的后代饕餮唯利是图，贪求财货。舜便将这些凶恶的家族发配到边荒之地。舜还听说在丹水的丹朱鼓动南方的三苗发动叛乱，便亲自率众前去讨伐。此外，舜见鲧治水多年，毫无成效，就将他免职，发落到了羽山。在这些传说中，"进善之旌""诽谤之木"和"敢谏之鼓"，都是为了广泛听取臣民的意见、批评和建议，这些做法开了我国古代信访工作之先河。

二、西周的“路鼓”“肺石”和专掌信访官员的出现

西周时代，中央政府除定期派员深入民间“采风”，了解人民的生活境况和对国家管理的批评、讽谏外，还在夏官、秋官中分设太仆、朝士等官，掌理上访之事，同时设立了“路鼓”和“肺石”。

路鼓乃“敢谏之鼓”的沿用。《周礼·夏官》记载：“太仆……建路鼓于大寝之门外，而掌其政，以待达穷者与遽令。”“御仆掌群吏之逆，及庶民之复……以序守路鼓。”这里所说的“逆”和“复”，就是群臣的建言和老百姓的批评。在内朝门外设置路鼓，并派专人看守接待，听取他们对政事的意见和申冤，由御仆将他们的意见报告太仆，太仆再报告天子或六卿。

西周初年，周公还下令在外朝门外置“肺石”，让京畿内外之老幼穷苦百姓申冤。《周礼·秋官》：“朝士掌建邦外朝之法，……左嘉石，平罢（疲）民焉。右肺石，达穷民焉。”此石之所以叫肺石，是因为颜色和形状都像动物的肺脏。“以肺石达穷民，凡远近茕独老幼之欲有复于上，而其长弗达者，立于肺石三日，士听其辞，以告于上而罪其长。”（《周礼·秋官》）周公这一命令的意思就是说，不管远近，凡孤独无援的老少百姓，如上诉后地方官扣压冤情不上报，百姓可以站在肺石上三日，表示有冤屈要申诉。这时，管理肺石的“士”就得出来接见，倾听他的陈述，并将情况上报六卿或天子，调查核实后予以处理，并要处罚扣压冤情不上报的地方官。

三、秦汉的“公车司马”官职和“诣阙上书”制度

秦代开始，朝廷中设置了“公车司马”（后改称“公车令”）一职，其职责之一是接待和安排上书或请求面见皇帝陈言的吏民，是兼管信访事务的官员。

西汉时又设有“诣阙上书”制度。所谓“诣阙上书”，指的是百姓或下级官吏若蒙受冤屈，可越级上书中央司法机关申冤，是一种典型的越级上诉行为。出现这种越诉行为的原因主要有：地方官员判案不公，造成冤狱，受害者不得已而如此；地方官吏互相推诿，不负责任，受害者冤苦无诉，不得已而如此；被告人权高位重或案情重大，受害人或知情人不得不越级上诉。“诣阙上书”制度的确立，对纠正地方官衙办案不公、减少冤假错案、缓和社会矛盾等具有积极意义。

四、我国最早的专门信访机构——唐代的匭使院

唐代是我国古代信访制度相对完备的朝代。唐初仿周制，在朝廷前备置“肺石”“登闻鼓”，臣民可通过叩石击鼓鸣冤上访。

公元690年，武则天称帝，改国号为周。为巩固皇位，打击政敌，在中书省设立了一

个特殊的机构——匦使院，其主管官员称“知匦使”。匦是一种铜铸的大匣子，置于宫门外，其形如小舍，相当于一只巨大的信箱，四面均开有可进不可出的投书口。东面名为“延恩”，专供怀才抱器、希于闻达者投书；南面名为“招谏”，专供愿匡正政治过失、有益于理政者投书；西面名为“申冤”，专供含冤负屈、无辜受刑者投书；北面名为“通玄”，专供作赋颂扬朝政者投书。有匦始有院，匦使院就是专门管理大匦的机构，它是一个名副其实的信访机构。

武则天还专门下了一道诏令，鼓励各地官民进京投书告密，并规定凡欲进京投书者，沿途由州县官府供给驿马和食宿，并严令各地官府不得询问告密者的投书内容。告密有功者可获奖励，内容不实者不追究责任。在朝廷鼓励下，四方来京投书告密者不计其数，匦使院收到的投书堆积如山。武则天除专门任用大批官员去审理这些信件外，她自己还亲自召见投书告密者。

设置匦使院的主要目的是鼓励告密以网罗罪名打击政敌，特别是规定告密不实者不予追究，加上那些审理告密信的官员多为酷吏，所以造成许多冤假错案。尽管如此，匦使院的设立毕竟从形式上开辟了一条最高统治者了解下情的渠道，它是我国最早的中央政权的信访机构，在秘书史上具有重要意义。

武则天以后，唐朝历代沿用其制。匦使院主官名称略有变更：玄宗改知匦使为献纳使；肃宗复称知匦使；德宗除仍以谏议大夫为知匦使外，并增设理匦使，由御史中丞充其任。

五、宋代中央政府的信访机构——鼓院和检院

宋代中央政府分设两个不同层次的独立信访机构——鼓院和检院。

鼓院是初级的信访部门，宋初叫作鼓司，后改称登闻鼓院。仿照唐代的匦使院，在院门前放置大匦，供投书用。凡有关朝政得失、陈功求赏、申冤理屈的上书，以及不属于官府正常上行文书和无法呈送皇帝的文书，均可投入匦内，如无人受理，则可击鼓。

检院原称匦院，为高一级的信访部门。检院门前也置有匦。凡吏民投书鼓院未被受理，或感到处理不公，可再向检院投书。检院有处理投书的规章制度：凡紧急投书当天就要呈送皇帝，一般上书每五天呈送一次。

北宋时皇帝对两院比较重视，他们为了通过两院直接了解民情，往往选派比较可靠的官员来主管两院事务。由于设立了两级信访部门，上书者就多了一次投书的机会，不至于上书被一个部门扣压。这是信访工作的一大进步。

六、明清两代的信访机构和信访制度

明代和清代中央信访机构有通政使司和登闻鼓院（厅）。洪武三年（1370），朱元璋特设“察言司”，受理吏民申诉，洪武十年（1377）该机构改名为“通政使司”。“通政”意为政情畅通之义，通政使司的职掌范围很宽，既是中央政府的总收文机关，又参与议决大政，是高级参谋班子；同时负责受理四方陈情、建言、申诉冤屈或检举不法行为的上书。

明代后期设置了登闻鼓院，清代称登闻鼓厅，从初期到末期一直未变。

清代形成了一种名为“叩阍”的信访制度。“叩阍”分两种方式，即鼓状和告御状。凡是上访的官民遇有冤屈不平之事，原审衙门不理或审断不公时，可以直接到通政司击鼓诉冤，先由通政司讯问录供，如确实有冤情，奏报皇帝交刑部查办。而告御状则是从前代延续下来的上访申诉形式。

古代历朝的信访工作，通常由行政系统和监察系统两个系统负责。一般投书由行政系统受理，有关刑名断狱的信访案件，则由监察系统掌管，这与当代检举揭发性的或申诉冤案的来信来访通常由司法机关和监察部门受理颇为类似。

古代信访制度对统治阶级了解民情、治理国家、巩固统治具有重要意义；对缓和阶级矛盾和统治阶级内部矛盾，对广开言路、招贤纳谏、处理刑名断狱、纠正臣僚徇私舞弊，都曾起过积极作用。一些开明君主对吏民上访、上书非常重视，而不重视臣民信访者往往是一些昏庸无能之辈或专断暴戾之徒。

到了封建社会晚期，朝廷和各级官府仍设有信访机构，但由于封建政权日趋腐败，统治者远远脱离民众，他们设置信访机构只是打着“让民上访”的旗号，实际上却对信访者处处设置障碍，从各方面加以限制。如清代规定，吏民上访击鼓“必关军国大务、大贪大恶、奇冤异惨”；官民诉讼之事在地方审理不得解决时方可上告到朝廷，否则处以重刑。如《清实录·顺治朝》卷五十八曰：“自今以后，凡有奏告之人，在外省应先于各该管司道府州县控诉，若司道州县官不予审理，应于该管总督巡抚巡按内控诉，若总督巡抚巡按不准或审断冤枉，再赴都察院衙门击鼓鸣冤。”“越诉得实者免罪，不实乃戍边。”《大清律例·刑律·诉讼》还载：“若越本管官司辄赴上司称诉者，笞五十。”对老百姓信访的种种严格限制，无异于取消了臣民上访的权利。

第八节　中国古代保密工作和印玺管理

自从原始社会末期出现部落之间的冲突和部落联盟之间的战争起，就有了保密工作的萌芽。到阶级出现、国家形成之后，严格意义上的保密工作也随之出现。在阶级斗争、民族斗争和统治阶级内部的矛盾冲突中，窃密与保密的斗争非常激烈，保密工作始终受到高度的重视。统治者和各派政治力量从本身根本利益出发，总是将保密置于十分重要的地位。保密与窃密是政治斗争的一部分。

一、古代保密工作概况

1. 先秦时代的保密工作

原始社会末期，部落组织彼此之间经常为争夺领地而发生战争。为了取胜，双方总是各自探听对方虚实，制定对策，同时采取各种措施不让对方获得本方的秘密，这就产生了最初的保密工作。据传说，中原的黄帝部落和南方的蚩尤部落曾经爆发一场非常激烈的战争，当蚩尤率领南方军队来犯时，黄帝将平时驯养的猛兽放出来助战，蚩尤因为平时不了解黄帝的这一厉害手段，因此被打得大败。这一传说不一定真实，但它至少说明当时大的部落间曾经爆发大的战争，有战争即有保密和窃密的斗争。

自夏代开始，出现了阶级和国家。统治者为了巩固统治，自觉地将保密作为维护国家安全的重要措施，将保密工作提到巩固统治秩序的重要位置上来。他们任用专门的秘书官职史官掌管国家机要，史官都是贵族子弟，并受过专门训练，为朝廷和各级统治者所信赖。史官将“图”“法”等档案秘藏于王室宗庙，只有君主及其亲信方可看到，其他人无权查看。

东周实行的公文“封泥”制度，是古代保密工作的一项重要措施（下文将详细介绍）。

春秋战国时期，各诸侯国之间的斗争频繁激烈，窃密和保密的斗争也备受重视。古代有野史说越国向吴国进献美女，就带有刺探情报的任务。史载楚国的上官大夫在屈原起草变法宪令时，千方百计地想夺去看，但遭到屈原的拒绝，上官大夫就反诬屈原泄露国家机密，可见泄密在当时是一大罪名。战国后期，韩国派水利专家郑国到秦国去帮助秦人兴修水利，虽然客观上帮助了秦国，增强了秦国的国力，但是派他入秦的初始目的是消耗秦国的人力财力，缓和对韩国的军事威胁，并向韩国提供秦国的政治、军事情报。郑国的行为带有间谍的性质，被秦人知道后，秦王就对六国来事秦者下了“逐客令”，但后来为李斯所劝阻。

2. 秦、汉、魏晋南北朝时期的保密工作

秦、汉两代由丞相府和御史府分掌机要。汉武帝起改由皇帝直接控制的内廷尚书署处理朝廷机要，其目的是防止朝臣把持大权，同时这也是保密的重要措施。东汉初期明帝刘庄对尚书台官员说：“尚书盖古之纳言，出纳朕命，机事不密则成害，不慎欤！”（《全后汉文·明帝纪》）说明统治者已经从理论上认识到保密工作的重要性。为防止“机事不密则成害”，汉代任用机要人员的条件，除强调年龄、吏能、文化外，更强调身份，即掌管机要的人员必须是官僚贵族地主出身的“士子”。

魏晋南北朝时期，民族矛盾和统治阶级内部矛盾异常尖锐，窃密与反窃密的斗争也异常尖锐。在《三国演义》中，有许多关于窃密反窃密斗争的情节。虽然这是一部文学作品，但作为历史小说，其中的情节并非完全虚构，有的就来自《三国志》等正史。

3. 唐、宋两代的保密工作

唐宋统治者进一步加强了保密工作。

唐代保密工作的一个显著特点是制定了一套比较完整的保密工作法律制度。贞观十一年（637）正式颁布的《唐律》共502条，其中不少条款是对泄密罪的惩治办法。例如：

> 诸盗制书者，徒二年。官文书，杖一百；重害文书，加一等；纸券，又加一等。
>
> 诸漏泄大事应密者，绞。非大事应密者，徒一年半；漏泄于藩国使者，加一等。
>
> 诸私发官文书印封视书者杖六十，制书杖八十，若密事各依漏泄坐减二等。即误发视者各减二等。

诸密有征讨而告贼消息者斩，妻、子流千里……若化外人来为间谍，或传书信与化内人并受，及知情容止者，并绞。

以上所引《唐律》对泄密、失密的处刑是十分严厉的。它使官吏民众有法可依，对窃密、泄密者起到震慑作用。这是唐代对保密工作的一大贡献。

两宋时期民族矛盾极为尖锐，宋政权与北方的辽、金政权长期处于对立状态。各政权间窃密与反窃密的斗争十分激烈。辽、金为了窃取宋的机密，曾重金购买宋内部文件。宋政权则采取了一系列保密措施，诏令"凡议时政得失、边事军机文字，不得写录传布；本朝会要、实录，不得雕印"，"无使国之机事传播闾阎，或流入四夷"（《宋会要辑稿》）。

宋政权参照《唐律》制定了严格的对失密、泄密行为的处罚规定。例如："诸举人程文辄雕印者，杖八十，事及敌情者，流三千里。""诸狱四案款不连粘或不印缝者，各徒一年。有情弊者，以盗论。即藏匿弃毁拆换应架阁文书有情弊者准此。"（《庆元条法事类》）

与唐代不同的是，宋律除规定了对泄密者的惩罚外，还制定了对告发违反保密规定行为的奖励办法，如告发藏匿弃毁拆换机密档案者，可以获得五十贯至一百贯的奖赏。

4. 元、明、清时期的保密工作

元代统治者为蒙古人，出于国家保密需要，对汉人总是不放心。政府的重要机密一般控制在蒙古人之手，不让汉人官吏经手。

元代仿照唐宋，制定了保密刑法条文，如"诸中书机务，有泄其议者，量所泄事，闻奏论罪。"（《元史·刑法一·职制上》）对泄密罪的处罚极为严厉，轻则充军，重则处死。

明、清是我国封建时代最后两个王朝。明中期以后，统治集团内部矛盾重重，最高统治者重用宦官干预中枢机要，控制了政府机要重权，保密斗争异常激烈。

明律对违反保密制度造成的泄密行为，不但处罚当事者，还处罚其上司，也就是要追究"领导责任"。对泄密罪的处罚也重于唐宋："凡诸衙门官吏，若与内官及近侍人员互相交结，泄漏事情，夤缘作弊，而符同奏启者，皆斩，妻、子流二千里。""凡闻知朝廷及统兵将军，调兵讨袭外藩及收捕反逆贼徒机密大事，而辄漏泄于敌人者，斩。""若近侍官员漏泄机密重事予人者，斩。常事，杖一百，罢职，不叙。"（《大明律集解附例》）

清代雍正、乾隆时发出许多保密谕旨，基本形成了一套适应封建制度特别是皇权高度集中体制需要的系统、详备的保密规章制度。直接操纵机要的军机处的出现，标志着朝廷内部机要保密工作进入最高峰。军机处的保密纪律很严格，凡承旨拟办涉密事项，如有泄露，有关人员则受严厉处罚。皇帝圣旨也分为"明发谕旨"和"寄信谕旨"，前者为例行事项，后者为机密事项，也是为加强保密工作而采取的措施。

清廷对官府办理密件的规定十分烦琐，对泄密的惩罚也非常严厉。如规定"密旨""密疏"，必须在御前密封和开拆，"未经御览批发之本章一概严禁，不许刊刻传播。如报房与书吏彼此勾通，本章一到即钞录刊刻图利及捏造讹名，并招摇诈骗情弊，各照例分别治罪"（《钦定大清会典则例》）。

二、古代公文保密制度

秘书工作是一项涉及机要的工作，历代统治者都选择忠实可靠之人掌管机要。公文多涉及机密，因此文书保密历来是保密工作的重点。历代关于文书保密的制度有以下三个方面。

一是公文传递中采取必要的保密措施。魏晋之前的简牍文书，主要采用“封泥”的办法来防止文书在传递过程中泄密或被更改、伪造。王国维在《简牍检署考》中认为“封泥”的方法是：“书函之上，既施以检，而复以绳约之，以泥填之，以印按之，而后题所予之人，其事始毕。”意思是简牍文书由多片竹简或木片用绳系连而成，最外面稍宽的那片叫作“检”，一份文件卷成一卷后用细绳捆扎，外面再糊上一层黏泥，在黏泥上加盖印章，显出印文，然后再写上收文者，文件才算制作完毕。这是一种设计得非常周到的文件保密措施。晋以后的纸质文书，则用专门的封皮折角密封，并于封皮两端加盖印章或署上姓名。

二是制定专门的文书保密规定。如宋代为防止文书内容泄密，特发诏令规定：“诸举人程文辄雕印者，杖八十，事及敌情者，流三千里。”“诸狱四案款不连粘或不印缝者，各徒一年。有情弊者，以盗论。”（《庆元条法事类》）清代在处理南方民族纠纷的文件中规定：“各省办理土苗紧急事件……俱由内署写就钤印钉封申发，仍由内署按照年月案由密行挂号存案……俱不得经书吏之手。”（《吏部则例》卷四十六）

三是对泄露、窃取文书机密者处以很重的刑罚。历代法令都有这方面的专门条款。例如《唐律》规定：“诸私发官文书印封视书者，杖六十；制书，杖八十；若密事，各依漏泄坐减二等。即误发，视者各减二等。”《大明律》规定：“凡遗失制书、圣旨、印信、巡牌者，杖九十、徒二年半，若官文书，杖七十，事干军机、钱粮者，杖九十、徒二年半。俱停俸。”“凡诸衙门官吏，若与内官及近侍人员互相交结，漏泄事情，夤缘作弊，而扶同奏启者，皆斩，妻、子流二千里。”可见对文书泄密行为的处罚在历代都是非常严厉的。

三、古代印玺的管理和公文用印制度

1. 先秦时代印玺的使用方法

在先秦典籍中“印”这个词很少见，一般都称“玺”。玺在西周之前多用于私人凭信，到春秋后期才用于封盖文书。当时频繁的政治活动需要有官玺作权力的凭证，密切的个人交际及经济往来也需要有私玺以保证信用。东汉蔡邕在《独断》中说：“玺者，印也。印者，信也……古者尊卑共之。”可见当时的玺是上下均可用的。

当时，文书多刻写在简牍之上，简牍文书由多片竹简或木片组成，用绳系连，其封页称为“检”，在“检”之结绳处糊上一块黏泥，在黏泥上加盖印章，显出印文，黏土干后很坚硬，这种用印法称为“封泥”，也称“泥封”。加盖封泥的文书就叫作玺书。若是没有这种封泥印章，则公文不能生效。所以马端临说：“无玺书，则九重之号令不能达之于四海；无印章，则有司之文移不能行之于所属。”（《文献通考·王礼考》）

文书用印制度保证了公文的有效性和机密性，可以防止公文被伪造、篡改或泄密，加强了对文书的管理和控制，它的形成是文书工作的一大进步。

2. 印、玺的分家和秦汉文书用印制度

随着统一的中央集权帝国的建立，秦代以前君臣尊卑均可用的玺，成了帝王的专用之宝，称为“玉玺”。秦代皇帝的玉玺有六种，即皇帝行玺、皇帝之玺、皇帝信玺、天子行玺、天子之玺、天子信玺，不同内容的文书加盖不同的玺。据传秦始皇除六玺外还命丞相李斯制“受命于天，既寿永昌”之玺，该玺成了我国封建社会前期的“传国玺”，秦王朝覆灭时，秦子婴将该玺拱手奉献给刘邦，此后世代相传，忽隐忽现，终于销声匿迹，至今杳无踪影。

秦代百官的印章统称为印，不同官职印材的质地、印纽的样式、印文的名称、印绶的色彩等等，均井然有序，以此标示官阶，区别尊卑。玺印的广泛使用和用印制度的统一，体现了中央政府对各级各类文书控制之严，是君主集权制的必然产物。

秦“宜野乡印”

汉代的官署之印（犹今之单位公章）和长官之印（犹今之领导人公务章）功能不分，有时既有官署印又有长官印；有时官署不置印，只备主官印。主官印的印文注明了官衔名称，对外行文同样有法定效用。汉代实行一官一印，罢官时其印或上交，或带走，新官需刻新印。

汉“齐御史大夫”印（封泥）

3. 官印移交制度

魏晋南北朝时期建立了官印移交制度。《南史·孔琳之传》记有孔琳之向朝廷的建议：“夫玺印者，所以辨章官爵，立契符信……终年刻铸，丧功消实，金银铜炭之费，不可称言，非所以因循旧贯易简之道。愚请众官即用一印，无烦改作。”孔琳之的这一建议被宋明帝采纳。从此，官府主官任免交接时，就不再新刻官印，而由离任官员向接任官员移交。

4. 骑缝盖印制度和公文改动盖印制度

南北朝时，随着纸质公文流行，出现了骑缝盖印制度。所谓骑缝，指的是两张相连的公文纸的粘贴之处。有的公文篇幅较长，一张纸写不下，就要将几张公文纸拼接起来。南北朝时规定，凡重要公文，骑缝处必须加盖印章，其目的是防止公文被篡改、伪造。骑缝印在现代秘书工作中仍然在使用，不过不是盖在两纸粘贴连接处，而是盖在介绍信一类的文书的正本和存根的连接之处，或两页以上证明材料的右边沿（一印横跨数页纸）。

唐代用“贴黄”的方法改动公文，凡贴黄处，必须加盖印章，以示公文发出前已经改动。宋代以后，贴黄被用作公文内容摘要，公文誊抄缮写中如有错漏，可直接用笔作局部改动，所有改动处也必须加盖印章。此制度沿用至今。

5. 元代的印玺制作保管制度

元代各级官府主官多为蒙古人、色目人，大多数不识字，连自己的名字也不会写，在公文上签押时只能以印章代替，所以元代对印章的制作、保管、使用就特别重视。元代中央政府内，设有专门的印玺管理机构，如铸印局掌管刻制和销毁各级官衙的印章、符宝局掌管皇帝宝玺等。在中央和各行省、州府官衙中还设有专掌官印的秘书职务——知印官，多由长官的亲信属吏担任。在掌有重权的官衙中，还设有监印官，负责监视、守护、使用印章，与知印官相互制约，防止

元代官印

滥用、冒用印章。

6. 明代的行文半印勘合制

明初统治者为防止中央部门和地方官吏擅自行文，同时也为了安全保密，于洪武十五年（1382）规定了行文半印勘合制。其具体做法是：由内府制作专用的空白公文纸，加盖印章，统一编号，装订成册；各官府若需行文，一律到内府领取此公文纸，公文纸的半边作为存根留在内府，上面登记有领用的衙门和公文所涉事项，并留有半边印章。凡是不用这种专用公文纸制作的文件一律无效。其操作细节与“骑缝盖印”和今天的专用介绍信的使用方法很相似，但目的不同。朱元璋还专门下了一道敕谕规定：“若诸司不凭勘合，擅接无勘合行移，及私与行移者，正官、首领、官人各凌迟处死，吏处斩。”（《皇明诏令》）行文半印勘合制对控制文件的数量、保证公文的严肃性起到了一定的作用。

第九节　中国古代的值班工作

值班是秘书部门常规工作之一。在古代，值班称为“直日”“当直”，夜间值班则称为“直宿”。

唐代大诗人杜甫有一首五律诗《春宿左省》，就是以值夜班为题材的：

花隐掖垣暮，啾啾栖鸟过。
星临万户动，月傍九霄多。
不寝听金钥，因风想玉珂。
明朝有封事，数问夜如何。

这首诗写于唐肃宗乾元元年（758）春，是杜甫任左拾遗时在门下省值宿时所作。诗题中的“宿”指值夜班；“左省”即左拾遗所属的门下省。诗歌描写了作者夜间认真处理次日要上报的密封的奏疏（封事）时的心情，表现了他忠勤为国的思想。

这类以值班为题材的古代诗篇并不少见，例如白居易的《夏日独直寄萧侍御》、姚合的《和李十二舍人直日放朝对雪》、欧阳修的《雪后玉堂夜直》等等。这些诗篇说明，值班自古以来就是秘书官员们经常性的任务。

一、古代值班制度的形成和发展

现在能看到的有关值班的文字记录出现在春秋战国之交形成的史书《国语》中：晋国权臣赵简子到国君的园囿打猎，太史墨牵着一条猎狗守候在园门外。赵简子看到后问这是干什么，太史墨回答说要在园中试狗。简子问：“为何不早禀告我呢?”太史墨回答说：“君行臣不从，不顺。主将适蝼而麓不闻，臣敢烦当日。”意思是，国君有所行而臣子不从，那是不合规矩的。现在您到国君的园囿打猎，连主管园囿的麓官事先都不知道，小臣又怎敢麻烦值日官向您通报今天要在这儿试狗呢？实际上是暗讽赵简子到国君园囿来打猎是违规的。

这段记载说明，至少在春秋时期各诸侯国就形成了官员值班的制度。从理论上推断，值班制度应该出现得更早，只是未发现史书上有明确的文字记载而已。

汉代以后，有关秘书官员值班的记录多了起来。东汉时期以德才兼备闻名的黄香在尚书台任职时，“常独止宿台上，昼夜不离省闼，帝闻善之”（《后汉书·黄香传》），即黄香经常一个人值夜班，忠于职守，受到皇帝的嘉奖，后被提拔为朝廷秘书首领——尚书令。

汉末，西曹令史王思在丞相府值班时处理公文出了纰漏，曹操非常恼火，要严加惩办，前来接受质询的是第二天值班的另一位西曹令史梁习，他未做申辩代人受过被关了禁闭。王思得知后立即前去自首，曹操感慨道：没想到这两个部属如此仗义，敢于承担责任。于是原谅了他们的过失，后来还找机会提拔了两人。

唐代朝廷形成了非常严格的成文的值班制度。当时中书省有一个职务叫作“直令史”，就是专门管理值班事务的秘书官。唐初，朝中除尚书左右丞、御史中丞以上的高级官员外，都要值夜班。唐太宗在贞观五年（631）曾下了一道敕令：“文武官妻娩月，免宿值。”这一方面体现了唐太宗对臣下的关心——妻子分娩期间丈夫可以免于机关值夜班的义务，另一方面也可看出当时官员值班的制度比较严格。

武则天时，“令宰相每日一人宿直，其后与中书、门下官通直”（《唐会要》），从此中书、尚书、门下三省的首长都要参加本部门的轮流值班。当时各省都有一本“直簿”（即值班记录本），由直令史逐日事先发给轮到本夜值班的官员，次日交还。唐玄宗开元二年（714）某日，直令史将直簿送呈宰相姚崇，让他当夜值班，姚崇是武则天、唐睿宗、唐玄宗三朝元老，年事已高，请求照顾免于值班，直令史碍于情面，便将值班簿往下传，但其他人对宰相违规都不满，不愿意接受值班任务，直令史又将值班簿送给姚崇。如此来回数次，姚崇在值班簿上批写道：“告直令史，遣去又来，必欲取人，有同司命。老人年事，终不拟当。”大意是，让我这么大年纪的人值夜班，等于要我的老命，这样拘泥于排班制度也未免有点不合情理吧？大家看过后，就不再坚持要他值夜班了。

清代的军机处实为皇帝的机要秘书处，军机大臣由满、汉大学士，各部尚书、侍郎，总督等兼任，人员无定额，他们以轮流值班的方式为皇帝提供智力服务，值班成了主要的工作方式。今北京故宫隆宗门内西侧宫墙下有一溜低矮普通的瓦房，就是军机处所在，当时昼夜有人值班，故称“直庐”，也就是我们今天所说的值班室。

二、古代秘书值班的主要职责

1. 应对皇帝或主官的咨询

喜欢读书学习、善于听取臣下意见的统治者常让有学问的秘书官员值班，以便随时向他们咨询学问上或政事方面的问题。例如，唐太宗李世民为秦王时就开文学馆招来房玄龄、杜如晦等十八文士，分为三班，每天六人值宿，切磋学问和历史经验。他当皇帝后为了充分纳谏又命令五品以上的官员要在中书省轮换值班，听从随时召见，以便充分听取众人的意见。清代康熙皇帝执政时，设置了一个特殊的秘书机构——南书房，他选择“才品兼优”的汉族知识分子轮流值班，名为切磋学问，实际上是培养自己的智囊班子，该班子“或代拟谕旨，或咨询庶政，或访问民隐”，对于朝廷的决策产生了重大影响。

2. 起草重要、紧急的文件

最高统治者的许多重要决策是退朝后做出的，所谓“禁中夜半定天下”指的就是这种情况，其中有的比较紧急的事项需要及时行文，因此文字秘书值夜班在古代乃为常例。唐代担任朝廷诏令起草的中书舍人是中央政府的机要文字秘书，他们要轮流在中书省值夜班，而直属皇帝的侍从秘书翰林学士又负责起草任免将相等的密诏，也要值夜班。明初朱元璋废除丞相一职，亲主政务，他每天批阅奏章二百份，此外还有几百件公事要处理，便挑选一些才学好的人做殿阁大学士，其工作性质略同于唐宋的中书舍人，主要任务就是动笔写诏，因此他们值夜班是家常便饭，有的甚至常常连值数班。

3. 保管皇帝玉玺和衙门印章

天子的玉玺是皇权的象征，中央各部门和地方各官府的印章也具有法定效力，因而印玺成为值班保护的重点，唐代尚书省共有二十四司，下班后所有印信要全部交到“直厅”（专门的值班室）集中保管，各部门的印信须在上班后到此领用，下班前到此缴还。皇帝玉玺和衙门印章由值班室统一保管，就从制度上把偷盖印章的可能性降到最低，同时又保证了下班以后或例假日紧急公文急需加盖皇帝玉玺和官府大印的需要。清代还明文规定，各衙门印信封存在署，如有窃失，当月值宿的官员要受革职处分，应负领导责任的主官，受革职留任察看处分。

4. 处理突发事件和紧急公务

朝廷退朝或衙门下班后，难免会出现一些突发性事件或紧急公务，处理它们是值班人员的重要职责。汉武帝驾崩后，八岁的昭帝登基，武帝的亲信谋臣霍光为防不测每晚在禁中值班。一天夜里宫里的一棵老树突然折倒，发出的奇怪响声引发宫内一片混乱，霍光一面布置卫士严密守卫小皇帝的寝宫，一面带人直奔收藏玉玺符节的符玺台，见值班的符玺郎严守制度才放心离去。古代小说《水浒传》第十八回写济州府缉捕使臣何涛到郓城县缉拿劫走生辰纲的晁盖等人，恰逢“知县退了早衙”，便与“直日”押司（秘书）宋江接洽，没想到宋江不顾杀头之罪通风报信放走了晁盖。这则故事告诉我们，古代县衙门下班后负责接洽紧急公务的就是值班秘书。

三、古代秘书值班的纪律规定

1. 不得泄露机密

秘书值班能掌握许多机密，因此，不得泄露机密便成为秘书值班最重要的纪律。像宋江利用值班之便泄露机密放走要犯，从国家角度看就是犯了杀头之罪。清代大学者纪晓岚也曾因涉嫌利用内廷值班的便利向亲家泄露机密，被发配到乌鲁木齐。但古代自觉遵守值班保密纪律的也有很多，如宋真宗时，曾召晏殊进宫起草一份任免宰相的制书，晏殊是其他官职兼“知制诰”的“外制”，按规定拜相的制书应由“内制”翰林学士拟定。晏殊主动说明“臣是外制，不敢越职”后，真宗改召翰林院值班学士钱惟演来起草，晏殊又主动对皇上说：“臣恐泄露，请止宿学士院。”意思是我已看见任免名单了，为免泄露机密的嫌疑，就甘愿软禁于此了。

2. 不得擅离职守

值班尤其是值夜班是很辛苦的差事，仅靠自觉是不够的，还要借助于纪律和制度来约束，以保证值班人员到岗或值班时不擅离职守。《唐律·职制律》规定：“诸在官应直不直，应宿不宿，各笞二十；通昼夜者，笞三十。”宋仁宗有一次召值班翰林学士杨伟起草任用宰相的文书，竟然找不到其人，只好派人把不当班的另一位翰林学士赵概紧急召来起草该文。次日，宋仁宗就专门给翰林学士院下达诏书，要求他们严格执行值班制度，不得再出现脱岗现象。

3. 不得醉酒误事

人在醉酒的状态下不能正常思维，因此秘书值班不得酗酒也就成了一条纪律。南朝齐高帝萧道成一次命值班的中书舍人虞整起草敕命，次日早朝就得颁告天下，而虞整因夜间喝酒过量昏睡不醒，无法操笔。萧道成只得另召中书舍人刘系宗拟制，刘不慌不忙，挥笔拟就，补救了同僚的失误。后来刘系宗成了萧道成的心腹重臣，虞整则因酒误事，从此默默无闻。宋初翰林学士、中书舍人王著一天在宫中值夜班时喝得酩酊大醉，不能自控，深夜无端请求宋太祖召见，太祖见王著披头散发，醉得人不像人鬼不像鬼，就下令贬黜了他。

第十节　中国古代的宫廷服务

机关事务管理是秘书部门主管的业务之一，但是现有秘书史读本中却没有古代这方面工作的内容。下面介绍的是古代帝王宫廷服务的点滴情况，其中可供继承的经验不多，而值得深思的教训不少。

一、古代主管宫廷服务的官职和机构

古代最早的管理宫廷事务的官员是“宰”。“宰”的意思是主宰，商代时为替商王管理家务和奴隶之官。据杨剑宇先生《中国秘书史》介绍，宰本来是天子的厨师，属事务官，因经常接近天子逐渐成为亲信，西周时国君就让宰掌管宫廷事务。春秋时期家国不分，原来管理王侯宫廷事务的“宰”逐渐成为管理国家政务的官员，其管理的事务已经远远超出了宫廷事务。

秦汉两代，掌管宫廷事务的内廷机构是少府，其主官为少府监（也称“少府”），少府内设有中尚署、左尚署、右尚署、织染署、诸冶监、铸钱监等部门，分工很细。“少府”

一职魏晋以后仍有沿置，但隋唐的“少府”不是宫廷事务主管，而是指县尉，王勃《送杜少府之任蜀州》诗中的“杜少府”指的是即将上任的姓杜的县尉。

南北朝以后，掌管宫廷服务的官署主要是内侍省。北齐初置中侍中省，隋初改称内侍省。唐、宋内侍省专用宦官，由内侍监、内侍、内常侍等为首官，掌管守御宫门、洒扫内廷、出纳内库材料和照料皇帝的饮食起居等事务。元代称侍正府。与秦汉时期的少府一样，内侍省设有诸多分工明确的二级机构，如掖庭局“掌宫人簿帐、女工”，宫闱局“掌侍宫闱，出入管钥”，内仆局“掌中宫车乘”，内府局“掌中藏宝货给纳”，等等。

明代不设相当于内侍省的统辖宫廷事务的机构，而设十二监、四司、八局分别负责宫廷各项服务工作。清代又设总掌宫廷服务的内务府，但由士官主持，宫内宦官皆归其统管。

除少府、内侍省外，一些朝廷还另设名目繁多的专项服务机构，如专管宗庙礼仪的太常寺，专管御用车马的太卜寺，专管膳食帐幕的光禄寺，等等。

自秦代开始，宫廷服务大多是由宦官来承担。宦官本不应干预政事，但由于他们接近皇帝、皇后，常得到宠信，因而有时出现宦官干政的现象，这在东汉、晚唐和明代后期表现得比较明显。

古代宫廷还设女官，西周王宫内专为王后掌管礼仪等的女史是我国历史上最早的女秘书。隋唐两宋宫内女官自成体系，有“六局二十四司”之设，“六局”是尚宫局、尚仪局、尚服局、尚食局、尚寝局、尚工局，每局下都设有“四司”，如尚服局下设的四司的职责为“司玺”“司衣”“司饰”“司杖”。

二、古代宫廷服务的内容

少府、内侍省等机构庞大，人数众多，为皇室提供的服务涉及服饰、居住、饮膳、车马、仪仗、祭祀、典礼、娱乐生活、生老病死、丧葬等等。

封建社会“朕即国家”，皇室的生活通常极其铺张、奢侈。以膳食为例，清代管理皇帝膳食的有内务府下属的御膳房、御茶房、内饽饽房、酒醋房、菜库等，仅御膳房就有正副尚膳、正副庖长以下370余人及太监数十人。宫中膳食有份例规定，皇帝每日份例为：盘肉22斤，菜肉15斤，猪油1斤，羊2只，鸡5只，鸭3只，时令蔬菜19斤，各种萝卜60个，苤蓝、干闭瓮菜各5个，葱6斤。调料玉泉酒4两，酱及清酱各3斤，醋2斤。8盘240个各种饽饽用白面32斤，香油8斤，白糖核桃仁及黑枣各6斤，芝麻、沙橙若干。

皇帝的膳单须由御膳房在数日前开出，交由内务府主管大臣审批。皇帝通常独自用膳，届时由御前侍卫向御膳房传膳，御膳房将膳食放在膳盒里或膳桌上，由侍卫抬送至用膳地点。太监按规定布好菜点，经过验膳、尝膳等程序后，皇帝始用。用膳时，皇帝坐北朝南，面前为一上下两层大膳桌，桌上布满精美食具和菜肴，太监报菜名，皇帝有中意者，太监便盛入皇帝碗碟中。

一个皇帝一天要消耗这么多的荤素食品，要有那么多人为其服务，其奢侈程度超过任何一个普通人的正常想象！

古代宫廷服务还有一项特殊内容——嫔妃管理。因为皇宫有成百上千妃嫔才人等待皇帝去宠幸，所以需要加强管理。这种管理到明代形成了相当严密的制度：管理皇帝卧房事务的机构为敬事房，最高负责人为敬事房太监，其任务是安排、记载皇帝和后妃行房相关情况。在皇帝和皇后行房时，敬事房太监必须详细记录年、月、日，以作为受胎的证据。皇帝宠幸妃子的程序与宠幸皇后不同，妃子各有一张绿色名牌，在侍候皇帝吃晚饭时，敬事房太监会把十几张或几十张名牌置于大银盘中端到皇帝面前，等皇帝餐毕，他就跪在皇帝面前听候指示。皇帝如果无意找哪个妃子过夜，就说一句“退下”；如果要找哪个妃子过性生活，就把这个妃子的名牌翻转过来。敬事房太监退下后，就通知被选中的妃子香汤沐浴，做一切必要的准备。皇帝就寝的时间到了，太监就背她入皇帝寝宫承幸。敬事房太监和另几个太监守候在皇帝寝宫外，等候皇帝过性生活结束。敬事房太监同时也要记录年、月、日，以作为日后受胎的证据。这种制度可查清子女是否确实出自皇帝血统，对皇位继承问题有很大影响，因而管理相当严格。

三、与宫廷服务有关的两位历史名人

中国历史上有两个闻名世界的人物与宫廷服务有关。

第一是相传为造纸术的发明者的蔡伦。许多人搞不懂，造纸术的发明者为什么会是一个宦官？这要从蔡伦的身世和发明造纸术的动因谈起。

蔡伦（61—121）出身于湖南一个普通农家，15 岁被选入宫内为宦者，当时幼年宦者须识字读书习礼，蔡伦因成绩优异被任命为黄门侍郎，后被拔升为中常侍，能出入宫禁。东汉元初元年（117）邓太后诏儒者于东观校订宫藏经传，以便向全国提供经书的标准文本，蔡伦受命监典此事。因要将所抄经典副本颁发各地，故而形成大规模用纸抄写儒家经典的高潮。正是适应宫廷中大量用纸的需要，蔡伦在总结西汉麻类纤维纸制作技术基础上，主持完成了以木本韧皮纤维造纸的技术突破，扩充了原料来源、革新了造纸工艺，使皮纸生产很快发展起来，不但满足了中国文化传播的需要，也对世界文明做出了巨大贡献。造纸术的发明和改进是适应宫中大规模用纸的需要而完成的，主持这项技术创新的宦官蔡伦被尊为造纸术的发明者，也就在情理之中了。

第二是明代大航海家郑和。郑和（1371—1435）本姓马，云南人，信仰伊斯兰教，父亲与祖父曾朝拜过伊斯兰教圣地麦加，熟悉远方异域、海外各国情况。明朝统一云南战争后，郑和被带到南京，受阉做了宦官，后被分到北平燕王府服役。郑和因为学习刻苦、聪明伶俐、才智过人、勤劳谨慎，取得了燕王朱棣的信任，被选在朱棣身边做贴身侍卫。在“靖难之役”中，郑和跟随朱棣出生入死，南征北战，建立了许多战功，朱棣登上皇位之后，为其赐姓“郑”，又将其升为内官监太监，因郑和小字三保，人称“三保太监”。

郑和最主要的贡献在于，受明成祖之命先后七次率领庞大船队下西洋，经东南亚、印度洋远航亚非地区，最远到达红海和非洲东海岸，航海足迹遍及 30 多个国家和地区。这七次航行的规模之大、人数之多、组织之严密、航海技术之先进、航程之长，不仅显示了明朝国家的强大，也充分证明了郑和统率千军的才能。学术界对郑和下西洋的动因有种种不同的说法，但他的船队从非洲和东南亚国家带回了大量的红木原料，命能工巧匠们将这些木质坚硬、细腻、纹理好的红木做成家具、工艺品及园林建筑雕饰，供皇宫帝后们享用。直到明朝后期，红木家具才流散到民间。这样看来，说郑和下西洋的壮举与宫廷服务有着直接关联，大约一点也不牵强吧。

思考题

1. 试述西周采风制度的目的、内容和历史意义。为何说《诗经》和汉代的“乐府”诗是采风调查材料的汇编？

2. 除了公文往来外，古代传递信息的方式还有哪些？

3. 古代文书保密制度主要体现在哪些方面？

4. 试述中国古代秘书参谋言谏制度的形成和演变。封建王朝设置言官（谏官）的制度有何历史意义和现实借鉴价值？

5. 为什么原始社会早期是只有会议而没有会务工作的时代？汉代的“盐铁之议”是一次什么样的会议？《盐铁论》是一部什么性质的文献？

6. 传说中的“进善之旌”“诽谤之木”“敢谏之鼓”是怎么回事？匦使院、鼓院和检院是什么样的机构？

第五章
中华民国的秘书工作

第一节　南京临时政府的秘书工作

1840年鸦片战争使中国社会发生了巨大变化，但是秘书工作并没有发生实质性的变革。辛亥革命后建立的南京临时政府，虽然存在不到一百天，但它对中国秘书工作的影响却非常之大。

一、辛亥革命后湖北军政府的秘书机构和秘书职务

辛亥革命的爆发以武昌起义为标志。武昌起义主要是由同盟会成员领导的两个革命团体文学社和共进会发起组织的。这两个组织都根据革命活动的需要，设置了专门的秘书工作人员。例如，在文学社的领导机关中，就设有“书记员”2人，其职责是“掌管社中往来之文件、信札起草事宜，凡有重要事宜及机密之件，均应亲行缮写，决不委之他人，致有漏泄之事”。

1911年10月10日，武昌起义由于机密泄露仓促提前举行，10月11日上午，军政府尚未正式成立，起义领导机构就推定若干人担任文书庶务。当天下午，成立了湖北军政府（又称都督府），军政府内正式设立了秘书处。在南京临时政府成立前，湖北军政府曾暂居中央政府的地位，因此湖北军政府的秘书工作对以后的秘书工作有一定影响。

军政府成立后，革命派与立宪派和旧官僚、旧军阀在争夺领导权问题上展开了激烈的

斗争，这一斗争也在秘书机构的设置和秘书人员的安排上表现出来。军政府成立不久，由立宪派分子、原湖北谘议局议长、当时混入军政府任民政长的汤化龙操纵制定了《中华民国军政府暂行条例》，其中规定“都督府设秘书官若干员，由都督（当时任军政府都督的是旧军人黎元洪）自行辟用”，并于秘书处外另设立“文书局”。这一条例有利于立宪派控制军政府的秘书工作。为此，军政府又于10月25日召开会议，重新改订了条例，规定将文书局改隶于秘书处，并规定军政府都督置秘书员、顾问员，秘书负责“分理各部文书事件”“保管文书关防（关防即公章）事件”，顾问则“随时应都督之咨询，并得自建议”。当时军政府有秘书25人，不设秘书长一职，后来才根据需要推举一秘书长。

军政府所属各部、处、局都设有秘书人员。如内务部设秘书2人，掌管机要文件，分配各科文书事件；设监印2人，掌管本部印信事务；设书记2人，办理一切往来文件。又如，实业部设秘书室，由“秘书、文牍、编纂、统计、收发、书记员各若干人，监印员一人”组成，其中“秘书承部长之指挥，办理一切机要文件”，后来又规定秘书除掌理机要文件之外，“并办理不属各科之一切事项”，这就将秘书的职责从单一的掌管文件扩大到管理领导机构的许多事务。

在军政府管辖下的各府县，知事之下设“书记官一员”，其职责是“佐知县〔事〕总核各课事务并掌管机要文件，知事有故障时，书记官得代理其职务”；另设“承启一员”，其职责是“从上官之指挥，掌管文书往复事件”。（这里的“书记官”相当于现在的办公室主任一类的高级秘书，而“承启”则相当于一般秘书。）

革命党人成立的军政府及其所属各部内设立的“秘书处（室）”，主要职责是起草文件和处理文书，同时也兼办“不属各科之一切事项”即事务性工作，而秘书的参谋职能则另置“参事室”来实现，参事室的职责是参与“部内一切机要事项，并得随时建议以资择行”，起着当代秘书的智囊参谋作用，颇似今日高级机关之“研究室”。

二、南京临时政府的秘书机构

1911年10月，辛亥革命爆发，推翻了封建帝制。1912年1月1日，南京临时政府成立，孙中山就任中华民国临时大总统，中国第一个资产阶级性质的全国性政权建立。政权性质的改变必然引起秘书机构和秘书制度的改变。南京临时政府对秘书机构进行了比较彻底的改革。

1. 总统府秘书处

根据《中华民国临时政府组织大纲》，南京临时政府实行总统制，不设内阁，由临时大总统直接统领各部。因此总统府秘书处实际上就是中央政府的总秘书机构。秘书处的职责包括：草拟各种文件、批答各方面来的公文函件，处理总统府日常事务，向秘书长并向总统提出一些有益于国计民生的建议。中央政府各部、各地方行政机构和公民向中央政府递送的文件，都由总统府秘书处收受并做出初步处理。从这些职责看，总统府秘书处的工作已经包括决策服务、常规业务和日常事务三个方面。

总统府秘书处设秘书长一人，秘书若干人。秘书长的职责是“总揽各项文秘事务和日常工作”，秘书则办理各项具体事务。

2. 中央政府各部的秘书机构

总统府统辖九个部，各部设专门的秘书机构承政厅（也有的叫秘书处），《南京临时政府内务部承政厅及各局办事规则》规定：“承政厅置秘书长一员，承总长之命，总理厅务，并掌管机要文书。”承政厅下又分若干处，如内务部承政厅设有文牍处、收发处、监印处、纂辑处、庶务处、会计处等六处，每处置秘书（相当于处长）一员，“承总长之命，分掌其事务”。另置文牍员、书记员、监印员、收发员、缮写员、调查员、应接员、录事等一般秘书人员。

3. 地方政府的秘书机构

南京临时政府虽被各省尊奉为中央政府，但实际上它并不能完全控制各省的行政，因此，在临时政府存在的短暂时期内，各省的机构设置没有统一。就秘书机构而言，各省秘书机构名称有秘书处、秘书局、秘书厅、文书局、文书部、总务厅、参事处等。而各府、县则设秘书处、总务课等机构。

地方政府一般设有两个秘书机构，秘书处（厅）、文书局（部）一类机构以文书处理为主要职责，而总务处（课）一类机构则以掌管政府机关的日常事务为主要职责。

三、南京临时政府对秘书人员的选用

南京临时政府和它所管辖的各级新政权中的秘书人员，主要来源于两个方面。

1. 从早期革命党人中聘任

1894 年，孙中山在檀香山组织建立革命团体兴中会；20 世纪初，黄兴在湖南组织华兴会、蔡元培在上海组织光复会，其他地方也纷纷建立革命团体。1905 年这些团体联合组成以孙中山为总理的同盟会，这是中国第一个具有资产阶级政党性质的全国性组织。早期革命团体的革命活动，锻炼了一大批革命党人，这些人成为南京临时政府的中坚。临时政府秘书队伍的骨干力量就是从早期革命党人中聘任的。例如，总统府秘书长胡汉民（1879—1936）早在同盟会成立时就加入了该组织，并先后任评议部议员、书记部书记、《民报》编辑等职，多次参加孙中山领导的反清起义，这样既有革命经历，又有秘书工作经验的老同盟会会员（其实当时仅 32 岁），自然受到临时政府重用。再如后来成为中共著名活动家的吴玉章（1878—1966），是同盟会最早的会员之一，早在 1906 年就担任同盟会评议部评议员，在革命党内享有较高的声望。孙中山任临时大总统时，吴玉章辞谢了内务部局长和参事的委任，而接受孙中山先生的邀请，到总统府秘书处当一名没有官衔的秘书。

2. 从前清政府的吏员和幕僚中考察选用

考察的方式有两种：一为考试，旧政权文职人员欲在新政权中任职，须参加考试，通过后派往各部门任“课员”或“司书生”（见习秘书），办事三个月后再甄别品行成绩以定去留；二为访察，凡有“吸食鸦片”“性好冶游”者，不得留用，如果经访察确定人品端正、办事谙练兼通新政者，可免其考试，派充各课课员。这种从旧政权秘书人员中选用的人在临时政府和各地新政权中多充当普通秘书，但是他们人数众多，加上对他们的甄别和整顿很不彻底，因而新政权的秘书队伍出现了鱼龙混杂的现象。

胡汉民

吴玉章

四、南京临时政府对文书工作的变革

南京临时政府对延续两千年的封建帝制下的文书工作制度做了比较彻底的改革。

1. 对公文名称的改革

为适应政权性质的改变，南京临时政府废除了上行文章、表、奏、议，下行文制、诰、诏、敕等带有封建色彩的公文名称。

1912 年 1 月 19 日，法制院即制定了新的公文程式，并于 1 月 26 日“奉大总统令”正式颁布。该公文程式规定“行用公文”分为以下五种：

> 甲、上级公署职员行用于下级公署职员曰“令”，公署职员行用于人民者曰“令”或“谕”。
>
> 乙、同级公署职员互相行用曰“咨”。
>
> 丙、下级公署职员行用于上级公署职员，及人民行用于公署职员者曰“呈”。
>
> 丁、公署职员公告一般人民者曰“示”，但经参议院议决之法规，应由大总统宣布者曰“公布”。
>
> 戊、任用职员及授赏徽章之证书曰“状”。

不久，临时政府内务部又在一份复函中对以上公文名称和用法作了补充和解释：“公文程式所指各种外，尚有一种曰‘批’……‘批’‘谕’‘令’等之义别：凡上级公署职员命下级公署职员或职员命人民者曰‘令’；凡命令而又含有劝导之意者曰‘谕’；凡受有呈词而裁决判断之者曰‘批’。”另外还明确规定行用于“外国之公文”为“照会”。

2. 对公文格式的改革

临时政府内务部对公文的形式作了非常具体的规定：“文式：勿论何项公文，不限页数，随文而止。”“行式：除首尾职名、人名及叙事中应行另提勿论外，其叙事终了处，即紧接‘此谕’‘此咨’等字样。”“字式：凡在咨、谕、照会、令等文，其折石之咨、谕等字及折内职名、人名各字，均比叙事字约大一倍，在呈文则一律相等。”“折面居中书文种并用印，折内首页首行仅书某职某文种，次行即紧接叙事，底页居中书年月日，并齐年盖月用印。”南京临时政府成立的第二天，就通告各省改用阳历，以 1912 年为中华民国元年。此后，所署月、日均为阳历。

临时政府还对公文中收文者的称呼作了规定，废除“大人”“老爷”等称谓，一律称现任职务，对无职务者则一律称“先生”或“君”。

3. 对公文处理程序和制度的改革

南京临时政府在文书处理程序上也作了改革，明确要求：各级机关应大胆负责，在明确职责的前提下，直接办理应行自办之事，坚决摒弃“呈请转饬”的文牍主义。1912 年 3 月 7 日的大总统令明确指出：“查公务以敏迅为归，事权以分任为主。近来各部局于应行直接自办之件，每每呈请转饬前来，既滋旷日之嫌，复乖负责之义，殊属不合。以后除呈请核办、存案备查及呈候咨交参议院决议等类，应行具呈本府外，其各部局等互相咨商之件，统应直接办理，以期简当，而明事权。”

根据这一精神，临时政府各部局根据本部门具体情况，对办文的时限和文书处理程序作了具体规定。如财政部规定：“各厅、司除紧要公文即时赶办或重大问题尚待研究外，其余各种事件，应限定日期，当时挂号，次日呈阅发科，第三日办稿，第四日送稿判行，第五日清稿发送，自收文至发送，不得逾五日。”文件处理的具体程序规定为：“外来文件由外收发处收交后，送承政厅收发课拆封，粘面，摘录事由，注明日期，编列号数，依次登记总收文簿……登记毕，连同号簿即时送厅长检阅，加盖戳记，分送各司。其事属机密或不归各厅、司文件，交秘书处理。”

南京临时政府还出版了《临时政府公报》，主要用来发布非属秘密的通行公文，“宣布政令，发表中央及各地政事”，内容包括法制、令示、纪事、电报、抄译外报、杂报等。《临时政府公报》开始发行于 1912 年 1 月 29 日，每日一期，至南京临时政府结束为止共出 58 期。临时政府规定：凡是刊登于《临时政府公报》之公文，不再另行文。“各公文除特定有施行期限者外，京城以登载临时政府公报之第五日为施行期，其余各处以公报到达公署之第五日为施行期。”《临时政府公报》类似于今天政府机关的“政报”。

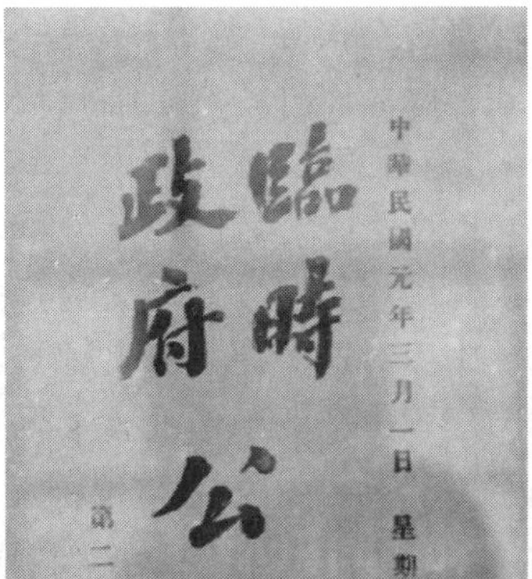

《临时政府公报》书影

为了明确职责，南京临时政府规定公文除盖公署公章外，还必须由判行首长（签发人）署名。这一规定曾经遭到一些习惯于封建行文制度之人的反对，有的人认为下行文必须由发文公署长官署名，有损“上官之尊严”。孙中山先生专门为此复函：“公文程式必须盖印署名者，所以示负担责任、分晰权限之至意。行政阶级，既有上下之分，即有命令服从之别，此公文程式所以有咨、呈、令等之区分。然负责任、分权限之精义，初不因行政之阶级而生歧异之点，亦不致以对于下级官署公文署名，遂损上官之尊严也。”可见关于发文必须有首长署名签发的规定体现了南京临时政府反对封建等级制度、追求平等的资产阶级民主思想。

从以上几个方面可以看出，南京临时政府的文书工作是对延续两千多年的封建帝王文书工作制度的一次革命，体现了资产阶级民主主义革命派反对封建专制的思想。经过南京临时政府变革的文书工作制度虽然不可避免地带有资产阶级革命的局限性，但和历代封建王朝的文书制度相比，已经发生了根本的变化，冲破了“君尊臣卑”“天子圣明”的封建思想的禁锢与束缚，对后来的文书工作产生了巨大影响。

五、南京临时政府的档案工作

1. 档案机构和档案人员

南京临时政府成立后，形成了大量的档案文件，同时也设立了档案机构，配备了档案人员。总统府秘书处设有总务、财政、军事、文牍、收发等七科。其中文牍科的主要任务就是整理和保管总统府日常工作中形成的文书档案，实际上是总统府的机关档案室。文牍科是秘书处的二级机构，行政上受秘书处长领导。

临时政府各部及所属机构没有建立专门的档案机构，但通常都有文牍科或公牍员，既做文书工作，又做档案工作，有的文牍科人员较多，分工较细，有的人专做档案工作，他们是近代最早的专职档案人员。

2. 档案的编辑、公布和利用

南京临时政府的资产阶级民主性质，体现在档案的利用上就是及时公布文件的内容。《临时政府公报》公布的文件失去时效后，公报本身就成了重要档案，它所登载的纪事、电报、杂报等等，许多是处理完毕的文件，从这个意义上说，公报又是一种公布档案的形式。除此以外，南京临时政府教育部编的《文教》杂志中的“法令”“文牍”等栏目也起到公布档案文献的作用。

南京临时政府也十分重视利用档案编纂历史。1912 年 3 月胡汉民、黄兴等近百人上书大总统，呈请设立国史院，提出“将我民国成立始末调查详彻，撰辑中华民国建国史”。孙中山对这一提案深表赞同，但是由于临时政府存在时间很短，因而设立国史院和收集民国建国史料的工作没有来得及进行。

3. 孙中山先生重视档案工作

孙中山先生重视档案的作用。他在任中华民国临时大总统期间，对档案的保护、保管等都做过重要指示。据《临时政府公报》第 12 号记载，当孙中山得悉安徽、南京等地起义军破坏了一些所驻学校的档案时，就立即下令要求查明究办，以整肃军纪，同时严令陆军、教育两部派员共同保护各处学堂的书籍和案卷。另据《临时政府公报》第 49 号，1912 年 3 月在关于撤销大本营的命令中说：“民国统一，战事终息，大本营名目，应立即取消，所有关防、案卷等即交参谋部存储，以资查考。”这些事实都说明孙中山对档案保管的重视。

六、南京临时政府重视信访工作

孙中山先生是一位伟大的民主主义者，在他领导下的南京临时政府注意倾听人民群众的呼声，重视人民群众对建国大政方针的建议，同时关心人民群众的疾苦，对人民来信来访十分重视。

辛亥革命后，各界民众为推翻帝制而欢欣鼓舞，他们拥护民主共和政体，参政意识空前增强。许多有识之士前往总统府向临时政府陈述建议，或投书临时政府要求解决或解答他们关心的问题。总统府秘书处对民众来访或所呈递的信件十分重视，一般均给予热情接待，认真解答。由于政局比较混乱，邮递业务不够正常，有的回信不能及时送达投书人，秘书处遂于总统府东西栅门外设立专门的“揭示处”，将对民众来信来访所提问题、建议的批答情况，张榜公布，使相关人员及时了解处理情况。有些重要的信件或来访记录，秘书处还转呈孙中山先生，在短短三个月不到的时间内，孙中山先生亲自处理的来信来访达数十件次。孙中山先生对人民群众来信来访的重视，充分体现了他的民本思想。

第二节　北洋军阀政府（1912—1927）的秘书工作

由于辛亥革命的不彻底性，革命成果很快被袁世凯窃取。南京临时政府于成立不到一百天后夭折。4 月 1 日，孙中山宣布解除临时大总统职务，临时政府迁往北京，袁世凯就任临时大总统，从此开始了延续 15 年之久的北洋军阀政府的统治时期。

一、北洋军阀政府的秘书机构

北洋政府代表帝国主义、买办资产阶级和大地主阶级的利益，相对于民族资产阶级性质的南京临时政府，无疑是一个倒退，但是从政体上看，除了短暂的帝制复辟外，北洋政府仍然挂着中华民国的招牌，名义上实行“三权分立”的民主共和制。

1. 袁世凯时期中央政府的秘书机构

从 1912 年 4 月到 1916 年 6 月这四年多时间内，袁世凯为适应其独裁统治和恢复帝制的需要，多次调整秘书机构。

袁世凯任大总统初期，中央机关中设有内阁（即国务院）及外交、内务等十部。总统府设有秘书厅，有秘书长及六名秘书；内阁也设有秘书长。

1914 年 5 月，袁世凯公然废除孙中山制定的《中华民国临时约法》，代之以他自己炮制的《中华民国约法》，改内阁制为总统制，撤销国务院，在总统府内设“政事堂”作为办事机构，并将总统府秘书厅改为带有封建皇权色彩的“内史厅”。袁世凯通过这个“约法”将总统的权力扩大到与皇帝相似的地步，为其复辟帝制做准备。

1915 年底，袁世凯复辟帝制的活动达到高潮，12 月 12 日，袁世凯发布文告，接受所谓“劝进”，正式称“中华帝国皇帝”。与此相适应，12 月 31 日下令自 1916 年 1 月 1 日起，废除中华民国纪年，将这一年定为“中华帝国洪宪元年”，并将他的秘书和秘书厅改名为内史和内史厅，秘书长叫内史监，原总统府收文处改称“奏事处”（清皇室收文机关的名称）。

1916年3月21日，袁世凯被迫宣布取消帝制，秘书机构也随之变化，撤销政事堂，恢复国务院。

从袁世凯时期秘书机构的几次变化可以看出，伴随着围绕中央政权政体的斗争，中央秘书机构也不断发生着变化。统治权的争夺必然会在秘书机构的设置上有所反映。

2. 军阀混战时期的中央秘书机构

袁世凯死后到1927年国民政府取代北洋军阀政府，是中国历史上政局非常混乱的军阀混战时期，总统几乎是一年一换，内阁则是数月一倒。短短十年时间，共有六人先后任大总统（或“临时执政”等“国家元首”），近三十人出任国务总理。总统和总理的频繁变换必然伴随着秘书长的频繁变换，因为每一任总统或总理上台，总要安排自己的亲信担任秘书长。这是军阀混战时期秘书工作的一大“特色”。

袁世凯称帝失败后，“内史厅”又改称总统府秘书厅。秘书厅主要负责文书处理工作，由秘书长主管，属下有秘书若干人，并设有专职的英文秘书、日文秘书，以适应频繁的外事公务。

国务院也设有秘书厅，有秘书长一人和秘书若干人，还有佥事、主事、参议等秘书职务。秘书厅是国务院的综合办事机构，秘书工作是秘书厅的主要任务，就其所管理的事务来说，类似于现在的办公厅。

北洋政府设外交、内务、财政、陆军、海军、司法、教育、农商、交通等部。各部都设有总务厅，负责掌管机要、保管印信、处理各种公文函件。厅下设“课”。国务院秘书厅和各部总务厅下分设机要科、文书（文牍）科，前者掌管机要电报，收发机要文件，撰写重要文件，后者则负责一般文件、电报的收发登记以及档案保管工作。

北洋政府时期的国会参议院和众议院中也设有秘书厅。但当时国会只是标榜“民主共和制”的一件摆设品，在国家政治生活中发挥的作用非常有限，因此其秘书机构也起不到多大作用。

3. 北洋政府时期地方政府秘书机构

北洋政府时期的地方行政区划分为省、道、县三级。

省行政长官先后称为民政长、巡按使、省长，省行政机关则先后称为行政公署、巡按使公署、省长公署。其秘书机构则为“总务处（科）”，负责办理机要、印信、统计、人事、记录、文书、会计、庶务等事项。

道行政长官先后称为观察使、道尹，道行政机关称观察使公署、道尹公署。公署的一般事务由内务科兼办，另设秘书一人，专管机要事项。

县行政长官称县知事，行政机关则一律改称县知事公署。公署内部分设各科，其中第一科掌办总务，包括机要、印信、统计、收发、档案、庶务等秘书事项及人事、会计工作。

二、北洋政府的文官考试选拔制度

北洋军阀政府的官吏制度仿效西方国家的常任文官制度，由国会通过并颁布了《文官保障法》《文官高等考试法》《文官普通考试法》《文官惩戒条例》等法规，明确规定了行政官员的等级、资格条件、考试办法、任用程序、服务规则、薪俸待遇、职业保障及惩戒处分等。其中文官考试制度在中国行政史和秘书史上很有特色。

文官普通考试每三年在首都举行一次，应试者必须为年满 20 岁的中国男子，且须具有教育部认可的相当于中等以上专门学校的毕业文凭，或过去曾在政府任过初级文职。1919 年又规定，应试人须在考试一个月前，取各县同乡荐任官以上京官一人的“保结”，亲赴国务院铨叙局报名，并呈验有关文件。凡被褫夺或停止公权尚未复权、品行卑污被控有案、亏欠或侵蚀公款等情况者，不得参与考试。普通考试分为三试，内容分别为国文、行政专业知识以及口试（主要考核应试者的口语交际能力和应变能力），三试平均成绩合格，才能正式进入文官队伍，录取后还要到各官署实习一年，期满而又成绩优良的，即可作为候补，授以具体职务。

文官高等考试也是每三年在首都举行一次。应试人为年满 25 岁的中国男子，且须具有国内或国外高等学校的毕业文凭。高等考试分为四试，第一、第二、第三试为笔试，第四试为口试。四试平均成绩合格，才能录取。录取后分发到各官署实习两年，期满且成绩优良者，即可作为候补，授中等文职。

从形式上看，北洋政府的文官考核任用制度比较重视文凭和实际能力，在笔试和口试合格录取后，尚须经 1～2 年实习，成绩优良者方正式任用或升迁，相对于前清的八股科举和官员自聘幕僚的制度要合理得多。但是北洋政府大权实际掌握在大军阀手中，他们为争夺控制地盘和国家权力连年争战，某些合理的制度并没有得到真正实行，尤其是这些军阀要员的亲信秘书官，实际上采取的是一套“任人唯亲”的标准，高级秘书只看其是否为长官亲信，而不考虑资格、能力以及是否通过考试等其他条件。

三、北洋政府时期的文书工作

1. 袁世凯独裁政府的文书工作

袁世凯统治初期，基本沿用了南京临时政府的公文程式，1912 年 11 月 6 日，袁世凯政府公布了新的公文程式，将公文名称改为令、状、咨、公函、呈、批等，并详细规定了每种公文的具体用法。这一公文程式除将公函正式列为公文外，与南京临时政府颁布的公文名称基本一致。

1914 年 5 月，为了给复辟帝制做准备，袁世凯公布了新的公文程式，分为大总统公文程式、政事堂公文程式、一般官署公文程式。

《大总统公文程式令》规定：大总统任免文武职官、颁给爵位勋章并其他荣典时，以“策令”行之；公布法律、教令、条约、预算，对于各官署、文武职官之指挥训示及其他依职权执行之事件，均以“申令”行之；对人民之宣示以“告令”行之；裁答各官署之陈请，以“批令”行之；与立法院往复公文，以“咨”行之。

《大总统政事堂公文程式令》规定：国务卿奉大总统谕与各部行文时，以“封寄”或“交片”行之；与各地方最高级官署行文时，以“封寄”行之。各部院、各地方最高级官署与政事堂行文时，以“咨呈”行之，对咨呈之答复，由国务卿以“咨”行之。当各部院和各地方最高级官署遇有商议事件时，国务卿以“公函”行之。

《大总统官署公文程式令》规定：凡官署或职官对于大总统之陈请报告以“呈”行之，事关机密者，以“密呈”行之。下级官署或职官对于上级官署或长官之陈请报告，以“详”行之，事关机密者以“密详”行之。上级官署或职官对于下级官署或职官之指挥、监督、委任，以“饬”行之。各部院对于各地方最高级官署之行文、地位相等之官署间的往复文书，均以“咨”行之。各地方最高级官署对于中央各部院之陈请报告，以“咨呈”行之。官署对于人民之宣示以“示”行之。上级官署或职官对于下级官署及官署对于人民陈请之准驳，以“批”行之。人民对于官署之陈请以“禀”行之。

以上三个公文程式，反映了修改约法后总统权力的扩大，并大量沿用了封建王朝的公文名称，如“策令”“申令”“封寄”“交片”“详”“饬”“禀”等，在公文程式上实行了总统皇帝化，命令上谕化，为袁世凯复辟帝制做准备。

1915 年 12 月 12 日，袁世凯正式称“中华帝国皇帝”。与此相适应，公文程式也发生了一些变化。首先是恢复已被废除的封建皇权时代臣民上书皇帝用的“奏摺”，凡向袁世凯呈报事项，“奏摺”中均用“伏乞皇帝圣鉴训示”之类的格式和用语。其次是更改纪年，1915 年 12 月 31 日下令，自 1916 年 1 月 1 日起，废除中华民国纪年，将 1916 年定为“中华帝国洪宪元年”，自是日起“所有奏、咨暨一切公牍，只署洪宪元年某月某日”。政府公报中也改“呈”为“奏”，各省致袁世凯的文电也改“钧鉴”为“睿鉴”了。政治上的逆流马上反映到公文程式中。

1916 年 3 月 21 日，袁世凯被迫宣布取消帝制，公文程式也随之变化。废除“洪宪”年号，恢复中华民国纪年；废除“奏摺”，改用“呈”。

从袁世凯时期公文程式的几次变化可以看出，围绕中央政权政体的斗争，文书工作制度也不断发生着变化。统治权的争夺在文书工作制度方面也有明显的反映。

袁世凯统治时期秘书工作的另一特点是文牍主义严重，当时公文运转要经过 60 道烦琐的程序；陆军部 1914 年一年发文达 53 466 件，平均每天发文约 146 件，文件中套语连篇。

2. 军阀混战时期的文书工作

袁世凯死后不久，北洋政府于 1916 年 7 月 29 日公布了新的公文程式，这个公文程式使用时间比较长，它规定中央机关使用的公文种类有令（大总统令、国务院令、各部院令）、任命状和委任令、训令、指令、布告、咨、咨呈、呈、公函、批等，并严格规定了各种公文名称的使用条件。

由于北洋军阀政府必须维持民主共和制度的外在形式，加上不管哪一系军阀掌权，都要以某一列强为靠山，因此各项行政制度也多模仿资产阶级近代国家制度的形式。在文书工作方面，袁世凯之后的军阀政府基本沿用南京临时政府的程式和制度。

四、北洋政府时期的档案工作

1. 档案工作发展的主要表现

北洋政府时期，我国档案工作有了较大发展。这是因为北洋政府虽然从本质上是封建政权性质，但实行的是近代共和体制（袁世凯复辟帝制的短暂时间除外），在国家机构的管理上模仿西方国家，档案工作因为和国家机器的运转密切相关，因此也受到西方国家重视档案管理和利用的影响。档案工作的发展主要表现在以下两个方面。

第一，各机关普遍建立了专门的档案机构。

北洋政府设立了三个独立档案机构：清史馆（1913 年成立）、国史馆（1914 年成立）、故宫博物院文献部（1925 年成立）。这些专门的档案机构的主要任务是保管、清理、编纂历史档案，带有很强的学术性。这部分档案工作不属于秘书工作的范畴。

在北洋政府各机关中设立了隶属于秘书厅、总务厅的专门的档案工作机构，如外交部总务厅设有专门清理、保存档案文件的档案房，内务部设有档案科，司法部设有文件保管室等。在一些较小的机关中也设有专任的档案保管人员或确定专人保管档案。这些档案机构或人员主要保管本机关在行政活动中形成的新的文书档案，同时也保管本机关的历史档案。这些档案工作是秘书工作一个极为重要的组成部分。

第二，形成了一些档案工作制度。

北洋政府时期形成了一些比较合理的档案工作制度，如外交部在 1912 年至 1914 年三年中先后制定了《编档办法》《保存文件规则》《编纂规则》等有关档案工作的规范。当时在各机关形成的档案工作制度主要有：

（1）文书立卷归档制度——本机关形成的文书档案要按照主管业务机构编制的案卷目录进行立卷，案卷要编号、编目、分类保管。各部门设管档人员，负责对办理完毕的文件“汇为卷宗，登簿存储”，保管一定时间后再按规定送交专门的档案房统一保管。

（2）按文件重要程度分级立卷制度——司法部的《文件保存细则》规定：所有需要保存的文件按重要程度分为“正辑”“要辑”“杂辑”三类，每类分别组卷。凡文件可为将来引证之例规者编为正辑，永远保存；凡文件可备查考而无须永远保存者，编为要辑，保存七年；凡例行文件而无关紧要者编为杂辑，保存两年。这实际上是按档案保管期限来分别立卷。

（3）档案借阅制度——有的机关规定了严格的档案借阅制度，有的还印制了文件调取证，建立了调阅档案的阅览室。“调取文件，应先就档案（指经过编纂的档案资料）取阅，如档案缺漏或有疑义，再调原卷。”

2. 两起破坏档案的恶性事件

我国档案工作在北洋政府期间虽然有了较大发展，但是由于北洋政府的反动性和腐败性，也出现了对重要档案大破坏的恶性事件，其中最典型的有两件。

一是袁世凯为销毁他篡权复辟的罪证，下令销毁大量有关复辟帝制活动的档案文件。1915 年 12 月 21 日，在袁世凯宣布复辟帝制后不到 10 天，他就以“办理国民会议事务局”的名义通电各省“请将改革国体文电信函除法律规定者外一律查明烧毁”。1916 年 3 月 22 日，当了 83 天皇帝的袁世凯被迫宣布取消帝制，为了彻底销毁罪证，在取消帝制之前他又通过御用的“参政院”下令将各省区的“推戴书”全部销毁。3 月 29 日，仅总统府就销毁有关复辟帝制的档案 840 多件。

二是 1921 年教育部及其下属的历史博物馆将极其珍贵的八千麻袋历史档案以 4 000 银圆卖出去，造成历史档案的大流失，史称“八千麻袋事件”。当时在教育部任职的鲁迅先生对此有所了解，他于1927年写了《谈所谓“大内档案”》一文，揭露了腐败官僚破坏档案文献的丑恶嘴脸。鲁迅先生指出，当时教育部官僚对清廷档案的“整理”和“检查”，实际上是官僚“考古家”的分赃，是对档案资源的公开的破坏和抢劫；历史博物馆拍卖八千麻袋档案后，一些官僚阔人将以前偷去的档案文献拿出来发表，并谎称是八千麻袋中的东西。“中国公共的东西，实在不容易保存。如果当局是外行，他便将东西糟完，倘是内行，他便将东西偷完。”

第三节　南京国民政府（1927—1949）的秘书工作

1927年大革命失败后，在南京建立了国民党一党专政的国民政府，代替了统治中国15年之久的北洋军阀政府。

一、国民政府的秘书机构

以蒋介石为首的国民政府为了巩固自己的统治，对中央和各级政府机关进行了大调整，在各级政府机关中建立了一整套秘书机构。

1. 中央政府的秘书机构

南京国民政府刚成立时设有秘书处，秘书处有秘书长1人，秘书8人，科员8～12人，另有书记官若干人。秘书处下设总务科、机要科、撰拟科，分别负责中央政府的一般事务、文书的处理和保管、文件的撰拟。

1928年，国民政府改为“五院制”，即将中央国家机关按权限分为行政、立法、司法、考试、监察五院，将原中央政府秘书处改为文官处，设文官长1人，秘书8～12人，负责国务会议和政府的一切机要文书工作。五院内和行政院下的各部中又分别设有秘书处，有秘书长一人，秘书若干名，负责各院或各部的事务和文书、机要工作。

2. 蒋介石的亲信秘书机构——侍从室

蒋介石为了更有力地控制党政军大权，于1933年起设立了自己的亲信秘书机构——侍从室。侍从室全名为“军事委员会委员长侍从室”，据其《组织大纲》规定，侍从室的职责为“掌机要之承启传达，委员长行动时随侍行动”。侍从室处于蒋介石与政府各部之间的枢纽位置，所有面呈蒋介石的报告、公文须先送侍从室，再由侍从室分门别类、分轻重缓急先后转呈蒋，对有些文件还可自行处理。凡是“谒见委员长”者，除蒋介石要求召见者外，概由侍从室主任代见。

侍从室机构虽小，地位却极高。蒋介石对侍从室的高级秘书提出了一些特别条件：必须是黄埔军校毕业或者已在国民政府中任职数年者；必须是有经验、有能力、有充沛精力、严守秘密者；必须是经过蒋介石本人直接审查、亲自召见面试合格者。侍从室主任地位低于部长，但实际职权则远高于任何部长。在抗日战争时期，担任侍从室主任的有钱大钧（上将）、林蔚（中将）、张治中（上将）、贺耀祖（上将），他们都是蒋介石的亲信。后来任国民党中央政治委员会秘书长、人称国民党“第一支笔”的陈布雷曾任侍从室第二处主任，而国民党首脑人物之一的陈果夫曾任侍从室第三处主任。

侍从室是一个可圈可点的精干高效的机要秘书班子，其特点颇似清代的军机处。侍从室于1945年抗日战争胜利后撤销。

3. 地方政府和军队中的秘书机构

国民党各省政府都设有秘书处，并有秘书长一人，秘书若干人。秘书处掌管的事务有：(1) 关于一切机要及省政府委员会会议事项；(2) 关于撰拟、保存、收发文件事项；(3) 关于省政府委员会会计事项；(4) 关于编制统计及报告事项；(5) 关于记录省政府各厅处职员进退事项；(6) 关于典守印信事项；(7) 其他不属于各厅事项。(参见1928年4月《修正省政府组织法》。)

在国民党各专员公署和县政府内设有秘书室。这些秘书机构的职责基本相同：掌管、撰写、收发机要文书，保管卷宗，典守印信，缮印校对文件，负责会议记录，调查统计，办理不能归属于各科室的勤杂事务。

国民党军队中各级机构也设有秘书机构和秘书人员，如连队有文书，营部有书记官，团以上则有副官处、机要科（股）等。

4. 民族工商企业中的秘书机构

民国时期我国民族工商业有一定发展，一些规模较大的企业中也设有秘书机构或专职的秘书人员。例如汉口既济水电股份有限公司的总经理之下，设有与总工程师室相并列的秘书室，配主任秘书1人，秘书3人，负责处理文书、机要、通信、统计、编写材料等事宜。

以上情况说明，国民政府时期，现代秘书工作机构和体系已经初步形成。

二、国民政府对秘书人员的选用制度

国民政府时期，政府秘书的任职资格条件较为严格。据聂中东《中国秘书史》所引《国民政府秘书及科员任用规则》，在国民政府任秘书工作的人员须具备以下条件：

(1) 必须是国民党党员；

(2) 必须具有国内外大学或专门学校以上的学历；

(3) 必须具备担任文职三至四年的阅历；

(4) 必须由国民政府委员二人推荐或主管长官保准。

三、国民政府的文书工作

国民政府为提高行政效率，先后进行了三次规模较大的文书工作改革。

1. 1927 年至 1933 年的文书工作改革

国民政府成立之初，发起了第一次文书工作改革。这段时间，国民政府先后颁布了三个公文程式条例，并采取了一些必要的辅助措施，对秘书工作和文书制度作了一定的改革，其主要内容有以下几个方面。

(1) 明确规定政府机关使用的公文文种，确定了机关之间的行文关系。1928 年公布的《公文程式条例》规定，政府机关使用的公文文种有九种：令、训令、指令、布告、任命状、呈、咨、公函、批。

(2) 对公文的形式作了统一规定。1928 年颁布的《暂行公文革新办法》规定，取消公文中的习用套语，提倡公文使用白话文；行文要用新式标点符号，分段书写以便提高阅文效率。1929 年颁布的《划一公文用纸办法》对公文用纸的尺寸、颜色、质料以及装订要求等作了统一规定。

(3) 对公文处理程序作了统一规定。1928 年颁布的《修正内政部办事细则》规定：收文处理程序为验收、拆封、编号登记、摘由、呈阅、分送、拟办、检查、归档；发文处理程序为交拟、拟稿、核稿、判行、缮校、用印、编号、录由、登记、封发、立卷、归档等，如系两个以上机关联合发文，还有会签、会稿等手续。该文件还对文书处理的每一道程序都作了具体的明确要求，如拟稿时每行要留有余地等等。

这次公文改革形成了国民政府文书工作的基本模式。

2. 1933 年至 1935 年的公文改革

这期间国民政府发起了一场“行政效率改革”运动，在秘书工作方面主要是推行“文书档案连锁法”，规定各机关由总收发室将全部收文、发文统一分类、编号、登记，然后送往主办单位办理，办理完毕的公文由机关档案室立卷归档。这次为时不长的改革对于统一文书档案处理程序起到一定的积极作用，但是由于阻力较大，一些行之有效的程序未能在较大范围推广，收效甚微。

这个时期国民政府还派员去欧美考察西方先进的文书档案工作，回国后进行宣传介绍。行政院于 1934 年成立了行政效率研究会，下设专门的文书档案组，对秘书工作的改革进行研究。这些研究对我国文书学和档案管理学的形成起到一定的推动作用。

3. 1938 年至 1945 年的文书工作改革

为适应战时行政体系，国民政府于 1938 年颁布了《公文改良办法》，对公文的判行、会稿、承转、编号等提出了改革办法。1940 年国民政府颁布《三联制大纲》，推行行政三联制，即由各机关将拟出的工作计划呈报中央政府汇总后进行总设计，然后指示各机关贯彻执行，在执行中和执行完毕后进行考核。为配合“三联制”的推行，文书工作实行分层负责制，从而加强了对秘书工作的统一管理和集中指导。

4. 国民政府文书工作的成就和弊端

国民政府为巩固其统治，强化一党专政，对文书工作作了多次改革，1947 年还在国统区范围内开展了一次全面的“文书处理竞赛”，其直接目的与三次文书改革一样，是为了提高文书工作乃至整个行政管理的效率。通过这些努力，国民政府在简化公文结构、规范公文用语、限制公文篇幅、统一公文办理程序等方面，均取得了一定效果，促进了我国文书工作的近代化。

由于政治腐败，国民政府对文书工作多次进行改革的许多措施并没有真正有效地推行。各级机关官僚主义严重，腐败成风，使得文书工作者改革文书制度的良好设想难以落实。许多机关文牍主义泛滥，公文数量之多、手续之烦使人难以想象，有的机关每天收文达千件以上，根本无法办理，绝大多数成为一纸空文；而中央政府一个文件发到基层，有的要经过 200 道手续。另外，国民政府的文书工作改革本身也有一些不科学的地方，例如规范公文用语本来可以净化书面语言，但是规定得过细过多则成了繁文缛节，如规定“勉励语”必须用“勉旃毋违”或“有厚望焉”，“警告语”必须用“致干咎戾”或“致干惩处”，规定使用的这些与白话文不协调的专门用语，竟达百余种之多。

四、国民政府的档案工作

国民政府的档案工作较之北洋军阀政府的档案工作又有新的发展。

第一是中央政府各机关和各地方政府更加普遍地建立了专门的档案工作机构，1934 年，行政院还一度设立档案整理处，作为全国档案工作的领导机构。

第二是许多机关建立了档案集中管理制度，将本机关所有档案交档案室统一集中管理。如 1928 年内政部制定了《档案室办事细则》，1930 年行政院颁布了《保存机关旧有档案令》，同年考试院和交通部各自制定了《文卷管理规则》，随后，几乎所有机关都制定了档案工作细则。

第三是各档案机构建立了归档文件总登记簿、卷目分类簿、索引簿、目录卡片等检索工具，为查找、使用档案提供了方便。

档案工作与文书工作历来就无法截然分开。国民政府多次文书工作改革对档案工作也产生了较大影响，尤其是 30 年代前期推行的“文书档案连锁法”，就是根据当时文书工作与档案工作脱节、档案保管分散而混乱的现象而提出的方案。这一方案对简化文书处理程序、加快文件运转、提高行政效率起到积极作用，对于防止文件在转化为档案之前就丢失以及打击少数“卷阀”垄断案卷暗箱操作也不失为一种好的方法。但正如一些档案学专家所指出的，连锁法“混淆了文书与档案、文书工作与档案工作性质的差别”，“混淆了立卷和分类的关系”，“是不利于档案工作的发展的”（邹家炜等《中国档案事业简史》）。

档案管理水平的提高是与吸取国外先进的档案管理经验相联系的。国民党中央党部秘书处直属的中央档案整理处的主管人员，30 年代初到美、英、苏、德等国考察档案工作，回国后根据外国的经验编订了较为先进的档案管理办法。这对国民政府各级各类机关的档案管理工作有很大影响。

在国民政府统治时期，一些大中学校和较大的公司企业也加强了文书档案工作，配备了专职的或兼职的档案管理人员。这是档案工作的一个新的发展。

虽然国民政府对机关档案建立了“集中制”的管理办法，但实际上许多单位没有真正执行。1934 年成立的行政院档案整理处还没有正式开展工作就被撤销，所以实际上没有对全国档案工作进行管理的机构，加上地方县级档案文卷多为世袭“卷阀”所把持，他们因循守旧，拒绝近代先进的档案管理方法，严重阻碍了档案管理工作的发展。因此国民政府的档案管理总体上还处于分散、落后的状态。

五、文书学、档案学的学术研究和人员培训

1. 我国文书学、档案管理学的产生

在国民政府为提高行政效率多次进行的文书工作改革过程中，我国一批行政管理学者和一些文书档案工作者，也对文书档案工作做了比较多的研究探讨。尤其是在 20 世纪 30 年代前期和中期，陆续发表了不少文书档案学方面的学术文章和专著，如徐望之的《公牍通论》、许同莘的《公牍学史》、周连宽的《档案管理法》和《县政府档案处理法》、傅振伦的《公文档案管理法》、陈国琛的《文书之简化与管理》、梁上燕的《县政府公文处理与档案管理》、何鲁成的《档案管理与整理》等。此外，在《行政效率》《文献论丛》等学术刊物上，也发表了一批文书处理和档案管理方面的学术论文。这些研究成果的发表，标志着我国文书学和档案管理学作为新兴学科的形成，对我国文书工作和档案工作的发展起到一定的推动作用。

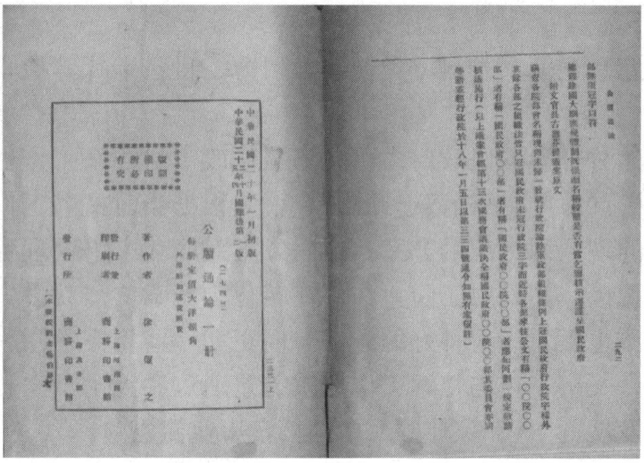

徐望之《公牍通论》书影

期刊《行政效率》书影

文书处理和机关内部的档案管理是近代秘书工作的重要内容，但是它们毕竟只是秘书工作的一个组成部分，因此 30 年代一批文书学和档案学教材、专著和论文的发表，尚不能视为我国“近代秘书学理论体系的构建”，也不能说是“掀起了秘书学研究的高潮”。我国秘书学作为一门有其特定研究对象的学科，是 1980 年以后才正式产生的。

2. 文书档案管理人才的培训

为提高行政效率，国民政府自 20 世纪 20 年代后期开始，通过各种形式对文书档案管理人员进行了一些培训。

第一种形式是在培养国民党行政官员的“训政学院”开讲“公牍通论”课程，如我国

第一部文书学专著《公牍通论》就是徐望之根据他在国民党河北训政学院主讲公牍课时编写的讲义加工而成的。

第二种形式是在一些私立学校开设档案管理专业。例如，1939 年国民政府教育部在湖北私立武昌文华图书馆学专科学校内开设档案管理专科，招收高中毕业生，共培养了 30 余名档案管理专业毕业生，这是目前所知道的我国最早的档案专业的高等教育。1946 年，私立重庆崇实档案学校也设置文书处理科、档案管理科，两年多共招生近 300 人。在其他一些地方也有一些私立学校开办过以文书档案管理人员为培养对象的专业。

第三种形式是对在职的文书档案管理人员进行职业培训。国民政府于 1941 年 6 月颁文规定，对县政府的文书档案人员进行培训，文书处理和档案管理为主要课程。1942 年文华图书馆学专科学校被指定开办档案管理职业培训班，学制 4 个月，先后开办 7 期，培训在职档案管理人员 200 余名。

虽然国民政府对文书档案管理人员进行了一些培训，但是从全国范围看，真正接受近代文书档案管理方法培训的人员在整个文书档案管理人员中所占比例微乎其微，档案人员的总体水平不高。尤其需要指出的是，国民政府档案管理人员仍然存在封建世袭现象，尤其是县一级的管卷人员，大都继承了封建书吏把持案卷的恶习，在档案管理上拒绝现代管理方法，而是“别出心裁”另搞自己的一套，特殊的管理方法只传给子孙门徒，秘不外传。他们用这种方法保住自己的饭碗，并在自己年老后将位置传给子孙。档案管理人员的这种世袭现象严重阻碍了档案工作的发展，当时有人称这些人为“卷阀”。

思考题

1. 简述南京临时政府总统府及其所属各部的秘书机构。
2. 南京临时政府对文书工作做了哪些改革？其意义如何？
3. 袁世凯复辟帝制前后对公文名称和公文程式的改动说明了什么问题？
4. 国民政府三次文书工作改革的主要内容是什么？效果如何？
5. 我国文书学、档案管理学产生于何时？其背景如何？

第六章 民主革命时期中国共产党的秘书工作

第一节 中共建党初期和大革命时期中共的秘书工作

自从人类社会进入文明时代以来，任何社会组织的活动都离不开秘书工作。1921 年 7 月 23 日，中国共产党第一次全国代表大会的召开，宣告了中国共产党的成立，与此同时，党的秘书工作也就开始了。

一、中共建党初期（1921—1924）的秘书工作

1. 毛泽东任中共一大兼职秘书

参加党的第一次全国代表大会的正式代表共有 13 人，代表全国 50 多名党员。这些代表由上海、北京、湖南、广东、湖北、山东等地的中国共产党早期组织推选产生（陈独秀本人因故没有参加大会，而派他的代表包惠僧到会）。另有共产国际代表马林、尼柯尔斯基参加。当时没有专职的秘书，会务工作都由代表自己完成。根据参加党的一大的正式代表董必武同志回忆，在党的一大上年仅 28 岁的湖南中国共产党早期组织代表毛泽东被推举负责会议记录、文件保管等秘书工作，并参与起草《中国共产党第一个纲领》等重要文件。毛泽东既是中共一大的正式代表，又是会议的兼职秘书。因此可以说，毛泽东是中国共产党的第一位秘书。

党的一大选举了中央局成员，陈独秀当选为书记，李达、张国焘分别主持宣传、组织

工作。中央局没有设专职秘书，保管文件等秘书性质的工作由主持党的宣传工作的李达兼管。当时中央局办公地址就设在李达家中。

2. 中共三大决定设立党中央秘书

中国共产党成立后，党员人数发展很快，党所领导的工人运动掀起高潮，党中央机构的秘书工作也日益繁重。为了适应这种形势，1923 年 6 月于广州召开的中国共产党第三次全国代表大会通过决议，决定设立党中央秘书一职。据这次代表大会通过的《中国共产党中央执行委员会组织法》规定，党中央秘书的职权是负起草党内外文书、通讯及会议记录的责任，并兼管党的文件；党内所有文函须由党中央委员长（即总书记）和党中央秘书共同签署才能生效；中央执行委员会召开的一切会议，须由党中央委员长和党中央秘书共同主持召集。上述规定表明，党中央秘书在党内的地位是相当高、作用是相当大的，实际上超过后来的中央秘书长。中共三大召开后不久，最先担任党中央秘书这一重要职务的是毛泽东，他于 1923 年 6 月至 1924 年 9 月担任党中央秘书，据党史资料记载，这期间由毛泽东经手并妥善保管的党内文件达数百件。当时党的地方组织也设有秘书一职，其职权与中央秘书相仿。后来，随着秘书工作量的增加，党中央秘书改称党中央秘书长。

3. 中共建党初期文书工作的创新

中国共产党是马克思主义政党，它的成立不仅是中国政治发展史上一件开天辟地的大事，而且是中国秘书工作发展史上的一件大事。建党之初，党的秘书工作就具有鲜明的时代特点和创新精神，主要表现在以下两个方面。

第一，文书语言是白话文，并使用新式的标点符号。在中国共产党成立之前，除在元代曾经少量使用过白话文外，官方文书一直使用文言文，包括孙中山先生领导的南京临时政府和后来的北洋军阀政府。中国共产党早期领导人陈独秀、李大钊等人，本身就是五四新文化运动的旗手，而提倡白话文、使用新标点正是新文化运动的重要内容，所以，中国共产党自成立之日起，就提倡用工人、农民、城市贫民能够看懂的白话文书写文件，并使用新式标点符号。从中共一大产生的重要历史文件《中国共产党第一个纲领》和《中国共产党第一个决议》以及现存的少量建党早期的文件档案看，中共正式文件用的都是白话文。1923 年 11 月中国共产党第三届中央执行委员会第一次会议通过的《教育宣传问题议决案》还明确要求党的宣传材料要“使用口语，求其通俗化”。这在公文用语方面是一个了不起的变革。

第二，反对文牍主义，提倡务实文风。从现存的为数很少的建党初期的文件来看，当时的公文文风是非常注重实用、极为简洁朴实的。中央多次强调反对空洞无物、不得要领的文风，要求党内文件必须材料充实，要对革命斗争中的实际问题进行实事求是的分析。1922 年通过的《中国共产党加入第三国际决议案》一文还明确指出，党的文件决不能照搬旧政权使用的那套“流行的烂熟的公式”。

建党初期的文书档案工作也存在一些不够成熟的地方，除了 1923 年《中国共产党中央执行委员会组织法》的规定“本党一切函件须由委员长及秘书签字”的制度外，从现有资料看当时没有形成其他文书档案工作制度。在文件的保管和档案的建立方面，由于没有明确的制度，为了保密便往往将文件的底稿和副本烧毁，以致今天研究建党初期的历史，难以找到确实可靠的文件档案。

二、大革命时期（1924—1927）的秘书工作

中共三大（1923 年 6 月）确立了与国民党合作建立统一战线的路线。1924 年 1 月，有许多共产党员参加的中国国民党第一次全国代表大会在广州召开，标志着第一次国共合作正式建立和大革命时期的开始。这一历史阶段中共的秘书工作有了新的发展。

1. 中共各级组织普遍设置秘书职务

1924 年 5 月召开的中国共产党扩大执行委员会通过的《党内组织及宣传教育问题议决案》明文规定："为履行种种职任起见，党的组织应当采取下列的形式及办法：（甲）地方委员会由三人组织之：委员长兼宣传部，秘书兼组织部……第三人管理工农部……"根据这个文件，中共各级组织中的"秘书"一职，与中共三大规定的中共中央秘书一样，是领导成员之一，相当于后来的秘书长。

2. 成立中共中央秘书处和设立中共中央秘书长

随着党组织的扩大和革命运动的发展，党的秘书工作越来越繁重，中央仅设一名秘书已不能适应工作需要，必须建立一个专门的秘书机构。1925 年 10 月召开的中共中央扩大的执行委员会会议曾讨论成立中共中央秘书部，但现有史料未曾发现当时是否成立了这样的秘书机构。1926 年 7 月召开的中国共产党中央扩大执行委员会会议通过的《组织问题议决案》明文写有"增设中央秘书处，以总揽中央各种技术工作"。1926 年 11 月中共中央扩大会议决定的中央组织机构为：临时中央政治局及其常务委员会，下设组织局、党报委员会、职工委员会、中央秘书处。中央秘书处成立初期，受周恩来、罗亦农领导，其主要职责有以下诸项：

（1）安排中央各种会议的日程和议程，起草会议文件材料，选择安全的会议地址，负责会议的安全保卫工作、会议记录等。

（2）起草、誊写、收发、保管党内各种文件材料。

（3）负责保密工作和通信联络工作（当时叫作"交通工作"）。

此外，中共中央秘书处还要负责处理中央的其他日常事务、管理中央经费和出面接谈等。

据有关史料记载，在大革命后期，中共许多地方组织也设立了秘书处一类的秘书机构。

在中共中央秘书处建立的同时，党内设置了中央秘书长一职。秘书长既是中央秘书处的直接领导，也是中共中央主要领导成员之一，通常由中共中央的主要领导成员兼任。担任首任中共中央秘书长职务的是中共早期杰出的活动家王若飞，在大革命时期担任这一职务的还有邓中夏、周恩来、李维汉等。

3. 中共五大的大会秘书处

由于党的队伍迅速扩大，党的代表大会的规模也越来越大，党史资料记载，自党的五大（1927 年 4 月 27 日至 5 月 10 日在武汉举行，有正式代表 82 人）起，党的全国代表大会召开期间除选有主席团主持大会外，另由主席团设立大会秘书处，负责会议的会务工

作，起草和印发大会文件。党的五大的秘书长是蔡和森，毛泽东、瞿秋白、邓中夏则分别担任秘书处下设的三个委员会的秘书。

4. 大革命时期的文书档案工作

1923年中共三大通过的《中国共产党中央执行委员会组织法》规定党内由秘书管理文件；1926年8月，中共上海区执委秘书长会议记录里有关于“内部的种种文件概由秘书处整理”的记录。这些历史资料表明，在大革命时期，文件的处理和保管是党内秘书工作的一项重要内容。

大革命时期，党吸取了建党早期文书工作缺少制度因而文件丢失较多的教训，陆续形成了一些初步的文书工作制度，主要有以下两个。

（1）文件收发登记制度。

从现存的1925年11月18日中国社会主义青年团中央《关于加强文书技术工作的通告》等文献资料看，中共中央机关从1924年起就建立了文件收发登记制度，各级机关设置了文件底稿簿，将所发文件和存根编制成册。与此同时对发出和收到的文件，进行编号，登记文件名称、备考、收件人、发件人、收发时间等项内容，并建有收文登记簿、发文登记簿和文件保管簿。这样，机关发出和收到所有重要文件，都能登记在册，即使销毁，在文件保管簿中也有说明。文件收发保管制度的建立，有利于文件的保密和档案的保存，提高了工作效率。

（2）文件秘密传递制度。

建党初期，党内文件主要通过秘密邮寄的方式来传递，绝密文件才派专人传送。党领导的工人运动掀起高潮后，军阀政府对党的活动加强了监视，实行了严密的邮件检查制度，使党内文件的传递增加了难度，为此，党中央设置了秘密交通员，专门传递机密文件。1925年1月，中共四大决定在党内建立内部交通网。4月，中央执行委员会又发出第28号通报《关于建立和健全党内交通问题》，要求全党停止邮寄机密文件材料，并设立交通员，规定了交通员的主要职责是传递机密文件材料，要求他们对传递的文件负绝对安全之责。通报还指出：“党在秘密活动之下，使本党的印刷物传递到党的群众和深入到党外群众中去，是非常重要的工作，这种工作在组织上的重要等于人身上的血脉，血脉流滞影响于人的生死。”大革命时期建立的中共地下交通网，在其后国民党反动统治下继续发挥巨大的作用。

第二节　土地革命战争时期中共的秘书工作

一、白色恐怖下的秘书工作

1. 邓小平出任中共中央秘书长

1927年4月和7月，蒋介石、汪精卫先后叛变革命，国共合作破裂，大革命失败。

8 月 7 日，中共中央在汉口召开紧急会议（史称“八七会议”），当时任中共中央政治秘书的邓小平筹备并参加了会议。八七会议纠正了陈独秀的右倾路线，选出了新的中央领导机构——临时政治局，临时政治局下设有文书科，不久改称秘书处，负责中央机关的秘书、文书和档案工作。各地下党省委机关中也设有秘书处，由秘书长主持工作，负责日常事务和文书工作。为适应白色恐怖的恶劣环境，党的机构及其活动处于绝密状态，为安全起见，秘书处工作人员很少，有的一个人兼管几项工作。

1927 年秋，中共中央从武汉迁回上海，当时的上海处于一片白色恐怖之中。中央秘书处的工作仍然在秘密状态下进行。邓小平在极为困难危险的情况下首次出任中央秘书长，主持秘书处工作。秘书处负责中央机关的文书、机要、安全保密、通信和财务等方面的工作。秘书处下设有文书科，文书科分文件密写、文件阅览、文件保管在三处地点办公。

2. 中共中央“秘密委员会”成立

为了适应地下状态的革命斗争，1928 年中共中央成立了“秘密委员会”，由周恩来、邓小平领导。根据 1928 年 12 月 4 日通过的《秘密工作条例》的记载，“秘密委员会”的任务是：

（1）选择机关地址；

（2）保护文件安全；

（3）建立交通工作；

（4）确定秘密接头方式；

（5）准备会议。

这些工作多数属于秘书工作性质，因此“秘密委员会”实际上是党在特殊时期的一个秘书机构。

1930 年 4 月 19 日，中央就秘密工作致信中央机关全体工作人员，要求将不需要的文件随时送至保管处保存。当时的文件保管处的地点只有周恩来等极少数人知道。

自 1931 年起，中共中央机关陆续向革命根据地转移，原中央秘书处的大多数人员留在上海与中共中央上海局秘书处合并，中央秘书处自然撤销，中央留在上海的 20 多箱文件，一直秘密保存在上海，直到 1949 年上海解放。

3. 瞿秋白起草《文件处置办法》

中央秘书处每天要处理大量文件（史料记载，1929 年上半年，中央秘书处收发文件 4 777 件），但原来没有一个规范的处理和保管文件的办法。1931 年初，时任中共中央政治局常委、中央军委书记的周恩来指示瞿秋白起草了一个《文件处置办法》，初稿完成后又经周恩来审阅批示执行。

《文件处置办法》详细规定了中央应当收集的文件档案资料的范围、内容，以及整理、保管、销毁文件的原则和方法，并将秘书处文件保管处收发的文件分为四大类来分别处理和保管：第一大类是最高机关决议和指示性材料，包括共产国际关于中国问题的决议案和给中国共产党的文件、中国共产党代表大会的文件和记录；第二大类是中共中央对外的宣言、告群众书等公开的宣传性文件；第三大类是中央政治局常委会议记录；第四大类是中央的通告、宣传大纲等对下的指示性文件。《文件处置办法》还对文件的编号、登记、保管方法等作了具体规定。《文件处置办法》还指出："如有可能，当然最理想的是每种二份，一份存阅（备调阅，即归还），一份入库，备交将来（我们天下）之党史委员会。"

《文件处置办法》是目前发现的我党历史上第一个系统的关于文书工作的指导性文件，它反映了在白色恐怖的艰难条件下，中共高层领导对文书工作的重视，他们坚信党的事业最终将取得胜利，充分认识到文书归档工作的重要意义。这份文件在现代秘书工作史和档案工作史上都占有重要地位。

4. 中央秘密文库对文件的保管

从《文件处置办法》中的有关规定可以看出，中共党组织非常重视保留文书档案。中央秘密文库原来就是中共中央秘书处文件保管处。根据中央有关文件规定，用完的文件"必须随时送保管处保存"，到 1932 年底中央机关即将完成向苏区的转移时，文库共存有几十箱文件和其他资料，包括党中央各种（届）会议记录、决议案，中央给各地的指示，各级组织给中央的报告，中央与共产国际间的往来文件等方面的重要文件。中央在最后撤离上海时，决定将中央秘书处保管的这几十箱文件留在上海，并让中央秘书处张唯一同志留在上海任中央上海局秘书长，指挥保管这批重要的历史文件，这样就形成了中央秘密文库。具体负责管理秘密文库的是陈为人和他的爱人韩慧英（党中央交通员），他们扮成一个富豪家庭，白天装出有钱人悠闲自在的样子，夜间通宵达旦地整理文件。为了缩小文件的体积，就把原来写在厚纸上的文件抄到薄纸上，把大字文件抄成小字文件，把文件四周的空白处剪掉。

1935 年 2 月，由于叛徒告密，上海地下党组织遭到严重破坏，张唯一和韩慧英被捕，在失去组织联系和经费来源的极端艰苦危险的条件下，陈为人几经转移保卫了中央秘密文库的安全。而陈为人自己由于积劳成疾，加上过去在国民党监狱中受酷刑留下的肺部损伤复发，在与组织恢复联系后不久，于 1937 年 3 月离开了人世，年仅 38 岁。

陈为人

在陈为人以后，先后保管中央秘密文库的有刘钊、李念慈、陈来生等人。他们长期同日本宪兵、警察和国民党特务进行机智顽强的斗争，将中央秘密文库安全地保管到上海解放。其间，中央曾于 1943 年通过拍成胶卷和无线电发报的形式，从中央文库调阅了一批文件，作为延安整风运动的历史资料；1946 年国民党发动内战前，有 5 000 份文件秘密调运到延安。1949 年 9 月调运到北京的秘密文库的文件和资料有 104 包，共 2 万余件。

中央秘密文库在极端艰苦的条件下，为党长期保管了大量珍贵的历史文件，在秘书工作史和档案史上都值得大书一笔。

5. 白区秘书工作的一些特殊形式

（1）密写。这是指将文件用特殊的药水写在纸上或出版物上，收件人用显影液一类的药水刷涂后，文件内容即显示出来。中央秘书处设有"密写处"，而且就如何密写发出了许多指示。1928 年 12 月 6 日，中央发出《关于书写文件技术工作的通知》，规定用药水密写文件。药水分甲、乙两种，文件也分为重要文件和一般文件，分别使用不同的药水。在传送密写文件时，用暗语告诉收件人文件是用哪种药水密写的。

（2）暗语。这是指在文件中将一些容易暴露自己的话用其他语词来代替，用来瞒骗敌人，如用“钟英”“大校”“大兄”等代表党中央，用“中校”“青哥”等代表团中央，用“大学生”代表党员，用“中学生”代表团员，用“民校”代表国民党，用“胡师常”代表上海市党部，用“总校年鉴”代表决议案，用“经济试卷”代表政治报告，等等。党中央的机关刊物叫“大学读本”，某同志被捕被说成“某同学得病住院了”。使用暗语后，可以用平信或电话传达一些不太重要的文件或通知。

（3）职业掩护。在白色恐怖下，党的秘书工作人员必须有公开职业，否则很容易暴露身份。职业掩护的一般形式有开店（卖书报、卖花等）、组成假家庭（夫妻）等。中央秘书处阅文处有一段时间设在上海公共租界戈登路一个小楼里，周恩来、张闻天等中央领导常来此看文件，阅文处的工作人员是张纪恩、张越霞、苏彩、周秀清，他们四人组成一个假家庭。1931 年 6 月，被捕的张纪恩在受讯问时，按事先统一准备的口供说：房子是我父亲承租的，他是二房东，我是小开（小老板），住在这里准备考学校，张越霞是我的女人，苏彩是亲戚，周秀清是用人。由于每个人都这样说，因而警方没有发现任何破绽，他们骗过了敌人，保住了文件和党的机密。

（4）建立地下交通网。交通工作就是通信联络工作。早在大革命时期，中共就建立了由组织部领导的交通工作，其任务是发送情报和各种宣传品。大革命失败后，交通工作更加重要，由中央秘书处下设的交通科负责。1927 年的八七会议决定：中央建立通达各省的交通，各省委建立通达各县的交通，各县委建立通达各乡的交通，构成了全国交通网。该文件还附有一张全国交通网示意图（引自徐瑞新等编著的《中国现代秘书工作基础》）：

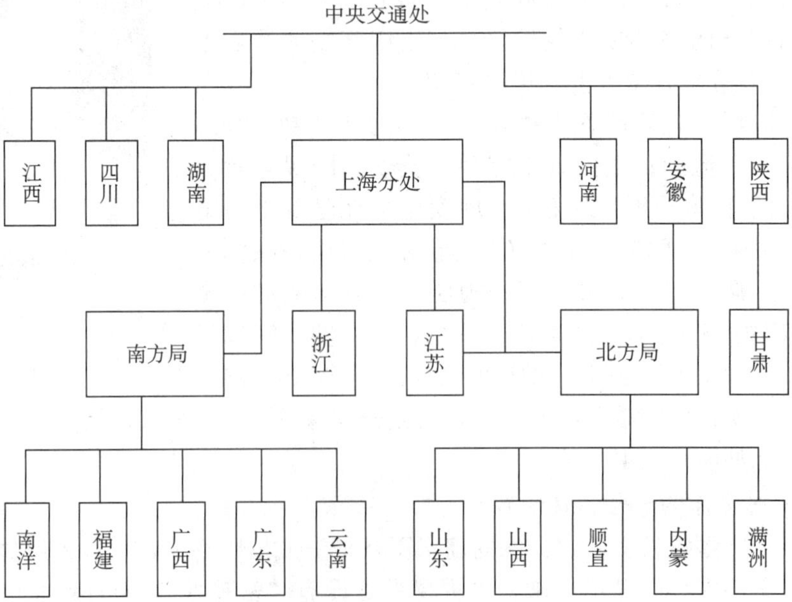

中共全国地下交通图

交通网的任务是：传达党的一切文件，输送党的一切宣传品；探听各地反动派的消息和其他各种消息。党中央转移到上海后，党的各个机构处于分散的地下状态，机关与机关之间的联系都通过交通员完成。中央还建立了上海到北平（北方局）、武汉（长江局）、广州（南方局）三条秘密交通线。地下交通网除了完成传送文件、收集信息情报两项任务外，还有一项护送党的机关和重要领导人转移的任务，1927 年党中央从武汉转移到上海，1931 年到 1933 年党中央机关从上海转移到中央苏区，都是由交通员护送安全转移的。

地下交通网在抗战时期的敌占区和国统区，在解放战争时期的国统区继续发挥重要作用。

（5）打入国民党的秘书部门。为了获取国民党的机密情报，党组织派一些优秀党员打入国民党的秘书部门，有的人担任了机要秘书的职务。这些同志长期潜伏于国民党内部，向中共党组织提供了大量核心机密，为革命做出了巨大贡献。例如，中共最早掌握无线电技术的人员之一钱壮飞，打入国民党中央组织部调查科担任了中统特务头子徐恩曾的机要秘书。1931 年 4 月，掌握中共大量核心机密的中央政治局候补委员顾顺章在武汉被捕后叛变，向国民党当局建议用突然袭击的方式将中共中央机关和主要领导人一网打尽。这一极端机密的紧急情报被钱壮飞首先获悉，他立即派人连夜赶到上海向中央报告。在千钧一发的紧急关头，主持中央日常工作的周恩来果断地采取一系列紧急措施，抢在敌人大搜捕前将党的干部和文件迅速转移，使党中央避免了一场特大灾难。又如，共产党员熊向晖打入国民党，担任胡宗南的机要秘书达 12 年之久，为共产党提供的绝密情报不可计数。

钱壮飞

二、红军和苏维埃政权中的秘书工作

1. 红军中的秘书机构和秘书人员

1927 年 8 月 1 日，由周恩来、贺龙、朱德等领导的八一南昌起义打响了中国共产党直接领导的武装斗争的第一枪。起义爆发后成立的革命委员会设有秘书厅，由吴玉章任秘书长。

1927 年 10 月，毛泽东率秋收起义队伍进入湘赣边境，建立了井冈山革命根据地。1928 年 4 月，朱德、陈毅率南昌起义余部到达井冈山与毛泽东会师，成立了中国工农红军第四军。在红四军政治部和所属各纵队政治部中，都设有秘书处。1929 年初，红四军开赴赣南闽西，开辟闽赣革命根据地，即后来的中央苏区。1929 年 12 月，红四军在福建上杭县古田镇召开第九次党代表大会（古田会议），建立了红军的政治工作制度。此后，在红军团、营级士兵委员会中，设立了秘书一职，由士兵委员会委员兼任或另行聘任。

1930 年 8 月，中共中央发出第 154 号通知《关于党的军事机关组织与系统问题》，规定中共中央军委常委会下设秘书处，各省军委下设秘书科。

1931年11月，在成立中华苏维埃共和国临时中央政府的同时，组成了中央革命军事委员会，朱德任主席，王稼祥、彭德怀为副主席。中央军委和红军总政治部都设有秘书处和秘书长，1933年，邓小平同志一度担任红军总政治部秘书长。这一年制定的《中国工农红军暂行编制表》规定，在军队各级组织中都应设置文书部门，在红军营、连等基层单位，则设文书一职。文书部门和文书的主要职责就是保管文件。

2. 早期地方苏维埃政权的秘书机构和秘书人员

在土地革命初期各地建立的苏维埃政权中，都设有秘书一职。如1929年8月中共闽西第一次代表大会上通过的《闽西苏维埃组织法》明确规定：在区、乡苏维埃中设一名与委员会主任并列的秘书，负责领导区、乡苏维埃的秘书工作；在县一级苏维埃执行委员会中设与各委员会并列的秘书处，负责安排县苏维埃的秘书工作；在各县政府中设秘书长一职，负责领导县政府的秘书工作。又如，《川陕省苏维埃组织法》规定：省和县苏维埃“常委会底下，设秘书长一人；各区乡苏维埃可称为书记”，秘书长和书记必须是“同情革命参加过斗争的工农分子”，其职责是“起草文件书信，印刷和收发文件书信，搜集各种材料，向主席及常委会报告”；秘书长和书记“无单独处理问题、使用图记发布信件之权，一切问题，要经主席或代理主席的常委签字才能有效”。在《川陕省各级苏维埃工作方式暂行条例》中，又对秘书的权限和秘书人员的任用作了严格的规定：秘书“管理一切技术文书事宜，秘书不得干涉或代行常委会或主席工作；秘书必须保守革命中的秘密事项，秘书应尽量培养工农分子来充当，禁止富农地主分子到苏维埃当秘书；苏维埃印子必须经主席或常委同志许可，秘书方能盖印”。

3. 中华苏维埃共和国成立后的秘书机构

1931年11月，在江西瑞金成立了中华苏维埃共和国临时中央政府，毛泽东任中央执行委员会主席。中央执行委员会通过的《地方苏维埃政府的暂行组织条例》规定：在地方苏维埃中“废止秘书制，设立总务处以管理城市苏维埃内部一切杂务”，“总务处下得分设文书、印刷、会计、事务、收发等股”负责处理各项秘书工作和其他事务工作。从“总务处”的内部机构和职责看，它实际上相当于办公厅。

1933年12月通过的《中华苏维埃共和国地方苏维埃暂行组织法（草案）》又恢复了地方苏维埃政权的秘书一职，它规定：“市区苏维埃与区属市苏维埃均可用文书一人，助理主席团的工作。”

1934年1月第二次全国苏维埃代表大会通过的《关于苏维埃建设的决议案》指出，为提高政府机关的工作效率，克服官僚主义，必须尽可能改进秘书工作，减少公文数量，提高公文质量。这一方面说明当时的秘书工作中已经出现了官僚主义、形式主义的苗头，另一方面则说明当时的中央苏维埃政权的领导层已经注意到秘书工作的质量对提高领导机关工作效率的重要意义。

4. 苏维埃政权使用的公文种类

土地革命战争期间，由于革命战争环境的限制和各根据地条件的差异，在公文的名称和体例上尚未做出严格的统一规定。当时中共中央根据地和各地红色政权中使用的公文种类，下行文有命令、指令、指示、决定等，上行文主要是报告书，平行文有信、电（报）等。各级苏维埃政权向人民群众宣传政策用布告、通告、壁报等形式；中华苏维埃共和国临时中央政府对外公布自己的主张和政策用宣言、通电。

5. 中共和红军无线电通信的建立

中共无线电通信系统是从 1928 年中共六大后逐步建立起来的。1928 年周恩来从莫斯科参加中共六大归来后，根据革命斗争的需要着手筹建无线电通信工作，一方面派在莫斯科的中国共产主义劳动大学的革命青年到国际无线电班等处学习无线电的使用、修理和制作技术，另一方面在国内组织人员学习无线电技术。1930 年前后，我党先后在上海、香港（中共南方局所在地）以及苏区红军中建立了无线电台，红军中的无线电设备是从国民党军队中缴获的，红军第一批无线电工作人员也是从收留的国民党军队中的电台人员中挑选的。1931 年，红军成立了无线电学校，成批训练自己的电台工作人员。

我党我军无线电通信的建立，不仅沟通了党中央和各地党组织、红军总部和红军各部以及各部之间的通信联络，而且截获了敌方大批珍贵情报，对红军反“围剿”斗争和长征中红军突破重围取得战略转移的重大胜利，起到了极大的作用。我党老一辈革命家周恩来、任弼时、邓颖超等，都曾经学习过无线电通信技术。据邓颖超回忆，1931 年 9 月 16 日上海党中央第一次用无线电与瑞金苏区电台联络成功时，在上海担任译电工作的就是周恩来和邓颖超，而在苏区电台担任译电的则是任弼时。

三、长征中的秘书工作

1. 邓小平再次出任中共中央秘书长

长征开始时，邓小平的职务是红军总政治部《红星报》的主编。1934 年底，在极端艰苦的条件下，他再次出任中共中央秘书长，他以秘书长的身份参加了遵义会议，为会议的召开和各项决议的准备做了大量工作，对党的路线的历史性转移做出了极大的贡献。

2. 长征途中唯一的秘书机构——军委机要科

1934 年 10 月，中共中央机关和中央红军开始了两万五千里长征。由于环境艰苦，中央和红军总部原来的一套秘书机构不复存在，仅保留了中央秘书长一职（1935 年 1 月遵义会议前，这一重要职务由邓小平接任）。长征途中负责中央机关和红军总部秘书业务的机构只有一个军委机要科，其主要职责就是抄译电报。在当时的条件下，电报几乎成了唯一的文件和通信方式。军委机要科的译电员和报务员由周恩来亲自带着行动，完成中央机关和红军总部的机要通信工作。其他文件没有专门机构负责，由各中央领导同志的秘书人员（当时叫参谋）负责保存。

3. 长征前后对文书档案的收集和保存

长征出发前，中央军委发出命令，严格规定各部队携带文件的数量，要求各部队首长严格检查文件行李担数。红军长征中形成的一些重要文书档案得以妥善保存。中央军委还专门组织了一个运输队负责文件等重要物资的运输。在长征途中，红军每占领一个县镇，毛泽东就亲自或派人去找敌人的政府，收集敌人的档案文件。

红军到达陕北后，中央军委于 1937 年 5 月发出由毛泽东、朱德签发的《关于征集红军历史材料的通知》，要求多方面征集红军革命历史的档案材料，并成立了由邓小平、陆定一等人组成的红军历史征编委员会。

第三节　全面抗战时期中共的秘书工作

一、全面抗战时期中共中央的秘书工作

1. 全面抗战时期的中共中央秘书机构

（1）恢复中共中央秘书处。

中共中央机关和红军到达陕北后，于1937年恢复了中央秘书处，秘书处受中央秘书长的直接领导，总领中央机关的秘书工作。此后中央机关的秘书工作逐步走上正轨。

秘书处分设机要、文书、材料、会计四个科。机要科主要负责电报的收发、管理电台通信、培训无线电工作人员、编制破译密码等工作；文书科主要负责文件的印制；材料科负责文件材料的保管整理并提供利用；会计科负责中央和中直机关的后勤服务和财务管理。

（2）王若飞起草《秘书长日常管理业务》。

全面抗战前期，中共中央秘书长由我党杰出的领导人王若飞担任。1941年，由王若飞起草、经中央书记处书记任弼时修改，以中共中央名义制定的《秘书长日常管理业务》规定了秘书长的八项任务：（1）批阅文电；（2）分配（批抄）文电交各部委研办；（3）准备会议议程，检查执行会议决议；（4）组织会议记录，整理会议议案；（5）主编《政治通讯》；（6）处理来信，接待来访，指导秘书处的工作；（7）管理机要工作；（8）管理总务工作。

由这一文件可以看出，中央秘书长除了主管秘书业务（主要由秘书处承担）外，还兼管中央的其他事务，包括保卫、财经、卫生等事务。王若飞随文件还画了一张表，显示秘书长直接领导的机构有中央秘书处、保卫委员会、中央直属机关管理局、特别会计科、中央直属机关党委。

（3）正式组建中央办公厅。

1941年9月，中央决定王若飞调任他职，中央书记处书记任弼时同志兼任中共中央秘书长，同时在原中央秘书处基础上组织建立中央办公厅，执行书记处的日常工作。办公厅的任务是：指导秘书处工作，协助秘书长管理政治工作，负责书记处的会务工作等。中央办公厅主任最初由中央副秘书长李富春兼任。

（4）设立中央书记处办公处。

1945年党的七大前，中央设立了中央书记处办公处，其职责是直接协助中央最高层领导人处理文件、电报、会务和日常事务。办公处人员与毛泽东、周恩来、刘少奇、任弼

时等中央常委相邻办公。中央书记处办公处是直接为中共领导核心服务的秘书机构，编制精干，人员不多，是一个高效率的机要秘书班子。

2. 文件签发制度和文件传阅制度的形成

中共中央到达陕北后，对过去的秘书工作经验做了认真总结，其中文件签发制度和文件传阅制度的形成在秘书史上具有重要意义。

1938 年，中共中央制定的《机要规则》正式规定了文件签发制度：任何正式文件（包括电报）必须有领导人签字才能生效。《机要规则》还规定了文件的签发人：中央文件必须由中央政治局委员签发，中央各部的文件必须由部长和秘书长签发，中央军委文件必须由正副书记、政治部主任和参谋长签发，军、师、旅、团的文件必须由部队长、政委、政治部主任和参谋长签发。作为一项严格的办文制度，《机要规则》关于文件签发的有关规定是中共严格执行签发制度的开始。这一制度至今仍然在党政机关文书工作中严格执行。

随着党中央政治生活的正常化，重要事项集体议决成为中央一个重要的领导方法，为适应这种领导方法，全面抗战初期逐步形成了文件传阅制度。它不仅是一项重要的文书工作制度，而且是实行集体领导的一种必要形式。当时凡属重要文件，都由机要秘书附上一张“传阅单”，写明文件的编号、提要、发文收文时间、送件人等，并列出传阅人的名单顺序。重要文件中央主要领导人都要传阅，不是因为文件少，而是领导人通过传阅可以交流意见，互通信息。领导阅文时通常要写上简单批语，表明自己对有关事项的态度。文件传阅制度也是一直沿用至今的一项重要的办文制度。

二、抗日民主政权的秘书工作

1. 抗日民主政权的秘书机构

抗战全面爆发后，中国共产党领导的八路军、新四军先后开辟了十几个抗日根据地，在根据地成立了抗日民主政权，其中重要的有陕甘宁边区政府、晋察冀边区行政委员会和晋冀鲁豫边区政府。这三个抗日民主政权成立早，存在时间长，行政机构健全，秘书工作和秘书机构也比较正规。

在抗日民主政权中都设有专门的秘书机构——秘书处。《陕甘宁边区政府组织条例》规定：秘书处的职责是“管理边区政府委员会会议通知及记录”，“撰拟保存及收发文件”，“管理边区政府委员会之会计及杂务”，“编制统计及报告”，“登记边区政府各厅、部、处职员之进退”，“典守印信”，以及处理“不属于各厅、部、处之事务”。秘书处由边区政府秘书长领导。

陕甘宁边区政府还设有政务会议，它是执行政务的领导机关。政务会议也设秘书长 1 人（由边区政府秘书长兼任），另有秘书 1 人。《陕甘宁边区政务会议暂行规程》规定：秘书在需要的情况下，经会议许可，方可临时出席正式会议，在会上只有发言权，没有表决权。

在边区政府所属各厅、部、处等机构及各专区、县的政府机构中，都设有秘书室，秘书室工作由主任秘书负责，下设秘书、文书、收发员等职务。

2. 抗日民主政权使用的公文种类

全面抗战时期，抗日民主政权中使用的公文文种主要有：

指示信——上级对下级进行政治领导、检查布置工作、纠正错误或说明条例时用。

复、函——上级机关对下级机关的报告或请示给予答复时用。

令——上级机关对下级机关实行强制执行和限期执行某事项时用。

报告——下级对上级汇报工作情况、工作经验或检讨工作中的失误时用。

请示——下级请求上级答复问题时用。

此外还有布告、公函、代电等公文形式。

3. 抗日民主政权秘书工作的改革

根据党的抗日民族统一战线的政策，抗日民主政府实行“三三制”政权制度，即政府工作人员中，共产党员、非党左派进步分子、中间派各占三分之一。这就不可避免地让一些旧政权的文职人员进入了抗日民主政府，由于政府内的工农分子文化水平普遍不高，相当多的秘书职位由旧政权的秘书人员担任，他们把旧政权秘书工作中的形式主义和文牍主义以及官僚主义、等级观念等带进了新的民主政权，对抗日民主政府的秘书工作和整个行政工作产生了极为不利的影响。为了消除这种不利影响，提高民主政府的秘书工作和整个行政工作的效率，抗日民主政府对秘书工作进行了一场比较深入的改革。

1938 年 3 月，陕甘宁边区政府就秘书工作发布了一项训令，对秘书工作制度和公文处理的方法作了改进。紧接着，晋察冀边区行政委员会于 1938 年 4 月发出《改革公文的理论与实际》的指示信，提出了改革公文的任务和具体办法，废除了一些旧政府的公文名称、格式和套语，规定下行文用信、复、函、令，上行文用报告、请示。

1940 年 6 月，晋察冀边区行政委员会秘书长娄凝先在《边政导报》上发表《怎样使公文科学化》的研究论文，阐述了公文科学化的原则和方法；不久，陕甘宁边区政府秘书长周文在延安《解放日报》发表《谈公文改革》的文章。

1942 年 1 月，陕甘宁边区政府颁布《边区新公文程式》，规定边区政府的公文文体分为主要公文和辅助公文两类，主要公文有命令、布告、批答、公函、呈文 5 种，辅助公文有指示信、报告、快邮代电、签条、通知 5 种。这些公文名称简单易懂，扫除了旧公文名称上表现出来的等级观念的残余，受到政府机关工作人员和人民群众的欢迎。

三、延安整风运动和精兵简政对秘书工作的影响

1942 年，在抗日战争最艰苦的时期，中国共产党开始了整风和精兵简政两项运动，这两件事对秘书工作都产生了重大影响。

整风运动将“反对党八股以整顿文风”作为三大任务之一。1942 年 2 月 8 日，毛泽东作了《反对党八股》的著名报告，一针见血地指出党八股的不良文风是思想上的主观主义和组织上的宗派主义的反映。报告列举了党八股“八大罪状”：“空话连篇，言之无物”；

“装腔作势，借以吓人”；“无的放矢，不看对象”；“语言无味，像个瘪三”；“甲乙丙丁，开中药铺”；“不负责任，到处害人”；“流毒全党，妨害革命”；“传播出去，祸国殃民”。这些党八股的表现形式在秘书工作中有非常突出的表现。毛泽东还尖锐地批评了具有党八股性质的不良会风：“每处每回无大无小”的会都要按照“一开会，二报告，三讨论，四结论，五散会”的“死板的程序”来开，“做起‘报告’来，则常常就是‘一国际，二国内，三边区，四本部’，会是常常从早上开到晚上，没有话讲的人也要讲一顿”。他呼吁对不良文风和会风都“应该加以改革”。

通过整风运动，中共党内和革命军队、民主政权的秘书工作中存在的脱离群众、脱离实际的文牍主义和形式主义得到一定程度的清算，公文写作摆脱了空洞陈腐的八股腔，逐步形成了鲜明生动的公文文风；会务工作摆脱了单调呆板的八股味，出现了简短务实的良好会风。

精兵简政是中共为了克服日寇封锁造成的经济困难而采取的一项重要政策。精兵简政的对象当然也包括秘书机构。1942 年，陕甘宁边区政府各部门实行了合署办公，成立了合署办公厅，下设秘书处、总务处、交际处等，秘书处统一管理合署办公的各部门的会议记录、公文处理、档案保管等事项。边区各专区和县则取消了秘书室和总务科，改设政务秘书和事务秘书，政务秘书协助专员或县长处理日常政务，事务秘书管理机关事务、文书印信等事项。通过精兵简政，秘书机构和秘书队伍变得精干有力，秘书工作的效率有所提高。精兵简政对秘书工作的影响表明，秘书机构庞大、秘书人员众多对搞好秘书工作不一定是好事，关键是秘书工作者队伍是否精干，秘书工作是否注重实效。

四、陕甘宁边区参议会和中共七大的会务工作

1.《陕甘宁边区参议会会议规程》

《陕甘宁边区参议会会议规程》规定：参议会主席团设秘书处，有秘书长、副秘书长各 1 人，秘书若干人，由主席团选任。正副秘书长承主席团命令处理会议一切事宜，并监督指挥各秘书和其他职员的工作。秘书处下设 4 个科：文书科负责各科文件、电报、决议案、报告稿、条例的撰拟与整理，编制会议日程及会议记录、会议通知等；议事科负责议员报到、登记、生活安排及布置会场、编制会刊等；总务科负责大会人员的食宿安排和各项杂务；警卫科负责会场内外及空中的警戒。参议会秘书处的机构形式和内部分工已经相当完备了，与今天的较大型的正式会议的“大会秘书处”基本相同，今天的大会秘书处也设秘书组、会务组、后勤组等。

2. 中共七大的会务工作

1945 年 4 月至 6 月在延安召开的中国共产党第七次全国代表大会，有正式代表 547 人，候补代表 208 人，是到当时为止规模最大、时间最长、内容最丰富的一次大会，这次大会的会务工作也达到了相当高的水平。

七大由大会秘书长统筹各项会务工作，秘书长下设有大会秘书处、大会总务处、大会警卫处。秘书处内分记录科、文书科（负责文书、打印、通信）。大会规定了 8 条会场规

则。每位代表都发有代表证，代表证上有证号、座位、姓名和会议注意事项。这次会议形成的大量文书材料得到很好的整理和保存。七大的会务工作除了会场条件简陋、没有电子计算机等现代化设备外，其组织水平已与今天的会务工作没有多大差别。七大的会议组织水平表明中共秘书工作已经走向成熟。

五、全面抗战时期中共档案工作概况

中央军委曾于1937年5月发出《关于征集红军历史材料的通知》，要求征集红军历史档案。1938年秋，中共中央制定的《关于中央各级党部工作规则和纪律的决定》，要求各党组织必须管好文件，同时在中央秘书处设立材料科（实际上就是档案科），在各级机关也设立相应的材料部门。1941年8月，中共中央在关于调查研究的决定中要求收集敌我友三方档案。在此基础上，中共中央在延安整风运动正式开始前，编印了两部历史档案汇编：其一是《六大以来》，收进1928—1941年间500多件历史文献；其二是《六大以前》，收进1921—1928年间200多件历史文献。这两个档案材料的汇编印发，不仅为延安整风运动提供了第一手资料，而且避免了党的珍贵历史文献的散失。

全面抗战时期，中共领导的军队和边区政府还用文件形式规定了档案保管制度，如1938年8月，毛泽东、滕代远《致各兵团首长训令》指示，各部“所存密本应由兵团首长和指定可靠专员负责保管”。1940年《八路军各级司令部（军、师、旅、团）暂行工作条例（草案）》规定，司令部必须建立案卷，以适应战争的需要。在中共领导下的各边区政府，也普遍建立了文件归档制度。

1945年日本宣布无条件投降时，中共中央发布了接受日伪投降的命令，其中包括接受日伪档案的内容。在受降过程中，八路军、新四军和各抗日民主政权接受、收集了大量日伪档案，这些档案成为日军侵华战争罪行的铁证，是极为珍贵的档案资料。

第四节　抗日战争胜利后到中华人民共和国成立前中共的秘书工作

一、解放战争时期中央秘书机构的变迁

从1945年8月日本帝国主义宣布无条件投降到1949年10月中华人民共和国成立这四年时间中，中共中央机关先后从陕北延安转移到河北平山县西柏坡，再转移到北平（北京）。

抗战胜利后，中共中央机关的秘书机构仍然是中央办公厅（负责中央机关日常管理和秘书工作）和书记处办公处（负责直接为最高层领导工作服务的秘书工作）。

1947 年 3 月，国民党集团集中兵力向陕北和山东解放区发动重点进攻。为适应战争形势，中共中央决定将中央机关撤出延安，毛泽东、周恩来、任弼时等多数领导人率中共中央和解放军总部的精干机关继续留在陕北，指挥全党工作和全国各战场作战；刘少奇、朱德等组成中央工作委员会，转移到华北（后来选在河北平山县西柏坡）进行中央委托的工作；另外由叶剑英等组成中央后方委员会，转移到晋西北统筹后方工作。与此相适应，中共中央办公厅也一分为三：主体部分留下来，跟随毛泽东等转战陕北；一部分人跟随刘少奇等转移到西柏坡，为中央工作委员会工作服务；第三部分跟随叶剑英等转移到山西临县，为中央后方工作委员会工作服务。

1948 年 5 月，毛泽东率中共中央机关来到西柏坡，中央工委自行撤销，中央办公厅恢复正常工作，当时任中央办公厅主任的是杨尚昆，办公厅下设秘书处、机要处、中央机要室等九个单位。

1949 年 3 月，中央办公厅随中央机关进入北平。此后为中国人民政治协商会议（当时行使全国人民代表大会的职能）的召开和中华人民共和国的成立做了大量的辅助工作。

二、解放区人民政府的秘书机构——秘书厅

1948 年 9 月，原晋察冀边区政府和晋冀鲁豫边区政府合并，成立了华北人民政府，它是中央人民政府正式成立前中共领导下的一个规模最大、机构设置最健全的政府机构，为以后中华人民共和国中央人民政府的建立和各省市人民政府的组建积累了宝贵的经验。华北人民政府设有专门的秘书机构——秘书厅，秘书厅与各部、委、院并列。秘书厅由秘书长领导，统一负责政府机关的秘书工作。

1949 年 2 月，人民解放军进驻北平，随后成立了北平市人民政府，由叶剑英任市长。北平市人民政府的机构设置吸收了华北人民政府的经验，设立了秘书长领导下的秘书厅，秘书厅下再设二级机构秘书处、行政处、人事处、新闻处、交际处（接待处）、调查研究室等。这种机构设置的模式已与今天省市一级人民政府的办公厅略无二致。在此之前，在省市一级人民政府中，都没有这种总领一切秘书工作的秘书厅（或办公厅），而仅设秘书长一职，由秘书长统管秘书处、行政处（总务处）、政策研究室等若干各自独立的办事机构。秘书厅的机构设置模式为中华人民共和国成立后各级人民政府秘书机构的设置提供了有益的经验。

解放区各县级人民政府的秘书机构是秘书室，秘书室的职责是：综核文件，典守印信，缮写、校对、收发、保管文件，组织机关日常工作，办理其他不属各科、局的事项。

三、解放战争时期的公文种类和秘书工作制度

1. 解放战争时期使用的公文种类

解放战争时期，中共组织和各大区人民政府都对公文名称、用法和格式作了统一规定。当时使用的主要公文有：

令——颁布法令、条例，任免干部及指挥军事、行政时用。

训令——上级机关对直接下级机关解释政策法令，规定工作方针、计划，或布置工作、交代任务时用。

指令——对下级机关的请示给予答复或指示时用。

指示——对下级机关的工作进行指导时用。

决定——对重大问题有所决定时用。

布告——政府或人民解放军对人民公布政策法令时用。

批复——机关内部上级对下级的呈请事项给予答复时用。

通知——对特定范围内的人员告知所要知照的事项时用。

通报——将某一需要普遍知照的事件告知下级时用。

呈或报告——下级对上级有所请示或报告时用。

函或公函——平行或不相隶属的机关之间来往公文时用。

所有公文的格式均强调以简便、清楚、便于处理为原则。

2. 秘书工作制度

解放战争时期，中共和解放区人民政府的秘书工作形成了一些明确的制度。例如，明文规定公文不得由私人转交，必须由秘书部门统一收发；递交公文必须有严格的签收和回执制度、统一各级党委的印章格式等。

3. 党内报告制度的建立

1948 年 1 月 7 日，中共中央发出了由毛泽东起草的《关于建立报告制度的指示》。文件规定："各中央局和分局，由书记负责（自己动手，不要秘书代劳），每两个月，向中央和中央主席作一次综合报告。报告内容包括该区军事、政治、土地改革、整党、经济、宣传和文化等各项活动的动态，活动中发生的问题和倾向，对于这些问题和倾向的解决方法。报告文字每次一千字左右为限，除特殊情况外，至多不得超过两千字……综合报告内容要扼要，文字要简练，要指出问题或争论之所在。"

中央的这个重要指示本来是为克服党内存在的无纪律无政府状态，加强民主集中制而对各中央局和分局的领导人发出的，但文件的内容对秘书工作提出了很高的要求，如重要报告由领导人自己起草不要秘书代劳，公文文字要简练并限定字数，报告或请示必须指出问题和争论之所在，不得泛泛而谈等，都应该成为秘书工作的重要原则。报告制度的建立对秘书部门和秘书人员改进工作作风、树立良好文风产生了重大影响。

四、政权交替中对旧档案文件的保护

党中央历来重视收集和利用国民党军队和政府的文件档案。早在长征途中，红军每到一个县城或集镇，毛泽东都亲自或派人到县镇政府去找档案文件。

1948 年下半年，解放战争进入最后大决战阶段，解放军不断解放和接收原国民党统治的城镇，一些下级军官和士兵，因为不了解旧政府档案文件的价值，一度出现了损毁旧档案的行为。1948 年 9 月，在解放济南的战役中，发生了一些士兵将旧文件档案烧掉烤火的事，引起了中央和军队领导人的重视，并下达了妥善接收和保管旧档案的指示。此后解放军在占领各城市和接管旧政权时，都十分重视对旧政权档案文件的保护。

1948年12月19日，北平市市长、北平市军事管制委员会主任叶剑英在市委干部准备接管北平的动员报告中指出："对于文件、证件、档案、单据，应看得和物资一样重要，单纯地只重视物资的观念是片面的，不正确的，那是忽视管理的思想，因为要管理就离不了档案及其他文件。"1949年1月1日，北平市军事管制委员会发布《告北平市各界同胞书》，规定"一切在国民党及其所属机关中供职的各种人员，都必须照常负责保护和看管所在机关的房屋、资财、账簿、文卷、档案及其他一切公共财物"。

1948年11月1日，中国人民解放军总部发布的《惩处战争罪犯命令》规定，国民党一切军政官员，如命令其部属"破坏通讯器材，烧毁一切文电案卷"，均应加以逮捕，并以战犯论罪；对保护有功人员，给予应得之奖励。1949年4月，中国共产党代表团和国民党代表团拟定的《国内和平协定》（这一协定被南京国民政府拒绝）中规定：南京政府一切"公开的或秘密的外交文件及档案，均应由南京国民政府交给民主联合政府，并由民主联合政府予以审查"，"一切政府机关、国家企业……及各种属于国家的动产不动产，不许有任何破坏、损失、迁移、藏匿或出卖。其已经迁移或藏匿的图书档案……均应立即冻结，听候接收。其已经送往外国或原在外国者，应由南京国民政府负责收回或保管，准备交代"。

人民解放军胜利渡江后，毛泽东、朱德发布《中国人民解放军布告》，其中规定："所有在官僚资本企业中供职的人员，在人民政府接管之前，均须照旧供职，并负责保护资财、机器、图表、账册、档案等"；国民党一切大小官员必须"各安职守，服从人民解放军和人民政府的命令，负责保护各机关资财、档案等。……如有趁机破坏，偷盗，舞弊，携带公款、公物、档案潜逃，或拒不交代者，则须予以惩办"。

由于在解放全中国和接管旧政权过程中对旧政权的档案保护给予了足够的重视，原国民政府及官僚资本企业的档案基本上保存了下来，没有受到严重破坏。

第五节　民主革命时期中共秘书工作的特点

一、老一辈革命家非常重视秘书工作

中国共产党从成立那天起，就非常重视秘书工作。许多老一辈革命家直接担任过秘书职务。毛泽东同志是党的一大的兼职秘书，又是中共中央第一位专职秘书，他在担任党中央秘书期间，为党起草并保管了大量重要文件，是中共建党初期秘书工作的开创者；邓小平同志在大革命失败后和红军长征途中，曾两度担任中共中央秘书长，这两次都是中共历史上非常艰难的时期；周恩来同志长期主持和领导党中央的秘书工作；任弼时同志是我党

最早的密码翻译人员之一，后任中共中央秘书长。党的早期领导人瞿秋白同志亲自起草了中共历史上第一个比较完备的《文件处置办法》。党的早期领导人蔡和森、邓中夏、李维汉、王若飞等同志都曾经是党内秘书工作的负责人。毛泽东、周恩来、刘少奇等领导人曾为党中央和中央军委、中国人民解放军总部起草了大批重要文件，形成了中共秘书工作的一个好传统，并用制度形式规定重要文件应由领导人亲自起草，不要秘书代劳。

二、秘书机构和秘书工作方式、工作内容灵活多样

从中国共产党成立到中华人民共和国诞生的28年中，秘书工作机构多次变动，秘书工作方式和秘书工作内容也有许多变化。不但各个革命历史时期不同，同一时期白区和苏区也不同，敌占区、国统区与边区不同，革命军队和革命政权不同。这是由不同时期、不同性质的领导机构的工作重点和工作性质不同决定的。秘书机构的多变性、秘书工作方式的灵活性、秘书工作内容的多样性，完全符合秘书工作必须适应领导工作的实际需要这一秘书学的基本原理。

三、秘书工作条件极其艰苦

革命斗争环境中的秘书工作条件是极其艰苦的，不但秘书的生活条件和工作条件十分艰苦，而且在地下斗争状态下和战争环境中秘书人员随时有生命危险，许多革命先烈就是在秘书工作岗位上，为了保守党的文件和机密而献出了宝贵生命，他们有的牺牲在敌人的屠刀之下，有的牺牲在战场之上，有的牺牲在长征途中。虽然秘书队伍中也出现过叛徒和逃兵，但那只是少数败类，多数秘书工作人员保持了革命的气节和必胜的信念，他们在艰苦的条件下兢兢业业为革命从事平凡的秘书工作，为民主革命的胜利做出了不可磨灭的贡献。

四、善于总结经验，形成了一些比较成熟的制度

中国共产党的秘书工作可以说是从无到有白手起家的。到中华人民共和国成立前党和革命政权有了比较规范的秘书机构和秘书工作制度，这是党在革命实践中不断总结秘书工作经验而逐步形成的。早在大革命时期，我党就形成了文件收发登记制度和文件秘密传递制度。土地革命战争时期，在白区工作的党中央又形成了严格的文书保密制度，1931年的《文件处置办法》则明文规定了文书存档制度（当时不叫存档，而是规定“一份存阅，一份入库”，所谓“入库”即存档）。中央到陕北后，在总结过去秘书工作经验的基础上，于全面抗战初期形成了文件签发制度和文件传阅制度。解放战争时期形成了公文统一收发制度、签收和回执制度。1948年建立的报告制度对秘书工作也产生了重大影响。

思考题

1. 简述中共建党初期和大革命时期中共秘书职务和秘书机构的设置情况。
2. 《文件处置办法》是一份什么样的文件？它在秘书史上的意义如何？
4. 土地革命战争时期，白色恐怖下的中共秘书工作有哪些特殊形式？
5. 简述全面抗战期间和解放战争期间中共中央秘书机构的变动情况。
6. 民主革命时期中共领导下的秘书工作有哪些特点？

第七章 中华人民共和国成立后的秘书工作

第一节 中华人民共和国成立初期的秘书工作

一、中华人民共和国成立前后行政人员和秘书队伍的状况

中华人民共和国成立前后，正是人民解放军向全中国胜利进军之时。人民解放军每解放一个地区，先是成立军事管制委员会，镇压反革命破坏活动，维护社会秩序，接管国民党的行政机关，组织恢复生产；然后召开各界人民代表会议，讨论组织当地人民政府。中华人民共和国从中央到地方的各级政权，都是在彻底打破旧的国家机器的基础上建立起来的。新的人民政府的工作人员，大体上由以下四部分人员组成：一是人民解放军的干部，二是从老解放区来的地方干部，以上两类人员多数担任各级领导或部门负责人的职务；三是新参加革命的知识分子和知识青年；四是原国民政府的留用人员。

新政权的秘书队伍中除秘书部门负责人外，大部分为新参加革命的知识青年和原国民政府留用人员。知识青年（当时具有高小文化的人即算知识青年）富有朝气，工作热情高，但缺少工作经验和秘书业务知识；原国民政府的留用人员有一定的行政工作经验和秘书业务水平，在整理保管旧政权的文书档案等事务中曾发挥过非常重要的作用，但他们习惯于旧政权的行政管理方式，或多或少将旧政权中一些不良作风带进了新政权。对这两部分人都需要进行教育培训。中华人民共和国成立前后，各地军管会和人民政府举办了许多短训班（一般只有两三天时间），对新政权的秘书人员进行政治思想教育和业务知识培训，使秘书

队伍的政治素质和业务水平得到一定提高，基本上满足了新政权行政工作的需要。

二、各级行政机关秘书机构的设置

秘书机构是国家行政机关的重要组成部分，在中华人民共和国成立初期的政权建设中，秘书机构的设置受到党中央和中央政府的充分重视。

1949 年 9 月 21 日至 30 日，中国人民政治协商会议第一届全体会议通过的《中华人民共和国中央人民政府组织法》规定：中央人民政府设秘书长一人，其职责是协助政府主席执行职务。1949 年 12 月 5 日发布的《政务院及其所属各机关组织通则》规定，"各机关得设办公厅；为分掌业务，得设司或处"，用法规的形式确定了掌管机关综合性事务的秘书机构与分掌专门业务的部门平列的机关格局，同时规范了我国各级各类秘书机构的名称——办公厅（或办公室）。此后，各省、地市、县级的行政机关基本上按照政务院的格局设置了相应的秘书工作机构，其中省部级以上的机关秘书部门为"办公厅"，地市以下机关的秘书部门为"办公室"，在办公厅（室）下，一般都有秘书处（科）、行政处（科）、机要处（科）、信访处（科）、政策研究室等二级机构。当然，由于各地各单位具体情况不同，因而机构设置存在着一些差别，但秘书机构的名称"办公厅（室）"则已经固定下来。

《政务院及其所属各机关组织通则》还规定，"各委得设秘书长、副秘书长，一般机关均得设秘书"。这又以法规的形式，规定了政府机关各部门均设秘书长或秘书的格局。这一规定完全符合行政管理的基本原则和秘书工作的辅助性、综合性的特点。

三、1951 年全国政府秘书长、办公厅主任会议

为了及时总结中华人民共和国成立后各级行政机关秘书工作的经验，使秘书工作走上规范的道路，中央人民政府政务院于 1951 年 4 月召开了全国政府秘书长、办公厅主任会议，周恩来作了题为《目前的形势和任务》的报告。会议讨论通过了一系列有关秘书工作的文件。这次会议在中国的秘书工作史上具有极为重要的地位。

这次会议的主要任务是规范行政机关的秘书机构和秘书工作。这次会议结束以后不久，中央人民政府政务院根据会议讨论的结果，发布《政务院关于各级政府机关秘书长和不设秘书长的办公厅主任的工作任务和秘书工作机构的决定》（以下简称《决定》）。文件的主要内容如下。

1. 关于秘书长、办公厅主任的工作任务

《决定》所规定的秘书长、办公厅主任的工作任务是：

（一）协助首长综合情况，研究政策，推行工作；

（二）协助首长密切各方面的工作联系；

（三）协助首长掌管机关内部统一战线工作；

（四）协助首长掌管保密工作；

（五）掌管机要工作；

（六）主持日常行政事务（包括公文处理、会议组织、检查与督促政府决议的执行事项）；

（七）掌管机关事务工作（包括机关财务、生活管理、学习、文化娱乐活动等事项；但不设秘书长的机关，如在办公厅之外专设机构管理机关事务工作者，此项工作可不由办公厅主任掌管）。

文件所规定的秘书长或办公厅主任的上述任务，实际上就是秘书工作的基本内容，这一规定打破了长期以来许多人将秘书工作仅仅理解为给领导写写东西、管管文件的狭隘认识，大大扩充了秘书工作的内容，尤其是将“协助首长综合情况，研究政策”等具有参谋性质的工作放在各项工作的首位，对秘书工作提出了比较高的要求。

2. 关于秘书工作的性质、方法、原则和作风

关于秘书工作的性质，《决定》指出“秘书长和办公厅主任工作的性质是既要参与政务又要掌管事务”。要做好这些重要而复杂的工作，就必须“建立与健全机关的工作制度，加强计划性和组织性，以争取工作上的主动”。

关于秘书部门的工作方法，《决定》要求：秘书部门的负责人要“经常注意掌握‘抓住重点，照顾全盘’的工作方法。重点应该放在协助首长研究政策，处理政务方面；但同时要把日常行政工作和机关事务工作安排好，使之有条不紊地顺序推进”。要“经常注意了解各部门工作动向……密切各部门工作的联系，使事无疏漏，达到步调协调、政令统一的目的。并应采取谦虚态度和商讨办事的方式，使各部门觉得对他们有帮助、有便利，而无增加麻烦和困难的感觉”。

关于秘书工作的原则，《决定》要求：“贯彻执行‘集中领导，分工负责’的原则。要根据实际工作需要，划分每个工作人员的职责，做到机关没有忙闲不均现象。正副职之间，应在副职协助正职的原则下，根据所属业务单位或各项具体工作，明确分工，在一定职责范围之内，放手工作，大胆处理问题……不要事事集中到上面，把自己陷在事务主义的圈子里边。”要“经常注意领会并根据领导上的意图，主动地在自己职责范围内，认真处理问题，使首长减少事务纠缠，多考虑重大问题。并注意在实际工作中，体会与掌握办事规律，分清哪些问题可以自己处理，哪些问题可以处理后报告首长，哪些问题必须请示后再处理，避免遇事不敢负责现象，并防止越权行事的偏向”。

关于秘书工作的作风，《决定》要求“每个秘书工作部门的干部，认清自己的工作是政府工作中很重要的一部分。不仅在口头上，而且在实际行动中，把个人的工作兴趣、个人事业心完全结合于人民事业的整体利益中，坚守岗位，埋头苦干”，秘书工作者“要养成任劳任怨的工作态度和谦虚、谨慎、细密、切实的工作作风”。

3. 关于秘书组织机构的设置原则

《决定》对政府机关秘书机构的设置也作了明确规定：“秘书工作机构应根据精简原则，尽量减少层次。办公厅一般可分设两层，最多不超过三层。”“适应业务分工，组织机构可适当向横的方面发展……条件许可时，可把秘书业务、研究工作、机关事务管理工作划分开来”，“尽量减少事务人员，充实业务部门……以达精简节约提高工作效能的目的”。

1951年政务院根据当年全国政府秘书长、办公厅主任会议精神发布的这一《决定》，在相当长的时期内被看成是各级党政机关秘书工作的指导性文件，它不仅是中华人民共和国成立后近两年政府机关秘书工作的总结，也是中国共产党领导下的苏区、边区、解放区政权建设中长期积累的丰富的秘书工作经验的总结。1951年全国政府秘书长、办公厅主任会议的召开和政务院《决定》的发布，标志着中国的秘书工作开始走上了正规化、规范化的轨道。

四、各项秘书工作制度的形成

在1951年全国政府秘书长、办公厅主任会议召开前后，中央人民政府政务院发布了一系列文件，规定了各项秘书工作制度。其中主要有以下内容。

1. 印信管理制度

1950年2月政务院发布《印信条例》，对全国各级机关的公章的格式、字体、尺度、质料以及制发办法等作了统一的规定。《印信条例》规定，中央政府所属机关、省人民政府、驻外使馆的印信"一律由中央人民政府制发"，"县、市以上机关的印信均由省人民政府制发"，其他"各机关印信均由各该主管机关制发"。

2. 保密制度

1950年2月发布了《政务院关于各级政府工作人员保守国家机密的指示》(以下简称《指示》)，对国家机密的范围、各机关和工作人员的保密纪律，以及对泄密人员的处罚等作了严格的规定。其中有一条特别指出："各机关担任记录、抄写、印刷、盖印等工作人员，应特别注意保守机密的良好习惯，不得泄露。"这一条是专门针对秘书工作人员规定的。《指示》还规定，"有关机密的文电、资料等应由机要秘书，或首长指定之人员负保管全责"，这就将保密工作列为秘书部门常规业务之一。

1951年6月，根据当年全国政府秘书长、办公厅主任会议的精神起草的《保守国家机密暂行条例》，经中央人民政府政务院第八十七次政务会议通过，并报请中央人民政府主席批准后正式颁布实行。这是中华人民共和国成立以后关于保守国家机密的第一个法规性文件。

3. 信访工作制度

1951年6月7日发布了《政务院关于处理人民来信和接见人民工作的决定》(以下简称《决定》)。

《决定》指出："各级人民政府应该密切地联系人民群众，全心全意地为人民服务；并应鼓励人民群众监督自己的政府和工作人员。因此，各级人民政府对于人民的来信或要求见面谈话，均应热情接待，负责处理。过去有的地方，对于这一工作很重视，认真负责地处理了人民所提出的问题，满足了人民的要求，获得人民群众的称赞。但也有很多地方，对于这一工作不够重视，有的甚至采取了敷衍应付或马虎拖延的态度，因而引起人民群众不满，疏远了人民政府与人民群众之间的关系。"

针对这一情况，《决定》规定："县(市)级以上人民政府，均须责成一定部门，在原编制内指定专人，负责处理人民群众来信，并设立问事处或接待室，接见人民群众；领导人并应经常地进行检查和指导。"

《决定》还规定："对人民所提出的意见和问题，凡本机关能办理的，必须及时办理。需要转交下级机关或其他有关部门办理的，应及时转送，并检查催办……若有特殊情况不能及时处理，亦应告知来信本人……对于人民所提问题的处理结果，应及时通知本人。"

《决定》严禁对控告性的人民来信采取打击报复行为，明文规定："严禁被控机关或人员采取报复行为；如有报复者，应予以处分，情节严重者并应送司法机关依法惩处。"

《决定》要求："对于处理人民来信和接见人民的工作，应建立登记、研究、转办、检查、催办、存档等各项制度，并定期总结。"各大行政区和省市，"应每半年向政务院作一次关于处理此项工作的总结报告"。

政务院的这一《决定》下达后，信访工作就成为秘书工作的一项重要内容，并形成了一系列有关制度。

中国共产党和人民政府信访制度的建立，与毛泽东同志对信访工作的重视是分不开的。据逄先知《毛泽东和他的秘书田家英》记载，中华人民共和国成立前后，党中央收到的人民来信逐渐多了起来，开始毛泽东几乎对每一封来信都亲自阅示，有的是毛泽东直接回信，大部分由田家英代为回信。后来人民来信越来越多，就成立了一个机构，专门为毛泽东和其他中央领导人处理信访工作。

1951 年 5 月，毛泽东在转发中央办公厅秘书室关于处理群众来信的报告时写下了如下重要指示："必须重视人民的通信，要给人民来信以恰当的处理，满足群众的正当要求，要把这件事看成是共产党和人民政府加强和人民联系的一种方法，不要采取掉以轻心置之不理的官僚主义的态度。如果人民来信很多，本人处理困难，应设立适当人数的专门机构或专门的人，处理这些信件。如果来信不多，本人和秘书能够处理，则不要另设专人。"

毛泽东关于正确对待人民来信的指示发出后约 20 天，中央人民政府就作出了关于信访工作的上述《决定》。

4. 机关文书工作和档案工作制度

1951 年政务院发布了《公文处理暂行办法》和《政务院所属各部门、各级政府行文关系的暂行规定》，这两个文件对行政机关的公文种类和名称、行文关系、文书处理的程序、公文的格式等作了具体规定。

1954 年 12 月，中共中央组织召开了党的机关第一次全国档案工作会议，会议通过了《中国共产党中央和省（市）级机关文书处理工作和档案工作暂行条例》（以下简称《条例》）。这个文件对党的机关文书处理工作和档案工作作出了一系列切实可行的规定，其中文书档案由文书部门立卷后再移送档案室保管的规定是对文书工作和档案工作分工协作关系的一项重大改革。根据中央批示，上述《条例》原则上适用于军队和政府机关。1956 年 4 月，国务院发布了《关于加强国家档案工作的决定》。1956 年 11 月，中央办公厅根据上述《条例》又制定颁布了《中国共产党县级机关文书处理工作和档案工作暂行办法》。至此，我国党政机关文书工作和档案工作形成了相对稳定的制度。

五、会务工作的新水平

办会历来是秘书部门重要业务之一。自党的五大起，党的代表大会都组织临时的"大会秘书处”，统筹大会各项秘书工作。实践证明，对规模较大的会议，组成临时的大会秘书处是办好大会的行之有效的方法。

中华人民共和国成立后，和平环境为会务工作提供了良好的外部条件，会议规模也空前扩大。从中华人民共和国成立到“文革”之前，有几次大会对当代历史产生了重要影响，其中1954年第一届全国人民代表大会第一次会议、1956年中共第八次全国代表大会和1962年扩大的中央工作会议（史称“七千人大会”）具有代表性，这些大会之所以能够取得圆满成功，与大会周密、高效的会务工作是分不开的。下面以八大为例，说明会务工作的新水平。

八大的会务秘书工作受到中央的高度重视，组建的大会秘书处阵容强大，由邓小平任大会秘书长，王稼祥、胡乔木、杨尚昆、谭震林等13人为秘书处成员，其中有9人是大会主席团成员。参加大会的各代表团也设有秘书长和秘书处，各代表小组则设有秘书。整个会务工作在邓小平主持下进行得井井有条，受到代表和中央的一致好评。

六、20世纪60年代初的调查研究之风

八大以后的几年，中央在一系列问题上发生了严重偏差，其中包括1957年开始的严重扩大化的反右派运动，1958年开始的“大跃进”和人民公社化运动，以及以1959年庐山会议将彭德怀等定为“反党集团”为标志的“反右倾”运动等等。一系列决策失误造成的极其严重的后果，使全党和中央逐步清醒过来，决心认真调查，纠正错误。

1961年初，毛泽东在八届九中全会等一系列会议上多次讲话，要求全党恢复实事求是、调查研究的作风。他说，“我们党是有实事求是的传统的……最近几年，不大摸底了，大概是官做大了。我这个人就是官做大了，我从前在江西那样的调查研究现在就做得很少了”，“请同志们回去后大兴调查研究之风”。

全会以后，毛泽东直接组织了三个调查组，分别以陈伯达、胡乔木、田家英为组长，每组6人，分赴广东、湖南、浙江农村进行调查。与此同时，周恩来、刘少奇、朱德、邓小平等人也分别深入基层调查研究。这期间毛泽东1930年写的《调查工作》一文，改名为《反对本本主义》并正式出版。在毛泽东的倡导下，一时调查研究蔚然成风。党的建设和国家经济建设也在60年代初期有过一段相对稳定的发展。但是，好景不长，从1962年党的八届十中全会开始，阶级斗争再次被提到全党工作的中心地位，不久后农村开始进行以“四清”（清理账目、清理仓库、清理财物、清理工分）为主要内容的“社会主义教育运动”（简称“社教”），后来又进行了全国性的“无产阶级文化大革命”，党的路线再次背离了马克思主义的正确方向。

七、“文革”前我国秘书工作的特点

1. 党和国家领导人对秘书工作十分重视

重视秘书工作是中国共产党自民主革命时期就形成的优良传统。中华人民共和国成立后的秘书机构建设、秘书制度建设都是在中央领导直接关怀和指导下进行的。例如1951年5月，毛泽东在一份文件上作了《必须重视人民的通信》的重要批示，周恩来总理随即

主持政务院政务会议，制定了《政务院关于处理人民来信和接见人民工作的决定》，并于1951年6月正式发布。周恩来直接主持了1951年全国政府秘书长、办公厅主任会议，并在会上作了题为《目前的形势和任务》的报告。实际上政务院关于秘书工作的一系列法规性和指导性文件都是在周恩来总理直接指导和参与下制定的。邓小平1954年起任中共中央秘书长，1956年任党的八大秘书长，八届一中全会上当选为中共中央政治局常委、中央委员会总书记，主持中央书记处工作长达10年之久，直到“文革”前夕。

2. 秘书工作在封闭状态下由逐步发展到基本停滞

中华人民共和国成立初期，在“学习苏联老大哥”的口号下，我国秘书工作一度受到苏联秘书工作模式的影响，但这种影响并不明显，主要原因是中国共产党在长期的革命实践中自己积累了一套行之有效的秘书工作经验和方法。我国秘书机构的设置原则和秘书工作的具体程序，主要是继承了民主革命时期中国共产党及其领导下的革命政权秘书工作的做法，在封闭的状态下不断总结新的经验，逐步发展起来的。

从中华人民共和国成立到“文革”开始这17年当中，由于西方国家对中国采取封锁政策，加上我国对西方发达国家的管理模式采取一概排斥态度，我们对西方的秘书工作和秘书学知之甚少，这在一定程度上使我国的秘书工作自50年代中期以后基本上处于停滞状态，影响了秘书工作向科学化、现代化、高效化方向发展。我国秘书工作虽然基本上能够满足当时党政领导机关工作需要，但秘书工作的手段比较陈旧，办公设备比较落后，工作效率不高。

3. 秘书教育和秘书业务理论研究比较落后

中华人民共和国成立前后，曾对参加新政权的秘书工作人员普遍进行过短期培训。这在当时是完全必要的。但是这种短期培训的方式不能从根本上解决秘书人员短缺和秘书人员素质较低的状况。在“文革”之前（以及“文革”之中），我国没有一所高校招收秘书专业学生，学科体系中没有秘书学的地位。各机关选拔秘书一般采用两种方式：一是从高等学校中文等专业毕业生中录用，二是从机关其他部门选调一些写作能力较强的人员。这些人进入秘书岗位后，一般又是用“师父带徒弟”这种比较原始的方式接受秘书业务的指导。

由于秘书学没有形成独立的学科，因而秘书业务理论研究基本处于空白状态，除了文书、档案工作（文书学和档案学已经在为数很少的高校开设的档案专业成为必修课程）的理论有一些像样的成果外，秘书业务的其他方面最多只有一些工作经验交流一类的成果。秘书业务理论研究的落后状况与当时对西方管理科学完全排斥的态度是分不开的。

第二节 “文化大革命”期间的秘书工作

一、“文革”对秘书工作的冲击

以1966年5月中共中央发出“五一六通知”为开始标志，到1976年10月“四人帮”

被粉碎，长达十年之久的“文化大革命”对中国的政治、经济、文化和社会生活各方面都造成了极大的破坏。

“文革”的矛头一开始就指向“党内一小撮走资本主义道路的当权派”。在“文革”初期，上自中共中央副主席、中华人民共和国主席刘少奇，下至基层党政机关和企事业单位大大小小的领导，都可能以“走资派”的罪名受到批斗。秘书部门作为直接为领导服务的机构，也受到严重冲击。具体表现为以下几个方面。

其一，秘书部门的负责人，包括各级党政机关的秘书长和办公厅（室）主任，也被当作“走资派”受到批斗。许多兢兢业业为党工作的秘书工作人员，被称为“走资派的忠实走狗”，受到批斗和歧视；还有一些秘书工作人员因为忠实地遵守保密纪律，不向“造反派”提供“走资派”的“罪证材料”，而被作为“保皇派”受到打击迫害。

说到“文革”期间秘书人员受到的冲击，不能不提到“文革”初期被迫害致死的田家英。

田家英自 1948 年 10 月到 1966 年 5 月任毛泽东秘书，长达 18 年之久。毛泽东与田家英在长期相处中建立了深厚的感情。田家英为毛泽东整理过诗词，并自始至终参加了《毛泽东选集》一至四卷的编辑工作，是《毛泽东选集》出版委员会编辑组的主要成员。前文曾经提到，中华人民共和国成立初期田家英受命为毛泽东处理人民来信，1956 年毛泽东请田家英起草八大开幕词，60 年代初受毛泽东派遣深入农村调查研究。由此可见他是这样一位曾经深受毛泽东信任，又有较高理论修养和文化功底的秘书。

田家英在“文革”初期被迫害致死是发人深省的。从此事也可以想见当时秘书队伍受到的冲击有多么严重。

其二，在 1967 年 1 月由上海掀起的波及全国的“夺党内一小撮走资派的权”的狂潮下，许多党政机关的秘书机构直接受到“造反派”的冲击。

在上海掀起的夺权狂潮，迅速蔓延到全国范围，造成几乎所有城市和部分县级机关正常业务无法正常进行。在这一形势下，不用说秘书工作的一系列规章制度无法执行，就连秘书人员履行正常职责也不可能进行。这种状态导致了中华人民共和国成立以后形成的许多切实可行的秘书工作制度被废止。

其三，在“文革”初期的一段时间，一些档案保管部门受到一些别有用心的人的冲击，许多宝贵的档案材料散失了，有的历史档案被严重歪曲篡改，成了“抓叛徒，揪特务”的“重磅炸弹”。

二、“文革”中秘书队伍素质的下降

“文革”期间，我国秘书工作者的整体素质明显下降。其主要原因有二。

一是在极不正常的政治环境下，一些在秘书工作岗位上工作多年的富有责任心和工作经验的同志被迫离开了秘书工作岗位。

二是“文革”期间我国教育事业尤其是高等教育遭到严重破坏，1966—1971 年全国高校停止招生，1971 年以后则不经考核而招收了为数有限的基础水平参差不齐的“工农兵大学生”。这一时期不但高校多年不招学生，就连中小学教育的正常秩序也受到严重干扰。在这种形势下，因缺少受过正规教育的新鲜血液的补充，秘书队伍整体素质普遍下降。

三、“文革”时期的公文文风

“文革”时期，党的实事求是的正确思想路线被抛弃，民主集中制的领导原则受到严重破坏，思想、组织路线上的错误也影响到公文文风。毛泽东在延安整风运动时曾作了《反对党八股》的著名演讲，倡导生动活泼的文风。1958 年，毛泽东在为中共中央起草的《工作方法六十条（草案）》中指出：“文章和文件都应当具有这样三种性质：准确性、鲜明性、生动性。准确性属于概念、判断和推理问题，这些都是逻辑问题。鲜明性和生动性，除了逻辑问题以外，还有词章问题。现在许多文件的缺点是：第一，概念不明确；第二，判断不恰当；第三，使用概念和判断进行推理的时候又缺乏逻辑性；第四，不讲求词章。看这种文件是一种大灾难，耗费精力又少有所得。一定要改变这种不良的风气。”

在“文革”这一特殊的历史时期，我国公文文风不正的问题表现得尤为突出。

一是形式主义泛滥。

二是个人崇拜盛行。

三是弄虚作假不讲逻辑。

第三节　新时期我国秘书工作的恢复和发展

一、十一届三中全会后秘书工作的全面恢复

1. 1981 年全国党委秘书长、办公厅主任会议

1978 年 12 月中国共产党召开了十一届三中全会，完成了党的思想路线的历史性转折和全党全国工作重心的战略转移，我国进入了全面进行现代化经济建设的新的历史时期，秘书工作也随之出现了全新的局面。从十一届三中全会召开到 20 世纪 90 年代中期社会主义市场经济体制在我国基本确立这一段时期，我们简称为“新时期”。

1981 年 1 月，中共中央办公厅召开了全国党委秘书长、办公厅主任座谈会，对中华人民共和国成立后三十多年秘书工作的正反两个方面的经验教训进行了全面总结。这次会议充分评估了“文革”对秘书工作造成的巨大破坏，对“文革”前形成的一系列秘书工作制度进行了认真讨论。会议认为“文革”前许多秘书工作制度在当时是完全合理的和行之有效的，重申其中许多制度在新时期仍然需要认真执行。会议同时指出，随着时代的发展，原来的一些制度在新时期需要进一步修改完善。

在具体工作上，1981 年全国党委秘书长、办公厅主任会议着重研究了机关文书工作和调查研究工作。会议对机关公文处理办法进行了全面讨论，决定结合新时期机关工作的

特点，对中华人民共和国成立初期发布的《关于行政机关公文处理暂行办法》进行修订。

会议决定在条件成熟的县级以上党政机关，设置与办公厅（室）平级的政策研究机构，加强调查研究工作，要求秘书部门向领导提供决策依据和决策备选方案。

1981 年全国党委秘书长、办公厅主任会议的召开，标志着我国秘书工作重新走上规范化、制度化、科学化的轨道。

2. “公文处理办法”的发布和修订

1981 年全国党委秘书长、办公厅主任会议召开后，国务院办公厅根据会议精神，制定了《国家行政机关公文处理暂行办法》（以下简称《暂行办法》），并于 1981 年 2 月 27 日公布。这是对 1951 年 5 月政务院发布的《公文处理暂行办法》的第一次全面修订。这次颁布的《暂行办法》对国家行政机关的公文种类、公文格式、行文关系、公文处理程序、公文立卷方法等作了严格规定。《暂行办法》规定的国家行政机关使用的公文种类包括 9 类 15 种：

（1）命令、令、指令；

（2）决定、决议；

（3）指示；

（4）布告、公告、通告；

（5）通知；

（6）通报；

（7）报告、请示；

（8）批复；

（9）函。

1987 年 2 月，国务院办公厅对上述《暂行办法》进行了修改，正式发布了《国家行政机关公文处理办法》。这次修订在“总则”中增加了一条，即“国家行政机关的公文工作，应贯彻党政分工的原则”，强调行政机关文书工作与党委系统文书工作应有所区别。关于行政机关公文种类，“令”被并入“命令”，并增加了第 10 类“会议纪要”。

1993 年 11 月，国务院办公厅对这一办法又进行了一次修订，并于 1994 年 1 月起在全国行政系统施行。修订后的行政机关主要公文有 12 类 13 种，它们是：

（1）命令（令）；

（2）议案；

（3）决定；

（4）指示；

（5）公告、通告；

（6）通知；

（7）通报；

（8）报告；

（9）请示；

（10）批复；

（11）函；

（12）会议纪要。

值得指出的是，修订后原来的“决议”被撤销，而增加了一个新的文种——“议案”，它的用处被规定为“使用于各级人民政府按照法律程序向同级人民代表大会或人民代表大会常务委员会提请审议事项”。这一改动反映了我国法制建设的成果和行政机关依法行政的原则。

党委机关的公文与行政机关的公文有所不同，处理办法也有差别。1989 年 4 月，中共中央办公厅在总结新时期文书工作新经验的基础上，对 1955 年和 1956 年发布的《中国共产党中央和省（市）级机关文书处理工作和档案工作暂行条例》和《中国共产党县级机关文书处理工作和档案工作暂行办法》中的文书处理部分作了全面修改，发布了《中国共产党各级领导机关文件处理条例（试行）》，这一条例试行 7 年后，中央办公厅对它进行了较大修改，并于 1996 年 5 月 3 日正式发布了《中国共产党机关公文处理条例》。其中规定的党的机关使用的主要公文种类有 14 种：

（1）决议；

（2）决定；

（3）指示；

（4）意见；

（5）通知；

（6）通报；

（7）公报；

（8）报告；

（9）请示；

（10）批复；

（11）条例；

（12）规定；

（13）函；

（14）会议纪要。

其中的决议、意见、公报、条例、规定等是 1993 年行政公文种类中没有的。

3. 中共中央关于领导干部要亲自起草重要文件的指示

由领导人亲自动手起草重要文件，是中共从革命战争年代起就形成的一项优良传统。毛泽东、周恩来等同志亲自为中共中央和中央军委起草过许多重要文件。1948 年中共中央关于建立报告制度的指示中还明确规定：各中央局和分局每两个月向中央和中央主席所作的综合报告，必须由书记“自己动手，不要秘书代劳”。但是，这一优良传统在“文革”被破坏殆尽。邓小平曾经在一次讲话中严厉批评了一部分领导干部中存在的这种不良现象：一些领导“不动脑筋，靠秘书办事。讲五分钟话都要人家写成稿子照着念，有时还念错了。这是思想懒惰”。

为了克服这种严重的官僚主义现象，恢复和发扬党的优良传统，加强和改善党的领导，1981 年 5 月 7 日，中共中央向全党发出了《关于各级领导干部要亲自动手起草重要文件，不要一切由秘书代劳的指示》（以下简称《指示》）。《指示》规定：“今后，领导者

(指各级党委的第一书记、分工负责某一方面工作的书记，国家机关的部长、省长、市长，其他各部门、各单位类推）个人的重要讲话、报告，一律要亲自动手起草。领导机关的重要文件，一律由领导者（或指定一位负责同志，或由若干人合作，一人负主责）亲自动手，亲自指导、主持起草工作。所谓亲自动手，主要是指领导者必须开动脑筋，提出文件的基本思想，包括主要的观点、意见、办法……文字的加工整理，可以由秘书或其他适当人员协助，但不得把起草工作全部推给他们。”

《指示》阐述了领导干部亲自动手起草重要文件的重要意义，指出这“不是技术性的问题，而是领导工作中的原则性的问题”。“领导者自己动手起草重要文件准备讲话的过程，是一种不能假手别人的艰苦的创造性劳动。如果没有这个过程，虽然写出了文件或讲了话，作了报告，但思想、观点和语言都是别人的，对所论述的事物缺乏规律性的认识，对所说的意见、办法，是否正确，是否行得通，心中还是无数，那末，在执行中央或上级指示的过程中，其行动也必然带有某种盲目性或摇摆不定，也就难以做好工作。如果有了这个调查、加工、思索、提炼的过程，情况就会截然不同，不仅能够避免讲话、报告一般化，而且由于对所论述的问题有了比较清醒而深刻的认识，对自己提出的意见、办法的正确性、可行性心中有数，比较有把握，那末，在执行中央或上级指示的过程中，其行动就会是自觉的、坚定的。也只有在这种情况下，才能真正地担负起领导的责任，做好工作。”

《指示》还提出了对“各级领导机关的文件、简报数量过多”的现象加以“整顿、精简”的任务。

中共中央的这个《指示》是对各级领导干部发出的，但它在重要文件的产生程序和内容上的要求、秘书人员在起草重要文件过程中的作用、秘书和领导的关系等方面，对秘书工作者也有重要的指导意义。

4. 拨乱反正时期信访工作的特点

处理人民来信，接待人民来访，通过信访了解人民群众的心愿和呼声，听取他们对方针政策的意见，接受人民对各级机关和领导干部的批评监督，是党和人民政府贯彻群众路线的重要方式。“文革”期间，党和政府的信访工作受到冲击，密切联系群众的优良传统也被破坏了。粉碎“四人帮”后，邓小平同志在一次讲话中说：“密切联系群众，是我们党的一个优良传统。但是，把脱离群众这个问题统统归到林彪、‘四人帮’身上也不符合实际，我们自己也有责任。”他多次指示，要重视人民群众的来信来访工作。

拨乱反正时期信访工作有三个重要特点。

一是上访来信数量巨大。

二是信访反映的问题非常集中。

三是党中央对信访工作极为重视。除了邓小平多次对信访工作作过重要指示外，1979 年 9 月 17 日和 10 月 22 日，《人民日报》一连发表了两篇评论员文章，第一篇题为《切实解决上访问题》，第二篇题为《正确对待上访问题》，足见中央对人民群众来信来访问题的重视。

1982 年初，中共中央召开了第三次全国信访工作会议，认真总结了十一届三中全会以后的信访工作经验，并通过了《党政机关信访工作暂行条例（草案）》，这一文件对信访工作的意义、原则、机构设置及信访人员的职责和具体要求，都作了具体规定。

二、新时期秘书工作的新要求和新内容

1. 1985 年 1 月全国党委秘书长、办公厅主任会议

1985 年 1 月，中共中央办公厅主持召开了全国党委秘书长、办公厅主任座谈会，共有 166 人参加会议。这次座谈会总结了 1981 年全国党委秘书长、办公厅主任会议以后四年间秘书工作的经验，确定了今后秘书工作的发展方向。这次会议在共和国秘书工作发展史上具有特别重要的意义。

第一，这次会议着重研究了新形势下如何发挥秘书部门的参谋助手作用问题，第一次正式把“参谋作用”提到“助手作用”之前，对秘书工作提出了新要求。

早在 1951 年全国政府秘书长、办公厅主任会议上就提出了秘书长和办公厅主任“既要参与政务又要掌管事务”，这一思想写入了会后发布的《政务院关于各级政府机关秘书长和不设秘书长的办公厅主任的工作任务和秘书工作机构的决定》，但当时这仅仅是对秘书长和办公厅主任的要求，而不是对秘书工作的一般要求。虽然一个水平高的秘书对领导决策提供参考意见的现象自古而然，但在一般民众、各级领导以及广大秘书工作者自己的意识中，秘书的“参谋作用”一直没有作为一个明晰的概念被确认，就连《辞海》等权威性的辞书也只说秘书“是领导的助手”，不提秘书是领导的参谋。

1985 年 1 月 14 日，当时任中共中央总书记的胡耀邦到全国秘书长、办公厅主任座谈会上作了重要指示：秘书部门要充分发挥参谋助手作用，遇事能为领导想办法、出主意、提建议、提方案。领导同志还没有想到的事，秘书人员想到了，想得很周到，还提出了新的建议，这就是个好秘书。秘书部门不仅在具体问题上能辅助领导，而且在大政方针的决策中，也要能提供相关信息，诸如历史情况、有关文献、数据资料、权威的观点、国内外各方面的看法等，乃至提供供领导选择的建议或方案，便于领导作出正确的决定。

自 1985 年全国党委秘书长、办公厅主任会议后，“秘书既是领导的助手，也应该是领导的参谋”成为秘书工作者的共识，也逐步被社会承认。这一方面提高了秘书工作者的地位，另一方面也对秘书工作提出了更高的要求。

第二，这次会议明确了秘书部门的工作必须努力做好“三服务”。在此之前，中央领导对中共中央办公厅的工作提出了“三服务”的要求——为中央领导服务，为中央各部委和各省、自治区、直辖市服务，为人民群众服务。在 1985 年全国秘书长、办公厅主任座谈会上，这“三服务”的精神被确定为全党、全国秘书工作的共同的根本要求。由于各机关的级别、性质不同，“三服务”应该变通理解为：为领导工作服务，为各部门和下级单位服务，为人民群众服务。

第三，这次会议从强化秘书部门的参谋职能出发，明确提出了新时期秘书工作必须实现“四个转变”：从偏重办文办事转变为既办文办事又出谋献策，从收发传递信息转变为综合处理信息，从单凭老经验办事转变为实行科学化管理，从被动服务转变为主动服务。当然，要实现秘书工作这四个根本性的转变，不是一次会议或一个文件能够解决问题的，转变也不可能在很短的时间内完成。但这“四个转变”提出了秘书工作向现代化发展的途

径，极大地调动了秘书工作者的积极性和主动性，强化了秘书人员的参谋意识，对改变秘书工作相对落后的状况无疑产生了巨大的作用。

2. 秘书工作内容的拓展

随着秘书部门参谋职能的强化，秘书工作在领导决策的形成和实施过程中的辅助作用越来越重要，秘书工作的内容在20世纪80年代后有了新的拓展。这主要表现在以下几个方面。

（1）调查研究在秘书工作中的地位得到提高。各级秘书部门本来就负有为领导提供情况的职责，而调查研究是了解情况获取第一手信息的可靠渠道，因此在较高机关的办公厅（室）中，原来就设有“研究室”（或调研室、政策研究室等）这样的二级机构。20世纪80年代后，领导的科学决策和管理对秘书部门调查研究的要求越来越高，原来隶属于办公厅的“研究室”已经不能适应日益繁重的调查研究工作的需要。1981年1月的秘书长、办公厅主任座谈会决定在条件成熟的县级以上党政机关，设置与办公厅（室）平级的政策研究机构，加强调查研究工作，要求秘书部门向领导提供决策依据和决策备选方案。

从20世纪80年代早期起，各地市以上党政领导机关办公厅（室）中的“研究室”陆续从办公厅中分离出去，成为与办公厅平行的机构。研究机构的独立并不说明秘书部门减少了调查研究的业务，而恰恰说明调查研究在秘书各项业务中相对地位的提高和工作量的增加。尽管调研机构不再隶属于办公厅，但它所承担的主要业务如调查研究、信息分析、文件起草等，都是秘书工作的重要内容，因此，各级领导机关的调研机构与办公厅一样，也属于广义的秘书工作部门。

（2）信息工作成为秘书部门一项重要的经常性业务。信息作为一个科学概念的形成以及信息论成为一门科学，在西方是最近几十年的事。在我国，信息在科学决策和科学管理中的作用，是改革开放以后才逐渐被人们认识和理解的。1986年12月，中央办公厅召开了一次由部分省区市和中央各部门秘书长、办公厅主任参加的座谈会，会议的主要议题就是如何进一步做好办公厅（室）的信息工作，以便更好地为领导的科学决策服务。这次会议以后，我国各级领导机关的秘书部门陆续建立了专门负责收集、处理信息的机构（信息处、信息科等），配备了专门的信息工作人员，并逐渐形成了覆盖全国的信息网络。据统计，到1990年，全国从中央到县级党委系统的秘书机构中，已经配备的专职信息工作人员达七千人，兼职的信息工作人员达八万人，政府系统的人数还要多得多。

（3）督促检查成为秘书部门一项重要职责和常规业务。督促检查本来是领导的职责，它成为秘书部门的一项经常性的业务和重要职责，是20世纪80年代中期以后逐步形成的。1983年8月，中央几位领导指示秘书部门，对领导批示有关单位办理的重大问题，秘书部门要检查落实，督促办理。当时督促检查的内容主要是一些领导人批示的具体事项。后来督促检查的内容逐步扩展到下级对上级领导机关的重大决策和方针政策的贯彻落实上来，成为领导决策实施过程中的一项常规性工作。1990年1月，中央主要领导在全国秘书长座谈会上明确指出：我们各级领导机关长期以来存在一个比较薄弱的环节，就是布置多，检查少，或者说得更严重一点，就是有布置无检查。我们应该下决心改变这种状况，做到布置一项工作就要把它落到实处，抓一件是一件。至此，督促检查就正式成为秘书部门一项重要职责和常规业务，各级办公厅（室）中也相继成立了督查工作处（科）等专门机构。

（4）秘书部门的协调职能得到充分的重视和强调。协调是领导者的职责，秘书部门本来就有义务协助领导做协调工作。20世纪80年代以来，为了使领导从繁杂的协调事务中解脱出来，以便将主要精力用于思考经济和社会发展的全局，办公厅承担了越来越多的协调事务。1990年1月，中央政治局五位常委在接见全国秘书长座谈会代表的讲话中，不约而同地谈到秘书部门协调工作的重要性，这是对秘书部门协调工作的充分肯定。协调已经成为秘书部门一项常规业务。

3. 1990年1月全国党委秘书长、办公厅主任会议

为总结1985年全国党委秘书长、办公厅主任会议以后五年间秘书工作的经验，中共中央办公厅于1990年1月又召开了一次各省、自治区、直辖市党委秘书长、办公厅主任座谈会。这次会议的中心议题是：落实中央领导同志对秘书工作的重要指示，研究在新形势下改进工作作风进一步做好秘书工作的问题。

1990年全国党委秘书长、办公厅主任会议的特点是：

（1）中央领导同志对会议极为重视，政治局五位常委（江泽民、李鹏、乔石、姚依林、李瑞环）全部到会接见了代表并作了重要讲话。上文提到的中央主要领导人关于办公厅要发挥督促检查作用的重要指示就是在这次会议接见代表时发表的。

（2）会议明确提出了要把信息调研和督促检查作为今后秘书工作的重点，实际上就是强调了秘书部门在领导机关决策形成和实施过程中应发挥更大的作用。会议根据中央领导同志的指示，提出了《关于党委办公厅（室）进一步开展督促检查工作的意见（讨论稿）》，要求强化各级秘书部门的督查职能，指出要把督查工作的重点从“批办督查”转到“决策督查”上来。会后，全国各地市以上单位成立了督查室，地市以下单位设立了督查员。

4. 档案工作和保密工作的法制化

档案工作和保密工作历来是秘书工作的重要内容。20世纪80年代，我国的档案工作和保密工作走上法制化的轨道。

中国共产党和中国政府历来重视档案工作。1954年中共中央发布了《中国共产党中央和省（市）级机关文书处理工作和档案工作暂行条例》，1956年4月，国务院发布了《关于加强国家档案工作的决定》，说明我国党政机关档案工作形成了相对稳定的制度。但是，这两个文件并不具有国家法律法规性质，而且它们所规定的一些行之有效的档案工作制度，在“文革”期间遭到严重破坏。1983年4月，国家档案局根据中共中央和国务院有关档案工作的决定和指示，制定发布了《机关档案工作条例》，并随该条例发布了《关于文书档案保管期限的规定》。这个具有法规性质的重要文件发布以后，全国上下各机关单位都按照《机关档案工作条例》的规定，建立了档案室，配备了专职的或兼职的档案工作人员。1987年9月，六届人大常委会第二十二次会议通过了《中华人民共和国档案法》（简称《档案法》），并于1988年起在全国施行。至此，我国档案工作完全实现了法制化管理。在《机关档案工作条例》和《档案法》发布施行后，各地档案管理机构对各单位的档案工作人员进行了强制性的轮训，大大提高了档案人员的素质。这段时间，各单位还按照

中央的要求，集中人力物力，对本机关过去的档案材料（其中有些在“文革”中遭到严重破坏）进行了全面清理，建立了相对正规的档案库。

早在中华人民共和国成立后不久，中央人民政府政务院就发布了《保守国家机密暂行条例》，这是中华人民共和国成立以后关于保守国家机密的第一个法规性文件。进入新时期后，国际国内形势发生了深刻变化，原来规定的一些制度已经不宜继续执行，而一些有效的制度由于“文革”的巨大冲击又亟待恢复。根据这一形势，1988 年 9 月，七届人大常委会第三次会议通过《中华人民共和国保守国家秘密法》，从法律上对国家秘密的概念和范围、保密制度、泄密失密的法律责任等作了严格规定。国家对保密工作实行了法制化管理。

三、秘书教育和秘书学科研的大发展

1. 高等教育秘书专业的创办和迅速发展

“文革”前，我国高等学校没有秘书专业，学科体系中也没有秘书学这门学科。中共十一届三中全会后，大规模经济建设和管理现代化的发展趋势，使得原来“师父带徒弟”式陈旧的培养秘书的方式越来越不能适应社会对秘书人才的需求。虽然中国人民大学在 1955 年就在原来的档案专修科的基础上成立了历史档案系，并且该系设有文书学课程，但是，历史档案系的培养对象是专业的档案工作者，该系毕业生大多到中央和各地的大型档案馆从事专业档案管理或档案史料的整理研究工作。众所周知，档案馆的专业档案管理和研究工作不属于秘书工作的范畴，而且事实上历史档案系的毕业生基本上没有进入秘书工作者队伍的，因此，中国人民大学历史档案系的建立，不能作为我国高校秘书专业教育的开始。

根据有关资料，在我国高等院校中，最早创办秘书专业的是上海大学文学院（当时为复旦大学分校）。1980 年秋，该校为适应十一届三中全会后社会对秘书人才的广泛需求，在全国率先招收秘书专业学生（专科）。此后不久，成都大学、江汉大学、安徽师范大学等院校也开设了秘书专业。

由于秘书专业顺应社会经济发展的大趋势，秘书专业毕业生一时成为社会“抢手货”，在当时计划经济条件下，他们大多被分配到党政机关、事业单位和大中型企业（包括当时为数不多的“三资”企业）工作。毕业生的广受欢迎，受到教育行政主管部门的关注，刚刚创办的秘书专业在很短的时间内得到迅猛发展。据不完全统计，到 1985 年为止，全国设置秘书专业或秘书学课程的高等院校已达 120 多所。到 1990 年，秘书专业已经发展为全国高校招生人数最多的专业之一。从 20 世纪 80 年代后期起，上海、广东等许多省市的高等教育自学考试也开考了秘书专业。

2. 秘书学理论研究兴起

高校开办秘书专业，对学生进行系统的秘书专业知识教育和专业技能的培训，标志着“秘书学”在我国作为一门新兴学科的正式诞生。

虽然在国外秘书学已经有了好几十年的历史，但由于我国管理模式与西方国家有很大不同，我国秘书工作与西方国家也有很大差异，加上长期对外封闭，我国秘书学的产生基本上没有受到国外秘书学的影响，而主要是在总结中共领导下的秘书工作历史经验的基础上创建的。在这一点上，秘书学与大众传播学、公共关系学等近几十年来在我国兴起的学科是很不相同的，后者主要是从西方发达国家引进的新学科，而秘书学则是我国独立创办的一个新学科。

根据目前的史料，我国最早对秘书工作规律进行系统的理论研究的学者是李欣，他同时是中共中央办公厅秘书局的一位资深秘书和官员。李欣 1959 年开始对秘书活动进行全面而系统的研究，并于 1961 年完成了《秘书工作》的初稿。但是，由于种种原因，这部书稿直到 20 多年后才正式出版。尽管如此，《秘书工作》仍然是中国秘书学论著中的开山之作，对我国秘书学的学术研究和学科建设产生了巨大影响。

我国秘书学理论研究伴随着秘书教育事业的发展在 20 世纪 80 年代到 90 年代中期得到迅速发展，其主要表现有：

（1）秘书学教材和专著大量出版。据不完全统计，到 1995 年止，我国正式出版的秘书学教材和专著不下二百种，其中既有《秘书学》《秘书学概论》一类通论性的著作，也有关于涉外秘书、商务秘书等带有行业特点的专门性著作。

（2）秘书学杂志纷纷创办。到 1995 年为止，全国出版的秘书学杂志已有十几种。其中中共中央办公厅主办的《秘书工作》、上海大学主办的《秘书》、兰州大学主办的《秘书之友》等，是创办时间较早、影响较大的几家。这些秘书学杂志已成为秘书学理论研究的前沿阵地。

（3）秘书学学术组织相继成立。1984 年在上海召开了全国高等院校秘书学教学经验交流会，一百多位秘书学专家和教学工作者参加了会议，经过代表们协商决定，成立了中国高等院校秘书学教学研究会。1991 年，又成立了中国公文写作研究会（自 2017 年 11 月起，改称中国写作学会公文写作专业委员会）。在此前后，各省市区还成立了主要由秘书工作者参加的秘书学会。

（4）国外秘书学书籍陆续被翻译介绍到中国。从 20 世纪 80 年代中期起，先后出版的国外秘书学译本有美国的安娜·埃克丝蕾等主编的《韦氏秘书手册》、苏联卡捷琳娜等著的《机关秘书》、日本夏日通利著的《企业秘书》等。这些国外秘书学著作的翻译出版，使人们比较全面地了解到国外秘书工作的现状和发展趋势，对我国秘书学的研究和秘书工作的发展具有重要参考价值。

第四节　社会主义市场经济体制确立后秘书工作的新变化

一、社会主义市场经济体制确立对秘书工作的影响

进入 20 世纪 90 年代以后，中国的经济建设进入了一个新的阶段，最主要的变化是

1992 年春天邓小平南方谈话和当年秋天召开的中共十四大确立了社会主义市场经济的理论。社会主义市场经济理论和社会主义市场经济体制的逐步确立，使中国社会生活发生了深刻的变化，也对秘书工作产生了巨大的影响。

1. 非公有制企业秘书和私人秘书迅速增加

在 20 世纪 50 年代中期完成社会主义改造以后的相当长的时间内，中国实行的是计划经济体制。在这种社会经济体制下，基本上不存在私人秘书和非公有制企业的秘书。20 世纪 80 年代以前人们所说的秘书，指的就是党政机关的秘书或公有制企事业单位的秘书，我国的秘书学理论在起步时，也以机关秘书工作规律为研究对象，不涉及非公有制企业秘书和私人秘书的工作规律。

20 世纪 80 年代以后，我国实行改革开放的国策，私营经济、个体经济以公有制经济的“必要补充”的名义取得了合法地位，得到一定程度的发展；对外开放，引进外资，则使国内出现了一批“三资”企业，这是非公有制经济的另一组成部分。伴随着非公有制企业的出现，私人秘书、非公有制企业的秘书也就出现了。

社会主义市场经济理论确立以后，我国出现了公有制实现形式多样化和多种经济成分共同发展的局面，非公有制经济在党和政府的鼓励、引导下健康发展，成为我国社会主义市场经济的重要组成部分。2001 年 12 月中国加入世贸组织（WTO）后，中国加大了对外经济开放力度，来中国投资的外资企业迅猛增加。经济成分的这一变化也使得非公有制企业（外资企业、私营企业、个体企业）秘书人员和私人秘书急剧增加，他们成了我国秘书队伍中不可忽视的重要组成部分。

随着非公有制企业秘书人数的增加，以及国有企业现代公司制度的确立，我国原来以党政机关秘书工作规律为主要研究对象的秘书学理论也发生了变化，出现了机关秘书学、企业秘书学、涉外秘书学、商务秘书学等等分支，这是符合应用学科的发展规律的。

2. 公关工作和谈判事务成为秘书工作的重要内容

随着社会主义市场经济体制的建立，国有企业也按照市场运行机制进行以建立现代企业制度为方向的改革，许多企业实行了公司化管理，它们和非公有制企业一样参与市场竞争。公有制企业的这一变化，加上各级党政领导机关和事业单位的经济活动在整个公务活动中比重的增加，使秘书工作又增加了新的内容：公关工作和谈判事务成为秘书部门（尤其是公司秘书）的两项重要工作。

企业要在市场竞争中生存发展，必须建立良好的公众形象，扩大公司及其产品的知名度，提高美誉度，这就离不开公共关系工作。公共关系工作是社会组织运用传播手段使自身与公众互相了解、互相适应以达到和谐的一种管理职能。公共关系工作的核心是在公众中树立组织的良好形象。为了实现公共关系工作的职能，就必须进行公关形象调查，策划传播手段，开展公关活动。这些公关工作是市场经济条件下公司、机关或其他单位不可缺少的工作。在我国，尽管一些大公司设立了专门的公关部门，但大多数企事业单位和政府机关的公关工作是由秘书部门承担的，许多单位配备了专门的“公关秘书”；即使那些设有专门公关部的公司，办公室也承担不少公共关系事务。

谈判有广义和狭义之分。广义的谈判包括社会上组织与组织之间、组织与个人之间、个人与个人之间就任何问题所进行的交涉、协商。广义的谈判已经渗透到社会生活的各个方面，不管你愿意不愿意，你都经常成为谈判的参加者。狭义的谈判指那些正式场合下进行的旨在达成某种对各方有约束力的协议而进行的谈判，又叫正式谈判。新时期党和国家的工作重点已经转到以经济建设为中心的轨道上来，随着社会主义市场经济体制的建立和改革开放的深入，谈判尤其是经济谈判已经成为各级各类机关和企事业单位领导经常性的公务活动。尤其是作为国民经济细胞的企业，在市场经济的条件下正在获得越来越多的经营自主权，在日益频繁的对外对内经济来往中，既需要经常运用谈判这一手段来推销商品，采购原材料，引进人才、资金、技术、设备，广泛开展经济技术协作，也要经常运用谈判来解决越来越多的利益冲突和经济纠纷，谈判在企业经营活动中的作用越来越重要。作为领导的参谋和助手，秘书要为领导的谈判提供各方面的服务，承担谈判的具体事务，经常直接参加领导的谈判活动，有时还在领导的授权下代表单位进行谈判。因此，谈判事务在 20 世纪 90 年代中期后便成为秘书部门经常性的业务之一。

3. 部分秘书业务市场化

随着市场经济的活跃，社会上出现了许多提供信息咨询、会务会展、广告策划、公关礼仪、文案制作、打字复印等服务的公司，这些公司提供的许多服务项目与秘书部门的业务是相通的。从 20 世纪 90 年代中期开始，办公室中一些不涉及重要机密的服务性工作由秘书人员自己办理转为从市场购买相应服务成为一种趋势。其中最明显的是会务工作中的“会场布置”一项。会场布置包括悬挂会标，摆放花卉、彩旗，排列座位（印制座位牌），检查音响、照明、投影效果等。这些工作过去通常由秘书部门组织人员自己操办，费时费力又费钱。现在一般单位都将布置会场的具体事务委托给宾馆或广告公司操作，秘书部门只要提前给出具体方案并临场检查指导就行了。

二、现代科学技术发展对秘书工作的影响

现代科学技术的发展极其迅速，其中计算机技术、现代通信技术和互联网技术的发展对秘书工作产生了巨大影响。

1. 办公自动化和网络办公迅速发展

在西方发达国家，办公自动化的概念早在 20 世纪 30 年代就已经提出，到 70 年代中期，少数发达国家陆续建立了办公自动化体系。办公自动化的主要特征是将先进的科技设备引进办公室，并与具有现代管理观念的办公人员构成完整的人机信息处理系统，极大地提高了办公效率。

办公自动化的概念在 20 世纪 70 年代末 80 年代初传入我国，1985 年我国召开了第一次办公自动化规划讨论会，一些高层机关和大型企业于 80 年代逐渐引进了一些现代化的办公设备，理论界和科技界对我国办公自动化的模式和发展规划进行了探讨。

我国办公自动化是从 20 世纪 80 年代末 90 年代初才真正起步发展的，但速度比较快。主要表现有：一是现代化的办公设备进入了一般单位办公室，到 90 年代末，许多办公室配备了电子计算机、多功能电话、传真机、激光打印机、复印机等设备，这些先进的办公设备是三十年前绝大多数人闻所未闻的；二是在省级以上办公厅和部分地市级机关、大型

企事业单位的办公部门实现了计算机联网；三是我国科技人员开发了一些适合我国国情的办公自动化软件。

办公自动化的最新发展就是“网络办公”，网络办公采用服务器/客户端架构，通过网络这个媒介协同办公，实现迅速、全方位的信息采集、处理，为管理和决策提供科学依据。我国许多政府机关、企事业单位，已经实行网络办公，它提高了信息共享的程度、传达的速度、反馈的真实度，实实在在地提升了秘书人员的办事效率。

2. 网站管理和微信公众号管理成为秘书部门一项重要业务

互联网作为信息双向交流的现代化工具，被称为继广播、报纸、杂志、电视后的第五种媒体——数字媒体。随着互联网的普及，20 世纪 90 年代中期以后，各单位逐步建立了自己的网站或网页，作为组织内外联络的窗口和信息交流的平台。网站管理遂成为秘书部门一项重要的经常性业务。

网站和网页的作用是多方面的，地方政府可以把它们作为宣传阵地和信息沟通的渠道；企业可以通过它们来展示企业风采、传播企业文化、树立企业形象、提高企业知名度，也可用它们直接发布产品信息。网站的管理包括技术层面的管理和信息层面的管理，两者都需要应用专门技术，秘书部门主要负责信息层面的管理。

与平面媒体相比，互联网的一个巨大优势就是可以即时互动，信息可以双向交流。不但机关领导可以通过网站向单位内外的公众发布信息，而且单位内外的公众也可以通过网站提供许多反馈信息，对领导机关工作提出具体的要求、意见和建议。对这些反馈信息，秘书部门应该视为重要的信息资源。除了按照信息工作和信访工作的要求广泛收集认真研究外，秘书人员从网站管理的角度还要对公众反馈的信息加以及时的处理。

最近几年出现的“微信公众号”和微博是互联网技术在管理工作中的最新应用，单位借助微信公众号和微博与组织内外公众进行便捷的信息互动，微信公众号和微博的管理也就成为秘书部门的工作内容之一了。

3. 电子文件的普遍使用和电子文档管理的规范化

随着现代信息科学技术在办公领域中的应用，电子文件已经成为人们记录、传递、留存信息的重要工具。由于电子文件的普遍使用，传统的纸质的“政务公报”一类公布非保密文件的媒介已经逐渐失去了原来的意义，20 世纪八九十年代一度被普遍使用的传输文件的先进方法——传真，到了新世纪后也逐步被网络传输取代。

电子文件的普遍使用也给传统的文书工作带来了新问题，主要是电子文件内容的保密问题和电子文件的归档管理问题。为了规范我国电子文档管理，国家相关机构先后颁布了一系列法律法规性文件。

2002 年 8 月，中共中央办公厅、国务院办公厅联合发布《国家信息化领导小组关于我国电子政务建设指导意见》（中办发〔2002〕17 号），提出电子公文是电子政务建设的重要组成部分。

2002 年 12 月 4 日，原国家质量监督检验检疫总局发布《电子文件归档与管理规范》国家标准（GB/T18894—2002），2003 年 5 月 1 日起实施。

2003 年 4 月 10 日，国务院办公厅发布《电子公文传输管理办法》（国办函〔2003〕65 号），2003 年 10 月 1 日起施行，确立电子公文的法定地位，并于 2016 年更新为《电子文件归档与电子档案管理规范》(GB/T18894—2016)。

2003 年 7 月 28 日，国家档案局发布《电子公文归档管理暂行办法》，2003 年 9 月 1 日起实施。

2004 年 8 月 28 日，第十届全国人民代表大会常务委员会第十一次会议审议通过《中华人民共和国电子签名法》，2005 年 4 月 1 日起施行，并于 2015 年 4 月 24 日第十二届全国人民代表大会常务委员会第十四次会议上通过了修正决议。

以上一系列规范性文件，从多个层面规定电子文档管理规范以及技术要求，为各个机关、企事业单位及其他社会组织的电子文档管理工作提供了有力支持。

三、现代法制建设对秘书工作的影响

市场经济提倡平等竞争。为了保证市场竞争的公平性，与市场经济相适应的社会必然需要一套公正合理的法律体系。我国自 20 世纪 90 年代确立社会主义市场经济制度后，加快了法制建设的步伐，社会主义法制体系逐步完善。世纪之交我国现代法制建设对秘书工作的影响巨大，几乎体现在秘书工作的各个方面。其中最为直接、最为明显的影响有以下两点。

1. 国家公务员制度正式推行对秘书工作的影响

1993 年 4 月，国务院发布了《国家公务员暂行条例》，并从当年 10 月 1 日起在全国施行。《国家公务员暂行条例》的施行，对国家行政机关的秘书工作产生了很大影响。

我国国家工作人员（其中文秘人员占有相当大的比例）录用、任免、奖惩、升降等，在相当长的时间内没有实行法制化、科学化管理，带有一定程度的随意性。许多有知识有才能的青年由于种种原因，被排斥在“国家干部”队伍之外，而一些素质不高的人却由于种种原因长期占据着某些工作岗位，严重影响了行政机关的办事效率。《国家公务员暂行条例》规定，公务员制度贯彻“公开、平等、竞争、择优”的原则。“国家行政机关录用担任主任科员以下非领导职务的国家公务员，采用公开考试、严格考核的办法，按照德才兼备的标准择优录用。”

从 1995 年开始，全国各省市区陆续按照《国家公务员暂行条例》规定，以公开考试的办法面向全社会录用公务员，每次招考录用的职位中，文秘人员都占有较大比重。公务员录用考试在全社会引起极大反响，报考秘书职位的人数一般都为录用人数的十几倍甚至几十倍，这使得国家行政机关新录用的秘书人员的素质得到保证。这些基本素质好、文化水平高、思想观念新的年轻人不断补充到国家行政机关的秘书工作人员的队伍中来，必将加快我国秘书工作现代化的进程。

2005 年 4 月 27 日，在《国家公务员暂行条例》基础上制定的《中华人民共和国公务员法》获十届人大常委会第十五次会议通过，2006 年起在全国正式施行。

除了国家机关的秘书职位必须通过公开透明的公务员考试才能录用外，各事业单位、大型国企等组织也参照公务员录用考试的方法，对社会公开招考秘书职位。与此同时，我国秘书职业资格鉴定工作也逐步走向规范。

秘书职业是一种具有综合性和辅助性特点的职业，要求具备较强的文字与语言表达能力、综合协调与合作能力、逻辑思维与分析能力等。原劳动部 1997 年颁布了《秘书职业技能标准（试行）》，2003 年原劳动和社会保障部颁布了新的《秘书国家职业标准》并于 2004 年起正式启用。《秘书国家职业标准》是培养和考核秘书职业领域从业人员的基本依据。按照全国统一标准、统一教材、统一命题、统一考务、统一证书的质量控制原则，自 1998 年起，原劳动和社会保障部统一组织了秘书职业的全国统一鉴定，在职业培训、鉴定实施、考务管理和证书核发等主要工作环节进行了统一规划与组织管理，保证了秘书职业资格认证的质量，大大提高了秘书国家职业资格证书的含金量。秘书职业资格全国统一鉴定工作在社会各界，尤其是企事业单位，引起了强烈反响，受到了考生与用人单位的普遍欢迎。从全国统考反馈的情况看，秘书职业已成为一个影响越来越大、社会化愈来愈明显的职业领域。

2. 信访工作向法治化方向逐步推进

信访工作自古以来就是秘书部门的一项常规业务。20 世纪 90 年代以前，信访部门的主要职能体现为党委、政府的一种秘书性办事机构，起着下情上达的桥梁作用。随着信访形势的发展变化，信访部门的工作内容也发生了变化，逐步介入信访问题的协调、督办、查处等，信访部门还被要求承担反映社情民意、为群众解决实际问题、化解人民内部矛盾、维护社会稳定、处理突发事件等等责任。自 20 世纪 90 年代中期以来，我国信访工作在向法治化方向逐步推进。

1995 年我国颁布了第一部信访行政法规《信访条例》。此后，各省市区先后制定了相应的配套法规和措施。第一部《信访条例》经过 10 年施行，暴露出一些不够完善难以操作的缺陷，同时经济转型时期的信访活动也出现了一些新的特点和问题。为此，国务院对 1995 年的《信访条例》做了一次比较大的修改，2005 年 1 月 5 日，修改后的《信访条例》由国务院第七十六次常务会议通过，自 2005 年 5 月 1 日起施行。

经过多年信访法治化建设，目前已形成以《信访条例》为主体性法规，以制度文件为支持，以各地各部门地方性法规、规章和制度为衔接配套的信访工作法律制度体系。但是，这个体系还不完备，如一些规范虽带有全局性、指导性，但并不是国家法律；作为信访工作唯一的行政法规，《信访条例》虽发挥了积极作用，但也存在覆盖面窄、相关规定原则化过强等问题，难以适应新形势、新任务、新要求。信访工作迫切需要一部核心的、基础性的法律来统领，从而推动形成一个逻辑严谨、相互配套、覆盖广泛的信访工作法律制度体系，确保信访工作能在法制框架内依法有序运行。

党的十八届三中全会（2013 年 11 月）通过的《中共中央关于全面深化改革若干重大问题的决定》提出："改革信访工作制度，实行网上受理信访制度，健全及时就地解决群众合理诉求机制。把涉法涉诉信访纳入法治轨道解决，建立涉法涉诉信访依法终结制度。"党的十八届四中全会（2014 年 10 月）通过的《中共中央关于全面推进依法治国若干重大问题的决定》再次提出："把信访纳入法治化轨道，保障合理合法诉求依照法律规定和程序就能得到合理合法的结果。"

由于信访活动的复杂性、立法活动的严肃性，全国人大尚未制定出一部信访法，我国信访工作法治化道路还有很长的一段路要走。

四、我国高等教育秘书专业的最新发展

1. 高校本科秘书专业的发展

我国高等教育秘书专业起步于20世纪80年代初，以上海大学文学院率先设置秘书专业为标志，秘书专业在初创的十几年发展迅猛。到1990年，秘书专业已经发展为全国高校招生人数最多的专业之一。但当时的秘书专业大多是专科层次，以各类职业技术学院招生为主。20世纪90年代中期以后，为适应社会对高层次秘书人才的需求，一些高校开始招收本科层次的秘书专业学生，秘书本科教育开始起步。但是直到2010年，“秘书学”尚未列入教育部全日制本科专业目录，因此在当时的正规文件和高校招生专业目录中还没有出现正式的“秘书学专业”。各高校开设本科秘书教育的方式主要有：一是设置与汉语言文学系（中文系）并列的“秘书学系”，例如苏州大学文学院、南京师范大学文学院、广州大学人文学院、西北师范大学文学院都设置了秘书学系。二是许多师范类院校设置了“文秘教育专业”，例如福建师范大学、广西师范大学、沈阳师范大学等高校就招收文秘教育专业（师范类）本科生。理论上说，“文秘教育专业”的目标是培养中等职业学校的秘书专业教师，但是实际上毕业生大多数走上秘书岗位。三是在汉语言文学专业中设立专门的“秘书学方向”，例如安徽师范大学、重庆师范大学、西北民族大学等高校就设有与“师范方向”并列的非师范类的“秘书学方向”“现代文秘方向”“涉外文秘方向”等。据统计，到2008年，我国已经有近百所高校招收秘书专业本科生，其中包括许多“211工程”大学如苏州大学、南京师范大学等等。除文学院（中文系）外，一些高校的管理、经济、外语等院系也招收秘书专业本科生。

2011年，秘书学专业终于作为“特设专业”被教育部正式列入《普通高等学校本科专业目录》（学科代号050107T），成为文学—中国语言文学类下与汉语言文学、应用语言学、汉语国际教育等专业并列的一个独立专业。这是秘书学专业发展历程中的一座里程碑。此后已经规模招生的高等院校可以名正言顺地以“秘书学专业”名义招收本科生，而一些原来因专业目录阙如而未设本科秘书专业的学校，也开始申报开办秘书学专业。开办本科秘书学专业的高校数量和秘书学专业的招生人数在最近几年有大幅度增加。

2. 高校秘书专业研究生教育的起步

到2010年为止，由于秘书学没有列入我国学科分类中二级学科目录，全国尚没有设立“秘书专业硕士点”，仅个别高校在汉语言文学专业、管理专业中试招秘书学方向的研究生，但数量极少，可以说2010年前秘书专业研究生教育尚未起步。自2012年起短短几年内，已经有多所大学开始招收秘书专业的硕士研究生。如暨南大学文学院设置了“高级秘书与行政助理学”硕士专业（专业代码0501J1），南京师范大学文学院设置了“应用文体学”硕士专业（专业代码0501Z1，下分秘书学、古代文牍学等方向），安徽师范大学文学院设置了“秘书学与应用写作学”硕士专业（专业代码0501Z2），郑州大学文学院设置了“秘书学”硕士专业（专业代码0501Z1）。

思考题

1. 我国各级机关秘书机构的名称是如何确定下来的?

2. 从中华人民共和国成立到 20 世纪 50 年代中期，我国陆续建立了哪些秘书工作制度?

3. “文革”前我国秘书工作有哪些特点?

4. “文革”初期我国秘书工作受到哪些严重冲击?“文革”时期我国公文文风出现了哪些不正常的现象?

5. 简述中华人民共和国成立后“公文处理办法”的发布和修订过程。

6. 为什么说 1985 年 1 月全国党委秘书长、办公厅主任会议在新时期秘书工作史上有特别重要的意义?

7. 社会主义市场经济体制确立后，我国秘书工作有哪些新的发展变化?

8. 简述我国秘书学和高等秘书教育的产生和发展情况。

主要参考文献

李欣．中国秘书发展史．北京：高等教育出版社，1993.

杨剑宇．中国秘书史．上海：同济大学出版社，1988.

闵庚尧．中国古代公文简史．北京：档案出版社，1988.

许同莘．公牍学史．北京：中国人民大学历史档案系，1958.

潘林杉．中国古代秘书通论．合肥：安徽人民出版社，1990.

聂中东．中国秘书史．郑州：中州古籍出版社，2000.

徐瑞新，李欣，李登柱，等．中国现代秘书工作基础．北京：高等教育出版社，1989.

邹家炜，董俭，周雪恒，等．中国档案事业简史．北京：中国人民大学出版社，1985.

逄先知．毛泽东和他的秘书田家英．北京：中央文献出版社，1995.

胡绳．中国共产党的七十年．北京：中共党史出版社，1991.

范文澜．中国通史．北京：人民出版社，1978.

陈合宜．秘书学．广州：暨南大学出版社，1996.

眭达明．秘书政治：古代中国高级秘书．南昌：江西人民出版社，2007.

后　　记

本书是在我和张树文先生所著《中国秘书史》（安徽大学出版社 2003 年初版，2006 年再版）的基础上增订、改编完成的。

前版《中国秘书史》受到专家和社会的充分肯定，被许多高校秘书专业选用为教材，而且被各类图书馆广泛收藏，在各地图书市场上也赢得一部分读者，甚至远销我国台湾、香港及新加坡等华人文化区。2005 年 10 月获“第十三届全国秘书学论文论著”一等奖；2006 年 6 月获“第六届全国秘书学与秘书工作论著”二等奖。

最近十年，我和我的同事在中国秘书史的研究中又取得了一些新成果，主要包括以下三个方面。

第一，对中国历代秘书制度的演变情况的研究，在中共中央办公厅秘书局主管的《秘书工作》和兰州大学主办的《秘书之友》杂志上发表了 12 篇论文：《从地位显赫的史官到纵横天下的“士”——中国先秦时代秘书制度的演变》《从尚书台取代御史府到秘书令昙花一现——秦汉两代秘书制度的演变》《从三省制盛衰兴废到翰林院独掌机要——魏晋南北朝到元代秘书制度的演变》《从内阁六科制的确立到书吏之害形成——明、清两代秘书制度的演变》《从总统府秘书处设立到文书制度的全面改革——孙中山领导的南京临时政府的秘书工作》《从秘书长频繁变换到文官考试法的颁布——北洋军阀政府（1912—1927）的秘书工作》《从委员长侍从室的设立到文书工作的三次改革——南京国民党政府（1927—1949）的秘书工作》《从“一大”兼职秘书到长征中的中央秘书长——从建党初期到抗战前中国共产党的秘书工作》《从组建中央办公厅到设立人民政府秘书厅——从抗战到新中国建立前中国共产党的秘书工作》《从建立各项秘书制度到大兴调查研究之风——从共和国成立到“文革”前我国的秘书工作》《从田家英被迫害致死到形式主义文风泛滥——“文化大革命”期间我国的秘书工作》《从提出“三服务”宗旨到推行公务员制度——十一届三中全会以来我国的秘书工作》。

第二，对中国古代各项秘书工作的专题研究，在中共中央办公厅秘书局主管的《秘书工作》上发表了12篇论文（其中8篇为本人主笔，另有4篇为我的同事撰写）：《古人是怎样开会的?》《古人是怎样做信访工作的?》《古人是怎样保密的?》《古人是怎样进行督查的?》《古人是怎样做机要交通工作的?》《古人是怎样做信息工作的?》《古人是怎样开展调研活动的?》《古人是怎样处理公文的?》《古人是怎样起草公文的?》《古人是怎样做档案工作的?》《古人是怎样值班的?》《古人是怎样搞宫廷服务的?》。

第三，对中国古代秘书人物的研究，在中共中央办公厅秘书局主管的《秘书工作》上发表了11篇论文（其中2篇为本人主笔，另有9篇为我的同事或我的学生撰写）：《秉笔直书的秘书官——史佚和董狐》《壮志未酬的秘书长——屈原》《高参型秘书——冯谖》《公文高手——李斯》《多谋善断的军事秘书——郭嘉》《文笔之分的见证人——任昉》《具有高超协调能力的中央政府秘书长——魏徵》《成为一代文宗的秘书——欧阳修》《实现人生"三不朽"的秘书——刘基》《锐意改革的秘书长——张居正》《善于建章立制的秘书长——张廷玉》。

本次"新编"，除将以上研究成果吸收入书外，还增加了一些此前没有发表过的新成果，主要有："中国古代当过秘书的名人"中增加了对刘勰、李白、林则徐的介绍；在现当代秘书史部分的最后，增加了"社会主义市场经济体制确立后秘书工作的新变化"一节。

本书增编大纲由主编拟定，具体文字整理工作和新增内容的撰写由副主编、合肥工业大学文法学院的杨柳老师完成。原《中国秘书史》的撰稿人之一张树文先生没有参加本次改编，不再署名。

杨树森

2018年3月

图书在版编目（CIP）数据

新编中国秘书史/杨树森主编．—北京：中国人民大学出版社，2018.6
21世纪高等院校秘书学专业系列教材
ISBN 978-7-300-25793-8

Ⅰ.①新… Ⅱ.①杨… Ⅲ.①秘书学-历史-中国 Ⅳ.①C931.46-092

中国版本图书馆CIP数据核字（2018）第098304号

21世纪高等院校秘书学专业系列教材
总主编　杨　锋　张同钦
新编中国秘书史
主　编　杨树森
副主编　杨　柳
Xinbian Zhongguo Mishushi

出版发行	中国人民大学出版社		
社　　址	北京中关村大街31号	**邮政编码**	100080
电　　话	010－62511242（总编室）		010－62511770（质管部）
	010－82501766（邮购部）		010－62514148（门市部）
	010－62515195（发行公司）		010－62515275（盗版举报）
网　　址	http://www.crup.com.cn		
经　　销	新华书店		
印　　刷	北京宏伟双华印刷有限公司		
开　　本	787 mm×1092 mm　1/16	**版　　次**	2018年6月第1版
印　　张	15.25	**印　　次**	2024年8月第4次印刷
字　　数	350 000	**定　　价**	38.00元